DIE BESTEN STELLPLÄTZE IN NORDNORWEGEN

Storsand Gård Camping 1

Der direkt am Fjord gelegene Platz ist terrassenartig zum Wasser hin angelegt. Teilweise bieten die Parzellen wunderbare Ausblicke. Moderne sanitäre Anlagen runden das Angebot ab. Gute Busverbindung nach Trondheim (s. S. 68).

001wn-df

002wn-df

21 Furøy Camping

Der in einer idyllischen Region gelegene Platz bietet Stellplätze direkt am Wasser. Ein wunderschöner, direkt am Platz startender Pfad erschließt die landschaftlich attraktive Halbinsel. Highlights wie der Svartisen-Gletscher sind gut zu erreichen (s. S. 94).

Lofoten Beachcamp 49

Der moderne, von einer eindrucksvollen Bergkulisse umgebene Campingplatz bietet naturbelassene Stellplätze in einer Dünenlandschaft und liegt an einem weitläufigen Strand. Aktivitäten wie Surfen, Kajakfahren oder Wandern und eine ansprechende Gastronomie laden zum Verweilen ein (s. S. 150).

003wn-df

004wn-df

85 Tromsø Lodge & Camping

Der Platz besticht durch seine strategisch gute Lage. Von hier kann man die nahegelegene City von Tromsø und zugleich die attraktive Bergwelt der Umgebung erkunden. Die Anlage bietet ein Café mit Frühstücksbuffet (s. S. 212).

Karasjok Camping 106

Auf einer Anhöhe gelegen und mit wunderschönem Blick auf den Fluss Kárášjohka, eignet sich der Platz hervorragend, um das kulturelle Zentrum der Samen zu entdecken. Zur Ausstattung gehören Grillhütte, Lávvu, Sauna und Whirlpool (s. S. 259).

005wn-df

DIE SCHÖNSTEN LANDSCHAFTEN

006wn-df

Helgelandküste

Eine der schönsten norwegischen Landschaftsrouten – der Kystriksveien – erschließt diese sehenswerte Küstenlandschaft mit ihren rund 15.000 Inseln, zahlreichen Fjorden und beeindruckenden Bergformationen (s. S. 75).

129wn-df

Lofoten

Die spektakuläre Inselgruppe gehört zu den bekanntesten landschaftlichen Attraktionen des Landes. Malerische Fischerdörfer, schmale Sunde und Fjorde sowie steilaufragende Felswände lassen einen Besuch zu einem unvergesslichen Erlebnis werden (s. S. 135).

269wn-df

Senja

Die zweitgrößte Insel Norwegens ist touristisch noch relativ wenig erschlossen. Eine zerklüftete Fjordlandschaft mit spektakulären Felsformationen prägt die Küste der Insel. Eine der 18 norwegischen Landschaftsrouten erschließt die sehenswertesten Regionen mit ihren faszinierenden Bergspitzen (s. S. 189).

270wn-df

Lyngenalpen/Lyngenfjord

Mehr als 50 Gipfel dieses markanten Höhenzugs ragen über 1300 Meter auf. Die alpinen Landschaftsformen und teils üppig bewachsene Täler mit sprudelnden Bächen und Flüssen, saftigen Wiesen und moosbewachsenen Felsen laden zu ausgedehnten Wanderungen ein (s. S. 216).

010wn-df

Varangerhalvøya

Der nordöstlichste Landstrich Norwegens fasziniert mit der weitläufigen Tundralandschaft des gleichnamigen Nationalparks. Die Region an der Barentssee ist für ihre einzigartige, vielfältige arktische Vogelpopulation bekannt (s. S. 279).

DIE SEHENSWERTESTEN ORTE

Trondheim

Die moderne Stadt gilt als Heimat der nordischen Genüsse und hat sich zum Topreiseziel für Gourmets entwickelt. Kulturelle Highlights wie der Nidarosdomen (Nidarosdom), eine ansprechende Architektur, zahlreiche Museen und ein skandinavisches Flair machen die Stadt zu einem lohnenswerten Reiseziel (s. S. 60).

011wn-df

Mosjøen

Die Holzhäuser des historischen Stadtteils Sjøgata gehören zu den längsten alten Holzhäuserreihen Europas. Das atmosphärische, ansprechende Stadtviertel beherbergt charmante Cafés, Restaurants und Galerien. Outdooraktivitäten in den Bergen wie eine Zipline oder ein Klettersteig ergänzen das Angebot (s. S. 118).

012wn-df

Reine, Sakrisøy und Hamnøy

Diese dicht beieinander liegenden Orte sind der Inbegriff der Lofoten. Verstreut über Inseln und Halbinseln liegen vor steil aufragenden Bergflanken die bunten Rorbuern (Fischerhütten) und vereinen optisch all das, was die Lofoten ausmacht. Gute Gastronomie und einladende Geschäfte runden das Angebot ab (s. S. 143).

013wn-df

Nusfjord

Nusfjord gehört zu den am besten erhaltenen Fischerorten Nordnorwegens und zählt zu den ältesten Fischereisiedlungen der Lofoten. Historische Rorbuern, Fischverarbeitungsanlagen, eine Trankocherei, Bootshäuser und ein Kaufmannsladen können besucht werden (s. S. 151).

271wn-df

Tromsø

Die größte Stadt Nordnorwegens liegt auf einer Insel, die von einem beachtlichen unterirdischen Verkehrsnetz durchzogen ist. Die Kombination aus kulturellem und gastronomischem Angebot und der eindrucksvollen, gut zugänglichen Natur machen den Ort zu einem äußerst lohnenswerten Reiseziel (s. S. 207).

015wn-df

DIE SCHÖNSTEN ROUTEN DURCH NORDNORWEGEN

◁ Ehemalige Fischerhütten (Rorbuern) in Hamnøy (s. S. 143) auf den Lofoten, dahinter die Südwand des 389 m hohen Festhæltinden (Foto: 272wn-df)

4
Å i Lofoten
Harstad
Bodø
Tromsø
Narvik
Alta
Mo i Rana
Kautokeino
Karasjok
Kirkenes

5
Å i Lofoten
Harstad
Bodø
Tromsø
Narvik
Alta
Mo i Rana
Kautokeino
Karasjok
Kirkenes

6
Å i Lofoten
Harstad
Bodø
Tromsø
Narvik
Alta
Mo i Rana
Kautokeino
Karasjok
Kirkenes

7
Å i Lofoten
Harstad
Bodø
Tromsø
Narvik
Alta
Mo i Rana
Kautokeino
Karasjok
Kirkenes

8
Å i Lofoten
Harstad
Bodø
Tromsø
Narvik
Alta
Mo i Rana
Kautokeino
Karasjok
Kirkenes

9
Å i Lofoten
Harstad
Bodø
Tromsø
Narvik
Alta
Mo i Rana
Kautokeino
Karasjok
Kirkenes

HINWEISE ZUR BENUTZUNG

GPS-KOORDINATEN

Alle GPS-Daten in diesem Buch sind als **geografische Koordinaten** (Breite/Länge; Lat./Lon.) in Dezimalgrad (hddd.dddd) angegeben, also z. B. 67.23501, 14.59843. Die erste Angabe zeigt den Wert für die nördliche Breite (° N), die zweite den für die östliche Länge (° O) an. Alle modernen GPS-Geräte akzeptieren die Schreibung als Dezimalgrad, gegebenenfalls muss das Eingabeformat in den Einstellungen des Gerätes aber erst ausgewählt werden.

Einige Geräte verlangen möglicherweise statt des Punktes ein Komma als Trennzeichen.

Das **Kartendatum** ist WGS84.

Umrechnung der Koordinaten

Wenn Sie die GPS-Angaben **von Dezimalgrad in Dezimalminuten** (dd° mm,mmm') umrechnen müssen, so beachten Sie bitte, dass ein Grad 60 (nicht 100!) Minuten hat. Die Angaben in Dezimalgrad können daher nicht einfach durch Kommaverschiebung in Dezimalminuten umgewandelt werden! 67.23501° N sind nicht 67° 23,501'N, sondern 67° 14.1006'N. Wer dies nicht beachtet, erhält beträchtliche Fehler. Ein Datenkonverter wie z. B. www.geoplaner.de erleichtert die Umrechnung beträchtlich.

Nutzung der GPS-Koordinaten

Wer ein GPS-Gerät oder Navigationssystem benutzt, das Koordinaten-Eingaben akzeptiert, der kann sich direkt zu den jeweiligen Punkten führen lassen. Praktisch alle GPS-Handgeräte bieten diese Möglichkeit, während manche Navigationssysteme nur Eingaben von Adressen akzeptieren – und Park- oder Stellplätze haben nicht immer eine Adresse.

Einige **Internet-Kartendienste oder Routenplaner** wie GoogleMaps™ (http://google.de/maps) zeigen nach Eingabe der geografischen Daten den gesuchten Punkt an, auf Wunsch mit Satellitenansicht und an vielen Stellen mit StreetView-Funktion.

Koordinaten zum Download

Die **GPS-Koordinaten der Stell- und Campingplätze im Buch** können auf der Verlags-Website www.reise-know-how.de von der Artikelseite dieses Buches als Waypoint-Liste heruntergeladen werden.

Benötigt Ihr Gerät ein **anderes Datenformat als kml oder gpx,** kann die Umrechnung beispielsweise unter www.routeconverter.de oder www.gpsvisualizer.com erfolgen.

SERVICE FÜR MOBILGERÄTE

Durch Einscannen des QR-Codes auf dem Umschlag bzw. die Eingabe der Internet-Adresse **www.reise-know-how.de/womo/nordnorwegen23** wird ein für den mobilen Einsatz optimierter Internet-Dienst aufgerufen. Damit kann die Lage der Stell- und Campingplätze auf einer Karte und die Route dorthin angezeigt werden. Außerdem können darüber Updates nach Redaktionsschluss aufgerufen werden.

Voraussetzung ist eine Datenverbindung über das Mobilfunknetz oder WLAN.

STELL- UND CAMPINGPLÄTZE

In diesem Wohnmobil-Tourguide wird eine breite Auswahl der in der Region verfügbaren Stell- und Campingplätze mit allen wichtigen Angaben beschrieben. Darüber hinaus listen einschlägige Apps und Stellplatzführer weitere Übernachtungsmöglichkeiten auf. Die Nichterwähnung in unserem Buch bedeutet nicht, dass ein Platz nicht mehr existiert oder eine geringe Qualität aufweist.

VORWORT

Es sind magische Momente, wenn der Himmel aufreißt, die Wolken die Sonne freigeben und atemberaubende Lichtspiele die Landschaft in Szene setzen. Alles andere ist vergessen. Wenige Augenblicke später kommt wieder Wind auf, erste Regentropfen oder Schneeflocken wirbeln horizontal durch die Luft. Das Licht ist verschwunden.

Der Geruch von auf Holzgestellen zum Trocknen aufgehängten Fischen zieht durch die Luft. Er überdeckt alle anderen Düfte. Die Fischköpfe schlagen im Wind aneinander und rasseln wie Gebeine. Vögel kreisen kreischend über den Gestellen. Hin und wieder picken sie an den Fischen. Im wechselnden Licht ändert das rauschende Meer ständig seine Farbe.

In einem einsamen Fjord der Lofoten gleitet plötzlich ein großer Vogel durch die Luft. Ein Seeadler zieht seine Bahnen vor den steil aufragenden Felswänden. Dutzende gibt es hier. Die rauen Felsen bieten ihnen optimalen Lebensraum. Der Anblick der majestätischen Greifvögel lässt einen zur Ruhe und den Reisenden endgültig an diesem Ort ankommen.

In einer Bucht mit weißem Sandstrand, umringt von 600 Meter hohen und annähernd vertikalen Felswänden, brechen sich perfekte Wellen im warmen Licht der Mitternachtssonne und ein einsamer Surfer gleitet auf einer dieser Wellen der Küste entgegen.

Im September, wenn die Tage deutlich kürzer werden, die Birken und Flechten in feurigem Orange und Rot leuchten und der erste Frost das Land heimsucht, lassen sich bereits Polarlichter beobachten. Lautlos flackern sie grün, violett, rot und blau am Himmel und wenn sie wieder verschwinden, lassen sie den Betrachter mit einer Gänsehaut zurück.

Nordnorwegen ist eine Region, in die es zumeist Naturliebhaber und Ruhesuchende verschlägt. Eine abwechslungsreiche, unberührte, überwältigende und mystische Landschaft mit vielen Inseln, mächtigen Fjorden, endlosen Wäldern, hohen Bergen, hügeligen Weiten, geprägt von Mooren, Binnenseen, Flüssen, flechtenbewachsenen Felsen, Heidekraut, kleinen Birken und mit Kiefern bewachsenen Tälern versetzt den Reisenden in Staunen.

Nordnorwegen ist ein Landesteil Norwegens, der sich seit einer Regionalreform im Jahr 2020 aus den Provinzen (Fylker) Nordland und Troms og Finnmark zusammensetzt, was sich aufgrund von Protesten aber vorausichtlich bis zum 1. Januar 2024 erneut ändern wird. Trondheim und die Provinz Trøndelag nicht mitgerechnet, leben hier auf einer Fläche von etwa 113.000 km² rund 485.000 Menschen. Dieses Gebiet macht rund 35 Pro-

267wn-df

zent der Landesfläche Norwegens aus, doch nur 9 Prozent der norwegischen Bevölkerung ist hier zu Hause.

Über 150.000 Rentiere streifen durch die Landschaften Nordnorwegens. Sie gehören größtenteils den etwa 3000 Samen, die heute noch von der Zucht leben. Etwa 70.000 Menschen dieses einzigen indigenen Volks in Europa leben auf die skandinavischen Staaten und den europäischen Teil Russlands verteilt. Davon ist mehr als die Hälfte in Norwegen und der Großteil davon wiederum in Nordnorwegen zu Hause.

Unsere Reise beginnt etwa 300 km südlich von Helgeland, der südlichsten Region der Provinz Nordland und der offiziellen Grenze zu Nordnorwegen. **Trondheim,** das Tor zum Norden, markiert den südlichsten Punkt der Routen. Unbedingt besuchenswert sind die kulturellen Zentren Nordnorwegens: **Bodø, Narvik** und **Tromsø,** die bereits nördlich des Polarkreises liegen. Doch auch in vielen kleineren Orten, in denen man zunächst kaum damit rechnet, gibt es zahlreiche kulturelle Highlights zu entdecken. Selbst in den „Metropolen des Nordens" spielt sich das Leben in

Um Mitternacht auf dem Husfjellet bei Skaland (s. S. 201) auf der Insel Senja

einem ruhigeren Tempo ab als in Mitteleuropa. Auf Staus, überfüllte Parkplätze und lange Schlangen vor Museen trifft man eher selten.

Um die **Kultur der Samen** näher kennenzulernen, lohnt sich ein Abstecher in die **Finnmark** bzw. die **Finnmarksvidda,** Norwegens größtes Hochplateau. In **Kautokeino, Varangerbotn** oder in **Karasjok,** wo das Parlament der norwegischen Samen ansässig ist, bieten sich vielseitige Möglichkeiten, sich über die Lebensweise und Kultur des Volkes zu informieren.

Um Nordnorwegen innerhalb von einigen Wochen zu entdecken, gibt es kaum eine bessere Variante als mit dem Wohnmobil zu reisen. Das Zuhause auf Rädern ermöglicht absolute Flexibilität beim Erkunden der zahlreichen, teils abgelegenen Sehenswürdigkeiten und bietet zudem einen gemütlichen Rückzugsort bei kühlem Klima und niederschlagsreichem, wechselhaftem Wetter.

Wenn man in Nordnorwegen unterwegs ist, muss man sich darauf einstellen, viel Zeit hinter dem Steuer zu verbringen, da die Distanzen groß sind. Doch durch das geringe Verkehrsaufkommen wird das Fahren zu einer entspannten Angelegenheit und die ständig wechselnde Landschaft lässt die Reise auf Norwegens Straßen zu einem faszinierenden Erlebnis werden.

Das Abenteuer kann also beginnen. Genießen Sie die ursprüngliche Natur in Europas nördlichster Region, den Kontakt zu den aufgeschlossenen, hilfsbereiten, toleranten und gastfreundlichen Menschen und erleben Sie eine fortschrittliche Gesellschaft mit Sinn für Genuss, Ästhetik und Gemütlichkeit.

God tur
Daniel Fort

⊡ *Blick vom Munken (770 m) auf Kjerkfjorden und Olstinden bei Reine (s. S. 143) auf den Lofoten*

DAS LAND ENTDECKEN

Norwegen ist flächenmäßig etwas größer als Deutschland (Svalbard und Jan Mayen mit eingerechnet), das norwegische Festland ist allerdings lang und schmal. Die Längenausdehnung beträgt zwischen Lindesnes im Süden (GPS 57.98235, 7.04788) und dem nördlichsten Festlandspunkt Kinnarodden (GPS 71.133, 27.647) in Luftlinie etwa 1750 km. Die Breite variiert zwischen 430 und 1,7 km. Beeindruckende Zahlen entstehen, wenn man die Küste Norwegens betrachtet. Die Küstenlinie des Festlandes inklusive Fjorden und Buchten beträgt ca. 29.000 km. Werden die der etwa 150.000 Inseln mitberücksichtigt, erreicht die Küstenlänge mehr als 100.000 km. Die Länge der Küste ohne die Fjorde und Inseln hingegen beläuft sich auf lediglich 2500 km.

Bei dieser Ausdehnung ist es naheliegend, dass den Wohnmobillisten auf einer Reise durch Norwegen viel Abwechslung erwartet. Nördlich von Trondheim durchquert man zunächst die Region **Helgeland,** die mit ihren beeindruckenden Bergformationen, Fjorden, Buchten und unzähligen Inseln zu den schönsten und abwechslungsreichsten Gegenden des Landes gehört. Anschließend folgt die spektakuläre Inselgruppe der **Lofoten** mit ihren schroffen, steil aus dem Meer aufragenden Felsnadeln. Weitere landschaftliche Highlights wie die Insel **Senja** oder die **Lyngenalpen** bei Tromsø folgen. Rau und weitläufig präsentiert sich die innere und östliche **Finnmark.** Die Landschaft ist auf den ersten Blick weniger spektakulär, fasziniert jedoch mit ihrer Einsamkeit und der arktischen Flora und Fauna.

Norwegen ist ein altes Kulturland, dessen Siedlungsgeschichte bereits 9000 v. Chr. begann. Doch erst 1905 löste man sich vom Königreich Schweden und wurde zum eigenständigen Staat. Mit der Krönung von König Haakon VII. im selben Jahr wurde der Grundstein für das heutige Norwegen gelegt. Die Wurzeln des Königshauses reichen jedoch bis in die Wikingerzeit (ca. 800 n. Chr.–

266wn-df

1050 n. Chr.) und gehen auf den sagenumwobenen Wikingerkönig Harald Hårfagre zurück.

Der heutige Wohlstand des Landes, der in den 1960er-Jahren seinen Anfang nahm, ist überall zu spüren. Trotz der herausfordernden Topografie findet sich selbst in den entlegensten Regionen eine relativ gute **Infrastruktur.** Supermärkte, Tankstellen etc. sind in ganz Nordnorwegen flächendecken vorhanden, obgleich die Finnmark durch ihre geringe Besiedlung etwas weniger großzügig erschlossen ist.

Eine Reihe von ausgewiesenen, gut ausgebauten **Landschaftsrouten** *(nasjonale turistveger)* erschließen die bedeutendsten Gebiete. Zudem existiert im Land ein relativ dichtes Netz **an Stell- und Campingplätzen,** da die Norweger begeisterte Camper sind. Dass **freies Stehen** toleriert wird, erhöht die Attraktivität Norwegens als Wohnmobilland, doch sollte man das Jedermannsrecht sowie die örtlichen Vorschriften beachten.

Das recht umfangreiche **Straßennetz** verbindet sehenswerte Orte und Nationalparks, schlängelt sich um Fjorde oder überwindet Bergpässe. Immer wieder zweigen schmale Schotterstraßen in abgelegene Naturräume ab. Teilweise sind diese auch mit größeren Wohnmobilen befahrbar und ermöglichen somit einen guten Zugang zur lokalen Natur.

Die meisten Reisenden werden von Süden aus nach Norwegen einreisen. Sollte man stattdessen über Nordschweden oder Nordfinnland die Grenze überqueren, kann man ebenfalls die in diesem Buch beschriebenen **Routen** abfahren, allerdings in umgekehrter Reihenfolge.

Der Großteil der neun Routen, die landschaftlich und kulturell sehenswerte Regionen und Orte erschließen, führt topografisch bedingt an der Küstenlinie entlang. In einigen Regionen werden **Parallelstrecken** durch das Landesinnere angeboten, zu denen man – über teils ebenso sehenswerte Verbindungsrouten – wechseln kann. Es ist auch empfehlenswert, nicht gefahrene Parallelstrecken ggf. auf dem Rückweg zu erkunden. Unterwegs bieten sich außerdem immer wieder Möglichkeiten für individuelle Abstecher und eigene Entdeckungen.

Zeit sollte man auf einer Reise nach Nordnorwegen unbedingt mitbringen. Allein das Teilstück von Trondheim nach Bodø an der zerklüfteten Helgelandküste entlang weist eine Länge von 900 bis 1.100 km auf. Um alle im Buch beschriebenen Routen in aller Ruhe zu genießen, sollten mindestens 6 bis 8 Wochen eingeplant werden. Man kann die einzelnen Strecken aber natürlich auch auf mehreren kürzeren Reisen erkunden.

017wn-df

020wn-df

019wn-df

016wn-df

PRAKTISCHE REISETIPPS A–Z

ANREISE

Es gibt verschiedene Möglichkeiten, um nach Norwegen zu gelangen. Man hat die Wahl zwischen dem flexiblen reinen Landweg über die Brücken in Dänemark und weiter über Schweden oder verschiedenen Fährverbindungen von Deutschland und Dänemark aus.

Wer sich zeitlich nicht festlegen möchte, kann **über Land fahren** und der A7 bis Flensburg und in Dänemark der E45 und der E20 bis Kopenhagen folgen, um anschließend über die Öresundbrücke nach Schweden zu gelangen. Eine weitere Variante ist die Fahrt mit der alle 30 Minuten verkehrenden **Fähre von Puttgarden auf Fehmarn nach Rødbyhavn** (www.scandlines.de/abfahrten). Von Rødbyhavn folgt man der E47 und E20 bis nach Kopenhagen und weiter über die **Öresundbrücke** (dänisch: Øresundsbroen, schwedisch: Öresundsbron) nach Malmö in Schweden. Hier gibt es die Möglichkeit, den BroPas zu nutzen, um eine ermäßigte **Brückenmaut** zu erhalten (s. S. 31). Ab Malmö führt die E6 in Richtung Oslo und weiter bis Trondheim.

Wer sich die vielen Kilometer sparen und für einige Stunden auf einer Fähre entspannen möchte, um die Reise ausgeruht fortzusetzen, kann sich für eine der zahlreichen weiteren Fährverbindungen von Deutschland und Dänemark nach Norwegen oder Schweden entscheiden. Die Fähren können auf den jeweiligen Websites der Reedereien oder bei www.directferries.de gebucht werden. Die Preise variieren stark. Mitte der Woche sind die Überfahrten günstiger als um das Wochenende herum. Zudem finden sich beispielsweise im Juni erschwinglichere Verbindungen als im Juli. Für den Fahrpreis ist die Fahrzeuglänge ausschlaggebend.

Ab dem jeweiligen Fährhafen in Norwegen führen verschiedene Strecken in den Norden nach Trondheim. Zu empfehlen sind die Häfen von Oslo, Kristiansand, Langesund und Larvik, da von dort die schnellsten und bequemsten Routen in den Norden führen. Von Malmö und Trelleborg in Schweden folgt man der **E6** an der schwedischen Küste entlang nach Norwegen. Ab Oslo besteht die Möglichkeit, über die **E6** oder die **E6** und **Rv3** nach Trondheim zu gelangen. Von Kristiansand, Langesund und Larvik sind in Richtung Oslo und Trondheim beispielsweise die Routen über die **E18** und die **E6** oder die **E18,** die **E6** und die **Rv3** zu empfehlen.

FÄHRVERBINDUNGEN

Die folgenden Angaben beziehen sich jeweils auf eine einfache Fahrt in der Hauptsaison.

Von Deutschland nach Norwegen, Schweden und Dänemark

- **Kiel – Oslo (Norwegen):** Color Line, Abfahrt tägl. um 14 Uhr, Dauer: 20 Std., ab 720 € (Juni) für 2 Pers., Innenkabine Etagenbett, ein Wohnmobil (Länge bis 6 m, Höhe bis 4 m), www.colorline.de
- **Travemünde – Trelleborg (Schweden):** TT-Line, 4 Abfahrten tägl., Dauer: 8 Std., ab 150 € für 2 Pers., Innenkabine, ein Wohnmobil (Länge bis 6 m, Höhe bis 4 m), www.ttline.com
- **Travemünde – Malmö (Schweden):** Finnlines, 2–3 Abfahrten tägl., Dauer: 9 Std., ab 230 € für 2 Pers., Innenkabine, ein Wohnmobil (Länge bis 6 m, Höhe bis 4 m), www.finnlines.com
- **Rostock – Trelleborg (Schweden):** TT-Line, 8 Abfahrten tägl., Dauer: 6 Std., ab 130 € für 2 Pers., ein Wohnmobil (Länge bis 6 m, Höhe bis 4 m), www.ttline.com
- **Rostock – Gedser (Dänemark):** Scandlines, alle 2–3 Std., Dauer der Überfahrt 2 Std., ca. 140 € (Standard, ohne Öresundbrücke) inkl. 2 Pers., ein Wohnmobil (Länge bis 6 m, keine Höhenbeschränkung), www.scandlines.de
- **Puttgarden – Rødby (Dänemark):** Scandlines, alle 30 Min. (nachts teilweise alle 60 Min.), Dauer der Überfahrt 45 Min., 103,50 € (Standard, ohne Öresundbrücke), 150 € (Standard, inkl. Öresundbrücke), 2 Pers., ein Wohnmobil (Länge bis 6 m, keine Höhenbeschränkung), www.scandlines.de
- **Emden – Kristiansand:** Holland Norway Lines, drei Abfahrten pro Woche um 17 Uhr, Dauer: 18 Std.

30 m, ab 585 € ein Wohnmobil (Länge bis 7 m, kein Höhenlimit) inkl. 2 Pers., Innenkabine zzgl. 95 €, www.hollandnorwaylines.com/de

Von Dänemark nach Norwegen

- **Kopenhagen – Oslo:** DFDS, eine Abfahrt tägl. um 15 Uhr, Dauer: 19 Std., ab 367 € inkl. 2 Pers., Innenkabine, ein Wohnmobil (Länge bis 7 m, Höhe bis 4 m), www.dfds.de
- **Hirtshals – Kristiansand:** Color Line, zwei Abfahrten tägl. (12.45, 20.45 Uhr), Dauer: 3 Std. 15 Min., ab ca. 220 € inkl. 2 Pers., ein Wohnmobil (Länge bis 6 m, Höhe bis 4 m), www.colorline.de
- **Hirtshals – Larvik:** Color Line, zwei Abfahrten tägl. (12.45, 22.15 Uhr), Dauer: 3 Std. 45 m, ab ca. 220 €, 2 Pers., 1 Wohnmobil (Länge bis 6 m, Höhe bis 4 m), www.colorline.de
- **Hirtshals – Langesund:** Fjord Line, Abfahrt tägl. um 14.30 Uhr, Dauer: 4 Std. 30 m, ab 190 € inkl. 2 Pers., ein Wohnmobil (Länge bis 6 m, Höhe bis 4 m), www.fjordline.com
- **Frederikshavn – Oslo:** DFDS, 4 (Juni) bis 7 (Juli, Aug.) Abfahrten pro Woche, jeweils einmal tägl. um 23.55 Uhr, Dauer: 10 Std. 5 Min., ab 300 € inkl. 2 Pers., Innenkabine Etagenbett, ein Wohnmobil (Länge bis 7 m, Höhe bis 4 m), www.dfds.de

Die Fähren der Color Line verbinden Deutschland und Dänemark mit Norwegen

DIPLOMATISCHE VERTRETUNGEN

NORWEGISCHE VERTRETUNGEN

- **Botschaft des Königreichs Norwegen,** Rauchstraße 1, 10787 Berlin, Tel. +49 (0)30 505058600, www.norway.no/de/germany, geöffnet: Mo–Fr 9–16 Uhr
- **Botschaft des Königreichs Norwegen,** Reisnerstr. 55–57, 1030 Wien, Tel. +43 (0)1 71660, www.norway.no/de/austria, geöffnet: Mo–Fr 8.30–12, 13–16 Uhr
- **Botschaft des Königreichs Norwegen,** Giacomettistraße 1, 3006 Bern, Tel. +41 (0)31 3105555, www.norway.no/de/switzerland, geöffnet: Mo–Fr 9–12, 13–16 Uhr

AUSLÄNDISCHE VERTRETUNGEN IN NORWEGEN

Deutschland

- **Deutsche Botschaft,** Oscarsgate 45, 0258 Oslo, Postadresse: Forbundsrepublikken Tysklands ambassade, PO Box 4010 AMB, 0244 Oslo, Norge, Tel. +47 23275400, www.oslo.diplo.de

- **Deutsches Honorarkonsulat Trondheim,** Falkenborgvg. 9, 7044 Trondheim, Tel. +47 41418368, trondheim@hk-diplo.de
- **Deutsches Honorarkonsulat Bodø,** Sjøgata 21, 8006 Bodø, Tel. +47 75528855, bodo@hk-diplo.de. Leiterin: Hege Alst, Honorarkonsulin
- **Deutsches Honorarkonsulat Tromsø,** SANDS (Advokatfirmaet Steenstrup Stordrange DA), 6. etasje, Strandtorget 1, 9008 Tromsø, Postadresse: Forbundsrepublikken Tysklands honorær konsul, SANDS (Advokatfirmaet Steenstrup Stordrange DA), Postbox 1088, 9261 Tromsø, Norge, Tel. +47 48016513, +47 77617800
- **Deutsches Honorarkonsulat Kirkenes,** Pasvikturist AS, Dr. Wesselsgate 9, 9915 Kirkenes, Postadresse: Forbundsrepublikken Tysklands honorær konsul, Pasvikturist AS, PB 157, 9915 Kirkenes, Norge, Tel. +47 78995080, kirkenes01@gmail.com

Österreich

- **Österreichische Botschaft,** Thomas Heftyes Gate 19–21, N-0264 Oslo, Tel. +47 22540200, www.bmeia.gv.at/oeb-oslo
- **Österreichisches Honorarkonsulat Trondheim,** Nordre gate 10, 7011 Trondheim, Tel. +47 99482674, schultz.kirsten@gmail.com
- **Österreichisches Honorarkonsulat Tromsø,** Brinkveien 47, 9012 Tromsø, Tel. +47 90964488, christian.overvaag@snn.no

Schweiz

- **Schweizerische Botschaft,** Oscars gate 29, 0352 Oslo, Tel. +47 22542390, www.eda.admin.ch/oslo

EINREISEBESTIMMUNGEN

Für die Einreise nach Norwegen ist für deutsche Staatsbürger ein **Personalausweis** ausreichend. Kinder benötigen einen **Kinderreisepass.** Die Reisedokumente müssen für die gesamte Dauer des Aufenthalts gültig sein.

Ein Visum ist nicht notwendig, sollte man allerdings einen längeren Aufenthalt planen, muss man sich innerhalb von drei Monaten (90 Tage) bei der Polizei registrieren lassen.

ZOLLBESTIMMUNGEN

Norwegen hat **strenge Zollvorgaben,** die unbedingt eingehalten werden müssen. Alle Details können unter www.toll.no/en/l/languages/de/norwegische-zollbestimmungen eingesehen werden.

Generell muss die **Ein- und Ausfuhr von Bargeld** im Wert von mehr als 25.000 NOK bei der Zollbehörde angemeldet werden. Nach einem mindestens 24-stündigen Aufenthalt außerhalb Norwegens können **Waren** im Gesamtwert von 6000 NOK zoll- und abgabenfrei eingeführt werden.

Aus dem Europäischen Wirtschaftsraum dürfen insgesamt 10 kg **Fleisch, Fleischwaren, Käse und Milchprodukte** eingeführt werden. Hunde- und Katzenfutter sind hiervon nicht betroffen.

Ohne besondere Genehmigung ist die Einfuhr folgender Waren verboten:

- Drogen, Giftstoffe und Arzneimittel (Medikamente in kleineren Mengen für den persönlichen Bedarf sind erlaubt)
- Alkohol und alkoholische Getränke mit mehr als 60 Vol-% Alkohol
- Waffen und Munition
- Feuerwerkskörper
- Kartoffeln
- Säugetiere (zur Mitnahme von Haustieren siehe s. S. 27), Vögel und exotische Tiere
- Pflanzen bzw. Pflanzenteile, die zum Anbau bestimmt sind
- Fleisch und Fleischwaren, Milch und Milcherzeugnisse von Staaten außerhalb des EWR (Europäischer Wirtschaftsraum)

Norwegen gehört nicht zur EU und hat strenge Vorgaben, was den Verkauf und den Umgang mit **Alkohol** anbelangt. Entsprechend streng, aber auch komplex sind die Bestimmungen, was die Einfuhr von Alkohol und Tabak anbelangt. Die erlaubten Mengen setzen sich durch eine variable Quote zusammen. Pro Person können beispielsweise folgende Waren zoll- und abgabenfrei eingeführt werden:

- Spirituosen über 22 und bis 60 Vol.-%: 1 Liter
- Wein über 2,5 und bis 22 Vol.-%: 1,5 Liter
- Bier über 2,5 Vol.-% (auch Starkbier) oder Alcopop bzw. Cidre über 2,5 und bis 4,7 Vol.-%: 2 Liter
- Zigaretten und andere Tabakwaren: 200 Zigaretten oder 250 g, Zigarettenpapier: 200 Blatt

Je nachdem wie viel man von den jeweiligen Waren einführen möchte, ist die Quote variabel. Beispielsweise wäre es möglich, pro Person 5 Liter Bier, 200 Zigaretten und 200 Blatt Zigarettenpapier einzuführen, wenn keine weiteren alkoholhaltigen Getränke mitgebracht werden. Um die genauen Mengen zu berechnen, ist die **„KvoteAppen"** des norwegischen Zolls hilfreich (kostenlos für iOS und Android). Falls die Warenmenge die Freigrenze überschreitet, wird dies in der App angezeigt und die Zollgebühr kann über die App bezahlt werden.

Eine **Ausfuhr von Waren** mit einem Wert von über 5000 NOK pro Person ist nur gestattet, wenn für diese Waren vor Grenzüberschreitung eine Zollerklärung vorliegt.

Zur **Ausfuhr von selbst geangeltem Fisch** siehe S. 50.

GELDFRAGEN

Die Landeswährung ist die **Norwegische Krone (NOK).** Der Kurs variiert, als einfache Faustregel kann man sich jedoch etwa **1 € = 10 NOK** merken. Euros werden in der Regel nicht angenommen. Geld zu tauschen ist recht kostspielig und meistens erhält man einen ungünstigen Wechselkurs.

Das Abheben von Bargeld an Geldautomaten ist nahezu überall möglich. Die Gebühren sind abhängig vom eigenen Kreditinstitut. **Bankautomaten** finden sich in allen kleinen und großen Städten. Sogar im hohen Norden gerät man selten in Not, allerdings sind die Automaten hier seltener zu finden als im Süden des Landes. In abgelegenen Regionen besteht häufig die Möglichkeit, an Tankstellen oder in einem Kiosk Bargeld abzuheben.

Norwegen ist ein praktisch bargeldloses Land und das Bezahlen mit Münzen und Scheinen ist nicht mehr üblich. **Debit- und Kreditkarten** (Visa- und Mastercard) werden fast überall anerkannt, nur Nutzer von Amex und Diners Club werden vielleicht auf Probleme stoßen. In äußerst abgelegenen Regionen kann es dennoch vorkommen, dass man **Bargeld** benötigt, um beispielsweise auf einem Stell- oder Campingplatz ein paar Scheine in einen Briefkasten zu werfen, daher sollte man immer etwas dabeihaben.

Seit 2017 sind **neue Geldscheine** im Umlauf. Wer noch alte Scheine besitzt, muss diese bis 2027 in den Filialen der Norwegischen Zentralbank (Norges Bank Trondheim, Peter Eggesplass 2, oder Norges Bank Tromsø, Bankgata 9/11) umtauschen, denn die alten Banknoten werden nicht mehr angenommen.

EINKAUFEN

LOKALE PRODUKTE

In den vergangenen Jahren haben sich junge norwegische Designer verstärkt **traditionellen Materialien** wie unbehandeltem Holz, Leder oder Wolle gewidmet und diese mit zeitgenössischen Stilen und neuen Impulsen kombiniert. Vor allem die **Strickkunst** hat in Norwegen eine lange Tradition und liegt voll im Trend. Handschuhe, Mützen, Halstücher, Pullover und Jacken werden in frischen Farben und Mustern aus der Wolle der heimischen Schafe hergestellt. Auch dezente Naturtöne sind beliebt. Überdies sind **Accessoires aus Holz** für Küche und Wohnung und Lampen, Gefäße etc., die sich in klaren nordischen Formen präsentieren und von kreativen Designern entworfen, wurden oft gesehene Produkte. Vor allem in den größeren Städten wie Trondheim oder Tromsø finden sich zahlreiche Läden, die diese Produkte anbieten. Doch auch in weniger dicht besiedelten Regionen wie den Lofoten, die

eine starke kulturelle Identität besitzen oder bei Touristen beliebt sind, finden sich einladende Geschäfte.

Sportmode ist bei den Skandinaviern überaus beliebt. Sie wird im Alltag und natürlich während der diversen Outdoor-Aktivitäten getragen. Da die Norweger einen hohen Anspruch an ihre Ausrüstung und Bekleidung haben, was auch den klimatischen Bedingungen geschuldet ist, sind die Sport- und Outdoor-Geschäfte in der Regel ausgesprochen gut sortiert. Ausrüstung für Segler, Fischer, Wanderer und Camper wird in Norwegen entwickelt und teilweise hergestellt und ist fast überall in hochwertiger Qualität erhältlich.

In den **Souvenirläden** finden sich niedliche oder furchterregende Trolle, lokal hergestellter Schmuck, bemalte Holzfiguren, Modelle von Fischerbooten oder Wikingerschiffen, Ziegen- und Rentierfelle sowie Silber-, Zinn-, Keramik- und Glasprodukte. Beispielsweise bietet die **Glashütte in Vikten** (s. S. 153) auf den Lofoten ein umfangreiches Sortiment an einzigartigen Werkstücken und eröffnet zudem Einblicke in die Glasbläserkunst. In vielen Regionen kann auch **Duodji,** die traditionelle Handwerkskunst der Samen erworben werden. Gefäße (z. B. Kuksa) aus Birkenwurzelholz oder Birkenrinde, Messer und Schmuck – teils aus Rentierhorn – oder Silberschmuck werden teilweise von den Samen selbst in ihren eigenen Werkstätten und Verkaufsräumen angeboten. Vor allem in der Finnmark findet sich eine große Auswahl an Herstellern. Eines der bekanntesten Geschäfte für Silberschmuck ist **Juhls Silberschmiede** in Kautokeino (s. S. 253).

Zahlreiche Geschäfte in Norwegen bieten für EU-Bürger und Einwohner der übrigen skandinavischen Länder eine Rückerstattung der Mehrwertsteuer (25 %, bei Lebensmitteln 15 %) an. Man sollte also an der Kasse immer nachfragen, ob der steuerfreie Einkauf im jeweiligen Laden möglich ist, denn nur wenige Geschäfte bieten den sogenannten **Tax-Refund-Cheque** von sich aus an. Der Mindesteinkaufwert liegt bei 315 NOK, bei Lebensmitteln bei 290 NOK. Es werden bei der Ausreise 12 bis 19 % der Mehrwertsteuer erstattet. Die Ware muss innerhalb eines Monats nach dem Einkauf unbenutzt ausgeführt werden. Die Cheques können an den **Cash-Refund-Centern** eingelöst werden, die sich an den Grenzübergängen (der Zoll ist dafür nicht zuständig) befinden.

Die Herstellung von Trockenfisch („Tørrfisk") hat auf den Lofoten Tradition

022wn-df

LEBENSMITTEL

Das Angebot an kulinarischen Spezialitäten in Norwegen ist vierfältig. Auf lokal hergestellte Lebensmittel wird großer Wert gelegt. An erster Stelle stehen Meeresfrüchte und Fisch wie **Räucherlachs, marinierter Lachs (Gravlaks), marinierter Hering (Sursild)** im Topf und unzählige Varianten im Glas, die in Senf- oder Tomatensoße, mit Beeren oder in saurer Sahne eingelegt sind. **Spekesild,** in Salz eingelegter roher Hering, ist eine weitere Variante des beliebten Speisefischs. Fisch wird in Norwegen zudem fermentiert. So wurde das Produkt früher besonders lange haltbar gemacht. **Gammelsaltasei** ist beispielsweise gesalzener alter Seelachs, der unfiletiert und samt Blut und Innereien dem Fermentierungsprozess ausgesetzt wird. Frischen rohen Fisch und Meeresfrüchte erhält man selbstverständlich ebenfalls in zahlreichen Geschäften.

Nicht vergessen sollte man den **Tørrfisk (Trockenfisch),** der vor allem im Norden von Norwegen und auf den Lofoten hergestellt und angeboten wird. Der **Klippfisk** ist ebenfalls getrockneter Kabeljau, der jedoch im Gegensatz zum Tørrfisk zusätzlich gesalzen wurde. Der getrocknete Kabeljau ist ein beliebter Exportartikel und in verschiedenen Größen und Varianten erhältlich. Beispielsweise kann man in nordnorwegischen Supermärkten knusprige Chips aus getrocknetem Fisch kaufen. Wobei diese häufig aus anderem Fisch produziert werden, aber dennoch schmackhaft sind. Aus dem getrockneten Kabeljau wird beispielsweis der sogenannte **Lutefisk (Laugenfisch)** zubereitet, der zur Rehydrierung mehrere Tage in einer Lauge eingeweicht und anschließend gekocht wird. In vielen norwegischen Haushalten wird dieses traditionelle Gericht zu Weihnachten mit Schinkenspeck und Aquavit serviert.

Eine weitere norwegische Fischspezialität ist der saisonale arktische Winterkabeljau **Skrei** mit seinem festen, mageren, zarten und aromatischen Fleisch. Lediglich einheimische Fischer dürfen den Fisch von kleinen Kuttern aus mit der Angel fangen. Generell ist der **Kabeljau (oder Dorsch)** neben dem **Lachs** das ganze Jahr über einer der wichtigsten Speisefische. **Gebratene und panierter Kabeljauzunge** ist eine beliebte Zubereitungsart.

An der Barentssee, im äußersten Norden Norwegens, ist die **Königskrabbe** eine gefragte Delikatesse und wird von zahlreichen Restaurants und Touristenunternehmen vermarktet. Außerdem sind vegetarische Produkte aus dem Meer wie **Nori-Algen, Zuckertang** oder **Flügeltang** immer mehr im Kommen und werden beispielsweise auf den Lofoten von Unternehmen wie **Lofoten Seaweed** verarbeitet und verkauft. Je näher man sich an der Küste befindet, desto größer ist das Angebot an frischem Fisch und Meeresfrüchten.

021wn-df

☒ *Hervorragende Fischgerichte und -produkte bietet Anita's Sjømat (s. S. 145) in Sakrisøy auf den Lofoten*

024wn-df

Auch **Käsespezialitäten** werden in Norwegen hergestellt. Die bekannteste Variante ist der aus Molke hergestellte karamellfarbige, süßlich schmeckende Ziegenkäse **Geitost** oder **Brunost (Braunkäse).** Da Letzterer aus der Molke von Kuh-, Schafs oder Ziegenmilch hergestellt wird ist er strenggenommen kein Käse. Unter ständigem Rühren wird die Molke stark eingekocht, sodass der Milchzucker karamellisiert und dem Käse seine typische braune Farbe und den süßen Geschmack verleiht. Man isst ihn gern auf **Waffeln,** zusammen mit Marmelade und Sahne. Weitere Käsesorten, die aus entrahmter saurer Milch hergestellt werden, sind der **Gamalost** (sieht wie Brot aus) oder **Pultost** (erinnert an Risotto).

Fleisch ist in der norwegischen Esskultur ebenfalls fest verankert. **Fenalår,** getrocknete und gesalzene oder auch geräucherte und gepökelte Lammkeule, ist eine traditionelle norwegische Spezialität. **Smalahove,** der im Ganzen gepökelte, geräucherte, gesalzene und gekochte Schafskopf ist vermutlich für die meisten Reisenden ein eher gewöhnungsbedürftiges Gericht. Die wohlschmeckende Speise wird vor allem in der Vorweihnachtszeit gegessen. **Pinnekjøtt,** gesalzene und getrocknete Schafsrippen, werden in vielen Haushalten als Weihnachtsmahl serviert.

Den Eintopf **Fårikål** bezeichnet man oft als **norwegisches Nationalgericht.** Er wird aus Hammel- oder Lammfleisch und Kohl zubereitet und kommt bevorzugt im Herbst auf den Tisch. Am letzten Donnerstag im September ist diesem Eintopf sogar ein Festtag gewidmet. Zudem gehört in Nordnorwegen die Verwertung des delikaten **Lofotlam** und des **Lyngenlam** zu einem exklusiven Vergnügen.

Wildgerichte aus **Elch- und Rentierfleisch** dürfen ebenfalls nicht auf der Speisekarte fehlen. Vor allem Rentierfleisch wird in den Siedlungsgebieten der Samen häufig angeboten. Vom Rentier wird grundsätzlich alles verwendet. Von den Innereien bis hin zu Steak und Filet. Das Herz wird gern geräuchert und gekocht gegessen. Das hochpreisige und aromatische Rentierfleisch ist getrocknet, geräuchert, roh oder tiefgefroren erhältlich. Eine beliebte Zubereitungsart ist das **Sautieren.** Dabei wird das dünn geschnittene oder geschnetzelte Fleisch bei hohen Temperaturen kurz in der Pfanne angebraten, sodass es besonders saftig bleibt. Traditionelle Gerichte sind beispielsweise das aus **Reinskav (geschnetzeltes Rentierfleisch)** hergestellte **Finnbiff** oder das **samische Nationalgericht Biđos,** ein Eintopf mit langsam gegartem Rentierfleisch. Zusätzlich verwenden die Samen beim Kochen häufig **Blut (Blutwurst)** oder **frittierte Rentierflechten.**

Beliebte **Beilagen** zu allen norwegischen Gerichten sind im Land wachsende Wildbeeren, Wildkräuter, Pilze, Kartoffeln, verschiedene Kohlsorten und Wurzelgemüse. Das Gemüse wird häufig püriert serviert. Eine Besonderheit stellt hierbei die **Multebær (Moltebeere)** dar. Diese gold-orange Beerenart wächst ausschließlich in den Feucht- und Sumpfgebieten im Norden Amerikas, Europas und Asiens (sehr geringe Vorkommen in Norddeutschland) und zeichnet sich durch einen hohen Anteil an Vitamin C und ihren

◸ *Rentiergericht („Reinskav") im Restaurant Sami Siida (s. S. 233) in Alta*

einzigartigen Geschmack aus. Die Beere wird in Skandinavien und Norwegen pur oder zum Beispiel als Marmelade, **Dessert (Multekrem)** oder Likör verkauft und konsumiert.

Norweger lieben Süßes. Neben den auch aus Schweden bekannten **Zimtschnecken (norweg. kanelsnurr)** und den allseits beliebten Waffeln, ist die **Svele** oder **Lapp** ein gefragtes norwegisches süßes Gebäck, das dem Eierkuchen ähnelt. Der Teig einer Svele besteht aus Eiern, Zucker, Dickmilch (oder Kefir), Mehl, Natron und Hirschhornsalz. Sie wird in der Regel mit Brunost, Butter und Zucker oder mit Marmelade gegessen.

Ein äußerst vielseitiges Gebäck ist die **Lefse.** Sie gilt als Grundnahrungsmittel in traditionellen norwegischen Haushalten und wird süß oder salzig, dick oder dünn, aus Weizen, Roggen oder Kartoffeln bestehend und mit verschiedenen Beilagen serviert. Je nach Sorte kann die Lefse als Alternative zu Brot oder zum Kaffee genossen werden. Die Lefse kann als Wrap mit Schinken, Käse, Lachs, Gemüse etc. oder als Süßspeise mit Marmelade, Zimt, Zucker, Butter und Brunost gegessen werden.

Rømmegrøt wird zu besonderen Anlässen wie Feiertagen zubereitet und gilt als traditionelles norwegisches Gericht. Rømmegrøt ist ein Brei, der aus Sauerrahm, Vollmilch, Weizenmehl, Butter und Salz zubereitet wird. Die Rezepte variieren je nach Region. Der Brei ist dickflüssig und süß und wird für gewöhnlich mit Butter beträufelt und mit Zucker und gemahlenem Zimt bestreut. Traditionell wird Rømmegrøt mit gepökeltem Fleisch oder geräuchertem Schinken serviert.

Die Norweger lieben **Brot** und essen es zu fast allen Mahlzeiten. Durchschnittlich verzehrt jeder 38,5 kg pro Jahr zum Frühstück, als **Matpakke** (Lunchpaket) oder zum Abendessen. Man ist äußerst kreativ beim Belegen, denn als **Pålegg** (Brotbelag) gibt es von Marmeladen, Pasteten und Käse bis hin zu Fisch eine große Auswahl. In den Supermärkten findet man eine beachtliche Auswahl. Neben klassischem Brot stehen zudem ein beeindruckendes Sortiment an **Knekkebrød** (Knäckebrot) oder das **Polarbrød,** ein weiches, fladenähnliches Brot, das getoastet werden kann und hervorragend mit Butter, Marmelade, Honig oder eingelegtem Hering schmeckt, zur Verfügung. Zudem finden sich mittlerweile auch zahlreiche kleine Bäckereien, die handwerklich hochwertige Brote aus verschiedenen Teigsorten herstellen.

SUPERMÄRKTE

Die meisten **Geschäfte** in den größeren Städten haben von Montag bis Samstag zwischen 10 und 17 Uhr geöffnet. Ein Großteil der Supermärkte in größeren Orten ist zudem am Sonntag offen. Die Öffnungszeiten des Rema 1000 in Tromsø sind beispielsweise Mo bis Fr von 8 bis 23, Sa von 8 bis 22 und So von 14 bis 20 Uhr. Die Zeiten können je nach Größe des Ortes, Region und Supermarktkette variieren.

In der Regel hat man keinerlei Probleme, rechtzeitig einen Supermarkt zu finden, um sich mit Lebensmitteln zu versorgen. Selbst die kleinsten Orte können mit einem – zumindest kleinen – Supermarkt dienen. Falls man aber die Wildnisstraße zwischen Majavatn und Korgen (Route 2, s. S. 114) erkunden möchte, sollten die Vorräte (auch Diesel) rechtzeitig in einem der Orte auf der Hauptroute (E6) aufgefüllt werden. Auch die Süd- und Südwestküste von Senja ist mit Supermärkten nicht besonders gut versorgt. Auf der Landschaftsroute von Senja ist die Infrastruktur wiederum besser ausgebaut. Doch hier haben die Supermärkte oftmals am Sonntag geschlossen. In vielen Regionen wird außerdem am Sonntag selbst in den geöffneten Geschäften **kein Bier verkauft.** Zudem sind in den Supermärkten lediglich Getränke bis 4,75 %-Vol zu finden, die außerdem nur in einem bestimmten Zeitfenster (z. B. bis 20 Uhr) verkauft werden. Wein, Whisky, Starkbier etc. kann in Norwegen nur in den staatlichen Geschäften **Vinmonopolet** (www.vinmonopolet.

no) erworben werden. Diese haben meistens von Mo bis Fr zwischen 10 und 18 bzw. Sa von 10 bis 16 Uhr geöffnet.

Die Produkte in den Supermarktketten stammen überwiegend von norwegischen Unternehmen. Ausländische Produkte sind häufig sehr teuer, da die norwegische Regierung mit hohen Importzöllen arbeitet, um die heimische Lebensmittelproduktion und Agrar- und Landwirtschaft zu schützen. In allen Ketten finden sich günstige Eigenmarken. Bioprodukte finden sich bei den großen Ketten nicht in dem Umfang wie man es in Deutschland gewohnt ist. Der Bio-Hype hat sich in Norwegen noch nicht in dem Ausmaß durchgesetzt, wie in manchen Teilen des restlichen Europas. Das Augenmerk der Verbraucher gilt vielmehr regionalen Produkten, die kurze Transportwege erfordern.

In nahezu allen Supermärkten können lose Süßwaren abgewogen werden. An den Küsten Nordnorwegens finden sich häufig tiefgefrorene Meeresfrüchte zum Abwiegen in den Märkten. **Rentierfleisch** ist in vielen Supermärkten der Finnmark eine Standardware.

025wn-df

⊲ *Reichhaltiges Angebot an Meeresfrüchten in einem Supermarkt in Svolvær (s. S. 163)*

Die wichtigsten Ketten in Nordnorwegen sind **Rema 1000, Coop Extra (X EXTRA), Joker** (häufig auf dem Land), **Matkroken** (gehört zu Coop, eher auf dem Land), **Spar, Eurospar, Bunnpris, Europris, Kiwi, Jula** (eher selten).

Eine gute Auswahl an abgepackter Bioware wie Nüsse, Kekse, Snacks, Drogerieprodukte etc. findet sich bei **Sunkost** oder **Life,** dies allerdings nur in größeren Städten. Lokale Bioprodukte erhält man in Norwegen am besten bei den zahlreichen lokalen Erzeugern die häufig ihre Ware in Hofläden oder in den umliegenden Supermärkten verkaufen.

In großen Einkaufszentren wie **AMFI,** die auch in Nordnorwegen in größeren Städten zu finden sind, sind häufig mehrere Lebensmittelgeschäfte und zahlreiche weitere Sparten wie Sportfachhandel oder Apotheken vertreten. **Drogerieartikel** kann man in den Supermärkten erstehen.

FESTE UND FEIERTAGE

Die Norweger lieben ihr Land und an ihrem Nationalfeiertag gedenken sie der Unterzeichnung der Verfassung am 17. Mai 1814 in Eidsvoll in Südnorwegen. In den ersten Jahren nach der Unterzeichnung wurde der 17. Mai nicht besonders gefeiert. Erst nachdem das Storting (norwegisches Parlament) am 17. Mai 1836 die erste offizielle Feier arrangierte, gilt dieser Tag als **Norwegens Nationalfeiertag** (Syttende Mai oder Grunnlovsdagen).

Heute sind die Feiern zum wichtigsten norwegischen Feiertag stark folkloristisch geprägt und werden meist von lokalen Komitees organisiert. Man spürt den Nationalstolz der Norweger allerorts. Es werden Kinder- und Bürgerumzüge mit Musikkapellen ausgerichtet. Es herrscht eine ausgelassene Stimmung und die Paraden sind keineswegs militärisch geprägt. Der Feiertag gilt als das Fest der Kinder und wird zugleich genutzt um die norwegischen Abiturienten („Russ") zu feiern, die ihre eigenen Umzüge organisieren. Die norwegische Flagge ist selbstverständlich stets auf den Umzügen präsent und die Nationalhymne ist zu vernehmen. Die Menschen tragen festliche Kleidung oder sogar die norwegische Tracht („Bundas"), die es in unzähligen Varianten gibt.

Ostern (påske) gehört ebenso zu den wichtigsten Feiertagen des Landes. In der Zeit um Ostern haben die meisten Norweger Ferien und verbringen ihren Urlaub auf ihren Berghütten, um den Schnee und die bereits langen Tage zu nutzen.

Weitere bedeutende Feiertage und Jahreszeiten (jedoch nicht zwangsläufig arbeitsfrei) sind:

- **Sankt Hans (Jonsok)** am 24. Juni. Der Geburtstag von Johannes dem Täufer wird als Feier des Sommers rund um den längsten Tag des Jahres begangen.
- **Sankt-Olavs-Tag (Sankt Olavs dagen)** am 29. Juli, der vor allem in Trøndelag in Mittelnorwegen begangen wird, da hier König Olav in der Schlacht bei Stiklestad fiel.
- **Elchjagd (elgjakt),** die Mitte September beginnt und meist bis zum 23. Dezember währt. In dieser Zeit sollte man in der Wildnis etwas vorsichtig sein und ggf. farbenfrohe Kleidung tragen.
- **„Hammel in Kohl"-Tag (Fårikål-dag).** Am letzten Donnerstag im September wird landesweit ein Gericht aus Kohl und eingelegtem Hammel/Lamm gefeiert. Es wurde von Hörern einer populären Radiosendung in den 1970er-Jahren zum Nationalgericht gewählt und 20 Jahre später wurde der **Fårikål-dag** eingeführt.
- **Sankt Lucia (Luciadagen)** am 13. Dezember. Früher mussten bis zu diesem Tag alle wichtigen Hof- und Feldarbeiten abgeschlossen sein, um Luzifer nicht zu verärgern.
- **Weihnachten (jul)** am 24. Dezember.
- Die **Zeit zwischen den Jahren (romjul)** vom 27. Dezember bis 6. Januar verbringt man ruhig. In den Geschäften wird stark reduzierte Ware angeboten.

Offizielle Feiertage

1. Januar *– Neujahrstag (Nytår)*
Gründonnerstag *(Skærtorsdag)*
Karfreitag *(Langfredag)*
Ostersonntag *(Påskesøndag) und*
Ostermontag *(2. Påskedag)*
1. Mai – *Tag der Arbeit (Første mai)*
17. Mai – *Nationalfeiertag (Syttende mai/Grunnlovsdagen)*
Christi Himmelfahrt *(Kristi Himmelfartsdag)*
Pfingstsonntag *(Pinsedag) und*
Pfingstmontag *(2. Pinsedag)*
25. Dezember *– 1. Weihnachtstag (1. Juledag)*
26. Dezember *– 2. Weihnachtstag/Stefanitag (2. Juledag)*

GASTRONOMIE

Norwegen hat sich in den letzten Jahren zu einer kulinarischen Hochburg entwickelt. Die innovativen Chefs der Restaurants nutzen vorrangig lokale, biologisch erzeugte Zutaten. Das Konzept **„kortreist"** (kurz gereist) ist ein wichtiger Bestandteil der modernen norwegischen Küche und beschreibt eine nachhaltige Lebensmittelproduktion mit einem **möglichst geringen ökologischen Fußabdruck.**

Norwegen hat einzigartige landwirtschaftliche Traditionen, die Einfluss auf die Küche haben. Im hohen Norden gibt es eine Reihe von familiengeführten **samischen Restaurants,** die sich der Vermittlung der samischen Kulinarik und Kultur verschrieben haben. Überall im Land entstehen zudem **kleine Produktionsstätten** für Käse, Honig, Backwaren und ökologisch erzeugtes Fleisch (siehe auch „Den Gyldne Omvei", S. 72).

Das norwegische **Lammfleisch** ist besonders zart und saftig, da die Lämmer viel Zeit in der unberührten Natur verbringen und sich von frischen Gräsern und Kräutern ernähren. Und schließlich hat Norwegen eine jahrhundertealte **Fischereitradition.** In den küstennahen Regionen kommen die Schätze des Meeres sozusagen direkt vom Boot frisch auf den Tisch.

Die norwegischen Köche genießen mittlerweile weltweit einen guten Ruf und zahlreiche Restaurants sind mit einem der begehrten Sterne des Guide Michelin ausgezeichnet. **Trondheim** und **Trøndelag** waren die **Europäische Gastronomieregion 2022** und haben sich zu einer der gefragtesten Regionen für Feinschmecker entwickelt. Allein in Trondheim gibt es drei Restaurants mit Michelin-Sternen und im Jahr 2024 wird hier der Kochwettbewerb **Bocuse d'Or Europe** ausgerichtet.

MAHLZEITEN

Die Norweger pflegen einen etwas anderen Essensrhythmus als manch anderer Europäer. Zum **„frokost"** (Frühstück) wird in gastronomischen Betrieben meist ein Selbstbedienungsbuffet mit Müsli, Joghurt, Früchten, Marmeladen, Käse und Wurstwaren, verschiedenen Broten, Pfannkuchen, Eiern, Lachs und eingelegtem Hering angeboten.

Viele Restaurants bieten mittags (meist ab 11 Uhr) ein relativ günstiges **„dagens rett"** (Tagesgericht) an. Zudem findet man in den größeren Einkaufszentren eine gute Auswahl an günstigen Mittagessen, dem sogenannten **„lunsj".** In Hotels und Restaurants ist es auch üblich, mittags ein **„koldtbord"** (kaltes Buffet) zu servieren. Begonnen wird mit Fisch und Meeresfrüchten, anschließend werden kalte Fleischplatten, Pasteten und Salate angeboten und meist stehen auch warme Speisen zur Auswahl. Abschließend werden Käse, Früchte und Süßspeisen in Form von traditionellen Puddings und Gebäck aufgetischt. Auch ein **„smørbrød",** ein fantasievoll belegtes Brot oder Brötchen, ist zum Mittagessen ein beliebter Snack.

Die warme Hauptmahlzeit **(„middag")** nimmt man erst nachmittags oder am frühen Abend zu sich. Sie besteht traditionell aus eher einfachen Speisen. In Restaurants sind jedoch auch aufwendig zubereitete Gerichte erhältlich, die gern zu 3- oder 4-Gänge-Menüs kombiniert werden. Nicht alle Restaurants besitzen eine Alkohollizenz. Die gehobenen Lokale bieten allerdings in der Regel eine umfangreiche Weinkarte und verschiedene Biersorten an. Auf Kosten des Hauses wird Wasser auf den Tisch gestellt und häufig erhält man vorab ein wenig Brot mit Dip.

Da die Hauptmahlzeit traditionell bereits zwischen 15 und 18 Uhr eingenommen wird, und man sich anschließend mit Freizeitaktivitäten beschäftig, folgt teilweise gegen 20 oder 21 Uhr noch ein kleiner **Imbiss** (**„aftensmat"** oder **„kveldsmat"**), der als das eigentliche Abendessen angesehen wird und aus Kaffee und Kuchen bestehen kann.

Sobald man seine Mahlzeit erhält, kann man mit dem Essen beginnen. Seinem Gegenüber einen „Guten Appetit" zu wünschen,

026wn-df

Selbst gefangener Fisch wird in der Wohnmobilküche zubereitet

um gemeinsam mit dem Essen zu beginnen, ist in Norwegen nicht üblich. Stattdessen bedankt man sich („takk for maten“) nach dem Essen bei der Person, die gekocht oder eingeladen hat.

Trinkgeld wird in Norwegen nicht unbedingt erwartet. Wenn man mit dem Service zufrieden war, kann man zwischen 5 und 15 % auf die Gesamtrechnung aufschlagen. Es wird einem aber niemand übelnehmen, wenn man sich gegen ein Trinkgeld entscheidet.

Das **Rauchen** ist in Restaurants genau wie in allen öffentlichen Gebäuden und Verkehrsmitteln in Norwegen nicht gestattet. Zudem dürfen Hunde in den meisten Restaurants nicht in den Innenbereich.

TRINKEN

Norwegen genießt den Luxus, dass **Wasser aus den Bergbächen und Quellen** der wenig besiedelten und ursprünglichen Landschaften so rein ist, dass es direkt getrunken werden kann (sofern es nicht von weidenden Tieren verunreinigt ist). Man sollte das kalte, frische Wasser auf einer Wanderung unbedingt probieren. Auch das norwegische **Leitungswasser** besitzt Trinkwasserqualität und kann ohne Bedenken genossen werden. In den Supermärkten wird zudem Mineralwasser mit oder ohne Kohlensäure in Plastikpfandflaschen verkauft. Auch die wohlschmeckenden norwegischen **Milchprodukte** gibt es dort. Um **frische Milch direkt von der Alm** zu erhalten, lohnt ein Besuch eines norwegischen **Bergbauernhofs,** wie sie beispielsweise rund um den **Snåsavatnet** im nördlichen Trøndelag zu finden sind.

Im Süden des Landes werden preisgekrönte **Cider und Säfte** hergestellt. Im Mikroklima des Hardanger- und Sognefjords blühen die Obstbäume, aus deren Früchten die hervorragenden Apfelsäfte und Apfelschaumweine produziert werden. Selbstverständlich bilden auch die heimischen Beeren eine hervorragende Basis zur Herstellung von Säften.

Die Norweger gehören zu den **weltweit führenden Kaffeekonsumenten.** Zahlreiche Mikroröstereien, gemütliche Cafés, Bäckereien und Konditoreien zelebrieren die **Barista-Kunst** und bieten vorzüglichen Kaffee und das zu einer Kaffeepause gehörende Gebäck.

Eine alte norwegische Tradition ist das Fermentieren von Säften und Getränken. **Kombucha,** ein fermentiertes Teegetränk, oder **fermentierte Smoothies** sind besonders beliebt. Mithilfe von Basiskulturen wie Dickmilch, Kefir oder Molke können Fruchtsäfte, Bier und weitere Getränke veredelt werden.

Trotz der strengen Alkoholpolitik sind **alkoholische Getränke** in Norwegen ebenso beliebt wie in vielen anderen Ländern. Der Umgang mit Alkohol basiert auf dem norwegischen **Prohibitionsgesetz von 1919,** das im Rahmen einer Volksabstimmung beschlossen wurde. Im November 1922 wurde das staatlich kontrollierte Unternehmen **Vinmonopolet** gegründet, das ein Monopol auf den Verkauf von alkoholischen Getränke hat, die mehr als 4,75 % Vol enthalten. Trotz der Namensgebung erhält man in den landesweit rund 330 Filialen nicht nur Wein, sondern auch allerlei Spirituosen, Whisky, Gin, Starkbier, aber auch alkoholfreie Getränke. Alkoholische Getränke mit weniger als 4,75 % Vol sind auch in normalen Lebensmittelgeschäften erhältlich.

Alkohol ist in Norwegen sehr teuer. Dies liegt an der hohen **Alkoholsteuer,** die auf jedes Getränk aufgeschlagen wird, das mehr als 0,7 % Vol enthält. In den Restaurants zahlt man für Alkohol teils beachtliche Preise. Laut der Regierung wird der Alkoholkonsum dadurch reduziert, was jedoch von Kritikern stark angezweifelt wird.

Um ein alkoholisches Getränk mit weniger als 22 % Vol zu kaufen oder serviert zu bekommen, muss man mindestens 18 Jahre alt sein. Für Getränke mit mehr als 22 % Vol beträgt die **Altersgrenze** 20 Jahre.

In **Bars und Restaurants** darf jeder Gast stets nur ein alkoholisches Getränk nach dem anderen bestellen. Zudem ist es ver-

027wn-df

⊡ *Ein kostspieliger Genuss: Bier vom Fass im Gasthaus Ølhallen (s. S. 210) der Mack-Brauerei Tromsø*

boten, zwischen 2 und 9 Uhr Alkohol auszuschenken. An Sonntagen und Feiertagen ist der Ausschank von Alkohol erst ab 13 Uhr erlaubt. In der Öffentlichkeit ist der Alkoholkonsum untersagt. In den Außenbereichen der Lokale wiederum ist es ohne Weiteres möglich, Alkohol zu ordern.

Trotz allem herrscht in Norwegen ein **Bierbrau-Boom,** der landesweit zu einer beachtlichen Auswahl an Biersorten führt. Bier **(Øl)** wurde in Norwegen bereits von den Wikingern gebraut und man setzt diese Tradition stolz fort. Die meisten Biere, die man im Supermarkt erhält, und die Standardsorten der Brauereien halten sich an Zutaten, die auch das Deutsche Reinheitsgebot vorschreibt. Lediglich die sogenannten Craftbiere experimentieren mit verschiedenen weiteren Zutaten wie Obst oder Fichtennadeln. Im Gasthaus **Ølhallen** der in Tromsø ansässigen **Mack-Brauerei,** die als eine der nördlichsten Großbrauereien der Welt gilt, hat man die Wahl aus etwa 70 verschiedenen Sorten (s. S. 210).

Norwegen ist auch die Heimat von Gin- und Whiskybrennereien. Einige liegen abgelegen an unwirtlichen Orten. **Die nördlichste Whiskybrennerei der Welt** kann man am Lyngenfjorden in Nordnorwegen besuchen (s. S. 217).

Wein ist ein fester Bestandteil in der norwegischen Gastronomie. Eine Reihe von gehobenen Lokalen bietet ausgezeichnete Weinkarten. Im Gegensatz zu den meisten norwegischen Lebensmitteln wird der Wein überwiegend importiert. Seit den 1990er-Jahren wird aber auch in Norwegen Weinanbau betrieben. Dabei werden besonders robuste und frühreife Sorten verwendet. Die Weinberge liegen vor allem am Oslofjord, in der Telemark und in Südnorwegen.

Als das Nationalgetränk der Norweger gilt der **Aquavit** (norweg. „Akevitt“ – Wasser des Lebens). In Norwegen und Dänemark verwendet man für die Herstellung überwiegend Kartoffeln. Die norwegischen Aquavitsorten weisen eine eher dunkle Färbung auf. Der hellere Aquavit, auch als Tafelaquavit bezeichnet, reift bis zu 6 Monate, wohingegen der dunkle Aquavit mehrere Jahre in Eichenfässern heranreifen kann. In Skandinavien wird der Aquavit meist bei Zimmertemperatur genossen.

GASVERSORGUNG

Deutsche Gasflaschen können in Norwegen nicht getauscht werden. Im landesweiten Netzwerk der Firma **LPG Norge** (etwa 100 LPG-Stationen) können deutsche Gasflaschen aber befüllt werden. Entsprechende Adapter stehen an den Stationen zur Verfügung. Am weitesten verbreitet ist in Norwegen der **Bajonett-Anschluss.** Alternativ können Leihflaschen von **AGA** genutzt werden, die auch in Schweden und Finnland getauscht werden können. Auch hier sind Adapter vor

Ort erhältlich. Wer auf Nummer sicher gehen möchte, nimmt ein **Adapterset** mit.

In Skandinavien ist es nicht möglich, Gasflaschen mit **Butangas** zu kaufen, zu tauschen oder zu befüllen, da es aufgrund seines Flammpunkts im kalten Norden kaum genutzt wird.

Gerne stehen die Mitarbeiter der **Campingplätze** mit Rat und Tat zur Seite. Einige Plätze bieten zudem einen eigenen Gasflaschenservice an.

› Übersicht der **Füllstationen von LPG Norge:** www.lpgnorge.no

› Hilfreiche deutsche Websites mit **Suchfunktion für Füllstationen:** https://umkreissuche.alugas.de, www.gas-tankstellen.de, www.mylpg.eu/de/tankstellen/norwegen

GESUNDHEIT

Da Norwegen Mitglied der Europäischen Wirtschaftsraums (EWR) ist, haben Versicherte bei vorübergehendem Aufenthalt Anspruch auf medizinische Versorgung. Grundlage dafür ist der Besitz einer **Europäischen Krankenversicherungskarte** (European Health Insurance Card/EHIC), die in Deutschland meist auf der Rückseite der nationalen Krankenversicherungskarte aufgedruckt ist. Die **Behandlungskosten** müssen vorgestreckt werden und werden hinterher von der heimischen Krankenkasse erstattet, jedoch nur bis zu der Höhe, die auch bei einer inländischen Behandlung erstattet worden wäre.

In Norwegen ist jeder Bürger bei einem Hausarzt registriert, der dann Überweisungen für Fachärzte ausstellt. Es wird eine **Praxisgebühr** erhoben, die je nach Konsultation zwischen 15 und 33 € betragen kann und auch von Touristen bezahlt werden muss.

Auch ambulant behandelnde staatliche Kliniken oder die Unfallstationen der Gemeinden können mit der EHIC in Anspruch genommen werden. Generell wird man genauso behandelt wie ein gesetzlich versicherter Norweger. Es kann vorkommen, dass man beim Arzt zur Vorlage eines **Personalausweises** oder **Reisepasses** aufgefordert wird.

Zahnärztliche Leistungen werden in Norwegen nicht als gesetzliche Leistungen erbracht und sind daher selbst zu zahlen. Dies gilt auch für sämtliche von einem privaten Gesundheitsdienstleister in Anspruch genommenen Leistungen.

Für eine **ärztliche Notfallversorgung (Legevakt)** außerhalb der regulären Sprechzeiten kann man sich an die nächstgelegene Notfallambulanz wenden. Über die **Telefonnummer 116117** erreicht man die 24-Stunden-Hotline des Gesundheitsdienstes der diesbezüglich weiterhelfen kann. Um direkt einen Notarzt zu kontaktieren, wählt man **Tel. 113.**

Für einen Aufenthalt in Norwegen empfiehlt sich der Abschluss einer zusätzlichen **Auslandskrankenversicherung,** um einen notwendigen Rücktransport nach Deutschland oder privatärztliche Leistungen abzudecken.

› **Weitere Infos:** www.eu-patienten.de, www.helsenorge.no/en/information-in-english, www.fhi.no/en/

HAUSTIERE

Hunde und Katzen müssen mit einem **Mikrochip** (gilt nur für Tiere, die nach dem 3. Juli 2011 registriert wurden) oder einer deutlich lesbaren **Tätowierung** gekennzeichnet und gegen **Tollwut** geimpft sein (spätestens 21 Tage vor Grenzübertritt). Für alle Tiere muss ein **EU-Heimtierausweis** mitgeführt werden, in dem die Nummer des implantierten Mikrochips eingetragen ist.

Hunde müssen zusätzlich innerhalb von 120 bis 24 Stunden vor der Einreise nach Norwegen gegen **Bandwürmer** behandelt werden. Dies muss durch einen Tierarzt geschehen und die Behandlung muss im Heimtierausweis ausgewiesen werden.

Einige Hunderassen gelten als **gefährlich** und dürfen daher nur mit einer Sondergenehmigung der norwegischen Polizei nach Norwegen eingeführt werden.

In den **Nationalparks** müssen Hunde vom 1. April bis zum 20. August **an der Leine geführt werden.** In Zone A, dem am strengsten geschützten Bereich der Nationalparks, gilt dies bis zum 9. September.

› Die norwegische Lebensmittelsicherheit hat einen Leitfaden für Reisende mit Tieren erstellt: www.mattilsynet.no/language/english/animals/travelling_with_pets/

Bei der **Einreise** nach Norwegen muss am **Grenzübergang** immer **die rote Spur** genutzt werden, um Haustiere anzumelden. Ausgenommen sind Personen, die mit einem Hund oder einer Katze direkt aus Schweden einreisen.

Auf den großen **Fähren** gibt es je nach Fährgesellschaft Kabinen für Haustierbesitzer. Teilweise müssen die Tiere allerdings in eine Mietbox gesperrt werden oder im Fahrzeug verbleiben. Eine Versorgung ist in Absprache mit dem Personal möglich. Informationen finden sich auf den jeweiligen Intenetseiten der Fährbetreiber (s. S. 14). Hunde müssen bei der Buchung immer angegeben werden. Die Fährgesellschaften leiten das an die Behörden weiter. Im Ankunftshafen muss mit stichprobenartigen Kontrollen gerechnet werden.

⌃ *Eine Eurasier-Dame genießt die Natur vor der Bergkette der Lofoten*

Weitere Informationen finden sich auf folgenden Websites:

› www.toll.no/en/goods/animals/travelling-with-pets-to-and-from-norway
› www.norway.no/de/germany/dienstleistungen-info/mit-tieren-nach-norwegen

INFORMATIONEN

IN NORWEGEN

Einige der Regionen geben kostenlose **Magazine, Hefte und Broschüren** heraus, die zum Teil auch auf Deutsch in den Touristeninformationen *(turistinformasjon)* und auf Campingplätzen erhältlich sind. Dazu gehören die immer intensiver vermarktete Helgeland-Region und ihre sehenswerte Küste. Die Region Tromsø und Lyngenalpen bietet sogar einen kostenlosen **Stadt- und Wanderführer** an. Zudem ist eine Broschüre für ganz Nordnorwegen erhältlich, die einen ersten Überblick bietet.

In den **Touristeninformationen** liegen, kostenlose Karten, Flyer, Hefte, Broschüren, Veranstaltungskalender etc. bereit. Teilweise werden auch hochwertige Wanderkarten verkauft. Die Mitarbeiter stehen gern für Fragen und Buchungen zur Verfügung. Die Verständigung auf Englisch ist der Standard. Teilweise wird auch Deutsch gesprochen.

In den meisten Nationalparks besteht die Möglichkeit, ein **Nationalparkzentrum (Besøkssenter nasjonalpark)** zu besuchen, das über die örtlichen Besonderheiten und möglichen Aktivitäten informiert.

In einigen Regionen von Nordnorwegen findet man statt einer Touristeninformation immer häufiger lediglich einen **QR-Code** an einem zentralen Gebäude des Ortes, der eine Verlinkung zu **digitalen Informationsstellen** herstellt. Zudem sind die Touristeninformationen in den abgelegenen Regionen oftmals in einem Supermarkt, Restaurant, Museum oder einer Tankstelle untergebracht.

IM INTERNET

- **www.visitnorway.de:** Website für Touristen, die Informationen zu ganz Norwegen bereitstellt.
- **www.nordnorge.com/en, www.northernnorway.com:** Website Nordnorwegens. Zahlreiche Informationen für Touristen über die Regionen von Helgeland bis zur Ost-Finnmark.
- **www.visithelgeland.com/en:** Website der Region Helgeland
- **www.visitlofoten.com/en:** Infos zu Kultur, Aktivitäten und Orten auf den Lofoten
- **www.visitgreaterarctic.com:** Website der Varangerregion im äußersten Norden von Norwegen. Zahlreiche Infos zu Kultur, Aktivitäten und Orten.
- **www.norgesnasjonalparker.no/en:** Website der norwegischen Nationalparks. Alle Parks können über eine Karte ausgewählt werden. Ihre Besonderheiten und der jeweilige Zugang werden erläutert.
- **www.yr.no/en:** Wettervorhersagen für Norwegen. Warnungen, Schneehöhen und Informationen zur Befahrbarkeit der Bergpässe werden bereitgestellt. Auch als App erhältlich.
- **www.storm.no:** Wettervorhersagen für Norwegen. Auch als App erhältlich. Nur in norwegischer Sprache.
- **www.reisnordland.com:** Fahrpläne der Fähren, Busse etc. und Verbindungen können eingesehen werden. Zudem erhält man Informationen zu den Tickets und zur Nutzung und Registrierung des Maut- und Abrechnungssystems AutoPASS. Auch als App erhältlich.
- **www.vegvesen.no/en/traffic-information/traffic-information/ferry:** Fährverbindungen, Abfahrtszeiten etc.
- **www.norway-lights.com:** Die Website bietet einen Überblick, wann und wo das Nordlicht am besten zu sehen ist und wie man den jeweiligen Ort erreicht. Die Vorhersage erfolgt jeweils für die kommenden drei Tage. Aufgrund der Wettervorhersage und erwarteten Nordlicht-Aktivität geben die Website und die ebenfalls verfügbare App Empfehlungen für bestimmte Städte und Orte.

KLIMA UND REISEZEIT

KLIMA

Der **Golfstrom** prägt das Klima von Norwegen erheblich. Dank ihm herrscht in Nordnorwegen ein deutlich milderes Klima als in andern Regionen des gleichen Breitengrads. Der Golfstrom ist zudem für die eisfreien Häfen bis in den hohen Norden verantwortlich.

Aufgrund der Ausdehnung vom 57. bis zum 78. nördlichen Breitengrad fällt das Klima im Land regional sehr verschieden aus. Es gibt deutliche Unterschiede zwischen Norden, Süden, Binnenland und Küste. Lokal kann das Klima Besonderheiten aufweisen (z. B. auf den Lofoten, s. S. 135).

Entlang der Westküste herrscht ein wechselhaftes, maritimes Klima mit kühlen Sommern und in der Regel relativ milden und regnerischen Wintern (in den Bergen immer mit Schnee).

Das skandinavische Gebirge (Skanden) staut die meisten Regenwolken, die von den kontinuierlich wehenden Westwinden vom Atlantik an die Küste gedrückt werden. Dies führt dazu, dass an der Küste Norwegens viel Niederschlag fällt. Die Menge nimmt von Süden nach Norden ab. Im Skandinavischen Gebirge herrschen kurze Sommer und sehr kalte Winter. Die Sommer reichen von Ende Juni bis Mitte/Ende August. Der Herbst ist bis in den September hinein als gute Jahreszeit für Wanderungen geeignet. Im sechs- bis achtmonatigen Winter herrscht Dauerfrost.

In **Ost- und Nordostnorwegen** ist das Klima deutlich kontinentaler und von erheblichen jahreszeitlichen Temperaturunterschieden geprägt. Hier sind die Sommer wärmer und die Winter wiederum deutlich kälter und länger. Die Niederschläge fallen erheblich geringer aus.

REISEZEIT

Grundsätzlich ist Nordnorwegen zu allen Jahreszeiten reizvoll. Die Entscheidung, wann man das Land bereisen möchte, hängt von den persönlichen Vorlieben ab. Aufgrund der teils sehr langen Winter fällt die günstigste Reisezeit für Sommerunternehmungen in die Monate **Juni bis August.** In Nordnorwegen ist es dann 24 Stunden lang hell und die Temperaturen sind meist relativ angenehm. Im **Mai** können einige Passstraßen in den höheren Lagen noch aufgrund von Schnee gesperrt sein und viele Hütten und Wanderwege sind geschlossen oder nicht zugänglich.

Die **Hauptsaison,** in der alle Sehenswürdigkeiten und Cafés zum Teil täglich geöffnet haben, umfasst in Nordnorwegen lediglich die Zeit von **Mitte Juni bis Mitte August.** Anfang Juni und Ende August sind die Öffnungszeiten noch oder bereits wieder eingeschränkt, da es in manchen Regionen zu kalt ist. Große Museen und bedeutende Sehenswürdigkeiten sind ganzjährig zugänglich, außerhalb der Sommersaison aber teils mit reduzierten Öffnungszeiten. Regional gibt es auch hier Unterschiede.

Im äußersten Norden reicht der Frühling bis in den Juni und der Herbst beginnt bereits Ende August. Von April bis August muss vor allem in den Hochebenen und Feuchtgebieten des hohen Nordens mit **Mücken** gerechnet werden. Da es nicht dunkel wird, sind die Mücken 24 Stunden aktiv. An der Küste ist die Mückenplage in der Regel erträglicher, da die großen Sumpfgebiete fehlen und es häufig recht windig und regnerisch sein kann.

Der kühlere **September** ist aufgrund der nicht mehr vorhandenen Mücken und der bereits eintretenden Verfärbung der Bäume, Sträucher und Flechten besonders reizvoll, um in der Natur zu wandern. Zudem lässt sich das Nordlicht zu dieser Jahreszeit bereits hervorragend genießen.

Im Juni liegt im Saltfjellet-Svartisen-Nationalpark (s. S. 125) noch reichlich Schnee

031wn-df

032wn-df

Die **günstigste Reisezeit für Nordlichtfans** ist von **November bis Februar.** Die lange Dunkelheit und klare, kalte Nächte erhöhen die Wahrscheinlichkeit, das Naturphänomen zu sehen. Für **Wintersportler** eignen sich die Monate März bis Mitte Mai. Meist liegt noch reichlich Schnee und die Tage sind lang genug und die Temperaturen etwas milder, um sich beispielsweise auf ausgedehnte Skitouren zu begeben. Man sollte allerdings bedenken, dass dann einige Unterkünfte, Campingplätze und Sehenswürdigkeiten nicht geöffnet haben.

LANDKARTEN

Landkarten und Wanderkarten bekommt man in den **Touristeninformationen** und in Geschäften für Outdoorausrüstung wie beispielsweise Intersport. In den großen **Einkaufszentren** wie AMFI sind häufig gut sortierte Läden zu finden. Auch an Tankstellen, in Supermärkten und auf manchen Campingplätzen sind Karten oder Wanderführer erhältlich.

Auch der **Norwegische Wanderverein** bietet hochwertige Wanderkarten (https://english.dnt.no/maps/) und die Landkarten von **Nordeca** sind auch in Deutschland erhältlich (www.nordeca.com).

Außerdem gibt es eine Reihe von hervorragenden, regelmäßig aktualisierten **digitalen Karten,** die auch auf dem Smartphone funktionieren: www.norgeskart.no, https://kart.finn.no/, https://kart.gulesider.no, www.ut.no.

MAUT

SCHWEDEN

Schweden erhebt keine Maut für die Nutzung des nationalen Straßennetzes, allerdings gibt es in Göteborg und Stockholm eine **Citymaut** und es werden Gebühren für die Nutzung größerer **Brücken** wie über den Svinesund (E6 Göteborg – Oslo) erhoben. Diese liegen für Fahrzeuge bis 3,5 Tonnen unter 10 SEK.

Die Überquerung der **Öresundbrücke** zwischen Dänemark und Schweden ist ebenfalls gebührenpflichtig (siehe dazu auch Bropas, S. 34).

NORWEGEN

In **Norwegen** werden die Baukosten für Straßen, Brücken und Tunnel durch **Mauterhebungen** refinanziert. Sobald die Kosten wieder eingenommen wurden, wird die Mautstation geschlossen, daher ändert sich die Anzahl der mautpflichtigen Verkehrsabschnitte ständig. Auch für **private Wege** (Bezeichnung „Bomvei" oder „Bomveg") wird häufig eine Maut erhoben. Die Bezahlung erfolgt dann vor Ort zumeist bar an einer Kasse. In größe-

Hervorragende Karten, die sich vor allem für Bergsportler eignen, bietet die Firma Nordeca

ren Städten wie Oslo (hier gibt es auch eine Umweltzone) und Trondheim wird zudem eine **Citymaut** erhoben. Weitere Informationen hierzu bietet der ADAC (www.adac.de/reise-freizeit/reiseplanung/reiseziele/norwegen/uebersicht/citymaut-umweltzonen).

Für die Abgabe der Straßenmaut werden an den Mautstationen das **Fahrzeugkennzeichen** oder einer der gültigen **Transponder (Mautchips)** vom norwegischen Mautsystem AutoPass **automatisch erfasst** und der fällige Betrag wird anschließend in Rechnung gestellt. Wer einen Transponder nutzt, erhält die Abrechnung über das Kundenkonto der gewählten Gesellschaft. Alle anderen Fahrzeughaltern, deren Kennzeichen erfasst wurden, wird die Abrechnung einige Wochen später von EPASS24 per Post zugestellt.

Gewerblich genutzte Fahrzeuge, dazu gehören auch Wohnmobile über 3,5 Tonnen, die man von einem gewerblichen Anbieter gemietet hat, müssen generell mit einem elektronischen Erfassungssystem ausgestattet sein. Wenn man mit einem **privaten Fahrzeug** nach Norwegen reist, ist man nicht verpflichtet, einen Transponder anzubringen, sollte aber darüber nachdenken, da man nur mit ihm im Fahrzeug und der Registrierung bei einer der zugehörigen Gesellschaften Rabatte erhält (20 %). Ohne zahlt man immer den höchsten Mauttarif.

Wenn man sich gegen einen Transponder entscheidet, sollte man bei einer längeren Reise überlegen, sich zumindest bei EPASS24 zu registrieren (www.epass24.com/de/). Das hat den Vorteil, dass man die Rechnung online bekommt und per Kreditkarte zahlen kann, statt per Überweisung. So vermeidet man teure Mahnungen für Rechnungen, die u. U. schon länger im heimischen Briefkasten auf einen warten

Wer einen **Transponder im Fahrzeug** angebracht hat, kann an den Mautstationen in der Regel immer die **grüne Spur** für die automatische Registrierung wählen.

Nachfolgend werden die wichtigsten Transponder-Anbieter und weiteren Rabattmöglichkeiten aufgeführt.

Mit einem registrierten Transponder und dem Autopass for ferje lässt sich gut Geld sparen

033wn-df

ANBIETER VON TRANSPONDERN

Man sollte sich möglichst früh um einen Transponder-Vertrag kümmern, da die Zusendung der Hardware **bis zu drei Wochen** in Anspruch nehmen kann. Dafür muss man auf der Website des autorisierten Anbieters ein Kundenkonto mit seinen persönlichen Daten, Details zum Fahrzeug und dem Kfz-Kennzeichen anlegen. Die Daten können auch später noch online geändert werden (falls z.B. doch noch das Fahrzeug gewechselt wird). Der Transponder (Chip) ist auch die Voraussetzung dafür, weitere Angebote wie den BroPas oder den Autopass for ferje nutzen zu können.

Ob sich der Aufwand lohnt, kann unter Angabe der geplanten Route mithilfe der Online-Rechner www.fremtindservice.no/privat/bompengekalkulator und www.bompengekalkulator.no ermittelt werden.

Die folgenden Anbieter decken das komplette öffentliche Straßennetz Norwegens ab und beinhalten auch die Fähren, die über AutoPass abgerechnet werden.

SkyttelPASS

Norwegische Gesellschaft. Die Verknüpfung mit zusätzlichen Rabattverträgen wie BroPas (s. S. 34) und Autopass for ferie (s. S. 34) ist möglich. Zudem ist der Chip auf der Öresundbrücke und der Brücke über den Storebælt in Dänemark gültig.

Man bekommt die Rechnung per E-Mail oder kann eine Kreditkarte hinterlegen. Angaben zum Fahrzeug können im Kundenkonto jederzeit geändert werden.

Der Transponder kostet einmalig 200 NOK (etwa 20 €, nicht erstattbar). Das Kundenkonto ist bisher nur auf Norwegisch verfügbar.

› https://skyttelpass.no/en/

ØresundPAY (ØresundBizz)

Dänischer Anbieter. Auch zusätzliche Rabattverträge (BroPas, Autopass for ferje) und Fahrten über die Öresundbrücke und die Storebæltbrücke in Dänemark sind möglich. Der Transponder ist zudem der einzige, der sich mit den Rabattmöglichkeiten auf der Storebæltbrücke (Storebælt Private Agreement – Motorhome agreement, www.storebaelt.dk/en/prices-and-discounts/motorhome) kombinieren lässt.

Auch Fahrten auf Fährverbindungen wie Gedser – Rostock, Rødby – Puttgarden und Helsingør – Helsingborg können abgerechnet werden.

Der Transponder ist kostenlos und ohne Kaution erhältlich. Die Bezahlung erfolgt über eine hinterlegte Kreditkarte oder durch Begleichung der Rechnung. Angaben zu Fahrzeugen bis 3,5 Tonnen können im Kundenkonto (auf Englisch) jederzeit selbstständig geändert werden. Der Transponder besitzt zwei ID-Nummern (PAN1, PAN2). Für die Verknüpfung mit dem norwegischen Autopass for ferje ist PAN1 notwendig.

› https://oresundpay.com/en/

Fremtind Service

Norwegischer Anbieter. Zusätzliche Rabattverträge (BroPas) und Fahrten über die Öresundbrücke und die Storebæltbrücke in Dänemark sind möglich. Der Chip kann mit dem Autopass for ferje verknüpft werden und auch Fahrten auf Fährverbindungen wie Gedser – Rostock, Rødby – Puttgarden und Helsingør – Helsingborg können abrechnen werden.

Für den Chip ist eine Kaution von 200 NOK (etwa 20 €) zu hinterlegen, die bei Kündigung des Vertrages zurückerstattet wird. Die Website ist auf Englisch nutzbar. Angaben zum Fahrzeug können im Kundenkonto jederzeit angepasst werden. Die Bezahlung ist nur per Überweisung des Rechnungsbetrags möglich.

› https://fremtindservice.no/private/

Flyt (Flytpass)

Norwegischer Anbieter. Zusätzliche Rabattverträge (BroPas) und Fahrten über die Öresundbrücke ist möglich. Der Chip kann mit dem Autopass for ferje verknüpft werden und bei Anreise mit einem Pkw (hierzu zählt z. B ein VW-Bus) können auch die Fährverbindungen Gedser – Rostock und Rødby – Puttgarden abgerechnet werden.

Der Transponder ist über ein Abonnement erhätlich und kostet monatlich 5 NOK (ca. 0,50 €). Rechnungen werden nur per Post versendet (ca. 5 €) und die Bezahlung ist nur per Überweisung möglich. Die Website steht auf Englisch zur Verfügung. Angaben zum Fahrzeug können im Kundenkonto jederzeit geändert werden.

› https://flytpass.no/en

Tolltickets

Deutscher Anbieter. Zusätzliche Rabattverträge (BroPas) und Fahrten über die Öresundbrücke und die Storebæltbrücke in Dänemark sind möglich. Der Chip kann mit dem Autopass for ferje verknüpft werden.

Die Mietkosten für den Transponder variieren. Teilweise wird eine Servicegebühr auf die Maut aufgeschlagen (etwa 7 %). Die Aktivierung über die Webseite kostet 5 €, die Gerätemiete je nach Modell (Kurzzeit-/Langzeitmiete) 1,75 € pro Tag bzw. 35 € pro Jahr. Für die Abrechnung kann eine Kreditkarte hinterlegt werden.

› www.tolltickets.com/

WEITERE RABATTMÖGLICHKEITEN/ ABOS

BroPas

Die Anfahrt mit den Fähren von Puttgarden nach Rødbyhavn oder von Rostock nach Gedser bildet in Kombination mit der **Öresundbrücke** eine der günstigsten Möglichkeiten, um nach Skandinavien zu reisen. Grund dafür ist der **BroPas.** Das Abonnement für die Öresundbrücke, kann auf einen Transponder gebucht werden und rechnet sich bereits ab der ersten Hin- und Rückfahrt. Nach dem Urlaub kann es jederzeit wieder gekündigt werden.

› Jahresgebühr für den BroPas: 45 €. Die Hin- und Rückfahrt über die Öresundbrücke kostet für ein Wohnmobil (6–10 m) mit/ohne BroPas 96/220 €.

› https://www.oresundsbron.com/de/bropas, www.oresundpay.com/en

Autopass for ferje

Da die Bezahlung auf den Inlandfähren in Norwegen automatisiert wird, benötigt man auf einigen Fährverbindungen inzwischen einen Mautchip/Transponder. Eine lohnenswerte Ergänzung ist der Autopass for ferje, eine **Rabattkarte für die norwegischen Inlandfähren,** die zwar nicht auf allen Fährverbindungen gilt, aber die Fährfahrten auf den wichtigsten und zumeist teuersten Routen entlang der Europastraßen oder auch auf die Lofoten um 50 % vergünstigt.

Um die Karte zu nutzen, muss ein **Kundenkonto** eingerichtet werden, auf das man wie bei einer Prepaidkarte einen Betrag einzahlt. Zudem muss die Seriennummer/Chipnummer des Transponders im Vertragskonto eingetragen werden. Bestellt man die Karte zum ersten Mal und die Registrierung bei einem Anbieter wie AutoPass liegt mindestens drei Tage zurück, wird die Seriennummer/Chipnummer anhand des Autokennzeichens in der Regel automatisch übernommen.

Der Mautchip/Transponder wird auf der Fähre oder auf der Zufahrtsstraße kurz vor dem Schiff gescannt und der fällige Betrag mit dem entsprechenden Rabatt vom Guthaben auf dem „Autopass for ferje"-Konto abgezogen. Häufig wird auch von Besatzungsmitgliedern des Schiffs während der Überfahrt das Kennzeichen per Smartphone eingescannt. Benutzt man Fähren, die bereits auf automatische Abrechnung umgestellt sind, nur mit einem Transponder, aber ohne den Autopass for ferje, erhält man zumindest 10 % Rabatt.

Möchte man den Autopass for ferje kündigen, sendet man einfach eine formlose, englischsprachige Kündigung inklusive Bankdaten (IBAN und BIC/SWIFT) via E-Mail an post@autopassferje.no. Das noch vorhandene, nicht verbrauchte Guthaben wird nach etwa 4 bis 6 Wochen erstattet.

› www.autopassferje.no

PANNE/UNFALL

Für eine Reise mit dem Wohnmobil nach Norwegen empfiehlt es sich generell, einen Schutzbrief abzuschließen. Oftmals ist dieser aber auch in der Kfz-Versicherung integriert. Auf der sicheren Seite ist man, wenn man in Deutschland Mitglied in einem **Automobilclub** ist. Auf der Mitgliedskarte ist die Telefonnummer des Auslandsnotdienstes vermerkt.

Die deutschen Automobilclubs und Versicherungen kooperieren mit norwegischen Anbietern, die im Falle einer Panne benachrichtigt werden und vor Ort für Hilfe sorgen. Der ADAC arbeitet beispielsweise mit dem **Norges Automobil Forbund-NAF (Norwegischer Automobilclub)** zusammen. Der 24-Stunden Pannendienst des NAF hilft bei entsprechender Bezahlung auch Nicht-Mitgliedern. Auch der **Pannendienst von Viking** bietet einen 24-Stunden-Service. **Notruftelefone** stehen entlang der Bergstraßen, in Tunnels und auf Autobahnen.

Wenn man die Hilfe eines Pannendienstes nicht in Anspruch nehmen möchte, findet sich in fast jedem noch so kleinen Ort in Norwegen eine **Autowerkstatt** *(bilverksted).* Die Kosten für Reparaturen sind jedoch deutlich höher als in Deutschland.

Bei einem **Unfall** sollte man auf jeden Fall die **Polizei** rufen. Die Verständigung auf Englisch ist kein Problem. Eine **Warnweste** ist auch in Norwegen Pflicht und muss in jedem Fahrzeug mitgeführt werden.

Wildunfälle sind dem norwegischen Straßendienst zu melden (Tel. +47175).

PANNENDIENSTE/AUTOMOBILCLUBS

- **NAF (Norges Automobil Forbund),** Pannenhilfe: Tel. +47 08505, www.naf.no
- **Viking-Rescue-Service,** Pannenhilfe: Tel. +47 06000, www.vikingredning.no
- **Falck,** Pannenhilfe: Tel. +47 02222, www.falck.de
- **ADAC (Allgemeiner Deutscher Automobil-Club e.V.),** Pannenhilfe: Tel. +4989222222, www.adac.de
- **AvD (Automobilclub von Deutschland),** Pannenhilfe weltweit: Tel. +49696606600, www.avd.de
- **ACE (Auto Club Europa),** Euro-Notruf: Tel. +49711530343536, www.ace.de
- **ARCD (Auto und Reiseclub Deutschland),** Pannenhilfe: Tel. +49984140949, www.arcd.de
- **ACV (Automobil-Club Verkehr),** Pannenhilfe: Tel. +49221757575, www.acv.de

NOTRUFNUMMERN

- **Feuerwehr:** Tel. 110
- **Polizei:** Tel. 112
- **Polizei von Mobiltelefonen aus:** Tel. 911
- **Krankenwagen, Arzt, Erste Hilfe:** Tel. 113
- **Giftnotfallzentrale:** Tel. 22591300
- **Seenotrettung:** Tel. 120
- **Bergrettung** (Joint Rescue Coordination Centres – JRCC): Tel. 75559000 (Nordnorwegen), Tel. 51517000 (Südnorwegen)

PARKEN UND RASTEN

Parkplätze sind in Norwegen genau wie in Deutschland mit einem weißen „P" auf blauem Grund gekennzeichnet. Das Parken in größeren Städten gestaltet sich auch in Norwegen teilweise schwierig und ist häufig mit hohen Parkgebühren verbunden. Je weiter nördlich man sich im Land befindet, desto entspannter verläuft die Parkplatzsuche und das Parken ist zudem häufig noch kostenlos. In größeren Hafenstädten sollte man am besten in Hafennähe nach einem Parkplatz suchen. Oftmals findet sich hier eine größere Parkfläche.

Auf einigen Parkplätzen finden sich Hinweisschilder wie **„Max. 2 timer"** (Maximale Parkdauer 2 Std.), **„mot avgift"** (Gebührenpflichtig) oder **„Camping forbudt"** (Camping verboten). Man sollte auf jeden Fall vermeiden, falsch oder unerlaubt zu parken, denn dafür werden in Norwegen hohe **Bußgelder** fällig und das Fahrzeug wird ggf. kostenpflichtig abgeschleppt. Insbesondere auf Kunden-

parkplätzen von Einkaufszentren sollte man vorsichtig sein und bei längerer Standzeit an einem Parkautomaten, falls vorhanden, einen Parkschein lösen. Um die Parkdauer genau abrechnen zu können, wird in Norwegen häufig die (deutschsprachige) **App EasyPark** genutzt (kostenlos für iOS und Android).

Rastplätze finden sich je nach Region mehr oder weniger häufig an der Strecke. Die touristisch besonders gut erschlossenen Routen bieten ein gutes Netz an Rastmöglichkeiten. Häufig sind hier dann auch Toiletten oder Ver- und Entsorgungsstationen für Wohnmobile vorzufinden. Besonders sehenswerte und gut ausgebaute Rastplätze und Aussichtspunkte finden sich an den **Norwegischen Landschaftsrouten** (www.nasjonaleturistveger.no/de). Das Übernachten auf den Rastplätzen wird toleriert (s. S. 48). Auf örtliche Hinweisschilder sollte man dennoch achten.

⌂ *Der architektonisch interessante Rastplatz Selvika (s. S. 240) bei Havøysund*

POST

Posten Norge AS ist für die Abfertigung der Post in Norwegen zuständig. Die Postämter sind von Ort zu Ort unterschiedlich organisiert, entweder als eigenständige Postfiliale oder als Postschalter in einem Geschäft. Die Öffnungszeiten variieren. Dort, wo sich der Postschalter in einem Lebensmittelgeschäft/Supermarkt befindet, hat die Post dieselben Öffnungszeiten wie das Geschäft. Meist kann man davon ausgehen, dass die Postämter Mo. bis Fr. von 9 bis 17 und Sa. von 10 bis 15 Uhr geöffnet haben.

- **Porto** für den Versand innerhalb Europas: Briefe und Postkarten bis 20 g ab 29 NOK, bis 100 g ab 39 NOK, bis 350 g ab 62 NOK, Pakete bis 1 kg ab 312 NOK, Pakete bis 20 kg ab 806 NOK
- www.posten.no/en

SICHERHEIT

Norwegen gilt als **ausgesprochen sicheres Reiseziel** und die Kriminalitätsrate ist vergleichsweise niedrig. Insbesondere zur

Hauptreisezeit kann es in größeren Städten an viel besuchten Orten und in öffentlichen Verkehrsmitteln zu **Taschendiebstählen** kommen.

Auch das **Übernachten im Wohnmobil** ist in Norwegen relativ sicher. Im Süden sollte man allerdings etwas vorsichtiger sein, denn hier kam es in der Vergangenheit auf Rastplätzen zu vereinzelten Einbrüchen in Wohnmobile. Je weiter man sich im Norden befindet, desto geringer ist das Risiko. In Nordnorwegen muss man sich beim Stehen auf einem abgelegenen Parkplatz wenig Sorgen machen. Die Tatsache, dass man hier nur selten eine Polizeistreife zu Gesicht bekommt, spricht für die Sicherheit der nördlichen Regionen. Dennoch sollte man Geld, Ausweise, Führerschein, wichtige Dokumente und Wertgegenstände wie Laptop oder Kamera sicher und nicht sichtbar aufbewahren. Ebenso sollte bargeldloses Bezahlen die erste Wahl sein und Bargeld nur in geringen Mengen mitgeführt werden.

In Norwegen gibt es eine Zivilpolizei, die für das ganze Land zuständig ist und zentral verwaltet wird. Die **Politi** ist neben den regulären Polizeiaufgaben z. B. auch für den Grenzschutz, Such- und Rettungsmaßnahmen, die Terrorismusabwehr, kriminalpolizeiliche Aufgaben, den Streifendienst und den Verkehr zuständig. Da es im Land lediglich eine Polizeiorganisation gibt, sind die Befugnisse der Beamten geografisch nicht begrenzt.

SPRACHE

Bokmål („Buchsprache") und Nynorsk („Neunorwegisch") gelten als offizielle Amtssprachen in Norwegen und werden als 1. bzw. 2. Sprache in der Schule unterrichtet. Bokmål wird von ca. 85 bis 90 % und Nynorsk von 10 bis 15 % der norwegischen Bevölkerung gesprochen. Die meisten offiziellen Websites sind in beiden Sprachen verfasst und der Staatliche Rundfunk NRK ist verpflichtet, mindestens 25 % des Programms auf Nynorsk zu senden.

Die beiden Sprachen unterscheiden sich oft nur geringfügig. So sagt man beispielsweise auf Bokmål „Hva heter du?" („Wie heißt du") und auf Nynorsk „Kva heiter du?". Auffälliger wird der Unterschied bei „Ich komme aus Norwegen". Hier heißt es auf Bokmål „Jeg kommer fra Norge" und auf Nynorsk „Eg kjem frå Noreg".

In Norwegen existiert trotz der verschiedenen Sprachen keine mit dem Hochdeutschen vergleichbare einheitliche Mundart. Es gibt zahlreiche **Dialekte** der mündlichen norwegischen Sprache wie Østlandsk (Oslo, Telemark etc.) oder Nordnorsk (Helgeland, Troms og Finnmark), Trøndersk (Trondheim), Norlansk (Bodø, Lofoten) und Vestlandsk (Westnorwegen). Sie können sich von Dorf zu Dorf und von Tal zu Tal unterscheiden. Bei einigen dieser Dialekte besteht eine Verschmelzung zwischen der weiblichen und der männlichen Form, sodass nur noch Letztere verwendet wird.

Obwohl sich die Dialekte ebenso unterscheiden wie Plattdeutsch und Bayrisch, können sich dennoch alle Norweger gegenseitig verstehen, da die Bevölkerung durch die Medien für die norwegische Sprachvielfalt sensibilisiert wird. Eine Ausnahme stellt die **samische Sprache** dar, die der finno-ugrischen Sprachfamilie entstammt. In zweisprachigen Kommunen in Nordnorwegen wie Karasjok oder Kautokeino gilt die Sprache der Samen, die ebenfalls in zahlreiche Dialekte unterteilt ist, im Umgang mit den Behörden als zulässig.

Auf einer Reise durch Norwegen werden einem die Unterschiede vermutlich besonders bei Straßenschildern auffallen. So heißt es beispielsweise manchmal für Kirche *kirke* oder auf Nynorsk *kyrkje*. Ein Krankenhaus nennt man in Bokmål-Regionen *sykehus* und in von Nynorsk dominierten Gebieten heißt es *sjukehus*.

Wie schon erwähnt, finden sich Parallelen zur deutschen Sprache. Wörter wie *herlig, fantastisk, reise, glass, krem, koste, sende, spise* oder *høre* klingen vertraut und haben die identische Bedeutung.

Zu den 26 Buchstaben des auf dem lateinischen Alphabet basierenden norwegischen Alphabets kommen die **Zeichen** Æ/æ (wie deutsches Ä), Ø/ø (wie deutsches Ö) und Å/å (wie deutsches O).

Als Tourist kommt man in Norwegen mit **Englisch** sehr gut zurecht. Selbst **Deutsch** wird in einigen Touristeninformationen und an den Rezeptionen mancher Campingplätze verstanden oder gesprochen.

In Nordnorwegen fallen in einigen Regionen **zwei- oder dreisprachige Ortsschilder** auf. Sie geben dann den Ortsnamen in der Sprache der Samisch bzw. Kvenisch sprechenden Minderheit an. Abhängig von der Größe der jeweiligen Bevölkerungsgruppe in den entsprechenden Regionen sind die Namen manchmal auch in mehreren Dialekten der Sámi zu lesen. Die Ortsbezeichnungen in diesem Buch berücksichtigen diese Bezeichnungen ebenfalls.

⊡ *Begegnung auf der engen Fv341/8100 auf dem Weg nach Hamningberg (s. S. 294), dem Endpunkt der letzten Route dieses Buchs*

035wn-df

STRASSEN UND VERKEHR

STRASSENTYPEN

Norwegen hat vermutlich die herausforderndste Topografie aller europäischen Länder. Aufgrund der Ausdehnung des Landes und der geologischen Verhältnisse gestalten sich der Bau und die Instandhaltung der Verkehrsinfrastruktur aufwendig und sie sind mit erheblichen Kosten verbunden.

Die Norweger haben recht spät mit dem Ausbau ihres Straßennetzes begonnen, das heute zu den spektakulärsten der Welt zählt. Das Land gehörte bis in die 1960er-Jahre zu den ärmsten Staaten Europas. Während man in Deutschland bereits auf Autobahnen unterwegs war, bestand das norwegische Straßennetz außerhalb der Ballungszentren überwiegend aus Schotterpisten. Erst nachdem die Ölfelder vor der norwegischen Küste erschlossen wurden, erfolgte ab Ende der 1960er-Jahre der massive Ausbau der Infrastruktur.

Die Straßen werden in **Europaveier** (Europastraßen), **Riksveier** (Reichsstraßen), **Fylkesveier** (Provinzstraße), **Kommunal veier** (Kommunalstraßen) und **Privat veier** (Privatstraßen) unterteilt. Die **Straßennummerierung** erfolgt mithilfe von ein- bis vierstelligen Nummern: z. B. E6, Rv3, Fv17, Fv888, Fv291 bzw. Fv7340. Die vierstelligen Nummern wurden erst im Zuge einer Reform im Jahr 2019 eingeführt und betreffen nur die Provinz- und Kommunalstraßen. In Google Maps sind diese größtenteils noch nicht aufgenommen, sodass im Buch jeweils die alten und die neuen Nummern aufgeführt werden.

FÄHREN

Inlandfähren spielen in den zerklüfteten Küstengebieten Norwegens eine bedeutende Rolle. Zahlreiche Fjorde, Sunde und Inseln müssen überquert werden und sind per Fähre an das Straßennetz angeschlossen. Die Fähren

036wn-df

sind gebührenpflichtig und werden in Nordland und Troms größtenteils von **Torghatten Nord** (www.torghatten-nord.no) betrieben. Die Länge des Wohnmobils (inkl. Fahrradträger mit Rädern) bestimmt die Fährpreise.

Teilweise können Fährüberfahrten **reserviert** werden, doch nicht bei allen Passagen ist dies möglich. Gerade bei den zahlreichen, kurzen Überfahrten ist eine Reservierung nicht möglich, denn hier reiht man sich in eine Warteschlange am Kai ein und wartet ab, ob man es auf die Fähre schafft. Rechtzeitig am Kai einzutreffen, erhöht die Chancen bei der ersten Gelegenheit mitgenommen zu werden. Auf beliebten Überfahrten wie **Botnhamn – Brensholmen** empfiehlt es sich, zwei bis drei Stunden vor Abfahrt der Fähre am Kai zu stehen. Zudem kann es hilfreich sein, die Fähren früh am Morgen oder später am Abend zu nutzen. Wenn man als Erstes eintrifft, wählt man Spur 1 (falls vorhanden). Trifft die Fähre ein, werden die Fahrzeuge durch das Bordpersonal und/oder Einweiser am Kai auf die Fähre gelotst. In der Regel fährt man vorwärts auf die Fähre und verlässt diese ebenso in Standrichtung, ohne zu Rangieren. Die Kennzeichen werden mit einem Smartphone gescannt und der Fahrpreis entweder per Rechnung zugestellt oder, falls man registriert ist, mit entsprechendem Rabatt vom Kundenkonto auf **https://autopassferje.no** abgebucht (siehe auch S. 34). Kurz bevor die Fähre am Zielhafen anlegt, wird dies über Lautsprecher bekannt gegeben. Dann sollte man sich zum Fahrzeug begeben, denn anschließend wird die Fähre recht zügig verlassen. Im Fährhafen hat man zumeist Gelegenheit, auf einem Parkplatz die schnelleren Fahrzeuge vorbeizulassen.

Bei längeren Überfahrten, wie von **Bodø nach Moskenes** auf den Lofoten, kann man in der Hochsaison über eine Reservierung nachdenken. In der Regel sind nur etwa 40 % der verfügbaren Kapazität vorab buchbar. Die übrigen Plätze werden für die Fahrzeuge freigehalten, die ohne Reservierung am Kai eintreffen, um den Einheimischen einen reibungslosen Verkehr zu ermöglichen. In der **Nebensaison** wird es auch auf den Fähren deutlich ruhiger. Bei den meisten Verbindungen ändern sich die Fahrpläne und einige Fähren stellen im Winter den Verkehr komplett ein.

Auf längeren Fährüberfahrten muss das Fahrzeug verlassen werden. Außerdem ist der **Gashahn** des Wohnmobils zu schließen.

⊡ *Fährüberfahrt von Forvik auf dem Festland nach Tjøtta auf der Insel Alsta am Kystriksveien (s. S. 82)*

Weitere Infos zu Fährverbindungen und Preisen:

- www.nordnorge.com/en/ferry-routes-in-northern-norway
- www.reisnordland.no/reiseplanlegger
- www.vegvesen.no/en/traffic-information/traffic-information/ferry
- www.autopassferje.no/priser

VERKEHRSREGELN

Grundsätzlich gelten in Norwegen ähnliche Verkehrsregeln wie in Deutschland. Rechts vor links ist üblich. Am Berg wird an Engstellen meist dem **Bergauffahrenden Vorfahrt gewährt,** dies hängt aber stark von der jeweiligen Situation vor Ort ab. Das Fahrzeug, das sich näher an einer **Ausweichstelle** (ggf. mit einem „M“ für „Møteplassen“ gekennzeichnet) befindet, sollte diese dann auch eher nutzen. **Schienenfahrzeuge, Fußgänger** und **Radfahrer** haben immer Vorrang. **Sonderspuren** für Busse oder Taxen sind teilweise für Elektroautos freigegeben. Eine Besonderheit sind Fahrspuren, die ausschließlich für den ÖPNV oder Fahrgemeinschaften mit zwei oder mehr Insassen gedacht sind. Diese werden auf einem Schild mit „2+“ angezeigt.

Sicherheitsgurte sind für Fahrer und Beifahrer obligatorisch. Kinder unter 36 kg oder 135 cm Körpergröße müssen einen **Kindersitz** benutzen.

Die **Reifenprofiltiefe** hat im Sommer mindestens 1,6 mm und im Winter mindestens 3 mm zu betragen. Für Fahrzeuge über 3,5 Tonnen besteht vom 15. November bis 31. März **Winterreifenpflicht,** zudem sind Fahrer dieser Fahrzeuge verpflichtet, bei vorhergesagter Eisbildung oder Schneefall **Schneeketten** mitzuführen. Für Fahrzeuge unter 3,5 Tonnen besteht keine generelle Winterreifenpflicht, allerdings muss man mit Sommerreifen bei winterlichen Verhältnissen Schneeketten anlegen.

Die Nutzung von **Spikereifen** ist vom 1. November bis zum ersten Sonntag nach dem Ostersonntag erlaubt, in Nordland und Troms og Finnmark vom 16. Oktober bis 30. April. Möchte man als Fahrer eines Fahrzeugs unter 3,5 Tonnen Spikes verwenden, müssen diese auf allen vier Rädern montiert werden. Spikereifen können auch gemietet werden (z. B. bei NDF Däck & Fälg in Möldal bei Göteborg, https://ndf.se, oder in Oslo: https://mollerbil.no/bilverksted). In größeren Städten im Süden wird für das Fahren mit Spikereifen eine Gebühr erhoben. Hierfür muss man sich registrieren. Dies kann man beispielsweise online unter www.piggav.no oder auf der Website der Stadt Oslo (www.oslo.kommune.no/gate-transport-og-parkering/piggdekkgebyr), an aufgestellten Automaten (siehe Website der Stadt Oslo) oder mithilfe der App „Bil i Oslo“ (kostenlso für iOS und Android) erledigen. Die Registrierung ist dann in allen Städten gültig, in denen eine Gebühr erhoben wird.

In Norwegen findet man zahlreiche **Kreisverkehre.** Fahrzeuge, die sich bereits im Kreisverkehr befinden, haben Vorrang. Beim Verlassen des Kreisverkehrs, muss rechts geblinkt werden. Möchte man die erste Ausfahrt nehmen, sollte der Blinker bereits vor der Einfahrt in den Kreisverkehr gesetzt werden.

Möchte man links abbiegen, ist es üblich, vor und im Kreisverkehr links zu blinken, um den andern Verkehrsteilnehmern seine Absichten zu signalisieren. Nähert man sich der Ausfahrt, wird der Blinker rechts gesetzt. Möchte man in einem zweispurigen Kreisverkehr links abbiegen, muss man zunächst die innere Spur wählen.

Die Norweger sind recht **entspannte, defensive Autofahrer.** Auch hier gilt in der Regel, je weiter nördlich, desto angenehmer und rücksichtsvoller. Besonders in Nordnorwegen ist es üblich, ausreichend Abstand zu halten und nicht zu dicht aufzufahren, um auf Hindernisse wie Wildtiere reagieren zu können. Auch dadurch ergibt sich ein außerordentlich entspanntes Fahren. Bildet sich hinter dem eigenen Fahrzeug eine Schlange, wird es gern gesehen, wenn man kurz rechts ranfährt, um die nachfolgenden Fahrzeuge passieren zu lassen. Zum Fotografieren sollte man sich eine geeignete Parkbucht suchen, um den Verkehr nicht unnötig zu behindern.

Sollte man **im Winter nach Norwegen reisen,** besteht die Möglichkeit, dass einige Streckenabschnitte nur im Konvoi hinter einem Schneepflug befahrbar sind.

In Norwegen gelten äußerst strenge Vorschriften bezüglich **Alkohl am Steuer** und die Bußgelder sind hoch. Es können eineinhalb Monatsgehälter oder Führerscheinentzug und Gefängnisstrafe fällig werden. Die gesetzliche Höchstgrenze für Fahrer aller motorisierten Fahrzeuge liegt bei **0,2 Promille.**

Rauchen am Steuer ist in Ortschaften für Fahrer und Beifahrer nicht gestattet und **Mobiltelefone** dürfen während der Fahrt vom Fahrer ebenfalls nicht genutzt werden. Telefonieren ist nur mit einer Freisprecheinrichtung gestattet.

FAHREN MIT LICHT

Das **Fahren mit Abblendlicht** ist in Norwegen auch am Tag und bei strahlendem Sonnenschein vorgeschrieben. Es können das Abblendlicht, die Nebelscheinwerfer oder das Tagfahrlicht genutzt werden, allerdings nicht das Abblendlicht und die Nebelscheinwerfer gleichzeitig. Wenn das Tagfahrlicht verwendet wird, ist es nicht notwendig, dass die Rückleuchten ebenfalls eingeschaltet sind. Dennoch ist man verpflichtet, die Beleuchtung ggf. an die aktuellen Licht- und Sichtverhältnisse anzupassen. In einem Tunnel sind eingeschaltete Rücklichter verpflichtend.

GESCHWINDIGKEITSBEGRENZUNG

Man sollte in Norwegen darauf achten, die zulässige Höchstgeschwindigkeit nicht zu überschreiten, denn die **Bußgelder sind enorm.** So kostet eine Überschreitung um 5 km/h beispielsweise umgerechnet 80 €, bei 10 km/h sind es bereits ca. 220 €. Ist man bei erlaubten 60 km/h (oder weniger) mehr als 20 bis 25 km/h zu schnell, kann das Bußgeld mehr als 800 € betragen.

Zahlreiche stationäre Blitzer kontrollieren die Geschwindigkeit, werden aber meist rechtzeitig angekündigt. In manchen Gebieten ist alle 1 bis 2 km ein Blitzer aufgestellt oder es werden Streckenmessungen durchgeführt. Im äußersten Norden des Landes sind weniger Starenkästen installiert, allerdings lassen die Straßenverhältnisse oft die Überschreitung der vorgeschriebenen Geschwindigkeit kaum zu.

Zulässige Höchstgeschwindigkeiten

- Innerorts (wenn keine Beschilderung vorhanden): **50 km/h**
- In Wohngebieten bei entsprechender Beschilderung: **30 km/h**
- In weitläufigen, jedoch kaum bewohnten Siedlungsgebieten im Norden des Landes (siehe Beschilderung): **60/70 km/h**
- Außerorts (wenn keine Beschilderung vorhanden): **80 km/h**
- Landstraße/Schnellstraße (je nach Beschilderung): **90/100 km/h**
- Autobahn (je nach Beschilderung): **90–110 km/h**

Schwere Fahrzeuge (über 3,5 Tonnen) und **Gespanne** dürfen eine zulässige Höchstgeschwindigkeit von 80 km/h nicht überschreiten. **Wohnmobile** unter 7,5 Tonnen sind von dieser Regel ausgenommen. Hat ein Wohnwagen oder Anhänger keine Bremsen, reduziert sich die zulässige Höchstgeschwindigkeit auf 60 km/h.

STRASSENZUSTAND

Die Straßenbedingungen in Norwegen sind herausfordernd. Dies ist den extremen geografischen, geologischen und witterungsbedingten Umständen geschuldet. Obwohl Norwegen zu den reichsten Ländern der Welt gehört, findet man selbst auf den Haupt-

037wn-df

routen noch immer Straßenabschnitte, die **äußerste Achtsamkeit** voraussetzen. Die Kosten für den Bau von Brücken, Tunneln etc. sind enorm und das Straßennetz muss permanent instand gehalten werden, da ihm Wasser und Eis unablässig zusetzen.

Die **Straßenverhältnisse variieren mitunter stark.** Fahrbahnen sind teils schmal, sehr kurvig, wellig, rissig und weisen eine starke Neigung auf. Schlaglöcher sind keine Seltenheit. Kleine Verbindungsstraßen können noch mit Schotter bedeckt sein. Andererseits gibt es eine Vielzahl an beeindruckenden Tunneln, unglaubliche Brückenbauwerke und bemerkenswerte Verkehrslösungen wie das Unterirdische Verkehrssystem von Tromsø. Auf den kleinen Inseln oder in abgelegenen Regionen sind die Straßen häufig einspurig und die Brücken nur für ein Fahrzeug befahrbar.

Für die Straßen wird vor allem im Norden sehr **rauer Asphalt** verwendet, um die Griffigkeit bei Nässe, Eis und Schnee zu erhöhen. Die Abnutzung der Reifen ist dadurch außerordentlich hoch.

Aufgrund der besonderen Straßenverhältnisse muss man in Norwegen mit **höheren Fahrzeiten** und niedrigeren Durchschnittsgeschwindigkeiten rechnen. Als Richtwert kann mit zwei Stunden für 100 km Fahrstrecke kalkuliert werden.

Bergpässe werden abhängig von den Wetterverhältnissen bei Bedarf gesperrt und sind teilweise im Winter gänzlich unpassierbar. Schnee und Frost können in höheren Lagen selbst dann auftreten, wenn im Tiefland sommerliche Temperaturen herrschen. Dies ist in Norwegen im April und Mai sowie im September und Oktober häufig der Fall.

An den **Küsten** sind bei Sturm und starkem Wind Brückensperrungen und ein eingeschränkter Fährverkehr möglich. Aktuelle Informationen finden sich auf der Seite der norwegischen Straßenverkehrsbehörde (www.vegvesen.no/en).

In verkehrsberuhigten Bereichen finden sich **Bremsschwellen,** die häufig nicht markiert und zudem ausgesprochen markant gebaut sind. Wenn man sie übersieht und mit zu hoher Geschwindigkeit passiert, wird es in der Wohnmobilküche vermutlich kräftig rumpeln. Grundsätzlich sollte das **Wohnmobil nicht überladen** und die Ladung gut gesichert sein, um auf den kurvenreichen Straßen ein ausgewogenes Fahrverhalten zu ermöglichen.

Auf einigen Straßen sind Wohnmobile und Wohnwagen nicht zugelassen. Hier sollte man auf entsprechende Hinweisschilder achten. Für die norwegischen Straßen gibt es keine generelle Höhenbeschränkung, aber natürlich muss man an Tunneln oder Unterführungen auf die Höhenangaben achten. Die maximal zulässige **Fahrzeugbreite** beträgt 2,55 Meter. Ist der Wohnwagen breiter als 2,30 Meter und mehr als 50 cm breiter als das Zugfahrzeug, müssen an den Rückseiten der Seitenspiegel des Zugfahrzeugs weiße Reflektoren angebracht werden. Beispielsweise kann hierfür reflektierende Klebefolie verwendet werden, die im Motorradfachhandel oder an Tankstellen in Skandinavien erhältlich ist. Die Gesamtlänge des Fahrzeugs mit Anhänger sollte 18,75 Meter nicht überschreiten. Bei einer Gesamtlänge von mehr als 12,40 Meter sollte vorab geprüft werden, ob die vorgesehene Strecke befahren werden kann.

Manche **ältere Tunnel,** zum Beispiel auf der Insel Senja, sind sehr schmal, sodass es für Wohnmobile recht eng werden kann. Zudem sind die alten Röhren häufig unbeleuchtet. Bei bestimmten Witterungsbedingungen kann sich in einigen Tunneln dichter Nebel bilden und hohe Luftfeuchtigkeit halten, sodass nicht nur die Sicht erschwert wird, sondern zusätzlich die Scheiben und Spiegel schlagartig beschlagen können.

Auf Nordnorwegens Straßen sollte man besonders auf **Wild- und Nutztiere** achten. Elche und Rentiere tauchen oft unvermittelt auf und gerade Rentiere grasen häufig im Straßengraben oder am Straßenrand und sind aufgrund ihrer guten Tarnung schlecht zu erkennen. Vor allem in der Dämmerung ist Vorsicht geboten und selbst in Tunneln muss man mit ihnen rechnen. In manchen Regionen wärmen sich Schafe und Lämmer im Sommer auf der Straße und rühren sich nur ungern von der Stelle. Auf kurvenreichen Straßen hat man somit stets mit Überraschungen zu rechnen. Es ist üblich, die entgegenkommenden Fahrzeuge zu warnen, wenn sich Hindernisse auf der Straße befinden.

Überwiegend in den Sommermonaten muss man auch auf **Radfahrer** achten. Manche von ihnen sind selbst im Tunnel unbeleuchtet unterwegs.

BESCHILDERUNG

Die Beschilderung in Norwegen ist der deutschen recht ähnlich. Hinzu kommen beispielsweise Verkehrszeichen, die vor **Elchen und Rentieren** warnen. Diese sollte man unbedingt ernst nehmen, da es durchaus schon vorgekommen ist, dass eines dieser Tiere unmittelbar nach einem derartigen Schild über die Straße spazierte.

Immer wieder weisen **Hinweisschilder auf Sehenswürdigkeiten** hin. Häufig lohnt es sich, diesen Schildern zu folgen, denn sie machen auf beindruckende Natursehenswürdigkeiten, wie Wasserfälle oder historische

Rentier bei Hamningberg (s. S. 294)

Diese Schilder sollte man auf der Suche nach einem Übernachtungsplatz respektieren

039wn-df

Orte, wie alte Höfe, Museen oder Kirchen aufmerksam.

Wichtige Schilder geben Auskunft über **Tunnellängen** und ihre Befahrbarkeit und informieren über geöffnete oder gesperrte **Bergpässe.** Die Straßen in Norwegen werden ständig ausgebaut und ausgebessert, daher ist jederzeit mit Baustellen und damit verbundenen Einschränkungen oder nächtlichen Vollsperrungen zu rechnen. An **Baustellen** finden sich neongelbe Schilder (z. B. „Vegen stengt" – „Straße gesperrt"), die über die aktuelle Lage Auskunft geben. Neben der auch in Deutschland üblichen Ampelregelung („Ved rødt lys stopp her" – „Bei Rot hier halten") ist es zudem üblich, dass der Verkehr durch das Baustellenpersonal („Manuell trafikk-dirigering") geregelt wird. Bei einspurig befahrbaren Bauabschnitten, beispielsweise durch Tunnel, führt meist ein **Führungsfahrzeug** („Ledebil") im Wechsel den wartenden Verkehr im Kolonnenverkehr durch die Baustelle. Das Schild „STOPP Vet på ledebil" („Warten auf das Leitfahrzeug") weist darauf hin.

STROM

In Norwegen beträgt die Netzspannung **230 V bei einer Frequenz von 50 Hz.** Die häufig noch angegebenen 220 Volt sind veraltet. Geläufige Steckertypen sind **C (Eurostecker)** und **F (Schukostecker).** Schukostecker, wie sie in Deutschland üblich sind, können daher verwendet werden. Ebenso kann man alle Elektrogeräte in Norwegen bedenkenlos nutzen, da die Netzspannung (230 V) mit der in Deutschland identisch ist. Das Mitführen eines Reisestecker-Adapters ist nicht notwendig.

Auf den norwegischen Campingplätzen sind **dreipolige CEE-Stecker** Standard. Auf manchen einfachen Plätzen finden sich zudem Anschlüsse des Steckertyps C oder F. Verlängerungskabel sollten mitgeführt werden, da auf einigen Stellplätzen nur eine zentrale Stromanschlussstelle vorhanden ist.

TANKEN

In der Regel hat man an nordnorwegischen Tankstellen lediglich die Wahl zwischen zwei **Kraftstoffarten: Diesel** (Diesel) oder **Benzin** (Bensin). An einigen Tankstellen finden sich Zapfsäulen, die mit **„avgiftsfri"** gekennzeichnet sind. Diese sollte man keineswegs nutzen, denn hierbei handelt es sich um steuerfreien Diesel, der offiziellen Busunternehmen und gewerblich genutzten Maschinen vorbehalten ist. Zuwiderhandlungen werden mit hohen Strafen geahndet. Der Treibstoff ist leicht nachweisbar, da er Rot eingefärbt ist. Im Winter ist neben dem Winterdiesel auch ein sogenannter **Polardiesel** erhältlich, der bis –40 °C geeignet ist.

Tankstellen sind in der Regel von 7 bis 22/23 Uhr geöffnet, in Städten vereinzelt rund um die Uhr. An fast allen Tankstellen sind **Tankautomaten** installiert, die meist auch auf Deutsch zu bedienen sind. Hier kann man mit den gängigen Debit- und Kreditkarten (mit PIN) bezahlen. In Ballungszentren ist die Bezahlung (auch in bar) im Laden möglich.

Die **Preise** für einen Liter Benzin und Diesel liegen in Nordnorwegen bei etwa 24 bis 28 NOK (Stand Sommer 2022) und sind regional schwankend. Es gibt zwischen den Kraftstoffen keinen nennenswerten Preisunterschied.

Gängige Tankstellenbetreiber sind Circle K, Statoil, Shell, UNO-X, YX, Esso und Best. Die UNO-X Tankstellen bieten oftmals die günstigsten Preise. Der Treibstoff ist in ländlichen Regionen häufig günstiger als in den Städten und Ballungszentren. Zudem spielt es auch in Norwegen eine Rolle, wann man tankt. Am günstigsten ist es in der Regel ab dem späten Freitagabend bis Montagmittag.

Man sollte immer darauf achten, **rechtzeitig zu tanken** und nie bis zum letzten Tropfen zu fahren. Die Abstände zwischen den Tankstellen können in der Finnmark bisweilen etwas größer sein. Zudem ist jederzeit mit unvorhersehbaren Umleitungen aufgrund von Sperrungen etc. zu rechnen.

040wn-df

TELEFON, HANDY UND INTERNET

Die **Ländervorwahl** von Norwegen ist die **0047.** Die Telefonnummern in Norwegen sind achtstellig. Es gibt keine zusätzlichen Vorwahlnummern. Die **Auskunft** (gilt auch für Dänemark und Schweden) erreicht man unter Tel. 1881.

Die führenden Mobilfunknetzbetreiber in Norwegen sind **Telenor, Telia** und **ice.net.** Alle bieten **5G.**

Auch in Norwegen gilt die geänderte **EU-Roaming-Verordnung.** Damit kostet das Telefonieren, SMS-Versenden und mobile Surfen in Norwegen genauso viel wie im europäischen Heimatland des Nutzers. Zusätzlich haben die Roaming-Anbieter die Pflicht, ihre Kunden bei der Einreise in einen Mitgliedstaat der EU vor den Risiken zusätzlicher Gebühren zu warnen. Hierbei handelt es sich beispielsweise um 0180-Nummern, auf die man etwa bei Hotlines angewiesen ist, um Flüge oder Mietwagen zu buchen.

Vorwahlen
Deutschland: +49
Österreich: +43
Schweiz: +41
Norwegen: +47

Vorsichtig sollte man allerdings bei der Nutzung des Mobilfunknetzes auf **Fähren und Schiffen** sein (z. B. Fährverbindungen Dänemark – Norwegen). Für die Funknetze auf Schiffen gilt die EU-Roaming-Verordnung nicht. Möchte man das Bordfunknetz auf einem Schiff nutzen, muss auch innerhalb der EU und Norwegen mit **hohen Roaming-Gebühren** gerechnet werden. Eine Gesprächsminute kann bis zu 10 € kosten. Auf den Inlandfähren an der Küste von Nordnorwegen ist man allerdings immer in Reichweite des Festlandes und muss sich daher keine Sorgen machen.

Wer eine norwegische **Prepaidkarte** nutzen möchte, kann diese beispielsweise in den Kiosken Narvesen oder Mix erstehen. Ggf. ist bei einem Kauf eine Registrierung mit der norwegischen Personennummer nötig, die man zugeteilt bekommt, wenn man für länger Zeit im Land lebt. Bei **MyCall** (www.mycall.no) ist eine Registrierung auch für Urlauber möglich.

In allen bewirtschafteten Hütten Norwegens sind Telefone vorhanden. Die Anbieter Telenor und Telia decken die meisten Bergregionen mit ihrem Mobilfunknetz ab. Sollte man sich auf eine längere Wanderung in die Wildnis begeben, empfiehlt sich aber die Mit-

Tankstelle am Saltdal Turistsenter (s. S. 130) in Storjord

nahme eines Satellitentelefons oder eines Notfallsenders, denn in den abgelegensten Winkeln des Landes kann die Netzabdeckung lückenhaft sein. Generell ist der **Netzausbau** in Norwegen aber auf einem hohen Niveau und selbst die Siedlungsgebiete des dünn bevölkerten Nordens sind bis auf wenige Ausnahmen ausgesprochen gut abgedeckt.

In vielen Orten und Städten finden sich **WLAN-Hotsports,** die man oft gratis nutzen kann. Cafés, Einkaufszentren oder Restaurants bieten Internetzugang an. In Bussen, Expressbussen und Zügen ist ebenfalls häufig kostenlos WLAN vorhanden. Doch meist ist eine Registrierung notwendig und die Datenmengen sind begrenzt. Auch die meisten **Campingplätze** bieten kostenloses WLAN.

ÜBERNACHTEN

CAMPING

Die Norweger sind leidenschaftliche Camper und führen mit 90 Wohnmobilen je 10.000 Einwohner die Rangliste der Wohnmobilzulassungen in Europa an. **Rund 1000 Campingplätze** der unterschiedlichsten Kategorien verteilen sich im Land. Von der einfachen Wiese im Wald bis hin zu luxuriösen Anlagen mit Sauna und allen erdenklichen Annehmlichkeiten ist alles vertreten. Die Plätze liegen überwiegend in landschaftlich attraktiven Regionen und sind ideale Ausgangspunkte, um die umliegende Natur und nahen Orte zu erkunden. Darüber hinaus sind im ganzen Land kommunale Plätze und viele alternative **Stellplatz-Varianten** anzutreffen. In den Hafenstädten finden sich beispielsweise in den Marinas häufig Stellplätze für Wohnmobile.

Selbst in der **Hauptsaison (Juni–August)** müssen Campingplätze in der Regel nicht reserviert werden. Lediglich an besonders beliebten Orten wie den Lofoten oder wenn man einen bestimmten Platz im Auge hat, kann eine Reservierung sinnvoll sein. Generell gilt, je eher am Tag man einen Platz ansteuert, desto größer sind die Chancen, eine freie Parzelle vorzufinden.

In der **Nebensaison (Mai, September, Oktober)** ist es kein Problem, ohne Reservierung unterwegs zu sein. Im Winter sollte man vorab prüfen, welche Campingplätze geöffnet sind. Eine Anmeldung kann Klarheit schaffen und es ist davon auszugehen, dass der Stellplatz vom Schnee befreit ist und man bereits erwartet wird.

Die **Preise** auf den norwegischen Campingplätzen sind in den letzten Jahren gestiegen. Je nach Platzkategorie und geografischer Lage muss man mit 250 bis 500 NOK rechnen. Im Schnitt sind Preise zwischen 300 und 400 NOK die Regel. Auf manchen Plätzen bezahlt man für einen Stellplatz mit Aussicht oder in anderweitig besonderer Lage etwas mehr als für eine Standardparzelle. Da die **Strompreise** auch in Norwegen in letzter Zeit erheblich gestiegen sind, ist es möglich, dass manche Campingplatzbesitzer die Gebühren für eine Übernachtung erneut anpassen werden. Für die Duschen werden häufig 10-Kronen-Münzen oder Tokens/Jetons benötigt, die man an der Rezeption erhält.

In den Touristeninformationen und auf einigen Campingplätzen sind mehrsprachige aktuelle **Campingplatzführer** in Form von Broschüren erhältlich.

Hilfreiche Websites:

- **www.bobilforeningen.no:** Seite des norwegischen Wohnmobilverbands
- **www.campingportalen.de/campingplasser-i-norge:** Campingplatzsuche und Informationen
- **www.pincamp.de, www.camping.info/de und www.norcamp.de** (auch kostenlos als App für Android und iOS erhältlich): Campingplatzsuche und Bewertungen
- **www.campio.no:** Buchung von Camping- und Stellplätzen in Norwegen.

Das Arctic Lyngen Sjøcamp 91 *in Djupvik bietet einen wunderbaren Blick auf die Lyngenalpen*

Camping Key Europe

Der **Camping Key Europe** wird in großen Teilen Europas akzeptiert und bietet auf einigen Plätzen in Norwegen Rabatte und ein vereinfachtes Einchecken. Man erhält die ein Jahr lang gültige Karte für 15 € entweder auf den Campingplätzen, beim ADAC oder direkt beim Anbieter unter www.campingkeyeurope.com.

Die CampingCard **ACSI** (www.acsi.eu) gewährt in der Vor- und Nachsaison bis zu 60 % Rabatt auf die Übernachtung. Inklusive aktuellem Stellplatzführer kostet sie 25,94 € pro Jahr. Für 4,95 € kann man Mitglied werden, erhält Rabatte auf die ACSI-Produkte und die ACSI-Club ID, die auf über 8.000 Campingplätzen in Europa als Ausweisersatz akzeptiert wird.

STELLPLÄTZE

Die Norweger sind ausgesprochen häufig mit ihrem Wohnmobil unterwegs, daher verwundert es nicht, dass die **Infrastruktur** entsprechend gut ist. Selbst in abgelegenen Regionen und Dörfern finden sich häufig kleine Stellplätze, die meist auch einen Stromanschluss, aber nicht immer alle Ver- und Entsorgungseinrichtungen haben. In den größeren Hafenstädten befinden sich die Stellplätze meist in Hafennähe.

Die **Preise** für die norwegischen Stellplätze liegen je nach Region, Lage und Ausstattung bei 100 bis 250 NOK.

- **www.bobilplassen.no:** Suchhilfe für kommunale und öffentliche Stellplätze
- **https://womo-stellplatz.eu:** Suchhilfe für Stell- und Campingplätze aller Art
- Hilfreich für die Stellplatzsuche sind auch die kostenlos für iOS und Android verfügbaren **Apps** „Stellplatz Europe“ und „Camping App Eu“ (für Android: „Camping App Womo Wowa Van Zelt“).

FREIES STEHEN

Das Freie Stehen mit Wohnmobilen ist in Norwegen nicht offiziell erlaubt. Das oft zitierte **Jedermannsrecht** (s. S. 48) gilt nur für Wanderer und das Zelten in der Natur, jedoch nicht für motorisierte Fahrzeuge. Da es im Jahr 1957, als das Jedermannsrecht definiert und niedergeschrieben wurde, noch keine Wohnmobile in der heutigen Form gab, stellt das Freie Stehen bis heute eine Grauzone dar.

041wn-df

043wn-df

> **Jedermannsrecht**
>
> *Das Jedermannsrecht (Allemannsretten) besagt, dass man sich überall in unbewohnten Gebieten, also* ***inmitten der offenen Natur,*** *das heißt Land das nicht bewirtschaftet wird, frei bewegen, und* ***als Fußgänger oder Radfahrer*** *unter freiem Himmel schlafen und zelten darf. In Norwegen umfasst das die meisten Küsten, Moore, Wälder und Berge. Bewirtschaftete Landflächen wie Felder, Wiesen, Weiden, Tiergehege und Gärten sowie erkennbare Flächen von Bauernhöfen, Baugrundstücke und Industriegebiete sind generell zu meiden.*
>
> *Wenn keine lokalen Vorschriften bestehen, ist ein Mindestabstand von 150 Metern zu bewohnten Häusern und Hütten einzuhalten. In der Nähe bewohnter Gebiete ist der Aufenthalt an einem Ort auf maximal zwei Tage begrenzt. Möchte man länger an derselben Stelle übernachten, muss der Grundbesitzer um Erlaubnis gebeten werden. Dies gilt nicht für die Berge oder sehr entlegene Regionen. Natürlich ist generell auf ein rücksichtsvolles Verhalten in der Natur zu achten.*
>
> *Da sich das Jedermannsrecht auf nicht motorisierte Fortbewegungsmittel bezieht, kann man* ***keine Regelung für das Campen mit Wohnmobilen oder Wohnwagen ableiten.*** *Generell hilft in unklaren Fällen eine freundliche Anfrage beim Landbesitzer.*

Wenn man gesunden Menschenverstand walten lässt und sich vernünftig verhält, niemanden behindert und das Aufstellen von allen Campingmöbeln inklusive Vorzelten unterlässt, kann man davon ausgehen, dass in Norwegen das Wildcampen **meist toleriert** wird. Man sollte aber nie vergessen, dass man ein Gast im Land ist, die ggf. aufgestellten Verbotsschilder respektieren, keinen Müll hinterlassen und die Plätze in einem Zustand verlassen, in dem man sie gern selbst vorfinden würde.

URLAUBSAKTIVITÄTEN

WASSERSPORT

Norwegens Küste, die Fjorde, Flüsse und Seen sind ein Paradies für Ausflüge mit dem **Kanu** oder **Kajak.** Die landschaftlich beeindruckenden, abwechslungsreichen Gewässer laden zu ausgedehnten Touren ein. Kanus und Kajaks können häufig auf den Campingplätzen oder in den küstennahen Orten geliehen werden. Zudem besteht die Möglichkeit, bei einer Reihe von Anbietern größere, auch **mo-**

⊡ *Am Kystriksveien (Fv17) finden sich zahlreiche Plätze mit wunderschöner Aussicht*

torisierte Boote zu leihen. Wenn man nach dem 1. Januar 1980 geboren wurde, benötigt man, um in norwegischen Gewässern ein Boot von mehr als acht Metern Länge oder mit mehr als 25 PS steuern zu dürfen, mindestens das Yachtmaster Certificate of Competence („Båtførerprøven"). Gleichwertige oder höhere Zertifikate aus einem EWR- oder EU-Land werden anerkannt. Die Promillegrenze für Bootsführer liegt bei 0,8.

So verlockend die Wasserwelten Nordnorwegens auch sind, die Wetterbedingungen sind häufig herausfordernd und können sich auf See schnell ändern. Bestehen Zweifel bezüglich der Wetterlage, ist ein rechtzeitiges Umkehren angeraten. Geeignete **Sicherheitsausrüstung** wie Schwimmweste, Proviant und Notrufsender sollten auf langen Touren nicht fehlen. Zudem sollte man bedenken, dass das Wasser in Nordnorwegen auch im Sommer sehr kalt ist und im Falle des Kenterns Personen schnellstmöglich aus dem Wasser geborgen werden müssen.

Rafting ist auf den wilden Bergflüssen des Landes ein häufig von Touristenagenturen angebotenes Freizeitvergnügen. Man sollte es aber nur mit einem erfahrenen Guide wagen, denn die starken Strömungen können gefährlich werden. Auch die eiskalten Binnengewässer Nordnorwegens, die häufig von Gletscherwasser gespeist werden, sind mit Vorsicht zu genießen. Beispielsweise sollte man bei einer Flussdurchquerung die Kraft der Strömung im Vorfeld genau beurteilen.

Spätestens seit der Film „North of the Sun" auf Filmfesten zu sehen war, der den neunmonatigen winterlichen Aufenthalt der beiden Filmemacher und Surfer Inge Wegge und Jørn Nyseth Ranum in einer selbstgebauten Hütte auf den Lofoten dokumentiert, zieht Nordnorwegen immer mehr **Surfer** an, die dem sogenannten Coldwater-Surfing nachgehen. So finden sich beispielsweise auf den Lofoten Surfcamps, die Einsteigern einen Einblick in diesen Sport ermöglichen.

Auch das **Tauchen** in arktischen Gewässern ist ein besonderes Erlebnis. Dies sollte man allerdings nur mit erfahrenen Guides praktizieren, die die besonderen Gegebenheiten vor Ort kennen.

Coldwater-Surfer im eisigen Wasser an der Nordwestküste der Lofoten

044wn-df

ANGELN

In den norwegischen **Meeresgewässern** (Küste, Fjorde, vorgelagerte Inseln) ist es erlaubt, ohne Lizenz für den Eigenbedarf zu angeln, vorausgesetzt, man hält sich an die folgenden Regeln:

- Es dürfen nur handgehaltene Angelausrüstungen verwendet werden. Es ist verboten, nach Arten zu fischen, die legal nur mit anderer Ausrüstung als handgehaltenen Geräten geangelt werden können.
- Während des Angelns muss ein Mindestabstand von 100 Metern zur nächstgelegen Fischzuchtanlage eingehalten werden. Der gesamte Bootsverkehr muss einen Abstand von mindestens 20 Metern zur Anlage und deren Vertäuung einhalten.
- **Geschützte Arten** dürfen nicht geangelt werden. Informationen finden sich auf der Website der norwegischen Fischereibehörde: www.fiskeridir.no/English/Fishing-in-Norway/Sea-angling-in-Norway/meeresangeln-in-norwegen

Für das Angeln in **Süßwasser-Gewässern** benötigt man eine **Angelkarte (Fiskekort).** Sie ist online auf www.inatur.no, in einigen Sportgeschäften, auf zahlreichen Campingplätzen, in Nationalpark-Besucherzentren und in lokalen Geschäften erhältlich und jeweils nur für das ausgestellte Gebiet sowie einen bestimmten Zeitraum gültig.

Für das Angeln auf Lachs, Meerforelle oder Meersaibling in Flüssen und anderen Süßwassergewässern muss zusätzlich die **staatliche Angelabgabe (Fiskeravgift)** bezahlt werden (ebenfalls online oder in den Nationalpark-Besucherzentren). Vor dem Angeln sollte man sich mit den geltenden Vorschriften vertraut machen.

In den Binnengewässern, vor allem in Nationalparks, muss die eingeführte **Angelausrüstung vor der Verwendung desinfiziert** werden, um die Ausbreitung von Parasiten zu verhindern. Diesen Service bieten beispielsweise die jeweiligen Nationalparkzentren.

Zahlreiche Campingplätze führen eine gute Auswahl an Angelzubehör, das auf die regionalen Bedingungen abgestimmt ist.

Die **App „Fritidsfiskeappen“** (kostenlos für iOS und Android) bietet Informationen rund um das Fischen in Norwegen. Weitere hilfreiche Informationen finden sich auf folgenden **Websites:**

- www.fishspot.no/en
- www.environmentagency.no/areas-of-activity/hunting-and-fishing/rules-for-recreational-fishing-in-rivers-and-lakes

Fangquote

Für den eigenen Verzehr vor Ort gibt es keine Begrenzungen. Wenn man Fisch aus Norwegen ausführen will, gilt allerdings eine Obergrenze von **18 kg pro Person.** Die Fische müssen zudem unter der **Leitung eines registrierten Fischereibetriebs geangelt** worden sein. Das Limit von 18 kg kann zweimal

Gute Angelmöglichkeiten bieten sich auf der Halbinsel Forøy (s. S. 93) am Kystriksveien

im Jahr ausgenutzt werden. **Weitere Informationen** finden sich unter www.toll.no/en/l/languages/de/fangquote-bei-ausreise-aus-norwegen und www.fiskeridir.no/English/Fishing-in-Norway.

RADFAHREN

Viele der schmalen, wenig befahrenen Straßen eignen sich hervorragend zum Radfahren. Besonders gut geeignet ist die **Helgelandküste,** deren zahlreichen Inseln sich bestens mit dem Rad erkunden lassen. Die für Radfahrer kostenlosen Fähren ermöglichen ein beliebiges Inselhüpfen.

Die nordnorwegische Küste gehört zum **Nationalen Radwanderweg 1** und ist zugleich Teil der europäischen **Atlantic Coast Route** (https://en.eurovelo.com/ev1). Das Radwegenetz wird ständig erweitert und eine Reihe von Strecken ist bereits gut ausgeschildert. Das Fahrrad eignet sich außerdem wunderbar, um zum Start von Wanderrouten zu gelangen, die ggf. etwas weiter vom Stell- oder Campingplatz entfernt sind.

Einige **Tunnel** dürfen mit dem Fahrrad nicht befahren werden. Hier sollte man auf die Beschilderung achten oder sich vorher auf www.cycletourer.co.uk/maps/tunnelmap.shtml informieren. Meist stehen **Alternativrouten** zur Auswahl. Das Befahren von Bürgersteigen ist erlaubt, solange man die Geschwindigkeit entsprechend anpasst. Autobahnen und Schnellstraßen dürfen nicht befahren werden. Auf gute **Sichtbarkeit** und **Beleuchtung** sollte Wert gelegt werden, vor allem wenn das Wetter zu wünschen übriglässt.

Auch das **Mountainbiken** ist in Norwegen mittlerweile äußerst beliebt. Die zahlreichen geschotterten Wirtschaftswege oder kleinen Verbindungsstraßen ermöglichen den Zugang zu wunderschönen Naturgebieten. Wer es anspruchsvoller bevorzugt, der kann die unzähligen Trails in den Bergen mit dem Mountainbike erkunden. Hier sollte man allerdings Rücksicht auf Naturliebhaber nehmen, die zu Fuß unterwegs sind. Eine beliebte Mountainbike-Region ist beispielsweise das Gebiet rund um **Skibotn am Lyngenfjorden.**

Bei den zahlreichen **Fahrradverleihern** des Landes können E-Bikes, Mountainbikes oder Tourenräder gemietet werden.

⊡ *Auch für Radfahrer ist die reizvolle Strecke auf der Fv889 nach Havøysund (s. S. 238) ein lohnenswertes Ziel*

046wn-df

WANDERN UND BERGSPORT

Die spektakuläre Landschaft und Bergwelt Nordnorwegens lässt sich am besten zu Fuß erkunden. Von Kindesbeinen an sind die Norweger so oft es geht zu Fuß in der Natur unterwegs. Die norwegische Naturverbundenheit (**Friluftsliv,** wörtl. übersetzt: „Leben im Freien") ist eine Lebensphilosophie. Sie umfasst alle Aktivitäten in der Natur und den Bergen, von entspannten Nachmittagen in der Hängematte, über Beerenpflücken oder mit dem Hund spazieren gehen, bis hin zu Kanufahrten, Klettern, Trailrunning, Skisport oder Bergtouren. Der Begriff Friluftsliv wurde erstmals in den 1850er-Jahren vom norwegischen Dramatiker Henrik Ibsen geprägt, um zu beschreiben, wie wichtig es für das geistige und körperliche Wohlbefinden ist, Zeit an abgelegenen Orten in der Natur zu verbringen. Friluftsliv hat für Norweger eine tiefe Bedeutung. Das Lösen vom Alltagsstress und Teil des kulturellen „Wir" zu sein, das die Menschen als Teil der Natur zusammenhält, ist ein wichtiger Bestandteil der nationalen Identität. Zudem ist der Begriff eng mit **Kos** („Gemütlichkeit") verbunden, dem norwegischen Inbegriff für eine gute Zeit.

Der **norwegische Wanderverein (Den Norske Turistforening/DNT)** hat mehr als 260.000 Mitglieder. Jedes Jahr verbringen Freiwillige mehr als 550.000 Stunden mit der Wartung der 550 Hütten, der Markierung von Wegen etc. Auch Ausländern ist es möglich, Mitglied im DNT zu werden und eine Reihe an Vorteilen zu genießen. Man erhält vergünstigte Übernachtungen in zahlreichen Hütten und Berghotels, wird bei der Vergabe von Schlafplätzen bevorzugt und kann gegen Hinterlegung einer Kaution Schlüssel für die Selbstversorgerhütten des Landes erhalten.

Ausgewiesene Touren werden in die **Kategorien** Enkel (grün – einfache Strecke für Anfänger), Middels (blau – Tour für Personen mit etwas Erfahrung), Krevende (rot – anspruchsvolle Touren) und Ekspert (schwarz – nur für erfahrene, perfekt ausgestattete Tourengeher geeignet) eingeteilt. Die ungezähmten, menschenleeren Landschaften Norwegens erfordern eine gute Vorbereitung im Vorfeld einer Tour. Auch im Sommer ist Ausrüstung vonnöten, die vor Wind und Kälte

⊡ *Spektakulärer Ausblick: Wanderung im Ånderdalen-Nationalpark auf Senja (s. S. 195)*

schützt, denn das Wetter in Norwegen kann unberechenbar sein. Vor allem in den kalten Jahreszeiten wird in Norwegen **mehrschichtige Kleidung** empfohlen. Im Sommer sollte man ebenfalls für einen Wetterumschwung gerüstet sein und man sollte bedenken, dass selbst im Juni in den Hochlagen oftmals noch große Mengen Schnee liegen.

Auch eine ausreichende **Verpflegung** ist essenziell. Wasser kann ggf. an Bergbächen und Flüssen aufgefüllt werden.

Lagerfeuer in oder in der Nähe von Wäldern sind vom 15. April bis 15. September verboten.

Um sicher in der norwegischen Natur unterwegs zu sein, sollte man sich an den **norwegischen Bergkodex** halten:

- www.visitnorway.de/reiseplanung/sicherheit/in-den-bergen/der-norwegische-bergkodex.

Zahlreiche Veranstalter bieten geführte Wanderungen und Gletschertouren. Teilweise wird die Ausrüstung gestellt. Hilfreiche Websites sind:

- **https://deutsch.dnt.no:** Website des norwegischen Wandervereins
- **www.norskfriluftsliv.no/about-norsk-friluftsliv:** Hier finden sich Informationen über das norwegische Friluftsliv.
- **www.ut.no:** Tourenvorschläge in Norwegen
- **www.outdooractive.com:** Tourenvorschläge nach Land und Region abrufbar
- **www.rando-lofoten.net:** Tourenvorschläge auf den Lofoten. Auch auf Deutsch.

SKISPORT

Norwegen ist das Land des Wintersports und **Skifahren** gilt als Nationalsport. Im **Skilanglauf** dominiert die norwegische Nationalmannschaft seit Jahren den Weltcupzirkus. Ein Sprichwort besagt: „Norweger werden mit Skiern an den Füßen geboren".

Im Winter durchziehen unzählige Kilometer gespurter Loipen die weitläufige, schneebedeckte Landschaft. In Städten wie Narvik sind sie vom Stadtzentrum aus fußläufig erreichbar. Oft ist ein Teil der Anlagen beleuchtet, um in den dunklen Monaten dem Sport auch nach Feierabend nachgehen zu können. Häufig befinden sich die Camping- und Stellplätze auch in unmittelbarer Nähe der Wintersportareale.

Eine Seilbahn erschließt direkt von Narvik (s. S. 185) aus ein Wander- und Skigebiet

048wn-df

Für **Skitourengeher, Freerider** und **Extremskifahrer** sind die Lofoten in den letzten Jahren zu einem wahren Mekka geworden. Bergführer und Guides der zahlreichen Agenturen in Nordnorwegen stehen den Bergenthusiasten bei Bedarf bei allen Wintersportaktivitäten mit Rat und Tat zur Seite.

Besonders im Winter ist bei der Planung der Touren auf die **Wetterlage** zu achten und man sollte vorab genau den Lawinenlagebericht und eine Lawinenkarte studieren:

› www.varsom.no/en/avalanches/avalanche-warnings, www.avalanches.org, www.ngi.no/eng.

GOLF

2022 wurde der Golfplatz **Lofoten Links** auf der Insel **Gimsøya** (Lofoten) von „Today's Golfer" in die Rangliste Golf World Top 100 aufgenommen. Die beeindruckende Lage in einer Dünenlandschaft, die einen tollen Ausblick auf das Meer gewährt, überzeugte die Journalisten. Eine Reihe von ungewöhnlich gelegenen Anlagen, die von einer spektakulären Landschaft umgeben sind, findet sich im Land verteilt. Zudem sind im Sommer und Herbst die meisten Plätze in Nordnorwegen rund um die Uhr oder mindestens ungewöhnlich lange zugänglich, sodass man um Mitternacht im warmen Licht der Sonne bzw. unter den tanzenden Polarlichtern spielen kann. Manche Plätze sind ganzjährig (ausgenommen bei Schnee) geöffnet.

Um in Norwegen spielen zu dürfen, muss grundsätzlich immer ein **Einführungskurs (Veien til golf)** oder ein gleichwertiger Kurs in einem anderen Land absolviert werden/worden sein. Zudem ist eine Mitgliedschaft in einem norwegischen oder ausländischen Golfclub notwendig. Alternativ kann man gegen einen geringen Mitgliedsbeitrag in Norwegen einem sogenannten „Briefkastenclub" beitreten, der einen anschließend zur Nutzung der jeweiligen Anlage berechtigt. Auf einigen Golfplätzen wird **Pay & Play** angeboten, sodass man auch ohne Mitgliedschaft spielen kann. Die allgemeine Golfetikette muss eingehalten

049wn-df

werden. Zahlreiche Clubs verleihen Ausrüstung. Spieler dürfen maximal 14 verschiedene Schläger pro Runde verwenden.

› Infos: www.visitnorway.de/aktivitaten/freie-natur/golf

BIRDWATCHING

Von den rund 9000 Vogelarten der Welt nutzen etwa 300 die Landschaft von Norwegen als ihren natürlichen Lebensraum. Zusätzlich sind zu bestimmten Jahreszeiten etwa **200 seltene Zugvogelarten** zu finden.

Vor allem in den Regionen von Nordnorwegen gibt es gut zugängliche **Vogelbeobachtungsplätze,** an denen vor allem arktische Seevögel anzutreffen sind, die ansonsten lediglich in unzugänglichen Gebieten von Nordkanada, Alaska, Grönland oder Sibirien (Russland) nisten. Die **Varangerhalvøya** (Halbinsel Varanger) in der Finnmark gehört in Europa zu den am besten geeigneten Orten, um arktische Vögel zu beobachten. Die Inseln **Røst** (Lofoten) oder **Lovund** und **Vega** (Helgelandküste) sind ebenfalls für ihre Vogelpopulationen bekannt.

Die **Seeadler-Population** in Norwegen gilt als die größte in Europa. Diese majestätischen Vögel sind vor allem an der felsigen Küste Nordnorwegens anzutreffen. Besonders auf den **Lofoten** sind diese Tiere ausgesprochen häufig zu beobachten. Auch den beeindruckenden Steinadler kann man hier mit etwas Geduld zu Gesicht bekommen.

Zahlreiche lokale Anbieter ermöglichen die Teilnahme an einer **Seeadler- oder Vogelsafari.** Diese werden jeweils an den passenden Stellen in diesem Buch beschrieben.

◁ Ein junger Steinadler macht sich auf den Lofoten bereit für den Abflug

WHALEWATCHING

Die größten Lebewesen der Ozeane lassen sich an der Küste Norwegens aus nächster Nähe beobachten. Im Sommer sind Pottwale die häufigsten Gäste in den Gewässern von Nordnorwegen. Mit etwas Glück können aber auch Grindwale, Zwergwale, Buckelwale, Delfine und Orcas gesichtet werden. Im Winter lassen sich auch Finnwale blicken. Zahlreiche Unternehmen bieten vor Ort **Whalewatching-Safaris** an. Zum Beispiel lassen sich von **Tromsø** aus gut Gewässer erreichen, in denen sich Wale bevorzugt aufhalten.

KULTUR UND MUSEEN

Es gibt zahlreiche Museen und Galerien in Norwegen. Die Öffnungszeiten variieren je nach Jahreszeit. Manche Museen bieten kostenlosen Eintritt. Das ganze Jahr über finden zudem Feste und Festivals statt. Vor allem im Sommer sind **Musikveranstaltungen** und **Foodfestivals** beliebt.

UHRZEIT

In ganz Norwegen wird analog zu Deutschland die **Mitteleuropäische Zeit (MEZ)** verwendet. Die Sommerzeit beginnt am letzten Sonntag im März und endet am letzten Sonntag im Oktober.

VER- UND ENTSORGUNG

Das **Ver- und Entsorgungsnetz** in Norwegen ist ausgesprochen gut ausgebaut und die Stationen sind zumeist ausgeschildert. An vielen Tankstellen, auf einigen Rastplätzen oder auch an Supermärkten hat man die Möglichkeit, Grauwasser und/oder die Toiletten zu entsorgen bzw. frisches Trinkwasser aufzufüllen. Teilweise sind die Entsorgungseinrichtungen mit modernen **Reinigungsau-**

tomaten für die Toiletten-Kassetten ausgestattet. An den Tankstellen und Supermärkten ist die Nutzung der V/E-Stationen in der Regel kostenlos möglich.

Entlang der beliebten **norwegischen Landschaftsrouten (nasjonale turistveger)** finden sich an den zahlreichen Rastplätzen vielfach Entsorgungs- und Versorgungseinrichtungen. Die meisten **Campingplätze** bieten auch für vorbeifahrende Wohnmobile einen Ver- und Entsorgungsservice an. Teilweise wird eine geringe Gebühr fällig, falls man nicht auf dem Campingplatz übernachten möchte.

Die Entsorgung von **Hausmüll** ist in Norwegen ebenfalls unproblematisch. In besiedelten Gebieten finden sich in der Regel entsprechende Container. Zudem sind an Tankstellen und auf Rastplätzen häufig weitere Möglichkeiten für die Entsorgung vorzufinden.

WOHNMOBILMIETE

Für das Mieten eines Wohnmobils muss man in Norwegen **mindestens 21 Jahre alt** sein und einen EU-Führerschein der Klasse B besitzen. Für ein mittelgroßes oder großes Wohnmobil liegen die Preise bei etwa 2.000 bis 2.500 NOK pro Tag. Campingbusse oder Vans sind bereits ab etwa 1500 NOK zu buchen. Die Preise variieren je nach Saison. Bei Abschluss des Vertrags sollte man auf **Kilometerlimits, Versicherungsumfang** und **Kautionen** achten. Kochgeschirr, Bettdecken, Kopfkissen etc. müssen meist separat gebucht werden.

Zudem ist es wichtig zu klären, wie die **Maut- und Fährgebühren** abgerechnet werden (s. S. 31). Bei einigen Wohnmobilvermietungen bezahlt man eine **„toll road flat fee"**, über die dann die Gebühren abgedeckt sind. Ein **AutoPass-Transponder** ist in den Fahrzeugen installiert. Fährverbindungen sind in der Regel nicht in der *toll road flat fee* enthalten. Die Kosten werden von den Fährbetreibern an den Verleiher geleitet, der diese dann dem Mieter in Rechnung stellt.

Die meisten Verleiher bieten ihre Fahrzeuge ab Oslo und Tromsø an. Einige werben mit individuellen **Abhol- und Abgabestandorten** für ihre Kunden. In Norwegen sind zum Beispiel folgende Anbieter zu finden:

- **Campervan Norway,** www.campervannorway.com, Verleih ab Oslo und Tromsø
- **Indiecampers,** www.indiecampers.com, Verleih ab Oslo
- **Arctic Campers,** www.arcticcampers.no, Verleih ab Oslo und Tromsø

WOHNMOBILSERVICE

Da das Reisen mit dem Wohnmobil in Norwegen ebenso beliebt ist wie in Deutschland, besitzen die meisten größeren **Wohnmobil-Hersteller** auch in Norwegen Niederlassungen. Sie sind über die Websites der Firmen auffindbar. Zudem besteht immer die Möglichkeit eine allgemeine **Kfz-Werkstatt** aufzusuchen. Vor allem in Nordnorwegen sind die Mechaniker mit den verschiedensten Maschinen vertraut und auch in der Lage zu improvisieren.

Die Website www.bobilenesservicekjede.no/en bietet Hilfe bei der Suche nach einer geeigneten Werkstatt und einigen Ersatzteilen.

ROUTE 1

DER KYSTRIKSVEIEN – VON TRONDHEIM NACH BODØ

051wn-df

1 cm = 17,5 km
© Reise Know-How 2023
Bodø
Langsanden
Sandhornøya
Kjøpstad
Storvik
Finnesfjellet
Neverdal
Ertenvåg
Løding
Sjunkhatten Nationalpark
Tuv
Saltstraumen
Ljønes
Fauske
Misvær
Rognan
E6
Lahko Nationalpark
Forøy
Halsa
ROUTE 1
Jektvik
Svartisen Gletscher
Kilboghamn
Svartisdal
Grønsvik Kystfort
Helgelandmuseum
Stokkvågen
Mo i Rana
Glein
Nesna
E12
Donna
Levang
Finneidfjord
Donnmannen
Leland
Alsta
Søvik
Sieben Schwestern
Korgen Kirke
Herøy
Sandvik
Lånan
Petter Dass Museum
Oksskolten
Tjøtta
Mosjøen
Vegatrappa
Forvik
Øyfjellet
Gladstad
Vega
Rentierweidebezirk Jillen-Njaarke
Laksforsen
Brønnøysund
Lomsdal-Visten-Nationalpark
Torghatten
Trofors
73
Hattfjelldal
Berg
Leknes
Holm
Leka
Herlaugshaugen
Majavatn
Kvigtinden
Børgefjell/Byrkije National Park
Foldereid
Namsskogan
Røyrvik
Lund
Trones
Lauvsnes
Namsos
Skogmo
Jormvattnet
Sägewerk-museum
Grong
Tømmeråsfossen
Roan
Godejord
Gäddede
Snåsavatnet
Snåsa
Lierne National Park
Blåfjella-Skjækerfjella National Park
Malm
Galleri Mitsel
Breide
Felsritzungen bei Bøla
Steinkjer
Geografischer Mittelpunkt Norwegens
Skjækra
Verdal
Skogn
Freilichtmuseum Stiklestad
Kallsedet
Stjørdal
Trondheim
E14
Lillholmsjö
Å i Lofoten
Harstad
Tromsø
Narvik
Alta
Mo i Rana
Kautokeino
Karasjok
Kirkenes

ROUTENÜBERSICHT

Die Route beginnt in Trondheim, der größten Stadt, die in diesem Buch beschrieben wird. Die Gourmet-Hauptstadt des Nordens kann mit zahlreichen Sehenswürdigkeiten, Museen, Restaurants und einem regen kulturellen Angebot aufwarten. Auf dem Weg nach Norden wird die idyllische Kulturlandschaft Innherred durchfahren, die für ihre köstlichen Lebensmittel, die zahlreichen Restaurants und Cafés, ihr Handwerk und ihre Tradition bekannt ist. Neben den Orten Levanger und Steinkjer passiert die Route ebenso das Nationale Kulturzentrum Stiklestad, das als Geburtsort der Nation Norwegen gilt.

Etwa 7 km nördlich von Steinkjer zweigt die Fv17 von der E6 nach Westen ab. Hier beginnt eine der schönsten Küstenstraßen Norwegens, der legendäre Kystriksveien. Ein Teil der Strecke ist als Nasjonale turistveger ausgeschrieben. Diese Auszeichnung erhalten Straßen, die durch eine besonders sehenswerte Landschaft und entlang zahlreicher Sehenswürdigkeiten führen. Die Route Helgelandskysten (www.nasjonaleturistveger.no/de/routen/helgelandskysten) ist die längste der 18 Norwegischen Landschaftsrouten. Man sollte daher etwas Zeit mitbringen, um diese kontrastreiche, von Schären, Bergen, Fjorden und vorgelagerten Inseln geprägte Küste zu entdecken.

Die Route verläuft überwiegend an der norwegischen Atlantikküste durch eine reizvolle Kulturlandschaft und in unmittelbarer Nähe zu Gletschern wie dem Svartisen und endet schließlich bei Bodø und dem Saltstraumen, dem stärksten Gezeitenstrom der Welt. Die Landschaften Namdalen, Helgeland und Salten werden durchfahren, zahlreiche Tunnel passiert und sechs Fährüberfahrten sind nötig, um die etwa 650 km des Kystriksveien zu bewältigen. Der Polarkreis wird während der Überfahrt von Kilboghamn nach Jektvik überquert.

307wn©df

Strecke:

Trondheim (s. S. 60) – **Stiklestad** (94 km, s. S. 70) – **Steinkjer** (53,9 km, s. S. 74) – **Abstecher nach Leka** (hin und zurück 54,4 km, s. S. 75) – **Brønnøysund und Torghatten** (288,7 km, s. S. 77) – **Abstecher auf die Insel Vega** (hin und zurück 68,8 km, s. S. 80) – **Insel Alsta** (75,3 km, s. S. 82) – **Abstecher nach Herøy und Dønna** (hin und zurück 53 km, s. S. 85) – **Sjøbakken und Levang** (61,8 km, s. S. 88) – **Nesna** (13,5 km, s. S. 90) – **Kilboghamn** (89,3 km, s. S. 92) – **Forøy** (50,5 km, s. S. 93) – **Saltfjellet-Svartisen nasjonalpark** (13,3 km, s. S. 94) – **Storviksanden** (62,6 km, s. S. 96) – **Abstecher nach Sandhornøya und zum Langsanden Strand** (hin und zurück 34,2 km, s. S. 98) – **Saltstraumen** (68 km, s. S. 98) – **Bodø** (29,8 km, s. S. 103)

Streckenlänge:

ohne Abstecher: 900,7 km

mit Abstechern: 1111,1 km

⊡ *Der Kystriksveien (Fv17) bei Storvik (s. S. 96)*

⊡ *Kapitelstartseite: Die Fv17 führt am Kjellingsundet über die Kjellingstraum bru*

TRONDHEIM

Trondheim, auf Südsamisch auch Tråante genannt, ist mit knapp 210.500 Einwohnern die drittgrößte Stadt Norwegens und gehört historisch zu den bedeutendsten Städten des Landes. 997 als Nidaros gegründet, liegt der Ort an der Mündung des Flusses **Nidelva,** der die Halbinsel umfließt, auf der das attraktiv gelegene Zentrum **Mydtbyen** zu Erkundungen lädt. Trondheim stellte im Mittelalter das religiöse Zentrum Norwegens dar und war zugleich Sitz des Königs und somit Hauptstadt des Landes. Zeuge dieser Zeit ist der über der Grabstätte des heiligen Olav errichtete, um 1300 fertiggestellte **Nidarosdomen** (Nidarosdom), der zugleich die nördlichste mittelalterliche Kathedrale der Welt und das größte gotische Gotteshaus Norwegens ist. Seit Jahrhunderten pilgern zahlreiche Gläubige zur letzten Ruhestätte des Wikingerkönigs, der das Christentum in Norwegen einführte, und machen den Dom zu einem wichtigen Wallfahrtsort in Nordeuropa. Man sollte sich in Ruhe die rund 5000 Skulpturen ansehen, die das Bauwerk schmücken. Die Steinmetze, die den Dom regelmäßig restaurieren, haben nämlich das ein oder andere ungewöhnliche Werk hinzugefügt. So sind beispielsweise die Gesichter von Bob Dylan oder König Haakon VII. (1872–1957) eingearbeitet worden.

Bei einem verheerenden Brand im Jahr 1681 wurde die Innenstadt Trondheims fast vollständig zerstört. Dies hatte zur Folge, dass der Stadtplan von Johan Caspar von Cicignon vollständig neu konzipiert und die Innenstadt mit zwei breiten Hauptachsen und schachbrettartig angelegt wurde. Gänzlich konnte sich dieses Konzept jedoch nicht durchsetzen, und somit sind bis heute einige Stadtviertel mit verwinkelten Gassen aus dem Mittelalter erhalten geblieben.

Im Rahmen dieser Stadtrekonstruktion wurde auch die sehenswerte **Gamle Bybro** (Alte Stadtbrücke) errichtet, die ein schnelles Erreichen der ebenfalls nach dem Brand erbauten, im Osten oberhalb der Altstadt thronenden **Kristiansten festning** (Festung Kristiansen) gewährleisten sollte. Von der Gamle Bybro eröffnet sich ein wunderbarer Ausblick auf die **Bryggerekka,** einen Hafenkanal mit für Trondheim typischen, aus Holz erbauten bunten Lager- und Bootshäusern, deren Ursprünge bis auf das 18. Jahrhundert zurückgehen und die eines der beliebtesten Fotomotive der Stadt darstellen.

☐ *Blick von der Gamle Bybro auf Trondheims historischen Hafenkanal Bryggerekka*

055wn-df

Trondheim

0 300 m
Essen und Trinken
1 Restaurant Credo
3 Restaurant Troll
5 Fagn
7 Mat fra hagen
9 Speilsalen
10 Kaffebrenneriet
11 The Crab
12 Streif Bakeri & Café
Einkaufen und Sonstiges
2 Fjordbuda Trondheim
4 Solsiden Kjøpesenter
6 House of Norway
8 Nørrona Concept Store
Pier der Hurtigruten
Stellplatz Trondheim Nyhavna
Havnegata
Pirbrua
Rockheim
BRATTØRA
Bahnhof
Nidelv bru
Narvik E6
Maritime Museum
Botanischer Garten
Fähranleger nach Munkholmen
Fjordsgata
Jomfrugata
Krambugata
Turistinformasjon
Olav Tryggvasonsgate
Bakke Bru
Ths. Angells gt.
Nordre gt.
Sandgt.
Dronningensgt.
Kjøpmannsgate
St. Olavsgt.
Tordenskioldsgt.
HOSPITALSLØKKAN
Stiftsgården
Kunsthall Trondheim
Kongensgate
Turistinformasjon
Prinsensgata
Munkegaten
Øvre Møllenb. gt.
MOLLENBERG
Gamle Bybro
Brubakken
Trampe
Elvegata
KALVSKINNET
Bispegata
NIDARØ
Trondheim Stadion
Nidelva
Norsk Døvemuseum
Trondheim Kunstmuseum
Nidarosdom
MARINEN
Festung Kristiansten
BAKKLANDET
Lillegårdsbakken
Erkebispegården (Erzbischöflicher Palast)
Klostergata
ØYA
Øvre Bakklandet
Mauritz Hansens gate
Christian Frederiks gate
Oslosveien
Elgesetergate
ELGESETER
Eidsvollgate
E6 Oslo
St. Olavs Hospital

Trondheim ist eine moderne Stadt und gilt als norwegische Hauptstadt des Wissens. Dies ist u. a. den 30.000 in der Stadt lebenden Studierenden geschuldet, die an der größten Hochschule Norwegens, der **Norges teknisk-naturvitenskapelige universitet** (Technisch-Naturwissenschaftliche Universität Norwegens), immatrikuliert sind. Viele Betriebe in der Stadt bauen auf Technologien, die in Zusammenarbeit mit den Forschungsgemeinschaften an der Universität entwickelt wurden. Zusätzlich ist die NTNU federführend in zahlreichen Projekten, die der Stadt eine nachhaltige Zukunft sichern sollen. Dabei ist man derart erfolgreich, dass Trondheim bereits von der UN und der Europäischen Union ausgezeichnet wurde. Ein Beispiel hierfür ist das am Hafen gelegene, architektonisch sehenswerte **Brattørkaia** (www.powerhouse.no), ein Gebäude, das mehr Energie produziert als es verbraucht.

⌃ *Østre Kanalhavn und Kystenkaia vom Restaurant Troll (s. S. 67) aus gesehen*

Bei einem Streifzug durch die Stadt sollte man das historische **Bakklandet** keinesfalls auslassen. Das charmante und hippe Stadtviertel am Ostufer des Nidelva ist bei den Einheimischen ein beliebter Treffpunkt. Zahlreiche Boutiquen und andere Einkaufsmöglichkeiten laden hier zum Flanieren.

Im Stadtviertel **Ila,** westlich des Zentrums, laden nicht nur bunte Holzhäuser und Parks zu einer Erkundung ein, hier bietet sich dem Besucher mit **Visit Bjørn** auch etwas ganz Besonderes: Bjørn, Troubadour und Liebhaber von gutem Essen, serviert in seinem kleinen roten Haus an seinem gemütlichem Küchentisch oder im Salon für kleine Gruppen köstliche Gerichte und begleitet diese mit Musik und Anekdoten (www.visitbjorn.com, Voranmeldung nötig, an „open nights" auch Einzelanmeldungen möglich).

Trondheim lässt sich hervorragend mit dem Fahrrad entdecken. Über die Jahre ist der Ort zu Norwegens führender **Fahrradmetropole** geworden. In Bakklandet steht den Radlern mit der **Trampe** (Brubakken 8) sogar der erste **Fahrradlift** der Welt zur Verfügung. Er befördert das Fahrrad samt Fahrer vom Ufer des Nidelva an der Gamle bybro ein Stück weit den Hang hinauf Richtung Festung. Dabei stellt man den rechten Fuß auf eine kleine Plattform, die sich in einer Schiene den Berg hinaufbewegt und bleibt dabei im Sattel des Fahrrades sitzen. Leihfahrräder stehen in der Stadt an strategisch günstigen Punkten zur Verfügung (www.trondheimbysykkel.no/en).

Dank der vielen Studierenden bietet Trondheim ein **großes kulturelles Angebot.** Zahlreiche Festivals, Konzerte und andere Events verteilen sich auf das ganze Jahr. Zudem sind hier unter anderem das Trondheim Symfoniorkester & Opera (www.tso.no), das Trøndelag-Teater (www.trondelag-teater.no) und die regionale Jazzszene im Dokkhuset (www.dokkhuset.no) beheimatet. Eine Reihe von Museen wie das **Trondheim Kunstmuseum** (www.trondheimkunstmuseum.no), das **Trondheim Maritime Museum** oder das **Norsk Døvemuseum** (www.norsk-dovemuseum.no), in dem man die Welt wie eine gehörlose Person erleben kann, und Galerien wie die **Galleri 7** (www.galleri7.com) oder **KUK** (www.k-u-k.no) beschäftigen sich mit bildender Kunst und Geschichte.

Auch kulinarisch hat die Stadt einiges zu bieten. Trondheim gilt als Heimat der nordischen Genüsse, hat sich zum **Top-Reiseziel für Gourmets** entwickelt und wurde bereits mehrfach ausgezeichnet. Hochwertige, regional produzierte Zutaten werden von jungen kreativen Köchen zu köstlichen Kompositionen verarbeitet. Zahlreiche Restaurants laden dazu ein, sich von der kulinarischen Identität der Region überzeugen zu lassen. Beim jährlich Ende Juli stattfindenden **Trøndelag Food Festival** feiern die Einheimischen die Spezialitäten der Region. Auch durstige Reisende kommen in Trondheim auf ihre Kosten. Ob elegante Bars mit Bio-Weinen, hippe Cocktailbars, Mikrobrauereien oder örtliche Kaffeeröstereien – die Auswahl ist groß.

Für Ausflüge außerhalb der Stadt empfiehlt sich beispielsweise ein Besuch der **Bymarka,** eines 80 km² großen Waldgebiets westlich von Trondheim. Nahe des 551 m hohen **Gråkallen** befinden sich ein Parkplatz und eine

⊡ *Von der Festung Kristiansen hat man einen schönen Ausblick auf das Zentrum der Stadt*

053wn-df

Zeitgenössische norwegische Architektur und norwegisches Design

Auf einer Reise durch Norwegen fällt schnell auf, dass viele touristische Ausflugsziele, Rastplätze, Hotels, Museen und öffentliche Gebäude architektonisch auffallend gestaltet sind. Selbst Toilettenhäuschen auf den Norwegischen Landschaftsrouten weisen häufig eine aufwendige, ansprechende Architektur auf und in den abgelegensten Ecken des Landes finden sich in Form von Berghütten oder Tierbeobachtungsplattformen architektonische Schönheiten. Zu den Grundprinzipien der norwegischen Architektur gehört, dass sie danach strebt, in einem Dialog mit ihrer Umgebung zu stehen – und das ist oftmals eben die beeindruckende Natur des Landes.

In Norwegen sind nachhaltige Baustoffe wie Holz ein wichtiger Bestandteil der zeitgenössischen Architektur. Die Tradition des Holzbaus geht bis auf die Zeit der Wikinger zurück und im Mittelalter entstanden die imposanten Stabkirchen, die bis heute Zeugnisse des kunstvollen Holzbaus sind. Selbst Hochhäuser werden in Norwegen mittlerweile aus Holz errichtet. Das 85 Meter hohe Mjøstårnet in Brumunddal bei Lillehammer gehört zu den höchsten hölzernen Gebäuden der Welt.

Die Norweger gehen davon aus, dass Holz der richtige Werkstoff für eine grüne Wende im Bauwesen ist. Drei Viertel Norwegens sind mit Wald bedeckt und Landbesitzer sind verpflichtet, gefällte Bäume mit Neupflanzungen zu ersetzen. Dadurch wird ein erneuerbarer Kreislauf sichergestellt. Strenge Umweltstandards sorgen zudem dafür, dass die Biodiversität und Wiederaufforstung sichergestellt sind.

Neben der schönen Optik, der natürlichen Raumklimaregulierung oder der Absorbierung von Geräuschen und der guten Akkustik, hat die Verarbeitung von Holz in der Architektur den Vorteil, dass sie mit weniger Energieaufwand verbunden ist als die Produktion von Stahlträgern. Auch in der Gestaltung bieten beispielsweise Balken aus Brettschichtholz mehr Schöpfungsfreiheit als herkömmlicher Stahl oder Stahlbeton. Sie können größere Entfernungen ohne Zwischenstützen überbrücken und in gewölbten Bauten eingesetzt werden

Ein weiterer Faktor für die gefällige moderne Architektur in Norwegen ist die zunehmende Sensibilität dafür, dass Ästhetik die Gesundheit derer positiv beeinflusst, die ein Gebäude nutzen. Die norwegischen Arbeitsschutzgesetze betonen seit Jahren die Wichtigkeit von Tageslicht und frischer Luft für das Wohlbefinden von Arbeitnehmern. Die oftmals rauen klimatischen Bedingungen fördern ebenso den Wunsch nach Architektur zum Wohlfühlen. Knapper werdende

054wn-df

Ressourcen und der Umweltschutzgedanke führen dazu, dass Gebäude verstärkt in die natürliche Landschaft integriert werden, und Entwickler arbeiten daran, Energie, Wasser etc. optimal zu nutzen.

Den Begriff „skandinavisches Design" hört man häufig, wenn minimalistische und funktionale Produkte beschrieben werden. Spätestens seit ein schwedischer Möbelgigant die Welt erobert hat, ist diese Bezeichnung kein Fremdwort mehr. Vorrangig bringt man mit diesem Begriff die Schweden und die Dänen in Verbindung, doch auch in Norwegen arbeiten zahlreiche Designer inspiriert von globalen Trends und mit Blick auf den modernen Markt. Ein einheitliches norwegisches Design lässt sich nur schwer definieren. Fast immer sind jedoch von der Natur inspirierte Formen, anmutige Linien und Licht ein wichtiger Bestandteil der Entwürfe. Auch die besondere Landschaft, das Klima und der Lebensstil der Norweger beeinflusst das Schaffen der Designer. Einige der bekanntesten Bekleidungsmarken haben sich in den vergangenen Jahren auf Regenmode und warme Kleidung aus Wolle spezialisiert. Im Vordergrund steht Kleidung für normale Menschen mit Sinn für Mode. Luxusbekleidung wird von norwegischen Designern eher selten entworfen. Angesichts der langen und dunklen Winter sind Lampen und Beleuchtung ebenfalls ein Arbeitsschwerpunkt der nordischen Designer.

Einige der sehenswertesten Designprojekte der letzten Jahre sind im Auftrag von norwegischen Behörden ausgeführt worden. So wurden die von Snøhetta und The Metric System entworfenen neuen Banknoten auf Anhieb zum Klassiker und auch der norwegische Reisepass wurde neu gestaltet, erscheint nun in frischen Farben und weist einfache Darstellungen der norwegischen Natur auf.

⊲ Das Sámediggi/Sametinget (Parlament der Sámi) in Karasjok (s. S. 256)

Skihütte. Auch Trondheims 9 km lange **Gråkallbanen** (Trambahnlinie), die als nördlichste der Welt gilt, erschließt mit der Haltestelle **Lian** das Erholungsgebiet.

Als weiteres lohnenswertes Ziel vor den Toren der Stadt ist die im Trondheimfjord gelegene kleine Insel **Munkholmen** (www.munkholmen.no/english) zu nennen. Im Sommer ist sie ein beliebtes Ausflugsziel für Badegäste. Ein schöner Strand und ein Café laden zum Entspannen ein. Doch auch unter historischen Gesichtspunkten ist die denkmalgeschützte Insel mit ihrer Festung einen Besuch wert. In den vergangenen Jahrhunderten wurden auf dem kleinen Eiland ein Benediktinerkloster, ein Staatsgefängnis und eine Luftabwehrstellung der Deutschen errichtet. Es werden Führungen angeboten. Ein Shuttleboot, das von **Ravnkloa** (Munkegata 66) aus verkehrt, verbindet die Insel mit dem Festland.

Für Ruhesuchende bietet ein entspannter Spaziergang im **NTNU Ringve botaniske hage** (botanischer Garten der Universität), der sich nahe des **Stellplatzes City Lade** ❹ befindet, Entspannung. Im Botanischen Garten befindet sich zudem das **Ringve Museum** (www.ringve.no). Norwegens Nationalmuseum für Musik und Musikinstrumente bietet neben einer Sammlung von ca. 2000 Instrumenten aus der ganzen Welt auch wechselnde Ausstellungen, Führungen und Events rund um die Musik.

Trondheim ist eine ausgesprochen vielseitige Stadt und trotz ihrer relativ geringen Größe lohnt sich durchaus ein mehrtägiger Aufenthalt, um diese „Metropole" mit all ihren Facetten zu erkunden und zu erleben.

Sehenswertes

› **Nidarosdomen,** Kongsgårdsgata 2, www.nidarosdomen.no, geöffnet: Mo–Fr 9–14, Sa 9–13, So 13–16 Uhr, Eintritt: Erw. 120 NOK, ermäßigt 60 NOK, Familien 300 NOK. Im Sommer kann der Turm über 172 enge Stufen bestiegen werden. Direkt nebenan können der **Erkebispegården** (Erzbischöfliche Palast (www.nidarosdomen.no/attraksjoner/erkebispegarden) und die **Riksregaliene** (Reichsregalien,

www.nidarosdomen.no/de/sehenswuerdigkeiten/riksregaliene), beide ebenfalls kostenpflichtig, besichtigt werden.

› **Kristiansten festning,** Kristianstensbakken 30, www.kristianstenfestning.no, Gelände: 8–21 Uhr (im Winter ab 9 bis Sonnenuntergang), Museum: 15.6.–15.9. Mo–Sa 10–16, So 12–16 Uhr, Eintritt: kostenlos. Die Festung steht außerhalb des Stadtzentrums auf einer Anhöhe und wurde nach dem großen Stadtbrand errichtet und 1684 fertiggestellt. Auffälliger Bestandteil der Anlage ist ein mehrstöckiger weißer Turm mit Schießscharten. Von der Festung aus wurde die Stadt 1718 erfolgreich gegen einen Angriff der Schweden verteidigt. Während des Zweiten Weltkriegs wurden hier 23 norwegische Widerstandskämpfer durch die Nazis hingerichtet. Der Aufstieg lohnt sich schon allein wegen des herrlichen Ausblicks über die Stadt. Zudem können ein Museum und ein Restaurant/Café besucht werden und es werden Führungen angeboten. Wenn die weit sichtbare Flagge weht, ist die Festung geöffnet.

› **Trondheim Maritime Museum,** Kjøpmannsgata 75, Tel. 73528975, www.trondheimsjofart.no, geöffnet: Di–Fr 10–15, Sa 12–16 Uhr, Eintritt: Erw 90 NOK, ermäßigt 70 NOK, Kinder frei. Das Museum veranschaulicht die maritime Geschichte Trondheims und der Region. Die Ausstellungen sind in einem der ältesten Backsteingebäude der Stadt aus dem 18. Jahrhundert untergebracht.

› **Kunsthall Trondheim,** Kongens gate 2 (Eingang via Søndre gate), Tel. 48500100, www.kunsthalltrondheim.no/en, geöffnet: Mo–Di 12–17, Mo–So. 13–17 Uhr, Eintritt frei. Die Kunsthalle ist die größte internationale Ausstellungsplattform für zeitgenössische Kunst in der Region Trøndelag und bietet ein vielseitiges Programm mit Ausstellungen, Workshops, Konzerten, Filmvorführungen, Vorträgen und anderen künstlerischen Darbietungen. Diese finden in Kooperationen mit der lokalen Kunstszene, aber auch internationalen Künstlern statt.

› **Stiftsgården,** Munkegata 23, Tel. 94785290, www.nkim.no/de/stiftsgarden, geöffnet: 1.6.–13.8., geführte Touren (auf Norwegisch/Englisch) Mo–Sa 10–15 und So 12–15 Uhr jeweils zur vollen Stunde, Eintritt: Erw. 120 NOK, ermäßigt 70/100 NOK, Kinder ab 5 Jahren: 70 NOK. Das in den 1770er-Jahren erbaute Gebäude ist das größte Holzpalais Skandinaviens. Es wurde im Auftrag der wohlhabenden Witwe Cecilie Christine Schøller erbaut und gehört zu den bedeutendsten Bauwerken der norwegischen Architekturgeschichte. Die 140 Zimmer können nur

Der beeindruckende Nidarosdomen ist ein dominanter Blickfang im Zentrum von Trondheim

während einer Führung besichtigt werden. Diese kann nach vorheriger Anfrage auch auf Deutsch durchgeführt werden.

- **Rockheim,** Brattørkaia 14, Tel. 73605070, www.rockheim.no/en, geöffnet: Nebensaison Di–Fr 10–16, Sa/So 11–17, 25. Juni–21. August Mo–Sa 10–17 Uhr, Eintritt: Erw. 160 NOK, ermäßigt 130 NOK, bis 15 Jahre frei. Das Museum ist der norwegischen Popmusik gewidmet. Kulturelle Hintergründe werden beleuchtet und in einem Soundlabor kann eigene Musik komponiert werden. Das Restaurant Rockheim Panorama mit seiner fabelhaften Aussicht auf den Fjord lädt zwischendurch zu einer kleinen Stärkung.

Information

- **Turistinformasjon,** Trondheim Torg, Kongens gate 9, Tel. 73536994,
- **Turistinformasjon,** Sirkus Shopping, Falkenborgvegen 1, Tel. 41407777
- **Turistinformasjon,** Olavshallen, Kjøpmannsgata 48
- www.visittrondheim.no, www.trondheim.no/en, www.trondheimcityguide.com, www.norwayfoodregion.com
- **AtB Mobillett:** App für Bus, Tram und Boot mit Ticketkauf, Fahr- und Liniennetzplänen (kostenlos für iOS und Android)
- **AtB:** Die App ermöglicht den Ticketkauf für Bus und Tram (kostenlos für iOS und Android)

Gastronomie

Trondheim ist für seine zahlreichen Kleinbrauereien bekannt, beispielsweise **Monkey Brew** (www.monkeybrew.no), **ØX** (www.oxtap.no), **Austmann** (www.austmann.no) und **Trondhjem Mikrobryggeri** (www.tmb.no). Bei ØX und Austmann kann man den Brauprozess betrachten.

Mit dem **Credo** (Ladeveien 9, www.restaurantcredo.no), dem **Fagn** (Ørjaveita 4, www.fagn.no) und dem **Speilsalen** (Dronningens gate 5, www.britannia.no) hat Trondheim zudem drei Restaurants zu bieten, die mit dem begehrten Michelin-Stern ausgezeichnet sind.

- **Restaurant Troll,** Fosenkaia 4A, Tel. 73487990, www.trollrestaurant.no, geöffnet: Mo–Sa ab 16 Uhr. Das Troll serviert im gemütlichen Ambiente und im Außenbereich mit vorzüglichem Blick auf den Kystenkaia mit den bunten Fassaden der Bryggene schmackhafte, preislich annehmbare Speisen aus regionalen Produkten.
- **The Crab,** Kjøpmannsgata 7, Tel. 92050760, www.thecrab.no, geöffnet: Mo–Sa 16–23 Uhr. Fisch und Meeresfrüchte sind die Spezialität dieses Restaurants, das in besonderem Ambiente in einem ehemaligen Lagerhaus am Nidelva delikate Kreationen zaubert.
- **Mat fra hagen,** Thomas Angells gate 10b, Tel. 45912150, www.matfrahagen.no, geöffnet: Mo–Sa 11–20, So 12–18 Uhr. Veganes Restaurant, das Burger, Falafel, Salate, Acai-Bowls und frische Säfte serviert.
- **Kaffebrenneriet,** Dronningens gate 9 und Nedre Bakklandet 2, Tel. 22461390, www.kaffebrenneriet.no, geöffnet: Mo–Fr 7–18, Sa 9–18, So 10–17 Uhr. Veganes Café, das Kaffee mit Soja- oder Hafermilch anbietet, aber auch Tee, Smoothies und kalte Getränke serviert. Kleine vegane Gerichte wie Sandwiches oder Scones stehen ebenfalls auf der Karte.
- **Streif Bakeri & Café,** Kjøpmannsgata 1, Tel. 73525000, www.nidarospilegrimsgard.no/en/page/streif-bakeri-og-cafe, geöffnet: tgl. 11–16 Uhr. Die kleine Bäckerei mit Café ist ausgesprochen idyllisch am Nidelva nahe des Doms gelegen. Die Brote, Kuchen und süßen Teilchen werden überwiegend aus Urgetreide gefertigt. Von der Terrasse hat man einen schönen Ausblick auf den Fluss, Gamle Bybro und Bakklandet.

Einkaufen

- **Solsiden Kjøpesenter,** Beddingen 10, www.solsidensenter.no, geöffnet: Mo–Sa 9–21 Uhr. Cafés, Restaurants und mehr als 50 Geschäfte sind in den ehemaligen Lagerhallen aus Backstein untergebracht und laden zu einem Streifzug durch das neugestaltete Hafengelände.
- **Fjordbuda Trondheim,** Sjøgangen 6, Tel. 45484064, www.facebook.com/fjordbuda, geöffnet: Mo–So 8–16.30 Uhr. Souvenirladen mit beachtlicher Auswahl an verschiedenen Produkten wie Sticker, Keramik und Textilien.
- **House of Norway,** Olav Tryggvasons gt. 24, Tel. 45484064, www.facebook.com/HouseofNorwayTrondheim, geöffnet: Mo–So 10–18 Uhr. Größter Souvenirladen Trondheims, der lokaltypische

Produkte, Strickwaren, aber auch Sport- und Outdoorkleidung führt.

› **Norrøna Concept Store Trondheim,** Thomas Angells gate 20, Tel. 48898609, www.norrona.com, geöffnet: Mo–Sa 10–18 Uhr. Große Auswahl an Produkten des norwegischen Herstellers für Premium-Outdoorbekleidung.

1 Storsand Gård Camping

GPS 63.43343, 10.70793

Schön gelegener Platz am Trondheimsfjorden. Terrassenartig zum Wasser angelegt und teilweise wunderbarer Blick auf den Fjord. Teils unparzelliert. Moderne sanitäre Anlagen. Gute Busverbindung nach Trondheim (Hinweg: Linie 70 und 10/12 nach Trondheim, Umstieg z. B. in Strindheim; Rückweg z. B. Linie 1 und 70, Umstieg in Travbana). **Lage/ Anfahrt:** Am Südufer des Trondheimsfjorden, ca. 19 km östlich des Zentrums von Trondheim gelegen; über die E6 Richtung Levanger/Steinkjer, Ausfahrt Nr. 45, dann Richtung Storsand und Camping; **Platzanzahl:** ca. 300; **Untergrund:** Schotter, Schotterrasen, Wiese; **Preiskat.:** €€€; **Geöffnet:** ganzjährig; **Kontakt:** Storsandveien 1, 7563 Malvik, Tel. 73976360, www.storsandcamping.no

057wn-df

Nachtleben

Dank der zahlreichen Studierenden gibt es in Trondheim eine große Auswahl an Bars und Nachtclubs. Das **Antikvariatet** (Nedre Bakklandet 4, www.facebook.com/antikvarene), Musikcafé und Buchbar zugleich, ist Gastgeber von Konzerten und anderen kulturellen Veranstaltungen. In der **Spontan Vinbar** (Fjordgata 1, www.spontanvinbar.no) gibt es die erlesenste Weinkarte der Stadt. **Tyven** (Dronningens gate 11, www.tyventrondheim.no) ist hingegen für seine Musikauswahl, die Bio-Weine und aus lokalen Zutaten gefertigten Cocktails bekannt. Auch das **Lokal** (Dronningens gate 12, www.lokal.bar), Cocktailbar, Musiklokal und Nachtclub, ist ein Muss. Bierliebhaber werden das **Habitat** (Olav Tryggvasons gata 30, www.habitatbar.no) lieben, das köstliche Biere im Angebot hat.

Festivals

› **Trøndelag Food Festival,** www.matriketmidt.no/en/troendelag-food-festival. Ende Juli präsentieren sich mehr als 200 Hersteller von lokalen Produkten, Restaurants, Landwirte und Fischer. Feinschmecker, Baristas und Liebhaber des Bierbrauens feiern die hiesige Esskultur. Die ansehnlich dekorierten Stände sind nach Regionen organisiert und zeigen sich in

❷ Øysand Camping

GPS 63.32720, 10.21395

Der Platz liegt direkt am Wasser in einer Bucht (Gaulosen). Ein mehr als 1 km langer Sandstrand bietet Zugang zum kühlen Nass. Das Café ist ganzjährig geöffnet (im Winter eingeschränkte Öffnungszeiten). Eine Bushaltestelle befindet sich an der E39. **Lage/Anfahrt:** Ca. 20 km südwestlich von Trondheim; über die E6, Ausfahrt Nr. 30 Richtung Ålesund/Orkanger (E39), der E39 folgen, Ausfahrt Øysand. Der Campingplatz ist ausgeschildert; **Platzanzahl:** ca. 50; **Untergrund:** Schotter, Schotterrasen, Wiese; **Preiskat.:** €€; **Geöffnet:** ganzjährig; **Kontakt:** Gamle Kongevei 56, 7224 Melhus, Tel. 72872415, www.oysandcamping.no

058wn-df

traditionellem, aber auch modernem norwegischen Design. Es können beispielsweise Muscheln aus dem Meer und Rentier von den Hochebenen Trøndelags probiert werden.

› **Pstereo in Trondheim,** www.pstereo.no. Eines der größten Musikfestivals Norwegens findet jährlich im August nahe des Doms statt.

Aktivitäten

› **Midtbyrunden,** www.visittrondheim.no/en/activities-attractions/outdoor-adventures/hiking/midtbyrunden. Die mit grünen „Midtbyrunden"-Schildern markierte Route kann zu Fuß, aber auch mit dem Fahrrad absolviert werden. Sie führt um das Stadtzentrum und beginnt an drei verschiedenen Punkten: Solsiden, Marinen und Skansen (Ila). Die etwa 6 km lange Tour führt am Trondheimfjord, am Kanal und dem Nidelva entlang und erschließt die Stadtviertel Skansen, Sjøbadet, Bakklandet, Marinen sowie Kalvskinnet.

› **Ladestien,** www.visittrondheim.no/en/activities-attractions/outdoor-adventures/hiking/ladestien. Der markierte Weg beginnt etwa 3 km vom Zentrum entfernt. Der Ausgangspunkt ist mit dem Bus Nr. 20 ab Prinsens gate Richtung Grilstad zu erreichen (Ausstieg an Haltestelle Strandveikaia). Der etwa 8 km lange Wanderweg führt von Ladehammeren nach Rotvollfjæra überwiegend am Trondheimfjord

059wn-df

❸ Stellplatz Trondheim Nyhavna

GPS 63.43838, 10.42038

Stellplatz nahe des Stadtzentrums. Bezahlung am Automaten. **Lage/Anfahrt:** Ca. 1 km nordöstlich der Altstadt; über die E6, Ausfahrt Nr. 42 Richtung Charlottenlund Brundalen (Fv706), im Kreisverkehr Richtung Trondheim, durch den Strindheimtunnelen, im Kreisverkehr am Tunnelausgang erste Ausfahrt rechts; **Platzanzahl:** 80, 32 mit Strom; **Untergrund:** Asphalt; **Preiskat.:** €€; **Max. Stand:** 5 Nächte; **Geöffnet:** ganzjährig

4 Stellplatz City Lade

GPS 63.44164, 10.44871
Stellplatz nahe eines Neubaugebiets. Ca. 30 Min. zu Fuß ins Stadtzentrum. Bezahlung am Automaten. Maestrokarten werden nicht akzeptiert. Bushaltestellen Dalen Hageby (Linien 1/10/12 fahren ins Zentrum) oder Lade idrettsanlegg (Linie 2 fährt ins Zentrum). **Lage/Anfahrt:** Nordöstlich der Innenstadt im Stadtteil Lade; über die E6, Ausfahrt Nr. 41 Richtung Lade, im Kreisverkehr geradeaus auf Haakon VIIs gate fahren, kurz vor dem Einkaufszentrum City Lade nach links abbiegen; **Platzanzahl:** 80; **Untergrund:** Asphalt; **Preiskat.:** €€; **Max. Stand:** 5 Nächte; **Geöffnet:** ganzjährig; **Kontakt:** Haakon VIIs gate 13C, 7041 Trondheim, Tel. 73109880, https://trondheimparkering.no/information-in-english

entlang und bietet einladende Strände wie Korsvika. Einkehrmöglichkeiten sind vorhanden.

› **Forsvarsrunden,** www.visittrondheim.no/en/activities-attractions/outdoor-adventures/hiking/forsvarsrunden. Der etwa 5,5 km lange, beschilderte Weg bietet die beste Aussicht auf die Stadt und erschließt unter anderem die Festung Kristiansten und die Stadtteile Rosenborg und Kuhaugen. Entlang der Route finden sich Informationsschilder mit Wissenswertem zur lokalen Verteidigungsgeschichte.

Um das nächste Ziel Stiklestad zu erreichen, folgt man ab Trondheim der E6 am Stjørdalsfjorden entlang nach Osten in Richtung Stjørdal und Narvik. Ab Stjørdal führt die E6 nach Nordosten. In Verdal, etwa 60 km nördlich von Stjørdal, ist die Kulturstätte Stiklestad ausgeschildert.

061wn-df

STIKLESTAD

(94 km – km 94)

Stiklestad in der Gemeinde Verdal ist vor allem für die **Schlacht am 29. Juli 1030** bekannt, in der **Olav II. Haraldsson** (s. S. 71) fiel, und gilt als **Geburtsort der Nation Norwegen.** Heute ist der Ort ein großes **Freilichtmuseum.** Neben **Ausstellungen** im Kulturhaus und mehrsprachigen Führungen zur Geschichte von Stiklestad, können auf dem Gelände des Museums im Sommer auch zahlreiche Abenteuer erlebt werden. **Kinder** haben die Möglichkeit, als Wikinger verkleidet auf einer Wikingerburg zu spielen, mit Schwert und Schild Kämpfe auszufechten oder im Gästeloft einer Märchenstunde zu lauschen. Die Größeren können sich im **Bogenschießen, Axtwerfen** oder anderen Fertigkeiten beweisen oder bei einer Führung die Stiklestad-Kirche erkunden, deren Altar – der Sage nach – an der Stelle errichtet wurde, an der Olav starb.

Mit dem Bau der heutigen Stiklestad-Kirche wurde Mitte des 12. Jahrhunderts begonnen

Olav II. Haraldsson (Olav der Heilige)

Olav Haraldsson wurde vermutlich Mitte der 990er-Jahre geboren. Sein Vater, der bereits vor der Geburt des Jungen starb, war angeblich ein Ururenkel von Harald Hårfagre, dem ersten König von Norwegen, was bedeutet, das Olav ein Anrecht auf den Thron hatte. Dies ist aber nicht zweifelsfrei belegt. Seine Mutter, Åsta Gudbrandsdotter, heiratete Sigurd Syr, den norwegischen Kleinkönig von Ringerike, wo Olav aufwuchs.

Mit nur 12 Jahren wurde Olav zum seefahrenden Wikinger und nahm an verschiedenen Raubzügen und Schlachten teil. Dabei erlangte er Verbündete wie König Æthelred von England. Als dieser vor den Dänen nach Frankreich fliehen musste, traf er ihn dort und verbrachte einige Monate am herzoglichen Hof von Rouen. 1014 wurde er hier von Erzbischof Robert von Rouen, einem Bruder des Herzogs, christlich getauft.

1015 kehrte der junge Olav nach Norwegen zurück, um das Land, das zu jener Zeit aus vielen kleinen Königreichen und Grafschaften bestand, als christliches Königreich zu vereinen. Nach Wikingerart konnten freie Männer, die ein Stück Land besaßen, wählen. Also reiste Olav von Ort zu Ort und war der erste, der in allen Grafschaften zum König gewählt wurde.

Olav vollendete die in Norwegen bereits weit fortgeschrittene Christianisierung und führte eine christliche Gesetzgebung ein, die 1024 in Mosterting verabschiedet wurde. In den folgenden 15 Jahren seiner Regentschaft hatte Olav jedoch mit viel Widerstand seitens einflussreicher Adliger wie den Grafen von Trøndelag zu kämpfen. Sie gingen ein Bündnis mit Knut dem Großen, dem König von Dänemark – und inzwischen auch von England – ein. Dessen Vorgänger waren auch Könige von Norwegen gewesen.

Olav wartete einen Angriff Knuts nicht ab, sondern entschloss sich zusammen mit seinem Schwager Anund Jakob, dem König von Schweden, zu einem Präventivschlag. Es kam zu einer Schlacht am Helgeå in Schonen, in der Knut siegte. Nach seinem Sieg knüpfte Knut Verbindungen zu mächtigen norwegischen Adligen und die Machtverhältnisse verlagerten sich. 1028 musste Olav schließlich über Schweden nach Nowgorod (damals Altrussland) fliehen.

Nachdem der von Knut dem Großen in Norwegen als „Jarl" (nordischer Fürstentitel) eingesetzte Håkon Eiriksson 1029 bei einer Schiffsreise ertrunken war, war Norwegen führerlos und Olav Haraldsson sah seine Chance, wieder König zu werden. Er kehrte Anfang 1030 über Schweden in seine Heimat zurück. Auf dem Weg sammelte er ein Heer um sich, dessen Kern aus schwedischen Soldaten seines Schwagers Anund Jakob und denen seines Halbbruders Harald Sigurdsson bestand. Bei Stiklestad traf er auf das zahlenmäßig überlegene Bauernheer seiner Gegner. Weshalb sich die Bauern gegen Olav auflehnten, ist nicht bekannt, doch am 29. Juli 1030 kam es schließlich zur Schlacht, in der Olav getötet wurde. Sein Leichnam soll von einem Bauern geborgen und nach Nidaros (heute Trondheim) gebracht worden sein.

Schon bald wurde Olav zum Märtyrer stilisiert und es kursierten Gerüchte über Wunder, deshalb wurde sein Sarg nur ein Jahr nach seinem Tod ausgegraben und geöffnet. Haare und Bart des Königs waren zum Erstaunen der Umstehenden gewachsen und es sah aus, als wäre er gerade eingeschlafen. Daraufhin wurde Olav zum Heiligen erklärt.

Der Olavskult bereitete sich rasch über Skandinavien aus. Aus der Zeit unmittelbar nach seinem Tod sind in Skandinavien ca. 400 ihm geweihte Kirchen bekannt. Als 1153 vom Papst in der neugegründeten Kirchenprovinz Nidaros der Erzbischof Øystein, ein großer Verehrer von Olav, eingesetzt wurde, begann dieser unverzüglich damit, über dem Grab von Olav die majestätische Kathedrale in Trondheim zu bauen. Er bediente sich dabei seiner Kenntnisse der europäischen Kathedralenarchitektur, die er während seiner Studien in Frankreich und England erlangt hatte. Trondheim wurde daraufhin zu einem wichtigen Wallfahrtsort.

5 Stiklestad Camping

GPS 63.77305, 11.57916

Der Campingplatz liegt idyllisch eingebettet in einer von Wiesen, Feldern und einigen Baumflächen geprägten Landschaft am Fluss Verdalselva. Die Stellflächen sind parzelliert. **Lage/Anfahrt:** Etwa 3 km südlich von Stiklestad. Ab Stiklestad der Fv757 (Vukuvegen) Richtung Süden/Vuku folgen, nach etwa 2,5 km rechts in einen Schotterweg abbiegen. Der Camping ist ausgeschildert; **Platzanzahl:** ca. 50; **Untergrund:** Wiese; **Preiskat:** €€; **Geöffnet:** Mai -Okt.; **Kontakt:** Vukuveien 261, 7650 Verdal, Tel. 90166649, www.stiklestadcamping.no

In den letzten Julitagen bietet sich den Besuchern die Gelegenheit, dem **Spelet om Heilag Olav** (Spiel des heiligen Olav) beizuwohnen. Die Aufführung, die schon seit 1954 stattfindet, widmet sich der Geschichte rund um die Entstehung des Norwegischen Königreichs und dem heiligen Olav. Das etwa zweistündige Stück, an dem ca. 700 Personen beteiligt sind, wird in Stiklestad im ältesten und größten Freiluft-Amphitheater Skandinaviens aufgeführt, das rund 5000 Zuschauern Platz bietet.

› **Stiklestad Nasjonale Kultursenter,** Stiklestad allé 350, 7656 Verdal, www.stiklestad.no, Freilichtmuseum: 24.6.-6.8. Di.-So. 11-16 Uhr, 200 NOK, Kinder unter 18 Jahren kostenlos, Ausstellungen im Kulturhaus ganzjährig tägl. 9-18 Uhr, 80 NOK, Museumsladen tägl. 9-21 Uhr, Kirche: Mitte Juni-Mitte August tägl. 11-18 Uhr

Auf dem Weg von Stiklestad nach Steinkjer sollte man den **Den Gyldne Omvei** („Der Goldene Umweg", www.dgo.no) nicht verpassen. Diese sehenswerte Route erschließt zahlreiche **Produzenten lokaler Nahrungsmittel** und verschiedene **Kunst- und Kulturerlebnisse.** Einige der populärsten Restaurants Trondheims beziehen ihre Produkte aus dieser Region inmitten der Kulturlandschaft von **Innherred.**

Etwa 13 km von Stiklestad entfernt ist der Goldene Umweg an einem Bunnpris-Supermarkt ausgeschildert. Direkt am Supermarkt befindet sich auch bereits der erste Anbieter, das **God mat lokalt** (www.godmatlokalt.no), ein Geschäft, das Lebensmittel aus ganz Trøndelag anbietet.

Der idyllische Hafen von Kjerknesvågen liegt auf der sehenswerten Route Den Gyldne Omvei

062wn-df

Man biegt links von der E6 ab und folgt der Fv221/6930 Richtung Straumen. In Straumen kann man beispielsweise in der **Galleri Mitsel** (www.mitsel.no) besondere Produkte aus Glas, Keramik und Wolle sowie Aquarelle ansehen und erwerben. Zudem wird in der **Inderøy Slakteri** (www.inderoysodd.no) Trøndelags Nationalgericht, die Inderøysuppe mit Kraftbrühe, Schaf- und Rindfleisch sowie kleinen Bouletten serviert.

Folgt man der Route weiter, passiert man den Hof **Berg Gård & Inderøy Brenneri** (www.berg-gaard.no), wo ein Hofladen und ein Restaurant mit Produkten vom Lamm und Freilandschwein aus hauseigener Schlachterei sowie eine Aquavit-Produktion warten. Außerdem kommt man an der Hofkäserei **Gangstad Gårdsysteri** (www.ysteri.no), der Brauerei **Inderøy Gårdsbryggeri** (www.igb.no) und vielen anderen sehenswerten Hofläden (www.gulburet.no), Bäckereien und Cafés (www.vidu.no), einem Antiquariat (https://primstaven.net) und einem Trachtenhersteller (www.bunadsaum.no) vorbei.

Die malerische, hügelige Landschaft und die schmalen, wenig befahrenen Straßen eignen sich auch gut für Ausflüge mit dem Fahrrad. Die Stellplätze **Inderøy Bobilcamp** 6 und **Kjerknesvågen** 7 bieten gute Ausgangspunkte für Erkundungen in dieser Region.

6 Inderøy Bobilcamp

GPS 63.87849, 11.26984

Der Stellplatz befindet sich auf einer Anhöhe und bietet einen schönen Ausblick auf den Fjord und die umliegenden Felder. **Lage/Anfahrt:** Etwa 2 km westlich von Straumen gelegen. Der Platz ist an der Fv755 Richtung Øyna ausgeschildert; **Platzanzahl:** 15; **Untergrund:** Schotter; **Preiskat.:** €; **Geöffnet:** 1.4.–1.11.; **Kontakt:** Øynavegen 1, Straumen

7 Stellplatz Kjerknesvågen

GPS 63.91313, 11.19105

Im charmanten, urigen Hafen liegt das historische Boot Jekta Pauline vor Anker. Im Sommer sind ein Kiosk und Restaurant geöffnet. Toiletten und Duschen sind vorhanden. Ein kleiner Coop-Supermarkt befindet sich in der Nähe. **Lage/Anfahrt:** Am nordwestlichen Ufer von Inderøy am Beitstadfjorden gelegen. Ab Fv755 der Beschilderung Richtung Kjerknesvågen und Kai folgen; **Platzanzahl:** 6–8; **Untergrund:** Schotter; **Preiskat.:** €; **Geöffnet:** in den Sommermonaten; **Kontakt:** Vågavegen 650, 7670 Inderøy, www.kjerknesvaagkai.no

063wn-df

STEINKJER

(über Den Gyldne Omvei 53,9 km – km 147,9)

Erste Besiedlungen dieser Region können bis auf die Steinzeit rückdatiert werden, davon zeugen die **Felsritzungen bei Bøla** (siehe Snåsavatnet, S. 110) etwa 30 km nördlich von Steinkjier. Die Kommune Steinkjier mit den Orten Mære und Egge stellte im Mittelalter eines der wichtigsten Machtzentren Norwegens dar. Um 1030 gehörten die Häuptlinge von Egge zu den bedeutendsten Gegnern von König Olav II. Haraldsson (s. S. 71).

Durch die Lage am Breitstadfjord, einem Seitenarm des Trondheimfords, hatte Steinkjier schon immer Zugang zu den Schifffahrtswegen, was dem Ort, der 1857 den Status einer Stadt erhielt, regen Handel und Wohlstand bescherte. Die uspründliche Innenstadt wurde im Jahre 1900 von einem verheerenden Brand heimgesucht, der die Holzhaussiedlung gänzlich vernichtete. Die daraufhin errichteten prachtvollen, mit Türmen und Spitzen geschmückten Jugendstilgebäude wurden 1940 durch die Bombardierung durch die deutsche Luftwaffe zerstört. Der Wiederaufbau des als Gartenstadt, mit viel Grün zwischen den Häusern geplanten Ortes wurde von Professor Sverre Pedersen konzipiert. Das Zentrum besitzt heute den Charme der Nachkriegsarchitektur. Architektonisches Wahrzeichen ist die 1965 erbaute, von Olav Platou entworfene **Steinkjer-Kirche.**

Von Steinkjer aus kann man über markierte Wege auf stillgelegten Bahntrassen den **geografischen Mittelpunkt Norwegens** erreichen. Unterwegs ergeben sich wunderschöne Ausblicke auf die Berge des **Blåfjella-Skjækerfjella-Nationalparks.** Ein weiteres sehenswertes Ziel ist das **Egge Museum,** das die Geschichte der Region veranschaulicht.

Wanderwege erschließen die Umgebung von Steinkjer und führen beispielsweise auf den südöstlich der Innenstadt gelegenen **Oftenåsen.** Hier kann man den **größten Gartenstuhl der Welt** bestaunen und die wunderbare Aussicht genießen.

064wn-df

In Steinkjer finden sich zahlreiche Grünflächen und Freizeitanlagen

065wn-df

8 Guldbergaunet Camping

GPS 64.02248, 11.50626

Auf einer Halbinsel am Fluss gelegener Platz. Das Stadtzentrum ist fußläufig gut zu erreichen. Einkaufsmöglichkeiten befinden sich ca. 500 m entfernt. **Lage/Anfahrt:** Etwa 1,5 km nordöstlich des Zentrums von Steinkjer gelegen. Ab E6 der Beschilderung folgen; **Platzanzahl:** 100; **Untergrund:** Wiese; **Preiskat.:** €€; **Geöffnet:** ganzjährig; **Kontakt:** Elvenget 34, 7716 Steinkjer, Tel. 74162045, www.guldbergaunetcamping.no

Sehenswertes

› **Steinkjer kirke,** Kongens gate 25, geöffnet: 28. Juni–8. August Mo–Fr 11–17, Sa 10–16, So 13–18 Uhr. Die Steinkjer-Kirche wurde aus Beton, Holz und Glas erbaut. Charakteristisch sind die monumentale Stirnwand des Kirchenschiffs und der 38 Meter hohe, freistehende, quadratische Glockenturm. Die Glaskünstlerin Annar Millidahl entwarf die prächtigen Glasfenster nach den Original-Glasmalereien von Jakob Weidemann. Hierüber informiert eine Dauerausstellung im Rathaus von Steinkjer.

› **Egge Museum,** Egge allé 70, Tel. 74134490, www.eggemuseum.no, geöffnet: 19. Juni–7. August Do–So 11–15 Uhr, Eintritt: Erw. 70 NOK, unter 18 Jahren frei. Das kinderfreundliche Freilichtmuseum informiert über die Geschichte der Region. Auf dem historischen Hof werden Tiere gehalten und im Café des Museums können u. a. Eiscreme, Waffeln und Apfelkuchen genossen werden.

Information

› **Visit Innherred,** Hamnegata 20, Tel. 74401716, www.visitinnherred.com

› **Kystriksveien Infosenter,** Sjøfartsgata 2A, www.kystriksveien.no

Aktivitäten

P **1 Parkplatz Krokbekken,** GPS 64.00472, 12.15646. Die **Wanderung zum geografischen Mittelpunkt Norwegens** (www.steinkjer-kommuneskoger.no) beginnt in Gaulstad i Ogndalen, ca. 35 km östlich von Steinkjer, am Parkplatz Krokbekken, der über eine schmale Schotterstraße zu erreichen ist. Vom Parkplatz aus sind es 9 km bis zum Steinturm der den „Norges geografiske Midtpunkt" markiert. Der einfache Wanderweg führt durch ein malerisches Landschaftsschutzgebiet des Blåfjella-Skjækerfjella-Nationalparks und gewährt wunderbare Ausblicke auf die umliegende Berglandschaft.

Kurz hinter Steinkjer zweigt die Fv17 von der E6 nach Westen Richtung **Namsos** ab. Hier beginnt eine der schönsten Straßen Norwegens, der **Kystriksveien** (www.kystriksveien.no), der überwiegend an der **Helgelandküste** (Beschilderung: Helgelandskysten) und an der Küste der Region **Salten** verläuft.

Nach etwa 70 km passiert man den Ort **Namsos.** Hier lohnt der Besuch des **Norsk Sagbruksmuseum (Norwegisches Sägewerkmuseum).** Aufgrund der zunehmenden Vermarktung des Kystriksveien durch die anliegenden Gemeinden erscheint jährlich ein kostenloses Reisehandbuch mit Hinweisen zu Sehenswürdigkeiten und Informationen zu Fahrplänen von Bussen und Fähren sowie Öffnungszeiten. Das Handbuch ist auf Campingplätzen und in den Touristeninformationen bzw. als PDF auf deren Websites erhältlich.

ABSTECHER NACH LEKA

(hin und zurück 54,4 km)

Nach 196 km kann man bei Kjella die Fv17 verlassen und der Fv 802 und später der Fv771 nach Westen Richtung Leka folgen. Zwischen Gutvik und Skei verbindet eine kostenlose Fähre, die alle 1 1½ Stunden verkehrt, die Insel mit dem Festland.

Seit 2010 ist die Insel Leka **geologisches Nationaldenkmal Norwegens** und gehört zum **Trollfjell UNESCO Global Geopark** (www.trollfjellgeopark.no). Über 400 Kulturdenkmäler aus der Zeit vor 1537 wurden auf Leka gefunden und identifiziert. Dazu gehören Funde aus der Steinzeit, Höhlenmalereien, Festungen, heidnische Kultstätten, Kirchen- und Hügelgräber. Der ursprünglich 12 m hohe und im Durchmesser 60 bis 70 m messende **Herlaugshaugen** in Skei ist eines der größten Hügelgräber in Norwegen. Er gilt als das größte von Menschen erschaffene Bauwerk aus der Zeit vor dem Mittelalter nördlich des Ortes Dovre am Dovrefjell-Nationalpark.

Die Höhlenmalereien von **Solsemhula** wurden 1912 entdeckt. Die Fundstücke in der 40 m tiefen Höhle werden auf die jüngere Bronzezeit (1800–500 v. Chr.) datiert, wobei die Malereien vermutlich deutlich älter sind. Die Höhle darf nur mit einem Touristenführer besucht werden.

Zahlreiche **Wanderwege** erschließen die Insel. Auf Leka bewegt man sich auf ungewöhnlichen, farbenfrohen Gesteinen. Als sich die Kontinente bildeten und die Kontinentalplatten verschoben wurden, kippte die Insel, sodass die darunterliegenden Gesteinsschichten sichtbar wurden. Das führte dazu, dass man heute bei einer Wanderung eine in Norwegen einzigartige Reise unternehmen kann, die am Erdmantel beginnt, an den Schichten der ozeanischen Erdkruste entlangführt und an der Erdoberfläche endet.

Rötlich-gelbe, bizarre Felsformationen ragen auf Leka in den Himmel. Das tief aus der Erde stammende Gestein erscheint aufgrund einer chemischen Reaktion bei Tageslicht gelblich und in der Dämmerung rötlich. Bäume sind rar, da der steinige Boden kaum Nährstoffe bietet. Bei Solsemhula finden sich auffällige Formationen, die zu den jüngsten Gesteinen in Norwegen gehören, welche erst vor ca. 10.000 Jahren, also am Ende oder nach der letzten Eiszeit, gebildet wurden. Auf der Festlandseite hingegen finden sich graue Gneis- und Granitberge, die vor etwa 1,8 Milliarden Jahren entstanden ist.

Helgeland

Die Region Helgeland, im Mittelalter als „Hålogaland" bezeichnet, ist eine Landschaft, die sich vom südlichen Teil des Fylke Nordland (Fylke = Regierungsbezirk) bis zum Saltfjellet-Svartisen-Nationalpark erstreckt. Das Gebiet zählt etwa 78.000 Einwohner, hat eine Fläche von rund 18.000 km² und ca. 15.000 Inseln liegen zerstreut vor seiner zerklüfteten Küste. Im 9. Jahrhundert umfasste das Kleinkönigreich Hålogaland (so wurde Nordnorwegen damals bezeichnet) die Küste nördlich von Trøndelag bis einschließlich der Lofoten und zeitweilig die südliche Finnmark. Die Region war zu jener Zeit die nördlichste Ausdehnung des durch Norweger besiedelten Gebietes. Lediglich die Sámi bewohnten die weitläufigen Landschaften nördlich des Königreichs.

Bereits im Jahre 900 vor unserer Zeitrechnung ist der Begriff in historischen Quellen zu finden. Griechische Seefahrer, die Handel im Norden trieben, berichteten über „Hålogaland" und der Dichter Homer schrieb über die endlosen Sommertage und die nicht enden wollenden Winternächte.

Der Name „Hålogaland" stammt nicht wie vermutet von „heilig", sondern von der Volksbezeichnung „háleygir" ab. In Snorri Sturlusons Heldensaga „Edda" wird der mythische König Holgi erwähnt, der als Namensgeber gilt.

Sehenswert

- **Norsk Sagbruksmuseum (Norwegisches Sägewerkmuseum),** Linbergvegen 16, 7820 Spillum, Tel. 74271300, www.sagbruksmuseet.no, geöffnet: Mo–Fr 9–15 Uhr, Eintritt: frei. Das Sägewerk ist das einzige in Norwegen erhaltene dampfgetriebene Sägewerk dieser Größe und war von 1884 bis 1986 in Betrieb. Die Gebäude aus dieser Zeit sind erhalten und gelegentlich wird die Produktion zu Schauzwecken wieder aufgenommen. Eine Ausstellung, ein kleiner Museumsladen und ein Café können besucht werden. Vom Ufer des Geländes hat man einen schönen Blick auf die Stadt und den Namsenfjorden.
- **Leka Steinsenter,** Högbakken, 7994 Leka, Tel. 74399823, www.leka-steinsenter.no, geöffnet: 1. Mai–31. September Sa 12–14, 1.–31. Juli Di, Do, Sa 12–14 Uhr, Eintritt: frei. Ausstellung und Verkauf von Steinen, Mineralien, Kristallen etc.

Information

- **Husby Handel,** Tel. 74399770, www.visitleka.no
- **Fähre Gutvik – Skei (Leka),** Fahrzeit 20 Min., Kapazität 35 Fahrzeuge, 14-mal tägl. von 7.30–23.40 Uhr

Kostenlose Fähren

Jedes Jahr ab dem 1. Juli sind einige der **Fähren in der Region Helgeland** für Kraftfahrzeuge (auch Wohnmobile) kostenlos nutzbar. Für Fahrräder und Fußgänger wird generell keine Gebühr erhoben. Dies gilt beispielsweise für die Verbindungen auf die Inseln Leka und Vega.

- www.visithelgeland.com/en/get-here-and-get-around

9 Leka Camp

GPS 65.08061, 11.69786
Camping mit tollem Blick auf den Lekafjorden. Die Plätze 1 bis 18 sind terrassenartig zum Wasser hin angelegt. Das Gelände ist hügelig, mit Sträuchern und Bäumen bewachsen und erstreckt sich bis zum Meer und einem Bootshafen. Mit Bootsverleih. **Lage/Anfahrt:** Auf der Südseite der Insel Leka, zwischen Huseby und Frøvik. Ab dem Fähranleger der Fv 562/7132 in westlicher Richtung nach Husby folgen. Am Supermarkt Joker links, Camping ist ausgeschildert; **Platzanzahl:** ca. 30; **Untergrund:** Schotter, Wiese; **Preiskat.:** €€ (ab 6 Nächten günstiger); **Geöffnet:** 1.5.–1.10.; **Kontakt:** Frøvikveien 116, 7994 Leka, Tel. 90568997, 74399823, www.leka-camp.no

Gastronomie

› **Café Flora,** Leknessjøveien 154, Tel. 74699992, www.cafeflora.no. Im Café/Restaurant mit Blumenladen gibt es Pizza, Tapas, belegte Brote und Desserts. Es werden auch Wein und Bier serviert.

Aktivitäten

2 Skeisnesset, GPS 65.09975, 11.75747. Der 4,5 km lange Skeisnesset-Wanderweg windet sich durch die Küsten-Heidelandschaft, die durch 4000 Jahre währende Viehzucht und gezieltes Abbrennen der Vegetation entstanden ist. Der Pfad führt an Grabhügeln und Aussichtspunkten vorbei. Infotafeln informieren über die Natur, Kultur, Geologie, Sagen und Märchen.

› **Geologiepfad:** Der 1 km lange Pfad beginnt am Parkplatz Skeisnesset, führt am Ufer entlang und informiert über die Geologie der Insel. Der Weg ist mit kleinen weißen Pfeilen markiert.

3 Støypet, GPS 65.10593, 11.62165. Die Wanderung auf den Støypet beginnt am Parkplatz Støypet und führt durch eine bizarre, mit ihren Formen und Farben faszinierende Gesteinslandschaft.

› **Insel-Umrundung mit dem Fahrrad:** Die ca. 30 km lang Tour folgt der Hauptstraße von Leka, die am Leka Camp 9 vorbeiführt, und passiert Sehenswürdigkeiten. Sie kann durch das Vassdalen abgekürzt werden.

273wn-df

BRØNNØYSUND UND TORGHATTEN

(288,7 km – km 436,6)

Auf der Hauptroute folgt man der Fv17 weiter gen Norden und erreicht alsbald Holm, wo eine Fähre nach Vennesund übersetzt und die Weiterfahrt in Richtung Brønnøysund ermöglicht. Hier beginnt der **Nasjonale turistveger Helgelandskysten** (www.nasjonaleturistveger.no/de/routen/helgelandskysten), dem man nun auf 433 km folgt.

Um zum markanten Berg Torghatten zu gelangen, passiert man die Küstenstadt **Brønnøysund.** Sie liegt in einem Schärengebiet, das ca. 13.000 Inseln umfasst. Im Ort bieten sich gute Einkaufsmöglichkeiten und man kann überall kostenlos parken.

Der Blick vom Gipfel des Torghatten auf die vorgelagerten Inseln ist beeindruckend

Von Brønnøysund sind es weitere 14 km bis zum **Torghatten.** Der Granitriese weist eine besondere geologische Form auf. In seiner Mitte befindet sich ein etwa 35 Meter hohes, 160 Meter langes und 20 Meter breites Loch, das vermutlich durch Ausspülungen der Meeresbrandung während der postglazialen Landhebung nach Abschmelzen der Gletscher aus der letzten Eiszeit entstanden ist. Der Torghatten liegt auf der Insel Torget, der größten Insel der Kommune Brønnøy. Vom **Parkplatz Torghatten** lässt sich das Loch in ca. 20 bis 30 Minuten zu Fuß erreichen. Gen Westen hat man dann eine wundervolle Aussicht auf die vorgelagerte Schärenlandschaft.

Die Sage von den Helgelandsbergen

Der Trollkönig Vågakallen, sein ungehorsamer Sohn Hestmannen und der Trollkönig Sulitjelmakongen mit seinen sieben wilden Töchtern lebten im Norden von Helgeland am Vestfjord. Sulitjelmakongen schickte seine Töchter zur ehrbaren Jungfrau Lekamøya (ebenfalls ein Troll), die die wilden Töchter erziehen sollte. Eines Abends blickte Hestmannen über den Vestfjord und sah Lekamøya und die sieben Schwestern ein Bad nehmen. Sofort begehrte er Lekamøya und beschloss, sie zu rauben. Er preschte mit seinem Pferd über den Fjord und die Frauen begaben sich auf die Flucht. Die sieben Schwestern gaben die Flucht bei Alstahaug auf und setzten sich nieder. Nur Lekamøya flüchtete weiter. Hestmannen würdigte die Schwestern keines Blickes und setzte die Verfolgung fort. Doch der Vorsprung von Lekamøya wuchs stetig an. Der enttäuschte Hestmannen nahm daraufhin seinen Bogen und schoss einen Pfeil auf die Frau seiner Begierde. Dies beobachtete der König der Sømnaberge und warf seinen Hut (norweg. „hatten") in die Bahn des Pfeils. Der Hut fiel durchschossen nieder und blieb auf der Insel Torgar liegen. Über die wilde Jagd vergaßen alle Beteiligten wie kurz die Sommernächte im Norden sind und die aufgehende Sonne verwandelte alle und alles sofort zu Stein: den Hut als Torghatten bei Brønnøysund, die sieben Schwestern (De Syv Søstre) als Gebirgskette auf Alsta bei Sandnessjøen. Die Mäntel der Schwestern, die sie auf der Flucht von sich geworfen hatten, bilden die Berge auf der Insel Dønna und Lekamøya hat sich auf der Insel Leka niedergelassen, wo sie Schutz gesucht hatte und nun als Felsblock auf dem Berg Lekmøyhammaren im Süden der Insel zu sehen ist.

067wn-df

Folgt man dem Wanderweg durch das Loch weiter nach Westen kann man den Berg umrunden. Der Pfad ist zunächst steil und unwegsam und verläuft später durch eine idyllische, durch Landwirtschaft geprägte Landschaft. Von Süden lässt sich der Gipfel des Torghatten über einen nicht ganz einfachen, teilweise sehr steilen, mit Stahlseilen abgesicherten Pfad erreichen. Bei schlechter Witterung sollte dieser Weg gemieden werden. Vom höchsten Punkt bietet sich allerdings ein überwältigender Blick auf die zahlreichen Inseln.

Information

› **Touristinformasjon Brønnøysund,** Sømnavn 92, Tel. 75018000, geöffnet: 1.5.-30.6. und 7.8.-25.8. Mo-Fr 10-16, 3.7.-4.8. Mo-Fr 9-17, im Juli auch Sa 11-17 Uhr, Nebensaison Mo-Fr 10-14 Uhr, www.visithelgeland.com, www.kystriksveien.no, www.bronn.no

› **Fähre Holm - Vennesund,** Fahrzeit 20 Min., Kapazität 60 Fahrzeuge, 6.25-22.40 Uhr 15 Fahrten tägl., 13.6.-7.8. acht zusätzliche Fahrten

Gastronomie

› **Hildurs Urterarium,** Tilrem 31, 8906 Brønnøysund, Tel. 41515213, www.hildurs.no, geöffnet: ganzjährig, bis 24 bzw. 1 Uhr, Reservierung erforderlich. Nördlich von Brønnøysund, an der Fv17, liegt Hildurs Urterarium („Kräuterterrarium"). Im Restaurant Sagastua lässt es sich in gemütlichem Ambiente hervorragend speisen. Seit der Gründung im Jahre 1988 werden bei Hildurs Kräuter angebaut, die für eigene Produkte und in der Küche des Restaurants verwertet werden. Der Kräutergarten kann besichtigt werden.

Parken

4 Parkplatz am Torghatten, GPS 65.39560, 12.09710. Ausgangspunkt für Wanderungen rund um den Torghatten.

10 Torghatten Camping

GPS 65.39328, 12.09906

Der Campingplatz liegt nur wenige Gehminuten vom berühmten Berg Torghatten entfernt. Die Panoramastellplätze bieten eine schöne Aussicht auf den Torgfjorden und die vorbeifahrenden Schiffe der Hurtigruten. Das Wiesengelände ist vereinzelt mit Sträuchern bewachsen und besitzt keinen nennenswerten Baumbestand. Ein Sandstrand bietet Zugang zu einer kleinen Lagune, die durch einen Steinwall vom Meer abgetrennt ist. Das platzeigene Restaurant verwöhnt seine Gäste mit hochwertigen kulinarischen Köstlichkeiten. **Lage/Anfahrt:** Auf der Insel Torget südwestlich von Brønnøysund nahe des Berges Torghatten gelegen. Die Fv17 Richtung Brønnøysund verlassen, der Beschilderung Richtung Torghatten folgen (Fv54), Camping ist später ausgeschildert; **Platzanzahl:** 215; **Untergrund:** Schotter, Schotterrasen, Wiese; **Preiskat.:** €€-€€€; **Geöffnet:** Mai-Sept. (wetterabhängig); **Kontakt:** Torghattveien 18, 8909 Brønnøysund, Tel. 75025495, www.torghatten.net

068wn-df

Bei Brønnøysund besteht die Möglichkeit, die Fv17 ostwärts zu verlassen und über die Fv76 **zur Route 2 zu wechseln** (87 km, s. S. 107). Um auf Route 1 zu bleiben, fährt man weiter über die Fv17.

ABSTECHER AUF DIE INSEL VEGA

(hin und zurück 68,8 km)

14 km nördlich von Brønnøysund verbindet die kostenlose **Fähre zwischen Horn und Igerøy** (www.torghatten-midt.no/igeroy-vega-horn) das Festland mit der Insel Vega. Eine weitere kostenlose Verbindung existiert zwischen **Igerøy und Tjøtta** (Alsta). Folgt man weiter der Fv17, nimmt man die Fähre Horn–Andalsvågen.

2004 wurde die Insel Vega als einmalige offene Kulturlandschaft zum **UNESCO-Welterbe** ernannt. Die alten Fischerdörfer, Entenbrutgebiete, Kaianlagen, Lagerhäuser, Leuchttürme und landwirtschaftlich genutzten Naturräume veranschaulichen die ca. 1500-jährige Fischerei- und Landwirtschaftsgeschichte in der kargen Natur nahe des Polarkreises.

Ein wichtiger Faktor für die Verleihung des Welterbe-Titels war auch das jahrhundertelange Wechselspiel von Natur und Mensch: Seit Jahrhunderten richten die Bewohner der Inseln jedes Frühjahr unter Steinwällen die **Nistplätze der Eiderenten** in Holzkästen oder in kleinen Wellblechhütten ein. Während der Brutzeit beschützen die Frauen von Vega die Entennester vor Fressfeinden. Wenn die Jungen im Juni/Juli flügge werden und die Enten die Inseln verlassen, werden die **Daunen,** die die Enten zum Auspolstern der Nester benutzt haben, eingesammelt. So profitieren Mensch und Tier voneinander und die Enten kehren zumeist jedes Jahr zurück. Die Daunen werden in zeitaufwendiger Handarbeit gereinigt und getrocknet. Seit dem 9. Jahrhundert exportiert man sie nach ganz Europa. Die Daunen werden heute zur Herstellung besonders hochwertiger Bettdecken, Fäustlinge, Pantoffeln u. v. m. verwendet. Wer dem Daunen-Sammeln selbst beiwohnen möchte, kann an einer der im Juni dreimal in der Woche stattfindenden **geführten Touren** nach Lånan teilnehmen.

An der Westküste der Insel Vega nahe der Vegatrappa mit Blick auf die Insel Søla

Im alten Fischereihafen **Nes** auf Vega werden im Eiderentenmuseum **E-huset** (www.facebook.com/Ehuset) die Geschichte dieser einzigartigen Inseln und die Verarbeitung der Daunen erläutert.

Im **Verdensarvvega** (Vega Verdensarvsenter), dem Vega-Welterbezentrum auf den Inseln Gardsøya und Nordøya, die über eine kurze Brücke zu erreichen sind, können Besucher Wissenswertes über das Leben der Fischer und Bauern erfahren.

Um körperliche Aktivitäten mit wundervollen Ausblicken zu kombinieren sind die **Vegatrappa** und der **Ravnfloget Klettersteig** (s. S. 82) lohnenswerte Ziele.

Information

- **Vega Touristinformasjon,** Gladstad, Vega, Tel. 75035388, www.visitvega.no
- **Verdensarvvega – UNESCO Weltkulturerbe Zentrum Vega,** Ærfuglveien 1, 8984 Vega, Tel. 47907132, www.verdensarvvega.no, www.kystriksveien.no/vega
- **Fähre Horn – Igerøy (Vega),** Fahrzeit 50 Min., Kapazität 50 Fahrzeuge, 20.6.–14.8. tägl. 7.30–22.20 Uhr acht Fahrten, den Rest des Jahres variable Fahrzeiten
- **Fähre Igerøy (Vega) – Tjøtta,** Fahrzeit 45 Min., Kapazität 50 Fahrzeuge, 21.6.–5.8. tägl. 7.45–17.15 Uhr vier Fahrten, den Rest des Jahres variable Fahrzeiten
- **Fähre Horn – Andalsvågen,** Fahrzeit 20 Min., 6.6.–18.8. tägl. 6–22.15 Uhr 14 Fahrten, den Rest des Jahres variable Fahrzeiten

Sehenswertes/Einkaufen

- **Eliasbrygga,** Nesveien 86, Nes, 8984 Vega, Tel. 94069609, www.eliasbrygga.no, geöffnet: 4. Juli–6. August Mo, Mi, Fr, Sa 12–16 Uhr, Eintritt: Erw. 100 NOK, 6–17 Jahre 40 NOK. Im alten Hafengebäude können im gut erhaltenen Landhandel lokale Handwerkskunst und Souvenirs erworben werden. Ein Museum bietet Einblick in die Geschichte der Fischerei und Seefahrt. Es zeigt zudem (ergänzend zum E-huset) eine Ausstellung zur Verarbeitung der Eiderdaune.

Aktivitäten

- **Vegatrappa,** www.vegatrappa.no. Der Vegatrappa-Pfad führt über 2000 Stufen von der Küste hinauf auf den Gipfel des Ravnfloget und bietet einen spektakulären Ausblick auf den Archipel.

⑪ Igerøy gjestehavn og camping

GPS 65.67697, 12.12959

Kleiner, gemütlicher Platz am Hafen. Die Plätze liegen geschützt an einer etwa 6 m hohen Felswand. Entsorgungsmöglichkeiten befinden sich in der Nähe von Gladstad auf Vega. **Lage/Anfahrt:** Nahe des Fähranlegers von Igerøy. Fähre von Horn nach Igerøy nehmen. Nach Verlassen der Fähre unmittelbar links zum Hafen einbiegen; **Platzanzahl:** 12; **Untergrund:** Schotter, Wiese; **Preise:** 200 NOK; **Preiskat.:** €; **Geöffnet:** ganzjährig; **Kontakt:** Igerøyveien 181, 8986 Vega, Tel. 95057494, www.facebook.com/gjestehavnogcamping

293wn©GunnarE, stock.adobe.com

Die Vegatrappa auf der Insel Vega

⑫ Vega Camping

GPS 65.64361, 11.95186
Idyllischer Platz umgeben von Wiesen, kleinen Wäldern und landwirtschaftlichen Flächen. Einige Bäume gliedern das Gelände. Wanderwege befinden sich in unmittelbarer Umgebung, Entsorgungsmöglichkeiten in der Nähe von Gladstad auf Vega. **Lage/ Anfahrt:** Am Floavannet gelegen. Über eine schmale Schotterstraße zu erreichen. Ab der Fv839 ausgeschildert; **Platzanzahl:** 25; **Untergrund:** Wiese; **Service:** Strom, Trinkwasser, WLAN; **Preiskat.:** €€; **Geöffnet:** ganzjährig; **Kontakt:** Floaveien 24, 8986 Vega, Tel. 95973616, www.vegacamping.no

⑬ Sundsvoll Camping og bobilparkering

GPS 65.66883, 11.79880
Einfacher Stellplatz an der Vegatrappa. Schöne Lage direkt am Meer. Toiletten vorhanden. Ausländische Gäste melden sich telefonisch beim Betreiber des Platzes und bezahlen anschließend in bar. **Lage/Anfahrt:** An der Westküste von Vega. Anfahrt über die Fv81/7236; **Platzanzahl:** 66; **Untergrund:** Wiese; **Preiskat.:** €; **Geöffnet:** Mitte Juni–Ende Sept.; **Kontakt:** Sundsvoll, 8984 Vega, Tel. 97751869, www.facebook.com/Sundsvoll-Camping-og-bobil parkering-100107399018283

› **Ausflüge mit dem Fahrrad,** www.visitvega.no/no/sykling, www.kystriksveien.no/things-to-do/outdoor/by-bike/island-hopping-by-bike-at-the-helgeland-coast. Die Inseln des Vega-Archipels und weitere Eilande wie Alsta, Herøy und Dønna lassen sich hervorragend mit dem Fahrrad erkunden. Es sind auch Touren über mehrere Tage möglich und es steht eine gute Infrastruktur zur Verfügung.

› **Ravnfloget-Klettersteig,** Sundsvoll, 8980 Vega, Tel. 46832540, www.ravnfloget.no, www.visitvega.no/no/ravnfloget-via-ferrata. Die beiden rund 500 m langen Klettersteige bei Sundsvoll bieten schwindelerregende Ausblicke. Der Abstieg erfolgt über die Vegatrappa. Die vierstündige Tour kann in einer Gruppe mit Bergführer gebucht werden.

› **Ausflug nach Lånan (Eider Safari),** Tel. 4527265, www.lanan.no, geöffnet: 1. Juni–1. Juli, Rundtrip mit dem Boot: 5700 NOK, Führung mit Kaffee und Lefse (norwegischer Wrap): 1000 NOK. Auf Lånan leben in der Brutzeit nach wie vor bis zu 1000 Eiderenten. Auf dieser Tour erhält man Einblick in die Tradition der Eiderentenzucht. Die Bootsfahrt nimmt je Strecke 45 Minuten in Anspruch. Zeit und Startpunkt können individuell bestimmt werden.

Parken

P 5 Parkplatz in Nes, GPS 65.70644, 11.93324. Parkplatz am alten Fischereihafen von Nes.

INSEL ALSTA

(75,3 km – km 511,9)

Die Insel erreicht man über die Fährverbindung **Forvik – Tjøtta.** Alsta lieg in der zentral an der Helgelandküste gelegenen Kommune Alstahaug, die auch die „Elchkommune" genannt wird. Es besteht also eine hohe Wahrscheinlichkeit, dass einem dieses eindrucksvolle Tier hier über den Weg läuft.

Eine markante geografische Sehenswürdigkeit ist die sagenumwobene und bis zu 1072 m hoch aufragende Gebirgskette **De Syv Søstre** (Die sieben Schwestern), deren sieben weithin sichtbare Gipfel sich nahezu über die gesamte Länge der Insel reihen. Südwestlich der Bergkette befindet sich das sehenswerte **Petter-Dass.Museum,** das dem Leben und Wirken des bekannten norwegischen Dichters und Pastors gewidmet ist.

Die einzige Ortschaft ist **Sandnessjøen** im Norden der Insel. Hier leben über 6000 Einwohner. Außer diversen Einkaufsmöglich-

Die Gebirgskette der De Syv Søstre beherrscht die Insel Alsta

keiten gibt es im Ort das **Wikingerhaus Torolvstein** (www.torolvstein.no), das besucht werden kann.

Sehenswert

› **Petter Dass-museet,** Alstahaugveien 17, 8804 Sandnessjøen, Tel. 75110150, www.petterdass.no, geöffnet: 15.6.-15.8. tägl. 10-17, in der Nebensaison Di-Fr 10-15.30 Uhr, Sa/So 11-17 Uhr, Januar geschlossen, Eintritt: Erw. 120 NOK, ermäßigt 100 NOK, bis 16 Jahre kostenlos. Das Museum ist dem Leben und Schaffen des norwegischen Theologen, Lyrikers und Verfassers von Kirchenliedern Petter Dass gewidmet. Es besteht aus einem vom bekannten Architekturbüro Snøhetta AS entworfenen preisgekrönten Gebäude und dem historischen Pfarrhaus. Zudem kann die Alstahaug-Kirche besichtigt werden, die zu den sieben in Nordnorwegen erhaltenen mittelalterlichen Kirchen gehört. Das Café Margrethe das nach Petter Dass' Frau benannt ist, und der Museumsshop laden ebenfalls zum Verweilen ein. Außerdem kann der 2 km lange (einfache Strecke) Kongshaugen-Wanderweg begangen werden, der zur Landspitze Haugsneset führt.

Information

› **Sandnessjøen Touristinformasjon,** Havnegata 197, 8800 Sandnessjøen, Tel. 75018000, geöffnet: 1.5.-30.6. und 7.8.-25.8. Mo-Fr 10-16, 3.7.-4.8. Mo-Fr 9-17, im Juli auch Sa 11-17, Nebensaison Mo-Fr 10-14 Uhr, www.visithelgeland.com/no/places/sandnessjoen

› **Fähre Forvik – Tjøtta,** Fahrzeit 60 Min., im Sommer tägl. 6.55-21.35 Uhr, alle ein bis zwei Std. den Rest des Jahres variable Fahrzeiten

Aktivitäten

Die berühmte Gebirgskette **De Syv Søstre (Die sieben Schwestern)** besteht aus den Gipfeln Botnkrona (1072 m), Grytfoten (1019 m), Skjæringen (1037), Tvillingan (945 und 980 m), Kvasstinden (1010 m) und Breitinden (910 m). Sie können über markierte Pfade und ohne Kletterausrüstung erreicht werden. Der Aufstieg zum südlichsten Gipfel beginnt in Søvikskaret am Parkplatz Syv Søstre Breitind. Von den Parkplätzen Syv Søstre Kvasstinden und Syv Søstre Botnkrona können die übrigen Gipfel bestiegen werden. Die Parkplätze sind von den Campingplätzen aus auch per Fahrrad oder Linienbus erreichbar.

› **Infos:** www.visithelgeland.com/no/de-syv-sostre, www.kystriksveien.no/?s=syv+sostre

6 Parkplatz Syv Søstre Breitinden, GPS 65.92264, 12.45865

7 Parkplatz Syv Søstre Kvasstinden, GPS 65.93601, 12.48930

8 Parkplatz Syv Søstre Botnkrona, GPS 65.96503, 12.55901

Blick auf den architektonisch sehenswerten Neubau des Petter Dass-museet (rechts im Bild)

069wn-df

070wn-df

071wn-df

⑭ Øffersøy Camping

GPS 65.87262, 12.46575

Von sehr sympathischen niederländischen Pächtern (sprechen auch Deutsch) geführter Platz. Stellplätze befinden sich teils direkt am Wasser. Gute Angelmöglichkeiten sind gegeben. Die Bergkette der Sieben Schwestern (Syv søstre) liegt ca. 6 km entfernt. Etwa 12 km sind es zum Petter-Dass-Museum. Fahrräder und Boote können gemietet werden. **Lage/Anfahrt:** An der südlichen Spitze der Insel Alsta gelegen. Über die Fv17 zu erreichen und ausgeschildert. Die Rezeption befindet sich inmitten des Platzes, nahe des Wassers; **Platzanzahl:** 35; **Untergrund:** Schotter, Wiese; **Preiskat.:** €€; **Geöffnet:** Anfang April–Ende Okt.; **Kontakt:** Campingveien 30, 8860 Tjøtta, Tel. 48344641, www.kystferie.no

Petter Dass

Petter Dass (1647–17. August 1707) war der Sohn des nach Nordnorwegen ausgewanderten schottischen Kaufmanns Peter Dundas und von Maren Falchs, der Tochter von Peter Jakobsson Falck, dem Vogt von Helgeland. Nach dem frühen Tod des Vaters wuchs Dass bei der Schwester der Mutter auf, die mit dem Pfarrer von Nærøy in Namdal verheiratet war. 1660 reiste er nach Bergen und begann dort mit einer klassischen Lateinausbildung, um sich auf sein Hochschulstudium vorzubereiten. 1666 zog er nach Kopenhagen und absolvierte dort die Universität in den Fächern Theologie, Literatur und Naturwissenschaft (in Norwegen gab es bis 1800 keine Universitäten). 1668 kehrte Peter Dass nach Helgeland zurück und wurde – nach Aufenthalten in Vefsn und Nesna – 1689 Pfarrer der Gemeinde Alstahaug.

Petter Dass gehört zu den wichtigsten Lyrikern Norwegens aus dem 17. Jahrhundert. Sein Schaffen wird der Barockdichtung zugeordnet. Neben seiner Arbeit als Pfarrer und Seelsorger war er auch im Küstenhandel tätig und fuhr regelmäßig zur See, um in Bergen seine Waren zu verkaufen. Wie die gesamte nordnorwegische Bevölkerung jener Zeit litt auch er zeitweilig große wirtschaftliche Not.

Seine Lieder und Dichtungen widmete er seiner norwegischen Heimat. In seinen Werken beschreibt er die Geografie, Flora und Fauna sowie die Kultur von Nordnorwegen. Literatur diente zu Petter Dass' Zeiten vor allem der Aufklärung und zu Lehrzwecken. So war es auch ihm ein Anliegen, vor allem jungen Leuten, aber auch Erwachsenen, ein tieferes Verständnis der von Gott geschaffenen Welt, also der Natur und des Menschen, zu vermitteln. Eines seiner großen Werke ist „Nordlands Trompet" („Die Trompete des Nordlands"), eine detaillierte und kulturgeschichtlich aufschlussreiche Schilderung des harten und einfachen Lebens der norwegischen Bauern und Fischer. Dieses Werk wurde Ende des 19. Jh. ins Deutsche übersetzt.

⑮ Sandnessjøen Camping

GPS 65.95413, 12.45999

Die von niedrigen Bäumen und Sträuchern umgebenen unparzellierten Stellplätze befinden sich mit wunderbarem Blick auf die Inseln Herøy und Dønna zwischen und auf den Felsen direkt am Wasser. In der Hochsaison sind weitere Wiesenplätze vorhanden. Die Rezeption ist nicht immer besetzt. Eine Anmeldung per Telefon ist möglich. Der Platz ist gut geeignet, um die Bergkette der Syv søstre zu erkunden. Das Petter-Dass-Museum ist ca. 8 km entfernt. Ein Bunker aus dem Zweiten Weltkrieg befindet sich südlich in unmittelbarer Nähe. Die Betreiberin des Campings steht gern für Gespräche, Ausflugstipps und Infos über die Region zur Verfügung. Mit etwas Glück können vorbeiziehende Schweinswale (Nise) beobachtet werden. **Lage/Anfahrt:** Der Platz liegt nahe des Flugplatzes, auf dem kaum Verkehr herrscht, etwa 12 km von Sandnessjøen entfernt; Über die Fv17 zu erreichen, der Camping ist ausgeschildert; **Platzanzahl:** ca. 30–100; **Untergrund:** Schotter, Wiese; **Preiskat.:** €€; **Geöffnet:** Mitte Mai–Ende Aug.; **Kontakt:** Søvikveien 359, Steiro, 8804 Sandnessjøen, Tel. 97562050, www.ssj.no

072wn-df

ABSTECHER NACH HERØY UND DØNNA

(hin und zurück 53 km)

Die beiden Inseln Herøy und Dønna sind touristisch noch relativ wenig erschlossen. Man erreicht sie über die Fährverbindungen **Søvik – Herøy** bzw. **Bjørn – Sandnessjøen.** Enge Straßen mit zahlreichen kleinen und großen Brücken, die die Inseln verbinden, winden sich über die Eilande und bieten wunderbare Ausblicke. Vor allem die Gebirgskette **De Syv Søstre** ist an vielen Stellen in ihrer vollen Pracht zu sehen. Für Radfahrer sind die Straßen, die durch diese üppige und raue Landschaft führen, hervorragend geeignet. Wälder, Feuchtgebiete, hochaufragende Berge wie der **Dønnamannen** und Küstenlandschaften mit kleinen Inseln und Riffen wechseln sich ab. Auch die Nachbarinseln **Tenna, Kalvan** oder **Løkta** können über Brücken oder Fähren mit dem Fahrrad erreicht werden.

⊡ *Eine enge Straße führt zum Parkplatz Sandstrak Breivika (s. S. 87) auf der Insel Dønna*

073wn-df

Norwegische Trolle

Trolle sind fiktive Wesen aus der norwegischen Folklore und tief in der Kultur und Mythologie des Landes verwurzelt. Man weiß nicht genau, woher die Geschichten um die Trolle stammen, doch erste Quellen können bis in das Mittelalter zurückverfolgt werden. Norwegens raue und gewaltige Natur und die dunklen Winternächte förderten die Entstehung derartiger Mythen.

Trolle werden oft als große, menschenähnliche Kreaturen mit riesigen Nasen und Ohren sowie langen Armen und Beinen und dichtem Fell beschrieben. Sie sind bekannt für ihre Stärke und die Fähigkeit, sich zu verstecken und zu tarnen. Zur Gattung der Trolle gehören kolossale Jotner und Riesen sowie kleine Kobolde, Zwerge und andere unterirdisch lebende Fabelwesen.

Die Joten sind in der nordischen Mythologie die ersten Wesen, die zu Beginn der Zeit auftauchten. Sie sind die Gegner der Götter, auch Asen genannt. Der Kampf zwischen den Joten und Thor, dem wichtigsten Verteidiger der Æsir (Asen), ist das Hauptmotiv in vielen nordischen Mythen.

Die Trolle leben oft in unzugänglicher und unberührter Natur, zum Beispiel in Berghöhlen, in Wäldern oder im Meer und können 1000 bis 12000 Jahre alt werden. Der Mythos besagt, dass sie sich ausschließlich nachts aus ihren Verstecken wagen. Denn nur eines kann einen echten Troll erschrecken: das Sonnenlicht. Wenn sie sich nicht rechtzeitig verstecken, werden Trolle durch die Sonnenstrahlen in Stein verwandelt. Und deshalb sind im ganzen Land an Berghängen, Klippen und Felsen immer wieder ihre Gesichter und Körper zu erkennen.

Die Trolle haben viele Geschichten und Legenden inspiriert und sind oft in der Kunst, in der Literatur und im Film dargestellt worden. In einigen Geschichten sind sie freundliche Wesen, die Menschen helfen und beschützen. So soll beispielsweise ein Troll beim Bau des Nidarosdomen in Trondheim geholfen haben. In anderen Geschichten sind sie bösartig und neigen dazu, Menschen zu erschrecken oder zu entführen. Sie gelten nicht als besonders intelligent, können einem aber bei einer Begegnung clevere Rätsel aufgeben.

Der berühmteste Troll Norwegens ist der Trollkönig von Dovregubben, der vom norwegischen Dramatiker und Lyriker Henrik Ibsen (1828–1906) ins Leben gerufen wurde

074wn-df

Sehenswert

- **Etcetera – der besondere Blumenladen,** Øksningsveien 10, 8850 Herøyholmen, Tel. 75058189, www.facebook.com/ETCETERAbotaniskeutskeielsermm. Tommy Eide, der zweifache Gewinner der norwegischen Floristik-Meisterschaften, hat sich hier seine eigene Welt geschaffen – eine Mischung aus Galerie und botanischem Garten. Außerdem finden sich extravagant eingerichtete Innenräume und Sitzecken mit skurrilen Möbelstücken. Es werden Kaffee und heiße Schokolade serviert. Selbst die Toilette ist einen Besuch wert.
- **Dønna-Museum,** Dønnaveien 515, 8820 Dønna, Tel. 93094638, www.helgelandmuseum.no/besokssted/nordvika-gamle-handelssted, geöffnet: auf Anfrage und in der Sommersaison. Das Museum liegt etwa 2 km nördlich von Solfjellsjøen im Herzen der Insel an der Fv809. Im ehemaligen Handelsposten aus dem frühen 18. Jahrhundert werden im prunkvollen Wohnzimmer Kaffee und frische Waffeln serviert. Im hauseigenen Gemischtwarenladen können lokal produziertes Kunsthandwerk, traditionelle Süßigkeiten und vieles mehr erworben werden.
- **Heidis sjokoladedrøm,** Aksel Storviksvei 38, 8820 Dønna, Tel. 97671941, www.sjokoladebrygga.no, www.facebook.com/sjokoladebrygga. Die kleine Schokoladenfabrik befindet sich in einem schön gelegenen ehemaligen Hafengebäude. Von der Terrasse hat man einen wunderschönen Blick auf die Küstenlandschaft der Insel. Es wird Einblick in die Produktion gewährt und man kann verschiedene Kreationen aus Schokoladen probieren und kaufen. Zudem können weitere lokal hergestellte Produkte wie Rhabarbersaft, Meeressalz, frisch gerösteter Kaffee und Wollmützen erworben werden. Die aktuellen Öffnungszeiten finden sich auf der Facebook-Seite.

Information

- Tel. 75052200, www.kystriksveien.no/donna, www.kystriksveien.no/heroy
- **Fähre Søvik – Herøy,** Fahrzeit 30–40 Min., im Sommer tägl. 8.05–23.59 Uhr alle 1–1½ Std.
- **Fähre Bjørn – Sandnessjøen,** Fahrzeit ca. 30 Min., im Sommer tägl. 6.59–21.59 Uhr alle 1–1½ Std.

Aktivitäten

Der auf der Insel Dønna 858 m hoch aufragende, markante Berg **Dønnamannen** ist über gut markierte Pfade zu erreichen. Die 4- bis 6-stündige Wanderung beginnt auf Meereshöhe und wird für erfahrene Wanderer empfohlen. Der Anstieg ist teilweise recht steil. Es gibt verschiedene Ausgangspunkte für die Tour. Besonders beliebt ist der Parkplatz am Sandstrand Breivika. Vom Gipfel blickt man auf die unzähligen Inseln der Helgelandküste. Unter ihnen Vega, Lovund und Træna.

P 9 **Sandstrak Breivika,** GPS 66.05835, 12.38773, Sandstrakveien. Schöne Bucht mit Sandstrand.

16 Herøy Camping

GPS 65.95618, 12.27117

Wiesengelände mit Blick auf die Syv søstre. Kanumiete möglich. Die Gegend lädt zu Radtouren ein. Schöner Strand direkt ans Gelände angrenzend. Ein Supermarkt befindet sich 1 km entfernt. **Lage/Anfahrt:** Insel Tenna südlich vor Herøy. Ab Fähranleger links auf die Fv161/7276 fahren. Nach dem Spar-Supermarkt rechts und der Beschilderung zum Camping folgen; **Platzanzahl:** ca. 30; **Untergrund:** Wiese; **Preiskat.:** €€; **Geöffnet:** 1.6.–1.9.; **Kontakt:** Vangsholmveien 44, 8850 Herøy, Tel. 98066940, www.heroycaravan.no

075wn-df

076wn-df

SJØBAKKEN UND LEVANG

(61,8 km – km 573,7)

Nahe der Fährverbindung zwischen Levang und Nesna liegt an der kleinen Bucht Låvongsbukta der kleine Orte Sjøbakken. Hier kann man in aller Ruhe eine Rast einlegen und auf dem gemütlichen Campingplatz übernachten. Die idyllische Landschaft und die Ausblicke auf die Bucht und den Ranfjorden laden zu Streifzügen in der näheren Umgebung ein. Am überwiegend felsigen Ufer oder am Pier des Campingplatzes findet sich der ein oder andere Platz, um sein Angelglück zu versuchen.

Information

› **Fähre Levang – Nesna,** Fahrzeit 25 Min., im Sommer tägl. 5.55–21.20 Uhr, alle ein bis zwei Std.

⑰ Stellplatz 3 Kalver

GPS 66.10554, 12.47650

Ehemaliger Hof, auf dem in der Kindheit des Betreibers Drillingskälber geboren wurden (daher der Name). Charmantes Gelände mit hölzernen alten Gebäuden. Im hauseigenen Restaurant werden täglich saisonale Speisen zubereitet. Produkte wie Brot und Honig aus eigener Herstellung können erworben werden. Weitere Einkaufsmöglichkeiten befinden sich im nahegelegenen Ortszentrum. Auch kostenlose Stellplätze ohne Versorgung stehen zur Verfügung. **Lage/Anfahrt:** Am südwestlichen Ortsrand von Solfjellsjøen. Ab Herøy über die Fv828 bis Bjørn, dann der Fv809 bis Solfjellsjøen folgen; **Platzanzahl:** 8; **Untergrund:** Asphalt, Schotter; **Preiskat.:** €€; **Geöffnet:** Anfang Juni–Ende Aug.; **Kontakt:** Sørvikaveien 2, 8820 Dønna, Tel. 41513425, www.trekalver.no

⑱ Sjøbakken Gardsferie

GPS 66.15452, 13.06764

Sehr charmanter und gemütlicher Platz mit netten Betreibern; die einige Huskys besitzen. Das Gelände liegt direkt am Wasser und gehört zu einem kleinen Bauernhof. Gute Angelmöglichkeiten. Boote können gemietet werden. WLAN in Planung. **Lage/Anfahrt:** Gegenüber des Fähranlegers von Levang. Vom Fähranleger etwa 3 km der Fv17 nach Süden folgen, dann rechts auf einen Schotterweg abbiegen und ihm ca. 2 km folgen, Camping ist ausgeschildert; **Platzanzahl:** ca. 40; **Untergrund:** Schotter, Schotterrasen, Wiese; **Preiskat.:** €€; **Geöffnet:** 1.5.–1.10.; **Kontakt:** Velvågsveien 21, 8890 Leirfjord, Tel. 4791513317, www.sjobakkengardsferie.no

077wn-df

Das Nordlicht (Aurora borealis)

Für das Polarlicht, auf der Nordhalbkugel als „Nordlicht“ und wissenschaftlich als „Aurora borealis“ bezeichnet („Südlicht“ und „Aurora australis“ auf der Südhalbkugel), sind Sonnenwinde verantwortlich, die aus Plasma bestehen, also einem Teilchengemisch, das sich hauptsächlich aus Ionen und Elektronen zusammensetzt. Die Sonne stößt ca. eine Million Tonnen Plasma pro Sekunde ab, von dem ein kleiner Teil nach zwei Tagen die Erde erreicht.

Auf der Erde trifft der Sonnenwind, auf die Magnetosphäre und drückt sie ein wenig zusammen, ohne die Atmosphäre erreichen zu können. Die Teilchen wandern nun die Feldlinien des Erdmagnetfeldes entlang (Lorentzkraft) zu den Polarkreisen. Die Linien des Magnetfeldes stehen dort senkrech zur Erdoberfläche. Hier gelingt es den aufgespaltenen Atomen des Plasmas in die Atmosphäre einzudringen, wo sie auf die Sauerstoff- und Stickstoffatome der Luft treffen.

Bei dem Zusammenstoß der Atome wird das Energieniveau der Sauerstoff- und Stickstoffatome angehoben. Das bedeutet, dass die Teilchen über mehr Energie verfügen als nötig. Diese überschüssige Energie wird nun in Form von Licht sichtbar. Je nach Stärke der Sonnenaktiviät und dem damit verbundenen Ausstoß des Plasmas erscheinen die Lichter in verschiedenen Formen. Nach der Vallance-Jones-Classification können diese zum Beispiel als Corona, Vorhang, Bogen oder Band erscheinen. Zudem kann das Nordlicht in unterschiedlichen Farben auftreten. Dies hängt von der Höhe der Entstehung und den betroffenen Atomen ab, auf die das Plasma trifft. Sauerstoffatome, die in einer Höhe von etwa 100 Kilometern reagieren, werden als grünes Licht sichtbar und sind mit dem menschlichen Auge am besten wahrzunehmen. Sauerstoffatome, die in einer Höhe von ca. 200 Kilometern reagieren, werden als rotes Licht erkennbar. Stickstoffatome können nur sehr selten durch das Plasma angeregt werden. Das blaue oder violette Leuchten, das durch eine derartige Verbindung entsteht, ist somit weniger häufig zu sehen.

078wn-df

Für die Sámi hat das Nordlicht – oder „gouvsahas“, wie sie es nennen – eine magische Kraft. Man findet es daher zum Teil auf den magischen Trommeln, die von den Schamanen genutzt wurden. Sie waren das wichtigste religiöse Werkzeug der Sámi. Ihre Weltanschauung und das Leben der Menschen wurden in den Figuren, die auf der mit Rentierhaut bespannten, ovalen Trommel mit blutroter Farbe aus Erlenrinde aufgetragen waren, ausgedrückt.

In Finnland nennt man das Polarlicht „revontulet“ – Fuchslicht. Der Begriff entstand aus der Vorstellung, dass das Nordlicht vom Pelz bestimmter Füchse stammt. In der „Edda“ (Götter- und Heldensage) wird das Nordlicht als Kriegsflamme und schützende Fahne der Götter über den Unternehmungen der Wikinger beschrieben.

NESNA
(13,5 km – km 587,2)

Nesna hat heute 1698 Einwohner, liegt etwa auf der Hälfte des Kystriksveien und wurde 1838 als Gemeinde gegründet, aber bereits im Jahre 1430 erstmals erwähnt. Die Stadt wurde nach dem alten Hof Nesna (altnordisch: Nesnar) benannt. Der Name ist von dem Wort „nes“ für Landzunge abgeleitet. Im Kommunenwappen ist die Landzunge als gelbes Dreieck auf blauem Hintergrund dargestellt.

Der Ort eignet sich gut als Ausgangspunkt, um die abgelegenen Inseln der **Kommune Træna** wie die Hauptinseln **Husøy und Sanna** und die Vogelinsel **Lovund** zu besuchen. Zudem können bei einer Schnellboottour durch den Archipel **Seeadler** gesichtet werden.

Der bekannte Dichter Petter Dass (s. S. 84) wirkte von 1672 bis 1689 als Kaplan in Nesna und somit findet sich im Ort der ein oder andere Hinweis auf seine Person, z. B. eine **Petter-Dass-Büste** direkt neben der neugotischen, im Jahr 1880 erbauten **Nesna Kirke.** Das im Zentrum gelegene **Nesna Museum** (www.helgelandmuseum.no/besokssted/klokkergarden), das zu den **Helgelandmuseen** gehört, zeigt wechselnde Ausstellungen und behandelt unter anderem das Leben der hiesigen Fischer.

Zahlreiche **Wanderwege** mit beeindruckendem Ausblick erschließen die Region mit ihren im Osten und Südosten der Stadt gelegenen Bergen.

Sehenswert

› **Raus Bryggeri,** Havnevegen 8, 8700 Nesna, Tel. 95099976, www.rausbryggeri.no. Die Brauerei liegt am Fährhafen von Nesna. Im Sommer werden täglich Führungen (299 NOK/Pers., inklusive Verköstigung) angeboten. Im hauseigenen Pub kann das Bier auch verköstigt oder für später erworben werden.

Information

› **Visit Nesna,** Havnegata 6b, Tel. 95239338, www.visitnesna.no, www.kystriksveien.no/steder/nesna

⊡ *Die spektakulären Felsformationen auf der Insel Træna sind weithin sichtbar*

Gastronomie

› **Brygge66,** Havnevegen 15, 8700 Nesna, Tel. 75407040, www.facebook.com/brygge66, geöffnet: Mi–So 14–20 Uhr, im Sommer täglich. Das Restaurant befindet sich direkt am Hafen und bietet einen schönen Ausblick auf das Wasser und die vorgelagerten Inseln. Im Sommer und bei gutem Wetter kann ein Außenbereich genutzt werden. Es werden verschiedene Gerichte mit Fisch und Fleisch angeboten. Das Restaurant besitzt eine Alkohollizenz.

Aktivitäten

Die sehenswerten rund 1000 **Inseln der Kommune Træna** liegen 33 Nautische Meilen (61 km) vor der Küste Norwegens, die Insel **Lovund** etwa auf halbem Wege. Die Inseln können mittwochs und freitags im Rahmen einer Tagestour mit den Schnellbooten der Trænaruta und der Nordlandsekspressen von Nesna aus erreicht werden. Von **Stokkvågen,** an der Fv17 und 66 km nördlich von Nesna gelegen, verkehren ebenfalls Shuttleboote und kostenlose Fähren. Es ist möglich, mit dem Wohnmobil auf die kleinen Inseln zu gelangen, jedoch kann es auf den Eilanden im Sommer bisweilen etwas eng werden.

Fahrräder können problemlos mitgenommen werden. Die Fahrzeit nach Træna beträgt mit dem Schnellboot ca. 2 Std. (einfach) und kostet 250 bis 360 NOK. Mit der Fähre von Stokkvågen dauert die Fahrt rund 3 Std. (www.reisnordland.no/reiseplanlegger). Zwischen den Inseln verkehren die Linienboote teilweise nur auf Vorbestellung. Die Inselbewohner, die sich selbst „Folk i havet" („Volk im Meer") nennen, helfen bei der Organisation einer Überfahrt gern weiter.

Am 2. Juliwochenende findet jährlich das **Trænafestivalen** statt, das zu den populärsten Musikevents in Norwegen gehört. Außerdem können auf den Inseln die **Petter-Dass-Kapelle,** die **Træna-Kirche,** ein **Museum** und das gemütliche **Café Aloha** besucht werden. Am bemerkenswertesten sind allerdings die Natur und die Atmosphäre auf den Inseln. Die Insel **Sanna** mit ihren vom rauen Meer gebildeten Höhlen, Grotten und markanten Felsen bietet gute Wandermöglichkeiten. Auf Lovund ist die größte **Papageientaucherkolonie** Norwegens zu Hause. Am 14. April wird am sogenannten „Lundkommardag" die Ankunft dieser farbenprächtigen Vögel auf Lovund gefeiert.

› Fähre Træna: Tel. 94795651, Fähre Lovund: Tel. 97056167, www.tenktraena.no, www.lovundinfo.no, www.reisnordland.no/rutetabeller-ferge, www.visithelgeland.com/no/sommerruta-nordlandsekspressen

⑲ Nesna Topcamp havblikk

GPS 66.20289, 13.02227

Moderner Campingplatz mit Seeblick. Der Platz bietet einen Spielplatz, ein großes Hüpfkissen, ein beheiztes Freibad mit Wasserrutschen und besitzt einen eigenen Strand. Boote und SUPs können geliehen werden. **Lage/Anfahrt:** 700 m vom Fähranleger entfernt. Über die Fv17, in Nesna der Beschilderung zum Camping folgen; **Platzanzahl:** ca. 100; **Untergrund:** Schotter, Wiese; **Preiskat.:** €€–€€€; **Geöffnet:** ganzjährig; **Kontakt:** Sjåberget 10, 8700 Nesna, Tel. 75056540, www.havblikk.no

079wn-df

080wn-df

KILBOGHAMN

(89,3 km – km 676,5)

Folgt man von Nesna aus der Fv17 weiter gen Norden steigt die Straße zunächst auf einige Hundert Meter über dem Meeresspiegel an. Nach der letzten Serpentine befindet sich auf der linken Seite ein **Rastplatz** über dem Sjonafjord. Von hier aus hat man einen atemberaubenden Ausblick.

P 10 **Rastplatz Sjonafjord,** GPS 66.28153, 13.26113

Die Fv17 führt nun bald wieder bergab, schlängelt sich um den Fjord und präsentiert dabei immer wieder wunderschöne Ausblicke. Am Ende des Fjords kann man bei **Utskarpen** der Fv810 Richtung **Mo i Rana** folgen, um zur **Route 2** zu gelangen (s. S. 107).

Kurz nach **Stokkvågen** bietet sich die Möglichkeit, eine weitere Niederlassung des Helgelandmuseums zu besuchen. Das frei zugängliche **Grønsvik kystfort** (www.helgelandmuseum.no/besokssted/gronsvik-kystfort) ist eine ehemalige Stellung der deutschen Okkupationsmacht. Die Anlage war Teil des deutschen Atlantikwalls. Die zusammenhängende Kette aus imposanten Wallanlagen zog sich von Spanien und Frankreich im Süden bis nach Norwegen die gesamte Küste entlang.

Kilboghamn (Kilboghavn) liegt etwa 90 km von Nesna entfernt. Die Fährverbindung **Kilboghamn – Jektvik** gehört zu den längsten und spektakulärsten auf dieser Route, denn während der Überfahrt bietet sich eine tolle Aussicht auf die entfernten Berge des **Saltfjellet-Svartissen-Nationalparks** und der **Polarkreis** wird überquert. So wie viele Fährverbindungen auf dieser Route ist auch diese die einzige Möglichkeit, um die Fahrt auf der Fv17 fortzusetzen, ohne einen Umweg von mehreren hundert Kilometern fahren zu müssen. Bevor man jedoch die Überfahrt wagt, kann man noch einen Zwischenstopp auf dem Polarcamp 20 einlegen, von dessen terrassenartigen Plätzen man die vorbeifahrenden Fährschiffe beobachten kann. Der Betreiber gibt gern Auskunft über Aktivitäten, Ausflugsziele mit wunderbarem Ausblick und Wandermöglichkeiten in der näheren Umgebung.

Information

› **Fähre Kilboghamn – Jektvik,** Fahrzeit 60 Min., Kapazität 60 Fahrzeuge, 1.6.–31.8. tägl. 7.20–20.30 Uhr, alle ein bis zwei Stunden.

Das Polarcamp 20 wird auf der Fährüberfahrt von Kilboghamn nach Jektvik passiert

20 Polarcamp

GPS 66.50993, 13.21659

Der Platz befindet sich auf dem Gelände einer ehemaligen Fischfabrik und fällt terrassenartig zum Wasser hin ab. Ein Restaurant bietet aus regionalen Produkten zubereitete Gerichte. Kajaks können kostenlos geliehen werden. Ein Grillplatz in den Bergen oberhalb des Platzes mit tollem Blick auf die umliegende Fjordlandschaft gehört ebenfalls zum Platz. Gute Angelmöglichkeiten und ein Bootsverleih sind vorhanden. In der Rezeption kann man Angelausrüstung kaufen. **Lage/Anfahrt:** Ca. 3 km nördlich des Fähranlegers Kilboghamn. Von der Fv17 kurz vor der Fähre nach links abbiegen und der Beschilderung zum Camping folgen; **Platzanzahl:** 36; **Untergrund:** Schotter; **Preiskat.:** €€; **Geöffnet:** ganzjährig; **Kontakt:** Hilstad, 8754 Øresvik, Tel. 90501280, www.polarcamp.no

FORØY/FURØY

(50,5 km – km 727)

Die Fv17 bietet auf ihrem Weg nach Norden immer wieder eine beeindruckende Aussicht. Man sollte sich Zeit nehmen und jede Gelegenheit für einen kurzen Zwischenstopp nutzen, um die dargebotene spektakuläre Kulisse zu genießen. Ein besonders schöner Ort ist der **Tjongsfjorden** kurz vor Forøy, an dessen Ende sich ein kleiner Parkplatz direkt an der Fv17 befindet.

P 11 Tjongsfjorden, GPS 66.65900, 13.54341

Die **Halbinsel Forøy** ist über die Fährverbindung **Ågskardet – Forøy** zu erreichen. Wenn man weiter der Fv17 folgt, sind es etwa 13 km bis zum **Holandsfjorden** und der Anlegestelle für das Shuttleboot, das eine Überfahrt auf die gegenüberliegende Fjordseite ermöglicht, um den **Engabreen,** einen Gletscherarm des **Svartisen-Gletschers,** zu besichtigen.

Von Forøy aus bieten sich hervorragende Möglichkeiten, um mit dem Kajak die umliegenden Meeresarme **Arhaugfjorden, Bjærangfjorden, Fonnfjorden** und **Holandsfjorden** zu erkunden.

Östlich des Ortes Halsa und etwa 4 km vom Campingplatz 21 entfernt, beginnt an der Kreuzung der Straßen Vårtunveien, Ytre Holandsfjordveien und Skogsveien ein Weg, der später in einen Wanderweg in die Berge in Richtung des Gipfels des **Holandsfjellet** übergeht.

In Halsa, 2,5 km vom Campingplatz entfernt, befinden sich Supermärkte.

Information

› **Fährverbindung Ågskardet – Forøy,** Fahrzeit 10 Min., Kapazität 44 Fahrzeuge, 1.6.–31.8. tägl. 6.10–22.50 Uhr, alle 30–60 Min.

081wn-df

⊡ Ausblick vom Pfad, der am Furøy Camping 21 beginnt und die Halbinsel Furøy erschließt

21 Furøy Camping

GPS 66.73893, 13.50151

Der idyllische Platz bietet Stellplätze direkt am Wasser, auf Wiesengelände mit Parkbuchten und in einem durch Hecken abgetrennten Bereich. Es stehen drei Boote zur Vermietung bereit. Der Svartisen-Gletscher liegt etwa 13 km entfernt. Direkt am Platz beginnt ein ca. 1,6 km langer Pfad, der den bis zu 65 m hohen und überwiegend mit Kiefern bewachsenen westlichen Teil von Forøy erschließt. Unterwegs laden Grillplätze, Rastmöglichkeiten, Infotafeln und der schöne Ausblick zum Verweilen ein. Der Pfad endet an der westlichsten Spitze der Insel, wo hervorragende Angelplätze vorzufinden sind. Vom ca. 3 km entfernten Ort Halsa führen Wanderwege in die Berge. **Lage/Anfahrt:** 1 km vom Fähranleger entfernt. Kurz nach dem Fähranleger nach links abbiegen und der Beschilderung folgen; **Platzanzahl:** 50; **Untergrund:** Schotter, Wiese; **Preiskat.:** €€; **Geöffnet:** Mai–Sept.; **Kontakt:** Furøy 6, 8178 Halsa, Tel. 94191315, www.furoycamp.no

082wn-df

SALTFJELLET-SVARTISEN NASJONALPARK

(13,3 km – km 740,3)

Folgt man von Furøy aus weiter der Fv17, gelangt man nach 13 km zum Parkplatz Svartisen/Holandsvika, von wo aus ein Shuttleboot den Zugang zum Nationalpark und zur Gletscherzunge Engabreen ermöglicht. Der Saltfjellet-Svartisen-Nationalpark besteht seit 1989 und erstreckt sich über eine Gesamtfläche von 1850 km² von der Küste quer durch das Land bis zur schwedischen Grenze. Der Gründung ging ein 50 Jahre währender Konflikt zwischen den Befürwortern des Umweltschutzes und den Interessenvertretern der Energiegewinnung voran. Die Natur des Nationalparks gilt als besonders komplex und intakt. Zudem ist das Gebiet ein bedeutender Lebensraum für den in Norwegen bedrohten Polarfuchs. Teil des Nationalparks ist der **Svartisen-Gletscher,** der sich im Südwesten des Parks befindet.

274wn-df

Der Svartisen und Norwegens Gletscher

Die spektakulären und weltbekannten Landschaften Norwegens, bestehend aus Fjorden, Tälern, steilen Felshängen und bizarren Bergspitzen, wurden von den Gletschern der letzten großen Eiszeit geformt. Überreste dieser Gletscher sind heute noch vorhanden.

Nach dem Jostedalsbreen, der mit 474 km² Fläche und einer Dicke von bis zu 600 Metern der größte Gletscher Kontinentaleuropas ist, ist der Svartisen mit einer Fläche von etwa 370 km², der zweitgrößte Gletscher Norwegens. Er erstreckt sich zwischen dem Glomfjorden, dem Holandsfjorden und dem Melfjorden im Westen und dem Blakkådalen und dem Beieardalen im Osten und ist Teil des Saltfjellet-Svartisen-Nationalparks, des viertgrößten Nationalparks Norwegens. Das Vesterdalen teilt den Gletscher in zwei Gebiete. Ein Großteil des Gletschers liegt zwischen 700 und 1000 Metern Höhe. Zu den höchsten Erhebungen zählen Snøtinden (1594 m), Sniptinden (1586 m) und Istinden (1572 m).

Eine der bekanntesten Gletscherzungen ist der Engabreen, der in nordwestlicher Richtung dem Holandsfjorden entgegenfließt und in einer Höhe von 200 Metern über dem Meer endet. Klimaveränderungen verursachten zwischen 1930 und 1960 einen erheblichen Rückgang der Gletscherausläufer. Der Engabreen zog sich beispielsweise um rund 2 km zurück. Anschließend wuchs der Svartisen erneut an, erreichte aber nie seine ursprüngliche Ausdehnung. Seit der Jahrtausendwende nimmt das Volumen des Gletschers wieder ab. Zu Forschungszwecken wurde unter dem Engabreen ein Labor errichtet, das durch einen Tunnel zu erreichen ist.

In ganz Norwegen werden 2534 Gletscher gezählt, die eine Fläche von 2692 km² bedecken. 57 % der Gletscherfläche befindet sich in den höheren Lagen Südnorwegens. Auf Nordnorwegen entfallen somit 43 %. Die Gletscher in Nordnorwegen liegen eher in Küstennähe, unter ihnen der östliche Teil des Svartisen.

73 % der Gletscher sind kleiner als 0,5 km² und nur 1,5 % sind größer als 10 km², diese nehmen jedoch einen erheblichen Anteil der gesamten vergletscherten Fläche ein. Die vier größten Gletscher erstrecken sich jeweils auf über 100 km² und bedecken 37 % der gesamten vergletscherten Fläche.

Während der letzten Kaltzeit war Norwegen vom Skandinavischen Inlandeis (auch als Fennoskandisches Eisschild bezeichnet) bedeckt, das vor ca. 20.000 Jahren seine maximale Ausdehnung erreichte. Danach schmolz die Eisfläche allmählich ab. Vor etwa 6600 bis 3300 Jahren gingen die meisten Gletscher in Norwegen erheblich zurück. Einen erneuten Vorstoß der Gletscher registrierte man in der kleinen Eiszeit zwischen 1400 und 1850.

Im 20. Jahrhundert ging die Ausdehnung der Gletscher erneut zurück. Einen letzten Gletschervorstoß, der auf erhöhte Niederschläge im Winter zurückzuführen ist, verzeichnete man ab den späten 1980er-Jahren. Seinen Höhepunkt hatte er um das Jahr 2000. Seitdem entwickeln sich die meisten Gletscher zurück, was auf eine sich ändernde Niederschlagsbilanz sowie die Temperaturschwankungen zurückzuführen ist.

Man sollte Gletscher niemals allein betreten. Aufgrund ihrer tiefen Spalten, der möglichen Lawinen und der ständigen, unvorhersehbaren Bewegung der Eisblöcke sollte eine Tour nur mit einem Bergführer und passender Sicherheitsausrüstung wie Steigeisen, Klettergurt und Seil unternommen werden.

Die Gletscherzunge Engabreen ist mit einem Shuttleboot erreichbar

Routenübersicht S. 58

Der Nationalpark ist auch von Osten und Südosten her zugänglich und wird auch auf der **Route 2,** die durch das Landesinnere führt, passiert (s. S. 107). Von Südwesten erfolgt der Zugang am besten über **Holandsvika** am Holandsfjorden, der sich nördlich des Gletschers erstreckt.

Information

› **Saltvjellet-Svartisen nasjonalpark,** www.norgesnasjonalparker.no/en/nationalparks/saltfjellet-svartisen, www.svartisen.no

Aktivitäten

› **Shuttleboot zum Engabreen,** Tel. 95920327, 41515618, 46962005, www.engenbreenskyss.no, 30.5.-16.6. und 15.8.-31.8. tägl. 4 Fahrten, 17.6.-14.8. tägl. 8 Fahrten, 1.9.-30.9. Fr-So jeweils 2-3 Fahrten pro Tag, Preise: Erw. 210 NOK, Kinder (6-16 Jahre) 105 NOK, Hund 40 NOK. Am Parkplatz Svartisen/Holandsvika kann man sein Fahrzeug abstellen. Von hier aus werden nur Personen mit dem Boot auf die gegenüberliegende Fjordseite befördert. Die Überfahrt dauert 10 bis 12 Minuten. Anschließend sind es noch 3 km über einen geschotterten Weg bis zum Gletscherarm Engabreen. Das letzte Stück läuft man über einen geschotterten Pfad. An der an einem See gelegenen **Brestua-Hütte** kann man für eine Stärkung eine Pause einlegen oder sogar übernachten. Sie liegt 20 bis 30 Gehminuten vom Bootsanleger entfernt.

› **Geführte Gletschertouren,** Tel. 41011991, www.arcticwanderlust.com, Preise: 650-4.900 NOK. Verschiedene Touren auf den Svartisen-Gletscher, u. a. eine Mitternachtssonnen-Tour oder eine 2-Tages-Expedition mit Übernachtung im Zelt. Ausgangspunkt ist der Parkplatz Svartisen/Holandsvika.

Parken

P 12 **Braset rasteplass,** GPS 66.71545, 13.67100. Rastplatz mit schönem Blick auf den Engabreen.

P 13 **Parkplatz Svartisen/Holandsvika,** GPS 66.72333, 13.67245. Hier werden Fahrten mit dem Shuttleboot zum Svartisen angeboten.

P 14 **Holand Rastplatz und Touristeninformation,** GPS 66.72447, 13.69917. Schöner Blick auf den Holandsfjorden und den Svartisen.

STORVIKSANDEN/STORVIK

(62,6 km – km 802,9)

Der kleine Ort liegt in einem Talkessel an der wunderschönen Bucht Storvika, die von majestätischen Bergen eingerahmt wird und über deren gesamte Breite sich ein weißer Sandstrand erstreckt. Um dieses Fleckchen Erde zu genießen und seine Natur zu erkunden, eignet sich eine Wanderung auf das **Finnesfjellet.**

Bei einem Streifzug durch den Ort Storvik kann man am östlichen Ortsrand den kleinen Hofladen **Storvik gård** besuchen, der verschiedene Produkte aus Wolle anbietet.

22 Storviksanden Camping

GPS 66.96067, 13.80527

Der moderne Platz liegt nahe einer Bucht mit Strand. Die Stellplätze sind mit Kunstrasen ausgestattet. Direkt gegenüber befindet sich ein kleiner Supermarkt mit Tankstelle. Majestätische Felswände ragen in unmittelbarer Nähe empor. **Lage/Anfahrt:** An der Kreuzung Fv17 und Fv471/7436 bei Storvik gelegen. Von der Fv17 Richtung Finnes/Storvik auf die Fv471/7436 abbiegen. Der Camping liegt in Sichtweite auf der rechten Seite; **Platzanzahl:** 22; **Untergrund:** Asphalt, Wiese; **Preiskat.:** €€; **Geöffnet:** ganzjährig; **Kontakt:** Strandveien 1, 8145 Storvik, Tel. 75757500, www.storviksanden.no

085wn-df

Einkaufen

› **Storvik gård,** Osbakken 10, 8145 Storvik, www.storvikgaard.no, geöffnet: Mo–Fr 18–20, Sa/So 12–18 Uhr. Kleiner Hofladen, der Produkte aus Wolle anbietet. Außerdem können hier verschiedene Fischprodukte wie Trockenfisch erworben werden.

Aktivitäten

Ausgangspunkt für die etwa 3,5 km lange und 2-stündige **Wanderung auf das Finnesfjellet** ist der Parkplatz Finnesfjellet, der sich etwa 4 km westlich vom Campingplatz (22) auf einer Landspitze im kleinen Weiler Finnes befindet. Etwas über 500 Höhenmeter sind bis zum Gipfel zu überwinden. Der Anstieg ist steil, jedoch wird man für seine Mühen mit einem grandiosen Ausblick belohnt. Spannende Felsformationen säumen den Anstieg. Spätestens auf dem Gipfel hat man alle Anstrengungen vergessen.

15 **Finnesfjellet Parkplatz,** GPS 66.97283, 13.73477

Das Fjell

Fjell (norweg.), Fjäll (schwed.) bzw. Fjall (isländ.) bedeutet einfach nur Gebirge, wird aber verwendet, um die alpine Vegetationshöhenstufe der fennoskandinavischen Gebirge, also das Hochgebirge, zu bezeichnen. In der Geografie werden die skandinavischen Gebirge mit eiszeitlicher Prägung als Fjell bzw. Fjäll bezeichnet – also Gebirge mit relativ geringen Höhenunterschieden, abgerundeten, weichen Formen und u-förmigen Tälern. Typisch für das skandinavische Fjell sind die als Plateaus ausgeformten Höhenlagen, die an der Küste durch tiefe, steil abfallende Täler (Fjorde) zerschnitten werden. In kontinentaleren Regionen Norwegens und Schwedens fallen die Formen sanfter aus, die Landschaft ist wellig oder hügelig. In den Senken bilden sich häufig Seen.

In der Ökologie wird mit dem Begriff Fjell die Bergtundra oberhalb der Waldgrenze beschrieben. Am Waldrand besteht die Vegetation aus Fjell-Birken, in höheren Lagen aus Zwergstrauchheiden und am Rande der Felsregion aus Gräsern, Moosen, Kräutern und Flechten. In Skandinavien sind die Höhenstufen im Vergleich zu den Alpen deutlich niedriger. Die Waldgrenze, die in Mitteleuropa in den Alpen zwischen 2000 und 1500 m oder im Harz bei 1000 m über dem Meeresspiegel liegt, ist in Südnorwegen bei 1100 m und im nördlichsten Skandinavien nur noch bei 500 m angesiedelt. Im Deutschen wurde der Begriff übernommen, um den typischen, im westlichen und nördlichen Skandinavien dominierenden Hochgebirgstyp zu charakterisieren. Auch einzelne Berggipfel und Bergmassive weisen im Namen die Endung „Fjellet" auf.

086wn-df

ABSTECHER NACH SANDHORNØYA UND ZUM LANGSANDEN-STRAND

(hin und zurück 34,2 km)

Bei Kjøpstad hat man die Gelegenheit, die Fv17 zu verlassen und auf die Fv472/7438 abzubiegen, um bei einem Abstecher die Insel Sandhornøya in der Gemeinde Gildeskål zu besuchen. Nach etwa 17 km erreicht man den weitläufigen, 2 km langen und bis zu 250 m breiten **Langsanden-Strand,** der zu den längsten Stränden Norwegens gehört. Hier kann man stundenlang spazieren, Kinder können herumtollen und auf die Suche nach allerlei vom Meer Angeschwemmtem gehen. An einem Lagerfeuer bei tiefstehender Sonne genießt man die Aussicht und die besondere Atmosphäre.

Parken

P 16 Langsanden, GPS 67.16223, 14.22676. Der große Parkplatz bietet Zugang zum weitläufigen Strand. Ein WC ist im modernen, architektonisch interessanten Sanitärgebäude untergebracht.

Kurz vor Saltstraumen zweigt die Fv812 von der Fv17 nach Westen Richtung **Misvær** und **Rognan** ab. Folgt man dieser sehenswerten Straße, erreicht man nach etwa 70 km die E6 bei Rognan und damit **Route 2** (s. S. 107). Östlich von Misvær kommt man im weiteren Streckenverlauf an liebevoll gestalteten Rastplätzen wie **Nybrua rasteplass** und **Kåsmohalsen** vorbei.

P 17 Nybrua rasteplass, GPS 67.06563, 15.00166

P 18 Kåsmohalsen, GPS 67.04319, 14.99905

Route 1 führt weiter über die Fv17 nach Saltstraumen.

SALTSTRAUMEN

(68 km – km 870,9)

Der Saltstraumen ist der **stärkste Gezeitenstrom der Welt.** Sein Name leitet sich von „Salten“ für die Region ab, in der er sich befindet, und dem altnordischen „straumr“ für Strom oder Strömung.

Durch einen 2,5 km langen und 150 m breiten Sund werden im Wechsel der Gezeiten fast 400 Millionen Kubikmeter Wasser gedrückt. Hierbei fließt das Wasser zwischen dem Saltfjorden und dem Svefjorden (bzw. Skjerstadfjorden) im Durchschnitt mit 13 km/h und kann Geschwindigkeiten von bis zu 40 km/h erreichen.

Wenn es nicht allzu neblig ist, lassen sich von der **Saltstraumbrua** die dabei entstehenden Strudel, die einen Durchmesser von

Der weitläufige Langsanden-Strand ist einen Besuch wert und meistens menschenleer

275wn-df

Fototipps für die Nordlichtfotografie

Nordnorwegen liegt in der sogenannten Nordlichtzone (Aurora-Oval). Das ist ein Gürtel, der sich in etwa 2500 km Entfernung um den magnetischen Nordpol erstreckt. In den Polargebieten außerhalb der Nordlichtzone kommt das Nordlicht ebenfalls häufig vor, jedoch nicht so zahlreich wie in der Nordlichtzone. Auf Spitzbergen gibt es somit seltener Nordlichter als auf dem Festland von Nordnorwegen.

An der Küste von Troms und der Finnmark ist das Nordlicht besonders häufig zu beobachten. Die gute Zugänglichkeit und das relativ milde Winterklima machen diese Region zum idealen Ort, um Nordlichter zu fotografieren. In der Nordlichtzone tritt das Phänomen fast täglich auf, doch einige der Lichter sind zu schwach, um gesehen zu werden, oder die Nächte sind zu hell. Am besten ist das Nordlicht von Anfang September bis Mitte April zu sehen. Starke Nordlichter können hingegen auch gegen einen recht hellen Himmel sichtbar sein. Somit kann man das Schauspiel in Nordnorwegen teilweise auch schon im August beobachten.

Das sogenannte Nachtnordlicht, das in Nordnorwegen vorkommt, beginnt meist am späten Nachmittag oder Abend und strahlt bei veränderlicher Stärke häufig bis spät in die Nacht. Es erscheint in Höhen von 90 bis 130 km über dem Erdboden und somit weit oberhalb der Wolkendecke. Klares Wetter ist daher eine wesentliche Voraussetzung, um das Naturphänomen zu erblicken. Das stabilste Winterwetter mit klarem Himmel herrscht vorwiegend in den Innengebieten der Fjorde und im Binnenland. Zudem sollte man Vollmondnächte für die Nordlichtobservation meiden, da das reflektierende Licht des Mondes den Himmel allzu sehr erhellt und die Sichtbarkeit des Nordlichts dadurch abgeschwächt wird.

Ein letzter wichtiger Faktor, der bei der Wahl des Standorts berücksichtigt werden muss, ist die Lichtverschmutzung durch die Siedlungen und Städte. Je weiter man von diesen Lichtquellen entfernt ist, desto intensiver kann das Nordlicht wahrgenommen werden.

Um Nordlichter zu fotografieren, sind zahlreiche Faktoren zu beachten. Jede Kamera und jedes Objektiv hat unterschiedliche Eigenschaften, insofern wird man immer etwas experimentieren müssen, um das optimale Ergebniss zu erzielen. Zudem gleicht kein Nordlicht dem anderen und unterschiedliche Standorte und bestimmte kreative Ansprüche an das Bild erfordern ggf. veränderte Einstellungen. Nachfolgend werden einige grundlegende Tipps gegeben, um zufriedenstellende Ergebnisse zu erzielen.

- *Für die Wahl des Standorts sollte man den Wetterbericht (www.yr.no) prüfen und die oben beschriebenen Kriterien beachten. Um die Aktivität des Nordlichts vorherzusagen, helfen zudem diverse Websites und Apps, z. B. www.spaceweatherlive.com/en/auroral-activity/auroral-oval, www.norway-lights.com (beide auch als kostenlose App für Android und iOS verfügbar).*
- *Die Kamera sollte manuell bedienbar sein, um die optimalen Einstellungen nach Wunsch vornehmen zu können. Es ist empfehlenswert, sich im Vorfeld mit der Bedienung des Gerätes vertraut zu machen, um vor Ort schnell auf die Gegebenheiten reagieren zu können. Der Blitz sollte unbedingt deaktiviert sein.*
- *Akkus verlieren in der Kälte schneller ihre Ladung und sollten daher in ausreichender Menge mitgeführt werden. Es ist empfehlenswert, sie am Körper zu tragen, um ein Auskühlen zu verhindern. Es sollte auch darauf geachtet werden, die Kamera und das Objektiv nicht erst kurz vor ihrem Einsatz aus einer warmen Umgebung in die Kälte zu bringen, um ein Beschlagen der Linse bei den großen Temperaturunterschieden zu vermeiden. Beispielsweise kann man im Vorfeld die Kamera mit Objektiv ohne Akkus in einem luftdichten Sack oder Behälter nach draußen legen.*
- *Ein stabiles Stativ ermöglicht längere Belichtungszeiten, zudem kann ein Fernauslöser genutzt werden, um Unschärfen zu vermeiden. Alternativ kann man auch über den in der Kamera integrierten Selbstauslöser auslösen,*

ohne die Kamera zu berühren. Eine aktivierte Spiegelvorauslösung verhindert zusätzlich ein Verwackeln der Aufnahme.

- Als Dateiformat ist das RAW-Format die beste Wahl, da das Bild anschließend nahezu ohne Qualitätsverluste optimiert werden kann, vorausgesetzt die Aufnahme ist nicht zu dunkel bzw. zu hell. Grundsätzlich hat man in der digitalen Fotografie bei unterbelichteten Bildern mehr Spielraum, um Korrekturen vorzunehmen als bei extrem überbelichteten Bildern.
- Der Weißabgleich kann im verlustfreien RAW-Format angepasst werden. Wenn man dennoch nur im JPG-Format fotografiert, können Kelvin-Werte von 5000 bis 6500 bzw. Tageslicht eingestellt werden.
- Ein lichtstarkes Weitwinkelobjektiv mit einer offenen Blende von f 2.8 ist häufig die beste Wahl, um so viel wie möglich von der Szenerie einzufangen. Der Fokus des Objektivs sollte auf weit entfernte Objekte bzw. auf exakt unendlich gestellt sein. Das Fokussieren muss im Dunkeln oftmals manuell erfolgen, da die Automatik der Kamera in der Dunkelheit versagt. Um dennoch den Autofokus zu nutzen, kann alternativ ein heller Stern am Nachthimmel oder das Licht eines weit entfernten Hauses anvisiert werden. Anschließend ist es wichtig, den Autofokus wieder zu deaktivieren, um ein Verschieben des Fokuspunkts während des Auslösens zu vermeiden. Den AF-Ring mit Klebeband zu fixieren, bietet zusätzliche Sicherheit. Festbrennweiten bewahren ebenso vor Fehlbedienungen in der Dunkelheit.
- Je nach Kamera können unterschiedliche ISO-Werte eingestellt werden. Ein Vollformatsensor bietet bei den gegebenen Verhältnissen die besten Ergebnisse, ist aber nicht zwingend notwendig. Um eine zu hohe Körnigkeit zu vermeiden, sollte man wissen, wie die Kamera auf bestimmte Werte reagiert. Bei guten Kameras können problemlos Werte von ISO 800 bis 6.400 und ggf. darüber hinaus eingestellt werden. Die hohen ISO-Werte und die offene Blende des Objektivs sind notwendig, um ausreichend Licht einzufangen und die Nordlichter und die Landschaft detailreich einzufangen.

088wn-df

091wn-df

- Die Verschlusszeit kann stark variieren. Sie ist auch abhängig von den eingestellten ISO-Werten und der Blende des Objektivs. Bei hellen und aktiven Nordlichtern sind Verschlusszeiten von 5 bis 10 Sekunden empfehlenswert. Bei weniger aktiver Aurora sind längere Zeiten von 12 bis 20 Sekunden und ggf. darüber hinaus zu wählen. Gute Ausgangswerte sind bei Blende f 2.8 ISO 800–2.000 und eine Belichtungszeit von 8–10 Sekunden bzw. ISO 3.000 bis 4.000 und eine Belichtungszeit von 5 Sekunden.
- Bei der Bildkomposition kann es schnell geschehen, dass man sich allzu sehr auf den Himmel mit den Nordlichtern konzentriert. Auch bei der Nordlichtfotografie sind die Regeln der Bildgestaltung zu beachten. Um ein ausdrucksstarkes Bild zu kreieren, ist es wichtig, die Landschaft und die Umgebung einzubeziehen. Schneebedeckte Berge, Seen, Eisschollen und das Meer bzw. Fjorde reflektieren wunderbar das Licht der Aurora borealis. Im Vordergrund können beispielsweise Felsen der Küste, ein Strand oder ein Lagerfeuer platziert werden. Allerdings sollte das Bild nicht zu überladen sein und eher einen klaren, harmonischen Bildaufbau aufweisen, um nicht vom Wesentlichen, dem Nordlicht, abzulenken. Hier sind der Kreativität keine Grenzen gesetzt.
- In der Bildbearbeitung kann nun der passende Farbabgleich (Farbtemperatur), der nicht zu kühl ausfallen sollte, gewählt werden. Dunkle Bereiche im Motiv können punktuell aufgehellt werden. Ggf. kann auch das Nordlicht noch etwas akzentuiert werden. Wichtig ist es, die Farben und die Helligkeit natürlich erscheinen zu lassen und es nicht zu übertreiben. Die Struktur des Nordlichts (oft feine, senkrecht zur Erde verlaufende Streifen) sollte bestenfalls erkennbar sein und nicht zu hell erstrahlen.
- Das Naturschauspiel der Aurora Borealis sollte man unbedingt mit eigenen Augen sehen. Es ist daher ratsam, zwischendurch für einige Augenblicke von der Kamera Abstand zu nehmen, um sich genügend Zeit zu lassen, diesen magischen Augenblick zu genießen. Sollten die Aufnahmen misslingen, bleiben einem immer noch die unvergesslichen Erinnerungen an das tanzende Licht.

bis zu zehn Metern und eine Tiefe von mehr als vier Meter aufweisen können, besonders gut beobachten. **Viermal täglich** (https://saltstraumen.info/Velkommen/saltstraumtabellen) bahnt sich das Meerwasser seinen Weg durch die Meerenge. Lediglich während der Tidenumkehr beruhigt sich das Wasser für kurze Zeit. Rund um Neumond oder Vollmond ist der Tidenhub am stärksten und der Gezeitenstrom am imposantesten.

Die besonders nährstoffreiche Strömung zieht auch zahlreiche Angler an die Ufer des Saltstraumen. Direkt im Saltstraumen sollte jedoch nicht geangelt werden, da das Meeresleben hier sehr empfindlich ist. Unweit des Gezeitenstroms finden sich aber ebenfalls gute Angelplätze, an denen man sein Glück versuchen kann. Die Einheimischen geben gern darüber Auskunft, wo sich die besten Plätze befinden.

Über zahlreiche Wege, die teilweise auch für Rollstühle befahrbar sind und bis an das Wasser reichen, kann das brodelnde Schauspiel hautnah erlebt werden.

Informationen und Aktivitäten rund um den Saltstraumen bieten **Saltstraumen Stories** (www.saltstraumenstories.no).

23 Camp Saltstraumen Elvegård

GPS 67.23501, 14.59843

Das unparzellierte Wiesengelände liegt direkt am Saltstraumen, aber ruhig und etwas abseits der Hauptstraße. Zahlreiche Wasseraktivitäten sind möglich. Die Saltstraumenbrua ist etwa 1 km entfernt. **Lage/Anfahrt:** An der Ostseite der Insel Straumøya gelegen. Über Fv17 und Fv580/7494 von Süden kommend kurz vor der Brücke am COOP prix Supermarkt nach links abbiegen. Platz ist ausgeschildert; **Platzanzahl:** ca. 40; **Untergrund:** Wiese; **Service:** Strom, Trinkwasser, Abwasser, Chemie-WC, WLAN; **Preiskat.:** €€; **Geöffnet:** ganzjährig; **Kontakt:** post@campsaltstraumen-elvegard.no, Straumøyaveien 70, 8056 Saltstraumen, Tel. 91525901, www.campsaltstraumen-elvegard.no

090wn-df

24 Pluscamp Saltstraumen Camping

GPS 67.23556, 14.62164

Der Saltstraumen ist in wenigen Gehminuten zu erreichen. An der Rezeption können Tauch- und Schnorchelausflüge sowie Bootsfahrten durch den mächtigen Gezeitenstrom gebucht werden. Einkaufsmöglichkeiten gibt es auf der Westseite des Saltstraumen, nahe der Brücke. **Lage/Anfahrt:** Nahe des Saltstraumen und der Saltstraumbrua. Anfahrt über die Fv17, der Platz ist ausgeschildert; **Platzanzahl:** ca. 80; **Untergrund:** Schotter, Wiese; **Preiskat.:** €€; **Geöffnet:** ganzjährig; **Kontakt:** Knaplund, 8056 Saltstraumen, Tel. 75587560, www.saltstraumen-camping.no

089wn-df

092wn-df

Einkaufen

› **Arctic Salt,** Ripnes, 8056 Saltstraume, Tel. 90735749, www.arcticsalt.no. Saltstraumen bedeutet wörtlich übersetzt „Salzströmung“ und so wird in einer kleinen Räucherei direkt am Gezeitenstrom frisches Salz geräuchert. Das besondere Salz, beispielsweise mit Birke und Wachholderholz oder Liebstöckel veredelt, lässt sich vor Ort probieren und erwerben.

Gastronomie

› **Kjelen Kafe,** Ripnesveien 40, 8056 Saltstraumen, www.kafekjelen.no, geöffnet: 13.5.–19.6. und 15.8.–4.9. 12–18, 20.6.–14.8. 12–20 Uhr. Im Café werden norwegische Spezialitäten wie Møsbrømlefse, ein dünnes Gebäck mit einer süßen Braunkäsefüllung, serviert.

Aktivitäten

› **Tauchen und Schnorcheln im Saltstraumen,** Saltbrygga, Ripnesveien 48, 8056 Saltstraumen, Tel. 92260560, www.nordogne.no. Die vielfältige Unterwasserwelt des Saltstraumen kann man beim Tauchen oder Schnorcheln entdecken. Allerdings ist das Tauchgebiet mit seiner starken Strömung nur für erfahrene Taucher empfehlenswert. Die professionellen Guides Divemaster Borghild Viem und Master Instructor Fredric Ihrsen bieten Tauchgänge unter Führung an. Ihre Tauchbasis liegt unweit der Saltstraumenbrua.

Parken

P 19 **Wohnmobilparkplatz Saltstraumen,** GPS 67.23308, 14.62173. Der Parkplatz liegt in unmittelbarer Nähe des Gezeitenstroms an der Saltstraumenbrua. Zufahrt über den Kapstøveien Richtung Saltstraumen Camping 24. Es gibt keine Ver- oder Entsorgungsmöglichkeiten.

BODØ/BÅDÅDDJO/BUDEJJU

(29,8 km – km 900,7)

Der Ort hat mehr zu bieten als man zunächst vielleicht vermuten würde. Im Jahr 2024 wird Bodø zu den drei **europäischen Kulturhauptstädten** gehören und 2016 wurde die Stadt vom norwegischen Ministerium für lokale und regionale Entwicklung für ihre besonders nachhaltige Stadtentwicklung geehrt und zur attraktivsten Stadt des Landes ernannt.

Zahlreiche sehenswerte Kulturstätten sind im Ort zu finden. Beispielsweise bietet die Konzerthalle **Stormen Konserthuset** (www.stormen.no) eine Weltklasse-Akustik und zeigt musikalische Vielfalt von klassischer Oper bis zu Aufführungen von Pop-, Jazz- oder Rockmu-

Die Innenstadt von Bodø von der Fähre nach Moskenes (Lofoten) aus gesehen

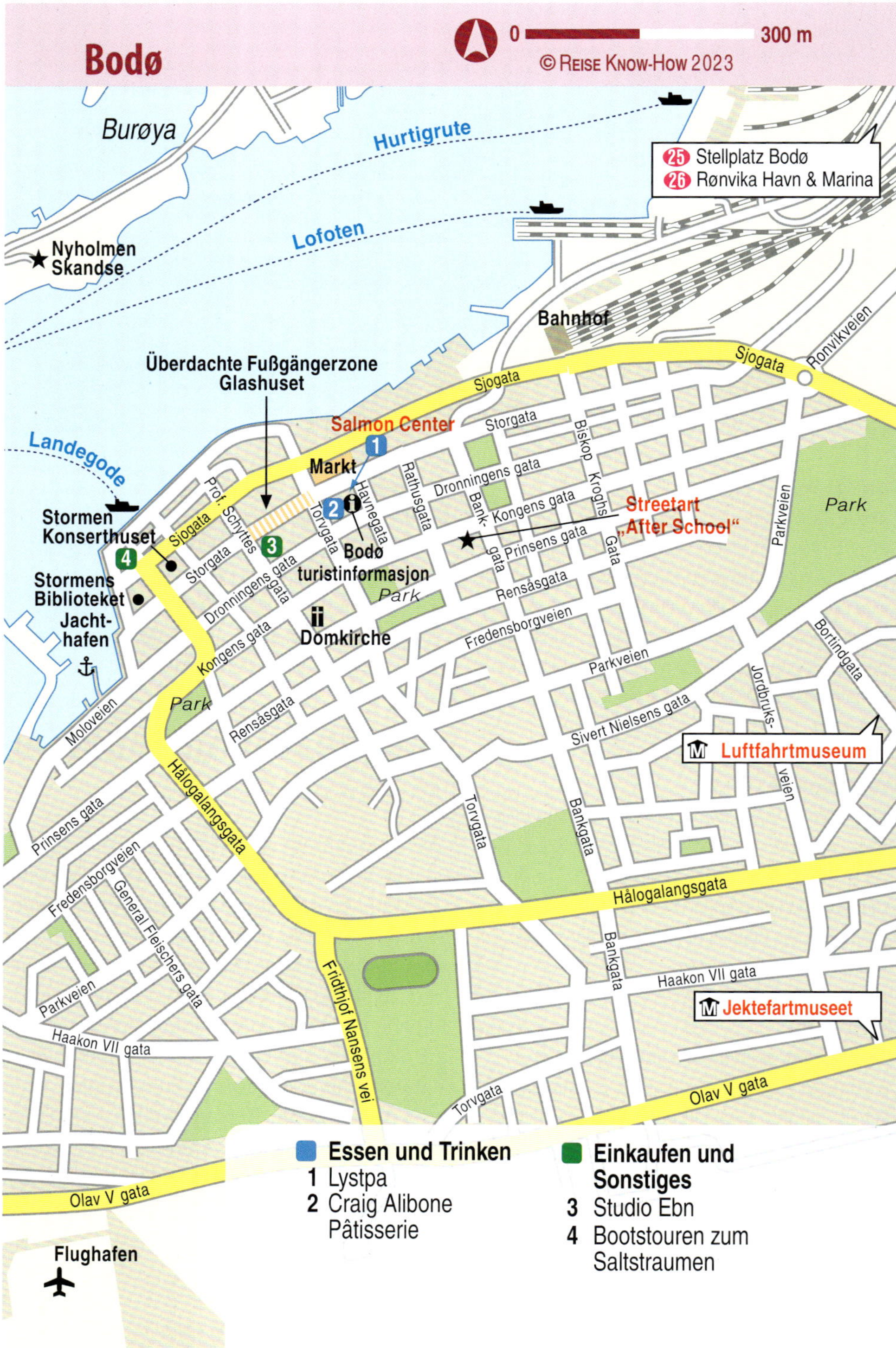
Bodø
0
300 m
© Reise Know-How 2023
Burøya
Hurtigrute
Lofoten
Landegode
Nyholmen Skandse
25 Stellplatz Bodø
26 Rønvika Havn & Marina
Bahnhof
Sjogata
Rønvikveien
Überdachte Fußgängerzone Glashuset
Salmon Center
Markt
Storgata
Dronningens gata
Kongens gata
Prinsens gata
Rensåsgata
Fredensborgveien
Parkveien
Sivert Nielsens gata
Bortindgata
Jordbruks-veien
Rathusgata
Havnegata
Torvgata
Bank-gata
Biskop Kroghs Gata
Prof. Schyttes gata
Streetart „After School“
Park
Stormen Konserthuset
Stormens Biblioteket
Jacht-hafen
Bodø turistinformasjon
Domkirche
Moloveien
Hålogalangsgata
Luftfahrtmuseum
Bankgata
General Fleischers gata
Haakon VII gata
Jektefartmuseet
Fridthjof Nansens vei
Olav V gata
Flughafen
Essen und Trinken
1 Lystpa
2 Craig Alibone Pâtisserie
Einkaufen und Sonstiges
3 Studio Ebn
4 Bootstouren zum Saltstraumen

sik. Zudem zählte 2016 das US-amerikanische **Magazin Wired** die **Stormens Biblioteket** zu den zehn schönsten Bibliotheken der Welt.

Beim Streifzug durch die Stadt findet sich wie in vielen norwegischen Metropolen das ein oder andere Street-Art-Motiv. In der **Kongens gate 14** schmückt das vom russischen Künstler **Rustam Qbic** geschaffene Werk **„After School"** eine Hauswand. Das außergewöhnliche Kunstwerk zeigt ein Mädchen, das Nordlichter an den Himmel sprüht.

Als regionale Metropole bietet Bodø vielfältige und ebenso ungewöhnliche Einkaufsmöglichkeiten: So bekommt man z. B. bei **Ebn** Designprodukte aus Lachshaut. Auch Sehenswürdigkeiten wie das **Luftfahrtmuseum** oder das **Jektefartsmuseet,** das zudem Ausgangspunkt für Schnellboottouren zum **Saltstraumen** (s. S. 98) ist, sind im Angebot. Die populäre **Fährverbindung Bodø – Moskenes** verbindet das Festland mit den **Lofoten.**

Sehenswert

› **Norwegisches Luftfahrtmuseum,** Børtindgata 35 b, Tel. 75507850, www.luftfartsmuseum.no, geöffnet: Mo–Fr 10–16, Sa/So 11–17 Uhr, Eintritt: Erw. 175 NOK, Kinder 90 NOK, ermäßigt 140 NOK. Das Luftfahrtmuseum besitzt eine beachtliche Sammlung an zivilen und militärischen Flugzeugen – darunter das legendäre Spionageflugzeug Lockheed U-2 aus dem Kalten Krieg.

› **Jektefartsmuseet (Jekt-Handelsmuseum),** Kvernhusveien 26, Tel. 75503500, www.jektefart.no, geöffnet: 19.6.–20.8. Mo–Fr 11–16, Sa/So 11–17 Uhr, sonst Mo geschlossen, Eintritt: Erw. 170 NOK. Das zu den Nordlandmuseen gehörende Museum ist den traditionellen norwegischen Frachtschiffen „Jekt" gewidmet. Neben einer Ausstellung, die über die 400 Jahre währende Ära dieser Schiffe informiert, kann das 1876 erbaute und letzte erhaltene Schiff dieser Bauart, die „Anna Karoline", besichtigt werden.

› **Salmon Center,** Sjøgata 21, Tel. 90952349, www.salmoncenter.info, geöffnet: tägl. 12–15 Uhr. Bei Führungen wird Wissenswertes über die norwegische Lachszucht vermittelt. Der Besuch ist kostenlos.

Information

› **Bodø turistinformasjon,** Tollbugata 12 und Torvgata 9, Tel. 75548000, www.visitbodo.com

Gastronomie

› **Craig Alibone Pâtisserie,** Torvgata 1, Tel. 75560060, https://craigalibone.com, geöffnet: Mo–Do 10–17, Fr/Sa 10–2, So 12–17 Uhr. Preisgekrönte Schokolade, Gebäck, Macarons und Kuchen werden in ansprechendem Ambiente serviert. Die Produkte können auch zum Mitnehmen erworben werden.

› **Lystpa,** Storgata 7A, Tel. 75527070, www.lystpa.no, geöffnet: Mo–Fr 11–22, Sa 12–22 Uhr. Das am Hafen gelegene Restaurant serviert moderne nordische Küche. Aus einer guten Weinkarte können 60 hochwertige Weine gewählt werden. Vom Restaurant bietet sich ein schöner Ausblick. Zudem kann im Sommer der ansprechende Außenbereich genutzt werden.

Eine Bell UH-1 Iroquois steht am Eingang zum Norwegischen Luftfahrtmuseum

Einkaufen

› **Studio Ebn,** Storgata 8, Eingang Professor Schyttes gate 3, Tel. 90734922, www.studioebn.com, geöffnet: Mo–Fr 11–16.30, Sa 11–15 Uhr. Das von der Designerin Elisabeth Benonisen gegründete Unternehmen entstand aus der Idee, nachhaltige Materialien aus der Region zu nutzen. Man entschied sich für die Verarbeitung der äußerst robusten Lachshaut. So werden nun Taschen, Gefäße, Geldbörsen, Schlüsselanhänger, Haarreifen, Armbänder oder Tablethüllen aus Lachsleder, aber auch aus Leinen und anderem recycelten Leder hergestellt.

25 Stellplatz Bodø

GPS 67.29309, 14.40859

Die Ver- und Entsorgungsstationen befinden sich an der Tankstelle. Ggf. ist ein langes Stromkabel nötig, da nur ein zentraler Stromanschluss vorhanden ist. Bezahlung an der Kasse der Tankstelle. **Lage/ Anfahrt:** Der Stellplatz befindet sich nahe des Hafens an der Esso-Tankstelle Rønvik. Anfahrt über die Rv80, am Fährhafen im Kreisverkehr geradeaus Richtung Osten auf den Jernbaneveien fahren. An der Tankstelle rechts abbiegen; **Platzanzahl:** 12; **Untergrund:** Schotter; **Preiskat.:** €; **Geöffnet:** ganzjährig; **Kontakt:** Tegelverkveien 1, 8006 Bodø

094wn-df

Aktivitäten

› **Bootstouren zum Saltstraumen:** Explore Salten, Ambulansekaia, Bodø, Tel. 94177962, www.exploresalten.no, geöffnet: Mo–Fr 9–15 Uhr. Verschiedene Anbieter ermöglichen Ausflüge mit dem Schnellboot zum Saltstraumen. Neben Explorsalten bieten auch www.nordlandturselskap.no und www.havilavoyages.com Touren an. Bei Exploresalten kann die 2-stündige Tour für 1200 NOK (Erw.) bzw. 900 NOK (Kinder) gebucht werden.

26 Rønvika Havn & Marina

GPS 67.29391, 14.40257

Der Platz liegt in Wassernähe am Hafen. Ggf. ist ein langes Stromkabel nötig, da nur ein zentraler Stromanschluss vorhanden ist. Bezahlung am Automaten. **Lage/Anfahrt:** Auf dem Parkplatz des Jachthafens gelegen. Anfahrt über die Rv80, am Fährhafen im Kreisverkehr geradeaus Richtung Osten auf Jernbaneveien fahren. Vor der Esso-Tankstelle Rønvik links in Klinkerveien abbiegen; **Platzanzahl:** 6; **Untergrund:** Asphalt; **Preiskat.:** €; **Geöffnet:** ganzjährig; **Kontakt:** Klinkerveien 1, 8006 Bodø, Tel. 75551080

095wn-df

ROUTE 2

FJELL-LANDSCHAFTEN UND DIE HÖCHSTEN BERGE NORDNORWEGENS

096wn-df

1 cm = 17,5 km
© Reise Know-How 2023
Sjunkhatten Nationalpark
Løding
Bodø
Saltstraumen
Tuv
Langsanden
Sandhornøya
Kjøpstad
Ljønes
Fauske
Misvær
Storvik
Finnesfjellet
Ertenvåg
Neverdal
Rognan
E6
Nordnes
Lahko Nationalpark
Junkerdal Nationalpark
Forøy
Halsa
Storjord
Kjemåfossen
Saltfjellet-Svartisen Nationalpark
Jektvik
Svartisen Gletscher
Lønsdal
Kilboghamn
Polarkreis-zentrum
Svartisdal
Grønsvik Kystfort
Helgelandmuseum
Stokkvågen
Mo i Rana
Krokstranda
ROUTE 2
Glein
Nesna
E12
Donna
Levang
Finneidfjord
Donnmannen
Leland
Søvik
Sieben Schwestern
Korgen Kirke
Alsta
Herøy
Sandvik
Strimasund
Lånan
Petter Dass Museum
Oksskolten
Tjøtta
Mosjøen
Artfjället
Vegatrappa
Forvik
Øyfjellet
Rentierweidebezirk Jillen-Njaarke
Vega
Gladstad
Vindelfjällens
Laksforsen
Brønnøysund
Hattfjelldal
Tärnaby
Torghatten
Lomsdal-Visten-Nationalpark
73
Trofors
Berg
Forsmark
Leka
Leknes
Holm
SCHWEDEN
Herlaugshaugen
Majavatn
Kvigtinden
Børgefjell/Byrkije National Park
Foldereid
Namsskogan
Røyrvik
Lund
Trones
Jormvattnet
Namsos
Skogmo
Granliden
Sägewerk-museum
Grong
Tømmeråsfossen
Godejord
Gäddede
Snåsa
Snåsavatnet
Lierne National Park
Blåfjella-Skjækerfjella National Park
Breide
Felsritzungen bei Bøla
Steinkjer
Geografischer Mittelpunkt Norwegens
Hotahgens Naturreservat
Verdal
Skjækra
Freilichtmuseum Stiklestad
Hotagen
Kallsedet
Strömsund
Å i Lofoten
Harstad
Tromsø
Bodø
Narvik
Alta
Mo i Rana
Kautokeino
Karasjok
Trondheim
Kirkenes

ROUTENÜBERSICHT

Anstatt für den Weg nach Norden die Küstenroute über den Kystriksveien zu wählen, kann man auch über die E6 fahren, die in diesem Streckenabschnitt größtenteils gut ausgebaut ist. Möchte man schnell in den Norden gelangen, um beispielsweise die Lofoten zu entdecken, spart man sich auf dieser Route Zeit und Geld, da keine Fähren genutzt werden müssen. Einige Abschnitte erinnern an eine Autobahn, es gibt aber auch immer wieder Teilstücke, die relativ schmal sind und eher wie Kreisstraßen wirken. Die E6 ist mit mehr als 3000 km die längste durchgehende Straßenverbindung in Skandinavien. Der Fernverkehr in den Norden wird überwiegend über diese Route abgewickelt. Für skandinavische Verhältnisse trifft man daher hier auf regen Lkw-Verkehr.

Dennoch ist diese Route reizvoll, denn die E6 führt über mehrere Gebirgszüge, z. B. das Saltfjellet, wo sie den Polarkreis überquert. Bei Mo i Rana wird der Korgfjelltunnel durchfahren, der mit fast 9 km Länge der längste auf dieser Strecke ist. Der im Winter oft gesperrte ehemalige Streckenabschnitt der E6 über das Korgfjellet ist im Sommer eine schöne Alternative zum neuen Korgfjelltunnel, durch den die E6 führt. Vom Korgfjellet bieten sich wunderbare Ausblicke auf die höchsten Berge Nordnorwegens und das teils vergletscherte Okstindan-Bergmassiv bei Korgen.

Charakteristisch für diese Route sind die weitläufigen Fjell-Landschaften mit zahlreichen Seen, Flüssen und tosenden Wasserfällen. Zudem passiert man mehrere Nationalparks, die auf ausgedehnten Wanderungen erkundet werden können. Sehenswerte Städte wie Mosjøen oder Mo i Rana laden zudem zu Streifzügen durch ihre historischen Gassen ein.

308wn©df

Strecke:
Trondheim (s. S. 60) – **Stiklestad** (94 km, s. S. 70) – **Steinkjer** (53,9 km, s. S. 74) – **Snåsavatnet und Snåsa** (55 km, s. S. 110) – **Grong** (34 km, s. S. 113) – **Smalåsen, Simskardet und Børgefjell/Byrkije nasjonalpark** (94,8 km, s. S. 114) – **Trofors und Lomsdal-Visten nasjonalpark** (58,9 km, s. S. 116) – **Mosjøen** (41,7 km, s. S. 118) – **Korgfjellet** (42,4 km, s. S. 120) – **Korgen** (10,2 km, s. S. 121) – **Mo i Rana** (40,1 km, s. S. 122) – **Saltfjellet-Svartisen nasjonalpark und Polarkreis** (80,7 km, s. S. 125) – **Storjord** (Saltdal, 33,3 km, s. S. 127) – **Nordnes** (Saltdalen, 15,7 km, s. S. 131) – **Rognan** (21,4 km, s. S. 132) – **Fauske** (27 km, s. S. 133) – **Bodø** (52,8 km, s. S. 103)

Streckenlänge:
703,1 km

⊠ Kapitelstartseite: Auf der E6 am Lomsdal-Visten nasjonalpark (s. S. 116)

⊡ Auf einer Landzunge des Snåsavatnet, die über einen Pfad erreichbar ist, der am Camping Oldernæss Gård (29) beginnt

Um zum ersten Routenstopp von Route 2 zu gelangen, folgt man zunächst Route 1 von **Trondheim** über **Stiklestad** (94 km – km 94) bis **Steinkjer** (53,9 km – km 147,9).

SNÅSAVATNET UND SNÅSA

(55 km – km 202,9)

Der **Snåsavatnet** liegt direkt an der E6 und man passiert den **See** unweigerlich, wenn man gen Norden fährt. Um am schön gelegenen und sehenswerten Gewässer zu verweilen, bietet es sich ab Steinkjer an, auf die Fv763 zu wechseln. Die Straße führt am ruhigen Südostufer des Sees entlang, wo zahlreiche idyllische Plätze zur Rast laden. Die wenig befahrene Straße ist auch gut für Radtouren geeignet und am **Stellplatz Bølareinen** 27 können auf kurzen Wanderungen prähistorischen Felsritzungen erkundet werden.

Als Basis, um bei einer Bootstour den malerischen See oder bei einer Wanderung auf schmalen Pfaden das felsige Ufer zu erkunden, eignet sich der dem Campingplatz **Oldernæss Gård** 29, der sich auf der Landspitze **Alnestangen** am kleinen **Naturreservat Tynestangen** befindet.

Das Zentrum der Gemeinde **Snåsa/Snåasen tjïelte** liegt im gleichnamigen Ort am nordöstlichen Ufer des Sees. Snåsa ist das Zentrum der **Südsamen,** deren Siedlungsraum von Røros bis zum Polarkreis reicht. Im Museum **Saemien Sijte** unweit von Snåsa wird viel Wissenswertes über ihre Kultur vermittelt.

Nahezu die Hälfte der Gemeinde liegt im **Blåfjella-Skjækerfjella Nationalpark** (www.norgesnasjonalparker.no/en/nationalparks/blafjella-skjakerfjella), der zu den größten Schutzgebieten Norwegens gehört. In der Gemeinde Snåsa hat die sommerliche Bergviehzucht große Tradition. Auf ausgedehnten Wanderungen lassen sich die insgesamt vier Berghöfe **Gjefsjøen** (www.gjefsjo.no), **Holden, Gaundalen** und **Gressåmoen,** die im Nationalpark liegen und Bewirtung sowie Übernachtungsmöglichkeiten anbieten, besuchen.

Sehenswertes

› **Saemien Sijte,** Snåsavegen 340, 7760 Snåsa, Tel. 74138000, www.saemiensijte.no, geöffnet: 20.6.–28.8. tägl. 10–18, Nebensaison Di–Fr 10–15 Uhr, Eintritt: Erw. 100 NOK, unter 15 Jahren frei. Das Museum ist der südsamischen Kultur und Geschichte

276wn-df

㉗ Stellplatz Bølareinen

GPS 64.14662, 11.94630

Auf dem schön gelegenen Parkplatz können Feuerstellen und ein einfaches WC genutzt werden. Von hier aus erschließen Rundwege (3,5, bzw. 3,8 km) die Umgebung und führen unter anderem zu prähistorischen Felsritzungen. Die Bezahlung erfolgt mit Bargeld in einer Box. Im Sommer hat das Bøla Kafé geöffnet. **Lage/Anfahrt:** Nahe des südlichen Seeufers und der Insel Valløya. Der Fv763 am Südufer des Snåsavatnet folgen. Parkplatz ist ausgeschildert; **Untergrund:** Schotter; **Preiskat.:** €; **Geöffnet:** ganzjährig; **Kontakt:** https://bolarein.no

277wn-df

gewidmet. Es werden Führungen durch den Innenhof angeboten, in dem samische Holz- und Erdhütten zu sehen sind, oder man kann in der *Gamma* (traditionelle Lehmhütte) verweilen. Im Museumsshop können *Duodji* (traditionelles samisches Kunsthandwerk), samische Literatur oder Musik-CDs erworben werden.

› **Bergbauernhof Holsingsetra,** Holsingåsen, Tel. 99524285, www.holsingsetra.no/en/, geöffnet: Juni/Juli, je nach Wetterlage auch August je nach Wetter. Der Hof liegt etwa 35 km vom Campingplatz Oldernæs Gård ㉙ entfernt und kann mit dem Fahrrad oder Bulli bzw. einem kleinen Wohnmobil erreicht werden. In Jørstad/Breide folgt man der Fv322/7002 für etwa 11,5 km Richtung Imsdalen. Später zweigt eine schmale Schotterstraße nach rechts Richtung Roktdalen/Holsingsetra ab. Es werden verschiedene Milchprodukte wie der traditionelle süße Käse „Gomme" hergestellt und verkauft. Außerdem wird rustikales Essen angeboten und es können Wanderungen rund um den Hof oder in die Berge unternommen werden.

099wn-df

㉘ Strindmoen gård og Camping

GPS 64.17489, 12.08709

Kleiner, gemütlicher Platz mit Bootshafen an einer Flussmündung. Die Versorgungsgebäude sind im urigen Blockhausstil errichtet. Charmante Anlage zum Wohlfühlen, bei Anglern beliebt. **Lage/Anfahrt:** Am Snåsavatnet an der Mündung des Strindelva. Der Fv763 auf der Südseite des Snåsavatnet folgen. Platz ist ausgeschildert; **Platzanzahl:** ca. 40; **Untergrund:** Wiese; **Preiskat.:** €€; **Geöffnet:** 1.5.–1.10.; **Kontakt:** Sørsivegen 1866, 7760 Snåsa, Tel. 98663133, www.strindmoen.no

◁ *Nahe des Tynes Deadwood Beach Camps (s. S. 112) erstreckt sich ein urwüchsiger Uferbereich des Snåsavatnet*

Information

- **Snåsa turistinformasjon,** Sørsivegen 4, 7760 Snåsa, https://en.visitinnherred.com/snasa-municipality/

Gastronomie

- **Garveriet Snåsa,** Strandveien 19, Tel. 48296029, www.garveriet-snasa.no, geöffnet: Juni und Aug. Fr–Sa 11–16, So 12–16, Juli Do–Sa 11–16, So 12–16 Uhr. Bezauberndes Café, Galerie und Laden am See mit schönen Sitzgelegenheiten im Garten. Es gibt selbstgemachte Kuchen, Waffeln etc. Die Galerie zeigt wechselnde Ausstellungen. Zudem können u. a. Spielsachen, Geschirr oder Kleider erworben werden.

Folgt man weiter der Fv763 den Snåsavatnet entlang, gelangt man an das Nordufer des Sees und stößt etwa 7 km nach der Ortschaft Snåsa bei Vegset wieder auf die E6. Nun führt die E6 nach Norden und nach etwa 25 km ist Grong erreicht.

29 Oldernæss Gård (Vagabonds Sanctuarium)

GPS 64.20412, 12.16744

Der idyllische, naturnahe Platz bietet unparzellierte Wiesenstellplätze nahe dem Wasser. Die wunderschöne, ruhige Lage eignet sich hervorragend, um zu entspannen und die nordische Natur zu genießen. Die deutschsprachigen Besitzer geben gern Auskunft über den Ort, den der deutsche Jäger, Outdoor-Pionier, Autor und Großindustrielle Otto Schulz (1857–1935) ab 1912 als Sommerresidenz nutzte und prägte. Das sehenswerte historische Gebäude, das von Scholz, einem Vorfahren der Besitzer, bewohnt wurde und seit 1912 nahezu unverändert ist, kann bei Interesse besichtigt werden. Nachhaltigkeit ist den Betreibern wichtig. Der Platz hat eine moderne, saubere Ausstattung mit einem kleinen Sanitärgebäude. Strom ist nicht auf allen Plätzen verfügbar. Im Preis inbegriffen sind eine Angellizenz für die 10 km lange Uferzone des Geländes und die Nutzung von Booten inkl. Schwimmwesten. Über die Halbinsel führen teilweise recht anspruchsvolle Pfade, die an der Spitze der Landzunge enden und als Rundweg gegangen werden können. Die vom Besitzer liebevoll gestalteten Hinweisschilder verleiten immer wieder zum Schmunzeln. Weitere wilde Plätze, mit üppigem, engstehendem Baumbestand, finden sich für Fahrzeuge bis 5 m Länge im **Tynes Deadwood Beach Basic Camp.** Hier gibt es keinerlei Versorgung. **Lage/Anfahrt:** Auf einer Halbinsel im Snåsavatnet. Von Süden kommend der Fv763 folgend, befindet sich die Zufahrt für Wohnmobile 600 m nordöstlich der ersten ausgeschilderten Einfahrt auf der linken Seite. Die erste Zufahrt ist nur für Fahrzeuge bis 2,8 m Höhe geeignet; **Platzanzahl:** ca. 15; **Untergrund:** Wiese; **Preiskat.:** €€; **Geöffnet:** Juni–Ende Aug.; **Kontakt:** Ålnesvegen 161, 7760 Snåsa, Tel. 95144437, www.oldernesstrandcamp.com

100wn-df

101wn-df

GRONG

(34 km - km 236,9)

Der kleine Ort liegt am Zusammenfluss des beliebten **Lachsflusses Namsen** und des **Sandøla** nahe dem **Blåfjella-Skjækerfjella-Nationalpark.** Grong kann als Zentrum des Outdoorsports bezeichnet werden. Die weitläufige Natur, die Berge und Flüsse bieten ausreichenden Spielraum für Aktivitäten zu Land und zu Wasser.

Ein beeindruckendes Naturschauspiel bietet der mächtige **Tømmeråsfossen,** dessen tosende Wassermassen durch einen schmalen Canyon gepresst werden. Unterhalb des Wasserfalls befinden sich einige Badestellen. Die vom Wasser glattgeschliffenen Felsen bieten gute Liegeflächen. In der leichten Strömung kann man sich treiben lassen. Zum Wasserfall sollte man jedoch Abstand halten, da die Strömung hier unberechenbar ist. Am Canyon entlang führt ein Pfad, auf dem sich das schäumende Wasser gut beobachten lässt.

Information

› **Grong Fritid SA,** Grong sentrum, 7870 Grong, Tel. 74312700, www.visitgrong.no/kategori/in-english

Parken

P 20 Parkplatz am Tommeråsfossen, GPS 64.45494, 12.32743. Kleiner Platz in unmittelbarer Nähe des Tommeråsfossen. Enge Zufahrt, für große Fahrzeuge nicht zu empfehlen.

102wn-df

30 Langnes Camping

GPS 64.45984, 12.31316

Der Campingplatz eignet sich als Ausgangpunkt für Wanderungen rund um das ruhige Städtchen Grong. Der Tømmeråsfossen ist fußläufig etwa 5 km entfernt. Einkaufsmöglichkeiten befinden sich im Ort. **Lage/ Anfahrt:** Südlich des Ortskerns von Grong, am Fluss Sandøla. Auf der E6 Richtung Norden, kurz vor der ersten Brücke bei Grong rechts auf die Fv401/7040 abfahren. Der Platz ist ausgeschildert; **Platzanzahl:** 70; **Untergrund:** Schotter, Wiese; **Preiskat.:** €€; **Geöffnet:** ganzjährig; **Kontakt:** Sørsivegen 4800, 7870 Grong, Tel. 47688333, www.langnescamping.no

Der Tømmeråsfossen führt das Wasser aus den Hochlagen des Blåfjella-Skjækerfjella-Nationalparks

278wn-df

SMALÅSEN, SIMSKARDET UND BØRGEFJELL/BYRKIJE NASJONALPARK

(94,8 km – km 331,7)

Folgt man der E6 ab Grong für weitere 90 km Richtung Norden erreicht man bei **Smalåsen** den **Børgefjell/Byrkije-Nationalpark,** der an der Grenze zwischen den Regionen Trøndelag und Nordland liegt. Er hat eine der vielseitigsten Landschaften Norwegens zu bieten und gehört zu den bevorzugten Lebensräumen des Polarfuchses. Ausgedehnte Wanderungen, auch über mehrere Tage, sind ohne Weiteres möglich.

Im Westen des Nationalparks ragen Gebirge auf, die von tiefen Tälern durchzogen werden, und Gebirgsseen glitzern in der Sonne. Viele der Gipfel sind über 1000 m hoch. Der **Kvigtind** ist mit 1699 m die höchste Erhebung der Region. Der südliche Teil des Parks weist wilde Stromschnellen und Wasserfälle auf. Im Osten dominieren sanftere Berge und weite Moorlandschaften. Die Region eignet sich auch hervorragend zum Angeln, z. B. von Bergforellen.

Als Ausgangspunkt, um den südwestlichen Teil des Nationalparks zu erkunden, eignet sich beispielsweise das im Süden des Parks gelegene **Eingangstor am See Smalvatnet.** Der Parkplatz (s. S. 116), der über eine Schotterstraße zu erreichen ist, ist von der E6 in Smalåsen Richtung Børgefjell ausgeschildert. Von ihm aus führt der Wanderweg an **Namskroken** vorbei, wo man auf den Fluss Namsen und einige Wasserfälle trifft. Namskroken ist das tiefstgelegene Gebiet (ca. 300 m ü. NHN) des Nationalparks und besteht aus alten Fichtenwäldern. Hier befinden sich zudem die **Skogstua** und **Namskrokhytta.** Eine Tour zu den Hütten eignet sich gut für einen Tagesausflug. Folgt man dem Weg weiter hinauf Richtung **Bleikarlia,** erreicht man oberhalb der Baumgrenze eine karge Hochgebirgslandschaft.

Kehrt man nach Smalåsen und zur E6 zurück und folgt ihr weiter Richtung Norden, erreicht man nach etwa 3 km den **Parkplatz Nordlandsporten** (s. S. 116). Er liegt exakt an der Grenze zur Region Nordland und markiert somit die südlichste Grenze des Landesteils Nordnorwegen.

Alternative Route über die Wildnisstraße

Große Wohnmobile können der E6 weiter nach Trofors (s. S. 116) folgen und hier über die Rv73 Richtung Hattfjelldal die Wildnisstra-

⊡ *Blick auf den See Tustervatnet, den man über die Wildnisstraße erreichen kann* ße erreichen. Für kleinere Fahrzeuge besteht 5 km nördlich von Majavatn die Möglichkeit, die E6 zu verlassen und zunächst auf der Fv274/7336 der Beschilderung Richtung Fiplingdalen zu folgen. Hier kann man auf dem **Parkplatz Simskardet** (s. S. 116) halten, um den westlichen Teil des Børgefjell/Byrkij-Nationalparks zu erkunden. Vom Parkplatz aus führt der Pfad zunächst entlang des Flusses **Simskardelva** durch flaches und leichtes Terrain. Nach 3,5 km erreicht man die **Simskardhytta.** Nun kann man den Weg auf der anderen Flussseite zurück nehmen und somit eine schöne Rundwanderung als Tagesausflug erleben. Wenn man stattdessen weiter ins Gebirge wandern möchte, sollte man einen Kompass und eine Wanderkarte mit sich führen, da hier keine deutlich ersichtlichen Pfade vorhanden sind. Man kann beispielsweise über das **Bisseggdalen** den **Kvigtinden** oder den **Måsskardvatna** erreichen. Die hier zwischen den Gipfeln gelegenen Seen **Simskardvatnet** und **Måsskardvatna** sind die größten Angelgewässer der Gegend.

Nationalparks

In Norwegen gibt es 47 Nationalparks. Sieben von ihnen – mit einer Fläche von 34.345 km² – befinden sich auf Svalbard (Spitzbergen). Die restlichen 40 umfassen 31.057 km², was 7 % der gesamten Fläche Norwegens entspricht. Die erste Schutzfläche wurde 1962 mit dem Rondane-Nationalpark eingeweiht.

Nationalparks weisen in Norwegen eine mittlere Schutzstufe auf. Strenger geschützt sind Naturreservate – kleine, unberührte Gebiete, die als einzigartiger Lebensraum für Pflanzen und Tiere eingestuft sind. Außerdem gibt es noch 3200 anderweitig geschützte Gebiete. Insgesamt sind somit mehr als 17 % des norwegischen Festlands als besonders wertvoller Naturraum eingestuft.

Solange man sich gegenüber den Pflanzen und Tieren rücksichtsvoll verhält, kann man sich in den Naturschutzgebieten frei bewegen. Für einige gelten jedoch besondere Regeln.

Hunde müssen generell von März bis Ende August an der Leine geführt werden. Markierte Pfade sollte man nicht verlassen. Mountainbikes dürfen ebenfalls auf markierten Pfaden und Forststraßen fahren. In manchen Parks können die Regeln allerdings abweichen.

Zelte sollten nicht länger als zwei Nächte am selben Ort aufgebaut sein, um die Natur nicht allzu sehr zu schädigen. In den Sommermonaten sind keine Lagerfeuer erlaubt. Im restlichen Jahr darf herumliegendes Holz für Lagerfeuer genutzt werden. Das Fällen von Bäumen ist nicht erlaubt.

Beeren und Pilze dürfen für den eigenen Gebrauch gesammelt werden. Angeln ist mit entsprechender Lizenz erlaubt.

309wn©df

⊡ *Am Eingang des Nattfjelldalen im Varangerhalvøya nasjonalpark (s. S. 284)*

Die landschaftlich reizvolle und einsame Wildnisstraße ist insgesamt 133 km lang. Die Straßen Fv274/7336, Fv273/7334, Rv73, Fv291/331/7340 und Fv806 führen nahe Hattfjelldal am Røssvatnet vorbei bis nach Korgen (s. S. 121) am Okstindan-Natur- und Kulturpark. Immer wieder laden naturnahe Parkmöglichkeiten zu einer Rast mit grandioser Aussicht. Die Straßen und Brücken sind teilweise recht eng. Für große Wohnmobile kann die Strecke deshalb zur Herausforderung werden. Man sollte sehr aufmerksam fahren. Ausweichbuchten sind vorhanden.

Information

› www.norgesnasjonalparker.no/nasjonalparker/borgefjell, www.visitborgefjell.com, www.borgefjellnasjonalpark.no/de

Parken

P 21 Parkplatz Eingangstor Smalvatnet (Borgefjell/Byrkije nasjonalpark), GPS 65.09232, 13.35560, ab der E6 in Smalåsen Richtung Børgefjell ausgeschildert. Das Eingangstor am See Smalvatnet ermöglich den Zugang in den südwestlichen Teil des Nationalparks. Im Winter wird die Straße zum Parkplatz nicht geräumt.

P 22 Parkplatz Nordlandsporten, GPS 65.10088, 13.34300. Der Rastplatz liegt direkt an der Grenze zwischen den Regionen Trøndelag und Nordland. Der Torbogen erinnert daran, dass man sich nun offiziell in Nordnorwegen befindet.

P 23 Parkplatz Simskardet (Børgefjell/Byrkije nasjonalpark), GPS 65.29499, 13.59845. Am Parkplatz Simskardet beginnt der Wanderweg in den westlichen Teil des Nationalparks. Von der E6 Richtung Fiplingdalen auf die Fv274/7336 abbiegen und später der Beschilderung nach Børgefjell/Børgefjell nasjonalpark folgen. Der Parkplatz ist im Winter nicht zugänglich.

P 24 Svenningvatn Camping, GPS 65.32534, 13.37850, zwischen Storsvenningvatnet und E6 gelegen. Von der E6 der Beschilderung nach links zum See folgen. Das eher als Naturstellplatz zu bezeichnende Gelände liegt überaus idyllisch direkt am See und bietet wunderschöne Ausblicke auf die schneebedeckten Fjells. Eine einfache Toilette steht zur Verfügung. Die Plätze sind teilweise mit Holzterrassen ausgestattet. Bäume gliedern das Gelände. Um zu bezahlen, wirft man einen Umschlag mit Bargeld in einen Briefkasten.

Tipp: Von der E6 besteht 34 km nördlich des Parkplatzes Nordlandsporten bei GPS 65.37615, 13.36410 (kurz hinter dem Storsvenningvatnet) eine 87 km lange Verbindung über die Fv76 zu Route 1 (s. S. 57).

TROFORS UND LOMSDAL-VISTEN NASJONALPARK

(58,9 km – km 390,6)

Die Region rund um Trofors bietet mehrere Zugänge zum **Nationalpark Lomsdal-Visten,** der von den Südsámi Njaarken Varjelimmiedajve genannt wird. Eine schmale, ausgeschilderte Straße, die später zur Schotterstraße wird, führt in Trofors am Coop Prix Supermarkt (GPS 65.53362, 13.39096) Richtung Stavvassdal zum **Parkplatz Stavvassdalsvegen** (s. S. 118), der nur noch wenige Kilometer von der Parkgrenze entfernt liegt. Vom Parkplatz aus führen Wanderwege in das **Eiteràdalen,** das unmittelbar an den Nationalpark angrenzt.

Wie die meisten Nationalparks im Norden bietet auch der Lomsdal-Visten nur ein begrenztes markiertes Wegenetz. Um sich sicher im Gelände zu bewegen, sind auf längeren Touren eine Karte und ein Kompass oder zumindest ein GPS-Gerät zu empfehlen.

Nahezu die gesamte Fläche des Nationalparks befindet sich im **Rentierweidebezirk Jillen-Njaarke,** der sich vom Røssvatnet im Osten bis hin zu den Inseln Mindland und Hamnøya im Westen erstreckt. Der südliche Teil des Parks gehört zum **Rentierweidebezirk Voengelh-Njaarke.**

› Der tosende Laksforsen ist der wasserreichste Wasserfall Europas

13 km nördlich von Trofors bietet der **wasserreichste Wasserfall Europas,** der **Laksforsen,** einen beeindruckenden Anblick. 700 m³/s beträgt die durchschnittliche Wassermenge, die kaskadenartig Richtung Meer rauscht. Der unter Naturschutz stehende Wasserfall ist über die E6 gut erreichbar. Im Sommer können Lachse beim Überwinden des Hindernisses beobachtet werden, wenn sie versuchen ihre Laichgebiete am oberen Flusslauf des Vefsna zu erreichen.

In **Trofors** kann man das frei zugängliche Freilichtmuseum **Grane bygedtun** besuchen (www.helgelandmuseum.no/besokssted/grane-bygdetun), das zu den Helgelandmuseen gehört.

Information

› **Lomsdal-Visten nasjonalpark,** Trofors Jernbanestasjon, 8680 Trofors, Tel. 75547819, www.lomsdalvisten.no/en. Geöffnet nach Vereinbarung.

Aktivitäten

› **River Rafting,** Grane Bygdetun, Troforsvegen, Tel. 46622098, www.rivernorth.no. Rafting: Erw. 1050–1550 NOK, Kajak: Erw. 1650–3300 NOK. River North bietet Halbtags- und Ganztags-Raftingtouren, Familienrafting, Flussschnorcheln und Wildwasser-Kajakkurse. Die Aktivitäten finden überwiegend am Austervefsna, dem schönen Oberlauf des Vefsna, statt.

106wn-df

31 Svenningdal Camping

GPS 65.44448, 13.40147

Der idyllisch nahe dem kleinen Ort Svenningdal gelegene Platz bietet Stellplätze in unmittelbarer Nähe zum Fluss. Der Zugang zum Wasser ist über einen Kiesstrand möglich. Gute Wandermöglichkeiten. Der Platz liegt am Nationalpark Lomsdal-Visten. **Lage/Anfahrt:** Der Platz befindet sich an der alten E6, 11 km südlich von Trofors, am Fluss Svenningelva. Von der neuen E6 Richtung Svenningdalen abfahren. Der Camping ist ausgeschildert; **Platzanzahl:** 60 (45 mit Strom); **Untergrund:** Schotter, Wiese; **Preiskat.:** €€; **Geöffnet:** 1.5.–1.9.; **Kontakt:** Svenningdalsvegen 295, 8685 Trofors, Tel. 90818578, www.svenningdal-camping.no

296wn©mayjat, stock.adobe.com

Rentier-Begegnungen

- **Hunde** sollten an der Leine geführt werden. Rentiere können einen freilaufenden Hund als bedrohliches Raubtier wahrnehmen.
- Wenn man **grasende Rentiere** erblickt, sollte man sich rücksichtsvoll und defensiv verhalten. Ggf. einen Umweg laufen oder warten.
- Wenn sich eine Rentierherde nähert, ist es empfehlenswert **in die Hocke zu gehen,** sodass man auf die Tiere weniger bedrohlich wirkt.
- Im Frühling, wenn die Weibchen **neugeborene Kälber** haben, sind die Rentiere besonders nervös. Dann ist äußerst rücksichtsvolles Verhalten angebracht.

32 Annbjørn Haugen Camping

GPS 65.59350, 13.38611

Kleiner Platz, sehr idyllisch am Zusammenfluss von Gluggvasselva und Vefsna gelegen. Die sanitären Anlagen sind in einem rot gestrichenen Scheunengebäude untergebracht. Der sehenswerte Laksforsen ist 6,5 km entfernt. **Lage/Anfahrt:** Direkt an der E6, 7 km nördlich von Trofors im Örtchen Grane. Über die E6 zu erreichen, der Platz ist ausgeschildert (Haugen); **Platzanzahl:** ca. 15; **Untergrund:** Schotter, Wiese; **Preiskat.:** €; **Geöffnet:** 1.5.-1.10.; **Kontakt:** Grane 43 Bnr 2, 8680 Trofors, Tel. 97007850

107wn-df

Parken

25 Stavvassdalsvegen, GPS 65.48624, 13.29847

26 Parkplatz am Laksforsen, GPS 65.62504, 13.29206, Laksforsvegen 8, 8680 Trofors. https://laksforsen.no/en/home. Der Parkplatz befindet sich am Laksforsen Turistcafe. Außer einem Café können auch ein Restaurant und ein Souvenirshop besucht werden. Während des Essens kann man den Ausblick auf den Laksforsen genießen.

MOSJØEN

(41,7 km – km 432,3)

Über die E6 erreicht man Mosjøen. Der Ort ist das **Verwaltungszentrum der Kommune Vefsn,** die älteste Stadt Helgelands und die zweitälteste in Nordland. Die Siedlung wurde um 1660 erstmals erwähnt und man geht davon aus, dass der Ort ab dem 18. Jahrhundert dauerhaft besiedelt wurde. Zum Ende des 18. Jahrhunderts war die günstig am Vefsnfjorden gelegene Ortschaft ein wichtiger und florierender Standort für Flößerarbeiten. Da Mosjøn eine große Sägemühle besaß, war die Stadt Treffpunkt von englischen Holzbaronen, Sámi-Holzfällern, schwedischen Bergbauern, die in der Stadt Tauschhandel betrieben, und Schneidern, die den wohlhabenden Geschäftsleuten die neueste Mode aus London und Paris darboten.

Heute gilt Mosjøn als **Stadt der Musik, der Kultur und der Cafés.** Es gibt zahlreiche Konzerte und Festivals. Besonders sehenswert ist die lebendige und ansprechende Gegend um die **Sjøgata** (Seestraße), wo 100 um das Jahr 1866 entstandene, wunderschön erhaltene Holzhäuser charmante Cafés, Restaurants und Galerien beherbergen.

Selbstverständlich sind von Mosjøn aus auch zahlreiche Outdooraktivitäten in der spektakulären Natur der Region möglich. Oberhalb der Stadt thront der 818 m hohe Berg **Øyfjellet,** der von Mosjøn aus über die **Helgelandstrappa** (Sherpatreppe) bestiegen werden kann. Sie wurde von nepalesischen Steintreppenbauern errichtet und gehört mit

3000 Stufen und 3,2 km Länge zu den längsten Steintreppen der Welt. Von oben hat man einen wunderbaren Ausblick auf die Stadt.

Einer der nördlichsten Klettersteige der Welt beginnt in etwa 350 m ü. NHN und befindet sich ebenfalls am Øyfjellet (Mosjøn Via Ferrata). Den Abstieg kann man anschließend über eine **spektakuläre Zipline** bewältigen, die in luftiger Höhe über den Fluss Vefsna führt und inmitten des historischen Stadtviertels endet.

Sehenswertes

- **Museum Vefsn,** Jacobsenbrygga, Sjøgata 31B, Tel. 48203230, https://helgelandmuseum.no/besoksted/vefsn-museum/, geöffnet: 18.6.-13.8. Mo-Fr 11-17, Sa 12-15, 14.8.-30.8. Do-Sa 12-15, Nebensaison Di-Fr 12-15 Uhr. Verschiedene Ausstellungsorte in und außerhalb der Stadt. Jacobsenbrygga, ein historisches, gelbes Hafengebäude im Stadtzentrum, beherbergt die Hauptausstellung. Das Museum informiert über die Entwicklung der Stadt als Zentrum der Region. Man kann an Führungen durch die historische Sjøgata teilnehmen und im Museumsladen werden u. a. Kunsthandwerk, antikes Spielzeug und Bücher angeboten. Weitere Ausstellungsorte sind eine historische Tankstelle, ein Freilichtmuseum an der Dolstad-Kirche und eine alte Polizeistation, die sich ebenfalls an der Kirche befindet.
- **Kulturverkstedet,** Sjøgata 24, Tel. 75172760, www.kulturverkstedet.net, geöffnet: Mo-Sa 9-15 Uhr. In der vielseitigen Kulturwerkstatt wird allerlei geboten. Man kann Kaffee trinken, traditionelle Gerichte aus der Region Vefsn probieren und Werke bekannter norwegischer Künstler besichtigen und kaufen. Zudem gibt es jeden Freitag um 12 Uhr ein kostenloses Mittagskonzert.
- **Galleri Stokland,** Sjøgato 25, Tel. 97115588, www.kirstistokland.no. Die in einem charmanten Holzhaus gelegene Galerie zeigt und verkauft farbenfrohe Gemälde einheimischer Künstler und Kunsthandwerk aus Stoff, Glas, Keramik, Fell und Leder sowie Strickprodukte und Silberschmuck.

108wn-df

⊡ *Ein gut erhaltenes historisches Holzhaus in der Sjøgata von Mosjøn*

Information

- **Mosjøen turistinformasjon,** Sjøgata 2, Tel. 75018000, geöffnet: 1.5.-30.6. und 7.8.-25.8. Mo-Fr 10-16 hr, 3.7.-4.8. Mo-Fr 9-17, im Juli auch Sa 11-17 Uhr, Nebensaison Mo-Fr 10-14 Uhr, www.visithelgeland.com/en/places/mosjoen-city

Gastronomie

- **Restaurant Ellen,** Strandgaten 39, Tel. 75114100, www.fruhaugans.no, geöffnet: Mo-So 17-23 Uhr. Im ältesten Hotel Nordnorwegens, das aus dem Jahre 1794 stammt, können im Restaurant in bezauberndem Ambiente leckere norwegische Gerichte genossen werden. Der Hotelgarten bietet einen schönen Blick auf den Fluss und die steilaufragende Bergflanke des Øyfjellet.
- **Vikgården,** Sjøgata 8, Tel. 48069725, geöffnet: Mo-Sa 10-15 Uhr. Gemütliches Café, in dem man frühstücken, Waffeln essen und kleine Gerichte zum Mittagessen bestellen kann.
- **Gilles Café,** Sjøgata 6, Tel. 75175454, www.gilles.no, geöffnet: Mo-Sa 8-23, So 12-21 Uhr. Es gibt ein Buffet und À-la-carte-Gerichte sowie mittwochs von 18 bis 22 Uhr Sushi. Das Café besitzt alle Schankrechte und veranstaltet auch Pub-Abende und Konzerte.

Aktivitäten

- **Helgelandstrappa (Sherpatreppe),** Ytterøya, geöffnet: Mai–Okt. Die Treppe mit ihren 3000 Stufen (ab Sommer 2023 sind es 4000) beginnt in der Straße Ytterøya auf der westlichen Flussseite. Entlang des Aufstiegs sind Rastmöglichkeiten angelegt.
- **Zipline,** Ytterøra 23, Tel. 98901249, www.hinorth.no/en/aktiviteter/zipline/, geöffnet: 20.6.–14.8. Preis: Erw. 750 NOK, Kinder (10–13 Jahre) 500 NOK. Die Tour beginnt am Kiosk des Anbieters Hi North am Fuß des Bergs Øyfjellet (Ytterøra 23). Um den Startpunkt in etwa 70 Metern Höhe zu erreichen, müssen 330 Stufen der Sherpatreppe bewältigt werden. Anschließend geht es mit der Zipline über den Fluss hinab ins Stadtzentrum.

33 Topcamp Mosjøen

GPS 65.83427, 13.21973

Der Platz liegt stadtnah und ist somit ideal als Ausgangspunkt für einen Besuch des sehenswerten historischen Stadtzentrums geeignet. Die Stellplätze sind teilweise mit kleinen Terrassen ausgestattet, die mit Holzzäunen eingefasst sind. **Lage/Anfahrt:** Etwa 25 Gehminuten vom Stadtzentrum, direkt an der E6 gelegen. Der E6 Richtung Mosjøen folgen, der Platz ist ausgeschildert; **Platzanzahl:** 60; **Untergrund:** Asphalt, Wiese; **Preiskat.:** €€–€€€; **Geöffnet:** ganzjährig; **Kontakt:** Campingveien 1, 8657 Mosjøen, Tel. 75177900, www.topcamp.no/nb/mosjoen

109wn-df

- **Via Ferrata (Klettersteig),** Ytterøra 23, Tel. 98901249, www.hinorth.no/en/aktiviteter/via-ferrata/, geöffnet: Juni–Okt., Preis: Erw 890 NOK. Der Treffpunkt für die 5-stündige geführte Tour befindet sich in der Ytterøra 23, etwa 15 Gehminuten vom Stadtzentrum entfernt.

KORGFJELLET

(42,4 km – km 474,7)

Am Rastplatz Knutlia, kurz vor dem **Korgfjelltunnelen,** zweigt von der E6 eine Straße (Korgfjellvegen) Richtung Korgfjellet ab. Die von 1942 bis 1944 erbaute Straße ist auch als **Blodveien** (Blutweg) bekannt. Im Zweiten Weltkrieg starben 640 jugoslawische Jungen und Männer, die in Norwegen in Gefangenenlagern interniert waren, beim Straßenbau, um diesen Pass zu überwinden. Insgesamt waren während der Besatzungszeit 4268 jugoslawische Häftlinge nach Norwegen deportiert worden. Es handelte sich bei ihnen hauptsächlich um politische Gefangene, Partisanen, Widerstandskämpfer und Kommunisten. 60 % der Gefangenen verloren in Norwegen ihr Leben. Gesichert wurde der Nachschub an Kriegsgefangenen durch August Meyszner, der Befehlshaber der Ordnungspolizei von Oslo war und im Januar 1942 als Höherer SS- und Polizeiführer nach Belgrad versetzt wurde. Ein Denkmal an der Korgfjellet Fjellstue erinnert an dieses traurige Kapitel der Geschichte.

Die Straße führt nach Nordosten und windet sich über den sehenswerten Pass. Spätestens auf der Passhöhe hat man einen beeindruckenden Fernblick auf die umliegenden Berge und den **Okstindan natur og kulturpark.** Die **Korgfjellet Fjellstue** bietet Stellplätze und ein Restaurant. Zudem führen Wanderwege auf die umliegenden Fjells. Nach der Passhöhe führt der Korgfjellvegen bis ins Zentrum der Ortschaft Korgen hinab.

Alternativ kann man am Abzweig am Rastplatz Knutlia der E6 geradeaus durch den 9 km langen Korgfjelltunnelen folgen, der un-

34 Stellplatz Korgfjellet Fjellstue

GPS 66.05430, 13.70123

Der Stellplatz auf dem Pass (555 m) bietet eine tolle Sicht auf die höchsten Berge Nordnorwegens im Okstindan natur og kulturpark. Zugang zu Toilette und Waschraum vorhanden. **Lage/Anfahrt:** Auf dem Korgfjellet-Pass. Kurz vor dem Korgfjelltunnelen von der E6 links Richtung Korgfjellet abbiegen; **Untergrund:** Schotter; **Preiskat.:** €€; **Geöffnet:** Juni–Sept. (je nach Befahrbarkeit der Passstraße); **Kontakt:** 75170150, Korgfjellveien 162, 8646 Korgen, Tel. 75170150, www.korgfjellet.no/overnatting

110wn-df

ter dem Pass hindurchführt und kurz vor dem Zentrum von Korgen die Straße wieder dem Tageslicht übergibt.

KORGEN

(10,2 km – km 484,9)

Korgen ist das Verwaltungszentrum der Gemeinde Hemnes im Bezirk Nordland. Die Siedlung liegt am beliebten Lachsfluss Røssåga, der um das Ortszentrum und die aus dem 19. Jahrhundert stammende, aus Holz erbaute **Korgen Kirke** mäandert.

Touristisch ist der Ort vor allem wegen seiner Nähe zum **Okstindan natur og kulturpark** interessant. Der im Bergmassiv aufragende **Oksskolten** ist mit 1916 m Höhe der höchste Berg in Nordnorwegen, doch das vergletscherte Gebirge hat noch weitere Gipfel mit Höhen zwischen 1562 m und 1908 m zu bieten.

Verschiedene Zugänge erschließen den Natur- und Kulturpark. Von Korgen aus führt die Fv322/7352 ins **Leirskardalen,** an dessen Ende am Parkplatz Leirskardalen (s. S. 122) auf einem Wanderweg der Anstieg Richtung Okstindan beginnt. Die Straßenverhältnisse variieren stark. Es kommt immer wieder zu Sperrungen. Die Parkplätze sind klein und teilweise nur über eine schmale, steile Schotterstraße zu erreichen. Mit dem Fahrrad ist der Fahrweg zum mit 650 m ü. NHN höchstgelegenen und vom Campingplatz etwa 20 km entfernten Parkplatz gut zu bewältigen, um dann von dort den Weg zu Fuß fortzusetzen.

Weitere Zugänge in den Park befinden sich z. B. ca. 12 km entfernt im **Brygfjelldalen** am **Inderdalen Gård** (Fv806, Fv323/7354), im ca. 56 km entfernten **Spjeltfjelldalen** am **Røssvatnet** oder bereits vorher auf derselben Route am **Skarelva** (Fv806, Fv324/7356).

27 **Inderdalen Gård,** GPS 66.00708, 13.93045, die Pfade beginnen am Ende der Straße.

28 **Røssvatnet-Spjeltfjelldalen,** GPS 65.91562, 14.43621, der Pfad führt zunächst am Ostufer des Flusses entlang

29 **Skarelva,** GPS 65.90683, 14.19834, der Wanderweg beginnt etwa 450 m westlich des Parkplatzes

Aktivitäten

Die etwa 2-stündige **Wanderung zur Rabothytta** beginnt am Parkplatz im Leirskardalen. Die beliebte Wanderhütte Nr. 500 des norwegischen Wandervereins liegt auf 1200 m Höhe am Gletscherrand des Okstindmassivs. Sie ist nach dem französischen Erstbesteiger Charles Rabot benannt, der im Jahre 1883 als erster den Oksskolten bestiegen haben soll. Vom Parkplatz führt ein 5 km langer markierter Weg in teilweise anspruchsvollem Gelände bis zur Hütte.

› **Infos:** https://htf.dnt.no/, www.visitokstindan.com/en/rabothytta-norways-finest-unstaffed-dnt-cabin.

30 **Leirskardalen,** GPS 66.01682, 14.11595

Eine **geführte, sechstündige Tour auf den Okstindbreen** beginnt am Kjennsvatnet, der ab Mo i Rana über die E12 Richtung Schweden und eine Schotterstraße Richtung Kjennsvasshytta, die zum Parkplatz Leirbekkhaugen führt, zu erreichen ist. Gletscherausrüstung wird gestellt.

› **Infos:** Tel. 98901249, www.hinorth.no. Preis: Erw. 2000 NOK, Kind 1500 NOK. Die Tour wird im Zeitraum 1.7.–26.9. angeboten.

31 **Kjennsvatnet,** GPS 66.05939, 14.29544

35 Korgen Camping

GPS 66.07444, 13.83850

Der Campingplatz liegt idyllisch und ruhig am Ufer des Røssåga an einem Mäander. Das Lachsangeln ist in dieser Region sehr beliebt. Der Platz eignet sich gut, um den Natur- und Kulturpark Okstindan zu erkunden. Im Städtchen Korgen sind Einkaufsmöglichkeiten vorhanden. **Lage/Anfahrt:** Westlich des Zentrums von Korgen. Von der E6 in Korgen an der Tankstelle Circle K rechts abbiegen. Der Platz ist ausgeschildert; **Platzanzahl:** ca. 30; **Untergrund:** Wiese; **Preiskat.:** €€–€€€; **Geöffnet:** Juni–Aug.; **Kontakt:** Korgauren 5, 8646 Korgen, Tel. 47374978, www.korgen-camping.no

111wn-df

Vom Campingplatz in Korgen 35 aus, kann man eine **Wanderung durch das Naturreservat Sjøforsen** unternehmen. Sie führt anfänglich durch das Ortszentrum oder am Røssågen entlang und anschließend weiter über die Fv806 Richtung Süden bis zu einem kleinen Parkplatz an der Sjøforsen bru, wo man das Wohnmobil ggf. abstellen kann, um von hier aus zu wandern. Von hier aus führt der Weg zunächst über eine Brücke und dann weiter in das Naturreservat. Es besteht auch die Möglichkeit, die Tour über den Klubbvegen øst Richtung Klubben auszudehnen. Folgt man dem Weg weiter durch das Naturreservat, gelangt man erneut an den Røssågen und kann diesem bis Korgen folgen und somit eine etwa 6 km lange Rundwanderung absolvieren.

32 **Sjøforsen bru,** GPS 66.06528, 13.82623

Information

› **Turistinformasjon Hemnes/Okstindan,** Circle K v/E6, Korgen, Tel. 75018000, www.visitokstindan.com

MO I RANA

(40,1 km – km 525)

Die am Ende des Ranfjorden gelegene 18.800-Einwohner-Stadt ist die größte Helgelands. Von hier aus ist es nicht mehr weit bis zum Polarkreis. Die Hafenstadt ist von der Schwerindustrie geprägt. Stahl-, Hütten- und Walzwerke sind seit über 100 Jahren die Haupterwerbsquellen der Einwohner. Die Stadt besitzt den größten Industriepark Norwegens und gehört zu den wenigen Orten in Nordnorwegen, die kaum vom Tourismus geprägt sind.

Der idyllische Ortsteil Moholmen in Mo i Rana lädt zu einem Streifzug ein

112wn-df

Der kleine, charmante Ortsteil **Moholmen** am Jachthafen ist historisches Zentrum der Stadt. Hier befinden sich einige gut erhaltene, bunt gestrichene Holzhäuser mit Grassodendächern. Schlendert man die Uferpromenade etwa 250 m weiter, blickt die Skulptur **Havmannen** („Mann im Meer") in die Ferne.

Südöstlich des Ortes erschließen Wanderwege das Gebiet rund um das **Mofjellet.** Vom Mo i Rana Camping 36 aus kann man zunächst durch das **Erholungsgebiet Klokkerhagen** und den Ortsteil **Hammern** laufen, um die umliegende Natur zu erreichen.

23 km nördlich von Mo i Rana kann man die nahe des **Saltfjellet-Svartisen-Nationalparks** befindlichen Höhlen **Grønligrotta** (www.gronligrotta.no, Führungen Erw. 200 NOK, Kinder 150 NOK) und **Setergrotta** (www.setergrotta.no/english, Führungen Erw. 500 NOK, Kinder 350 NOK) besuchen. Eine Voranmeldung ist erwünscht. Der **Grønligrotta Camping** 37 liegt in unmittelbarer Nähe des Höhleneingangs der Grønligrotta.

Sehenswert

› **Viten Senter Nordland,** Midtre Gate 1, Tel. 90706200, www.vitensenternordland.no, geöffnet: Di–Fr 10–15, Sa/So 10–16 Uhr, Eintritt: Erw. 120 NOK, Kinder 95 NOK, unter 3 Jahren frei. Wissenschaftliche Erkenntnisse werden modern und spielerisch veranschaulicht. Es finden sich Ausstellungsbereiche zu den Themen Energie, physikalische Phänomene, die Erde und das Universum, der menschliche Körper, die Natur Nordlands u. a.

113wn-df

36 Mo i Rana Camping

GPS 66.31714, 14.17994

Der gepflegte Platz liegt an einem mäandernden Fluss und ist von Grün umgeben. Die Schwerindustrie auf der gegenüberliegenden Seite des Flusses ist nicht zu sehen, jedoch etwas zu hören. Ins Stadtzentrum sind es etwa 3 km. **Lage/Anfahrt:** Westlich des Stadtzentrums am Fluss Tverråga. Der E6 nach Norden folgen. Der Platz ist ausgeschildert; **Platzanzahl:** ca. 100; **Untergrund:** Wiese; **Preiskat.:** €€; **Geöffnet:** Ende Mai–Mitte Sept.; **Kontakt:** Hammerveien 8, 8626 Mo i Rana, Tel. 96232333, www.nafcamp.no/de/campingplasser/1051-mo-i-rana-camping

37 Grønligrotta Camping

GPS 66.41425, 14.26373

Der einfache, ruhige Platz ist sehr schön gelegen. In unmittelbarer Nähe befindet sich der Eingang zur Grønligrotta. Der Platz ist von dichtem Wald umgeben und bietet einen schönen Ausblick auf die umliegende idyllische Landschaft. **Lage/Anfahrt:** Nahe der südlichen Grenze des Saltfjellet-Svartisen-Nationalparks. Bei Røssvoll die E6 nach Westen (Røvassdalen, Melfjordbotn) verlassen. Hinweisschilder „Svartisen, Setergrotta, Grønligrotta" beachten. Im ersten Kreisverkehr rechts auf die Fv353/7366 und später die Fv354/7368 fahren. Die Grønligrotta ist teilweise ausgeschildert. Bei einem Linksabzweig an einer Hängebrücke auf die Fahrzeughöhe achten, da auf der rechten Straßenseite die Stahlseile der Brücke im Weg sein könnten. Ggf. äußerst links fahren, hier ist die max. Höhe mit 4,40 m angegeben. Anfahrt über teils recht steile Schotterstraße. Für Wohnwagengespanne nicht geeignet; **Platzanzahl:** flexibel; **Untergrund:** Schotter, Wiese; **Preiskat.:** €; **Geöffnet:** Mitte Juni–Ende Aug.; **Kontakt:** gronligrotta@online.no, Grønligrotta, 8615 Skonseng, Tel. 47233858

114wn-df

Information

› **Mo i Rana turistinformasjon,** Ole Tobias Olsens-gate 1, Tel. 75018000, geöffnet: 1.5.–30.6. und 7.8.–25.8. Mo–Fr 10–16, 3.7.–4.8. Mo–Fr 9–17, im Juli auch Sa 11–17 Uhr, Nebensaison Mo–Fr 10–14 Uhr, www.visithelgeland.com/en/places/mo-i-rana-en

Einkaufen

› **Askeladden,** Ranenget 4, Tel. 75156600, www.askeladdenressurs.no, geöffnet: Mo–Do 10–19, Fr–Sa 10–16 Uhr. In einem der größten Secondhandläden Norwegens lässt es sich ausgiebig stöbern. Im dazugehörenden Café Kaffen & Kruse kann man anschließend eine Verschnaufpause eingelegen.

Gastronomie

› **Stenneset Mat & Vin,** Stenneset 1, Tel. 47616890, www.stenneset.no, geöffnet: im Sommer Mo–So 15–21 Uhr (Küche). Etwas abseits des Ortszentrums, und ca. 7 km vom Campingplatz entfernt, befindet sich ein historisches Gebäude, in dem das Restaurant Stenneset Mat & Vin untergebracht ist. Im besonderen Ambiente der authentisch eingerichteten Räumlichkeiten werden aus lokalen Bio-Produkten zubereitete Gerichte serviert. Es wird viel Wert auf das Zusammenspiel von Speisen und Getränken gelegt.

Parken

P 33 **Parkplatz Moholmen,** GPS 66.31335, 14.12771, Midtre gate 7, 8624 Mo i Rana. Parkplatz am Jachthafen in unmittelbarer Nähe des historischen Stadtteils Moholmen.

P 34 **Parkplatz Søndre gate,** GPS 66.30757, 14.13252, Søndre gate 2, 8624 Mo i Rana. Großer, gebührenpflichtiger Parkplatz an einem Einkaufszentrum. Etwa 700 m bis zum historischen Zentrum Moholmen.

◻ Die E6 führt am Polarkreis über eine Hochebene am Saltfjellet-Svartisen nasjonalpark

SALTFJELLET-SVARTISEN NASJONALPARK UND POLARKREIS

(80,7 km – km 605,7)

Folgt man der E6 Richtung Polarkreis und Saltfjellet-Svartisen nasjonalpark (siehe auch Route 1, S. 94) laden immer wieder Camping- und Parkplätze zum Verweilen ein, um die Natur des Nationalparks zu entdecken und zu genießen. Die Straße steigt nach und nach an und führt allmählich auf eine Hochebene nahe der schwedischen Grenze. Der Polarkreis wird am **Polarsirkelsenteret** (Polarkreiszentrum) überquert, das auf etwa 660 m ü. NHN liegt. Entsprechend karg fällt die Landschaft aus. Die Vegetation beschränkt sich auf niedrig wachsende Sträucher, Moose und Flechten. Hier im Landesinneren, durch hohe Gebirgszüge und Gletscher vom milden Küstenklima Norwegens getrennt, spürt man endgültig, dass man im hohen Norden angekommen ist. Eine geschlossene Schneedecke kann hier bis weit in den Juni hinein die Berge bedecken.

Die Straße verläuft nun für etwa 15 km auf der Hochebene, bevor sie Richtung **Saltdal** und **Storjord** wieder abfällt und an den Flüssen Lønselva und Saltelva entlang bis zum Meer führt. Auf der Hochebene befinden sich mehrere Parkplätze, die als Ausgangspunkte zur Erkundung dieser faszinierenden Landschaft dienen können.

Sehenswert

› **Polarsirkelsenteret (Polarkreiszentrum),** Saltfjellveien 1850, 8630 Storforshei, Tel. 91853833, geöffnet: Mai–Anfang Okt. tägl. (je nach Wetterlage). Im architektonisch sehenswerten Gebäude kann man eine Ausstellung über den Polarkreis besuchen und sich in einem riesigen Souvenirladen eindecken. Zudem kann man sich ein Zertifikat ausstellen lassen, das die Überschreitung des Polarkreises belegt, und Ansichtskarten verschicken, die mit einem einzigartigen Poststempel versehen werden. Rund um das Gebäude führen Wanderwege in das Gelände und zahlreiche Steinmännchen, die sich in der unmittelbaren Umgebung verteilen, bieten ein bizarres Bild. Mittlerweile ist das Anhäufen von Steinen hier untersagt, da dadurch kahle Stellen entstehen, die die ohnehin spärliche Vegetation stören.

119wn-df

116wn-df

117wn-df

38 Storli Camping

GPS 66.40206, 14.42423

Der kleine, gepflegte Platz liegt direkt am Fluss Ranaelva und ist von Bäumen umrahmt. Eine Grillhütte mit Feuerholz kann genutzt werden. Der Besitzer spricht Deutsch und bringt seinen Gästen gern die Kultur der Sámi näher. Er serviert beispielsweise traditionelle Gerichte, trägt alte Legenden der Sámi vor oder demonstriert, wie man ein Feuer entfacht. Die verschiedenen Angebote müssen im Vorfeld gebucht werden und dauern ca. 2 bis 2½ Std.
Lage/Anfahrt: An der E6, etwa 20 km nördlich von Mo i Rana. Der Platz ist ausgeschildert; **Platzanzahl:** 16; **Untergrund:** Schotter, Wiese; **Preiskat.:** €€; **Geöffnet:** Anfang Juni–Ende Sept.; **Kontakt:** Saltfjellveien 632, 8630 Storforshei, Tel. 90618921, www.storlicamping.no

Einkaufen

› **Stjernen Art and Silver,** Saltfjellveien 1132, 8630 Storforshei, Tel. 91391059, geöffnet: tägl. 9–21 Uhr. An der E6, 37 km nordöstlich von Mo i Rana, wird in einer liebevoll dekorierten, urigen Holzhütte handgefertigter Silberschmuck angeboten – ein bei den Sámi beliebtes Kunsthandwerk.

Aktivitäten

Der Parkplatz **Storvollen Skole** (Schule) ist der Ausgangspunkt für die etwa 27 km lange, 8- bis 10-stündige (einfacher Weg) **Wanderung durch das Tespdalen zur Saltfjellstua.** Man überquert zunächst die Brücke über den Ranaelva und folgt dann dem Schild nach links. Etwa nach 250 m zweigt ein Pfad in das Tespdalen ab. Man folgt dem Fluss Tespa bis zum See Tespvatnet. Der Pfad führt weiter über den Felseinschnitt Lappflytterskardet und anschließend einen Berghang hinab zur Krukkistua. Der Pfad folgt im Tal weiter dem Fluss Bjøllåga bis zur Saltfjellstua, die nahe des Sees Bjøllåvatnet søre liegt. Die Hütten sind frei zugänglich.

Parken

35 Parkplatz Storvollen Skole, GPS 66.50586, 14.91465. Hier beginnt ein Wanderweg, der zunächst dem Tespdalen folgt und dann tief in den Nationalpark weiter Richtung Krukkistua, Steinstue und Saltfjellstua führt.

36 Parkplatz am Svartisvatnet, GPS 66.49176, 14.19578. Vom Parkplatz aus ist der Svartisengletscher im Saltfjellet-Svartisen-Nationalpark über Wanderwege zu erreichen.

P 37 Parkplatz in Storvollen, GPS 66.50060, 14.89884. Ab dem Parkplatz führt ein Wanderweg, der zunächst den Ranaelva überquert, Richtung Wasserfall Bredekfossen, zu den Hütten von Granneset und ins Tal Nordre Stormdalen.

Der Souvenirshop im Polarsirkelsenteret (s. S. 125) bietet eine riesige Auswahl an Souvenirs

38 **Semska/Annas plass,** GPS 66.65853, 15.40591. Der Parkplatz liegt auf knapp 690 m ü. NHN. Ein Weg führt nach Westen in den Saltfjellet-Svartisen-Nationalpark zur ca. 20 km entfernten Saltfjellstua.

P 39 **Parkplatz Polarkreiszentrum,** GPS 66.55127, 15.32111. Im Gebäude befinden sich ein großer Souvenirshop, ein Restaurant und öffentliche Toiletten. Das Übernachten für 1 bis 2 Nächte ist erlaubt. Keine Ver- und Entsorgung.

P 40 **Rastplatz an der E6,** GPS 66.61259, 15.36809. Auf der Hochebene am Nationalpark gelegener Parkplatz.

STORJORD (SALTDALEN)

(33,3 km – km 639)

Die kleine Siedlung Storjord liegt am Zusammenfluss des Junkerdalselva und des Lønselva am Eingang des Saltdalen, das sich bis zum Saltdalsfjorden zieht. Prähistorische Funde deuten darauf hin, dass dieser Flecken Erde bereits in der Steinzeit besiedelt wurde. Im 19. Jahrhundert wurde Storjord zum forstwirtschaftlichen Zentrum des Saltdalen. Die erste Straße, die über die Hochebene der Saltfjellet-Berge führte, wurde 1937 von Kö-

39 Grokjønnenget Camping

GPS 66.47086, 14.85437

Der einfache Platz liegt auf einem Wiesengelände nahe dem Fluss. Die Nationalparkgrenze verläuft etwa in 2,5 km Entfernung. Es besteht die Möglichkeit, den Nationalpark über einen Weg, der zunächst parallel zum Fluss verläuft, direkt vom Platz aus zu erreichen. **Lage/Anfahrt:** An der E6; **Platzanzahl:** ca. 20; **Untergrund:** Wiese; **Preiskat.:** €€; **Geöffnet:** Anfang Juni–Ende Sept.; **Kontakt:** Saltfjellveien 1287, 8630 Storforshei, Tel. 91659369

118wn-df

40 Krokstrand Fjellpark Camping

GPS 66.46209, 15.09349

Direkt am Fluss Ranaelva gelegener Platz, der sich an einem Kletterpark befindet. Das bewaldete Gelände bietet ausreichend Schatten. Einen nahegelegenen Wasserfall kann man über einen schmalen Pfad erreichen. Ein kleiner Spielplatz ist vorhanden. Ein Besuch des Kletterparks bietet sich an. Frühstück und Abendessen können im Café/Restaurant genossen werden. **Lage/Anfahrt:** Direkt an der E6; **Platzanzahl:** ca. 30; **Untergrund:** Schotter, Wiese; **Preiskat.:** €€; **Geöffnet:** Mitte Mai–Okt.; **Kontakt:** Saltfjellveien 1586, 8630 Storforshei, Tel. 95166002, www.krokstrand.as

120wn-df

Der Polarkreis

*Die **Breitengrade 66°33'55" (66,57°) nördlicher und südlicher Breite,** auf denen die Sonne an den beiden Tagen der Sonnenwende nicht mehr auf- oder untergeht, nennt man **Polarkreise.** Sie sind 15.996,3 km lang. Ihr Abstand zum jeweils näheren Pol beträgt 2616 km, zum Äquator sind es 7386 km. Da sich die Neigung der Erdachse nach und nach ändert, verlagern sich auch die Polarkreise. Zurzeit nähern sie sich den Polen um etwa durchschnittlich 14,5 m pro Jahr.*

Bereits im 4. Jh. v. Chr. berichtete der Seefahrer und Geograph Pytheas von der Mitternachtssonne und der Gelehrte Eratosthenes schrieb ein Jahrhundert später über die Polarkreise.

*Der **nördliche Polarkreis** verläuft durch Norwegen, Schweden, Finnland, Russland, Kanada, Grönland und Alaska und die Nordhalbkugel ist sogar weit über den Breitengrad hinaus besiedelt. Der **südliche Polarkreis** umrundet in etwa den Kontinent Antarktika. In der Nähe oder südlich des südlichen Polarkreises lebt keine Zivilbevölkerung. Die argentinische Forschungsstation Esperanza liegt bei 63°23' südlicher Breite am nördlichen Ende der Antarktischen Halbinsel auf der Trinity-Halbinsel und kann somit als der südlichste bewohnte Ort der Erde bezeichnet werden. Ihre Lage entspricht ungefähr der Polnähe von Trondheim.*

*Der Tag der **Sommersonnenwende** fällt auf der Nordhalbkugel meist auf die Zeit zwischen dem 20. und 22. Juni. Die Sonne steht so lange über dem Horizont, dass sie nicht untergeht. Man spricht dann von der **Mitternachtssonne.** Rund um den Johannistag am 24. Juni werden ihr zu Ehren in Skandinavien Feste gefeiert.*

*Je näher man Richtung Nordpol kommt, an desto mehr Tagen scheint die Mitternachtssonne. An der Nordspitze Europas geht die Sonne mehr als zwei Monate lang nicht unter. Am Nordpol ist es gar ein halbes Jahr. Man spricht vom **Polartag.** Zur gleichen Zeit findet auf der Südhalbkugel die **Wintersonnenwende** statt, bzw. es ist **Polarnacht.***

Meist am 21. oder 22. Dezember findet am nördlichen Polarkreis die Wintersonnenwende statt, entsprechend ist auf der Südhalbkugel dann Sommersonnenwende. Die Polarnacht dauert genauso lange wie der Polartag.

Aufgrund der Lichtbrechung in der Erdatmosphäre scheint die Sonne im Sommer auch noch etwas polferner nicht mehr unterzugehen und im Winter wiederum muss man sich etwas polnäher aufhalten, um keinen Sonnenaufgang mehr zu sehen. So bleibt es auch in der Polarnacht innerhalb der Polarkreise nicht zwangsläufig dunkel. Erst ab +/-73,2° ist es zu dunkel, um eine Zeitung zu lesen und ab +/-85,2° ist es absolut dunkel, sodass auch kein Dämmerlicht mehr zu sehen ist. Auf dem europäischen Festland ist die Polarnacht nie so absolut dunkel, dass die Sterne durchgehend zu sehen sind.

115wn-df

121wn-df

nig Haakon VII. eingeweiht. Auf der von den Deutschen während des Zweiten Weltkriegs errichteten Bahnstrecke überquerten zehn Jahre später die ersten Züge die Hochebene.

Heute ist Storjord vor allem von touristischer Bedeutung und Ausgangspunkt für Wanderungen. Östlich des Ortes schützt der **Junkerdal nasjonalpark** seit 2004 die Gebirgsregion rund um den 1559 m hohen **Solvågtinden,** der von Storjord aus bestiegen werden kann. Aber auch zahlreiche Wanderwege, die weniger Höhenmeter aufweisen, führen vom **Saltdal Turistsenter** in die Umgebung. Ein Ausflug in den sehenswerten **Junkerdalsura-Canyon** ist eine von vielen Möglichkeiten, um die Region zu erkunden.

Sehenswerte kulturelle Highlights sind die **Adde Zetterquist kunstgalleri** und das **Besøkssenter nasjonalpark Nordland** (Besucherzentrum des Nordland-Nationalparks).

Im Innenhof des Besøkssenter nasjonalpark Nordland

Das Steineaufschichten ist am Polarkreiszentrum nicht mehr erlaubt

Sehenswert

› **Adde Zetterquist kunstgalleri,** Saltfjellveien 2035, 8255 Røkland, Tel. 40067252, www.addezetterquistkunstgalleri.no, geöffnet: Di–Fr 12–Uhr, Sa/So 12–16 Uhr, Eintritt: frei. Die Galerie teilt sich das architektonisch interessante Gebäude mit dem Besucherzentrum des Nordland Nationalparks und befindet sich im Westtrakt des Baus. Die Ausstellung widmet sich hauptsächlich dem Leben und Schaffen der Künstler Per Adde (1926–2020) und Kajsa Zetterquist (*1936), behandelt aber auch ihre Bemühungen um den Naturschutz, ihr großes politisches Engagement und ihren Einsatz für die Rechte der indigenen Volksgruppe der Sámi. Die beiden schwedischen Künstler ließen sich in den 1960er-Jahren in der Nähe von Graddis in Saltdal/Junkerdal nieder. Sie waren an den Protesten im Jahr 1968 gegen den Bau des Altastaudamms beteiligt, engagierten sich für die Realisierung des Saltfjellet-Svartisen-Nationalparks und erhielten vom norwegischen König die Verdienstmedaille für ihre Arbeit im Naturschutz.

› **Besøkssenter nasjonalpark Nordland,** Saltfjellveien 2035, 8255 Røkland, Tel. 40067251, www.nordlandsnaturen.no, geöffnet: Di–Fr 12–15, Sa/So 12–16 Uhr, Eintritt: frei. Das Besucherzentrum zeigt mithilfe von wechselnden Ausstellungen und Angeboten für Outdooraktivitäten die Vielseitigkeit der Nationalparks. Auch der Kultur der Sámi sind die Räume gewidmet. Im Außenbereich kann man sich

41 Saltdal Turistsenter Camping

GPS 66.81327, 15.40287

Zahlreiche Wanderwege erschließen das Gebiet rund um Storjord/Saltdal. Sie führen unter anderem in den Saltfjellet-Svartisen-Nationalpark und in den Junkerdal-Nationalpark (beide Teil der Nationalparks der Region Nordland). Das Besøkssenter nasjonalpark Nordland und die Adde Zetterquist Galerie befinden sich in unmittelbarer Nähe. **Lage/Anfahrt:** Von Süden kommend kurz hinter dem Abzweig der Rv77 (Richtung Junkerdal) von der E6 zum Nordland Nasjonalparksenter abbiegen. Der Platz liegt rechts an der YX-Tankstelle; **Platzanzahl:** 10; **Untergrund:** Schotter, Wiese; **Preiskat.:** €€; **Geöffnet:** ganzjährig; **Kontakt:** Saltfjellveien 2033, 8255 Røkland, Tel. 75682450, www.isaltdal.no/camping

123wn-df

im Lassowerfen üben oder als Steinmetz versuchen. Im Museumsladen wird Kunsthandwerk der Sámi, darunter hochwertige Messer und Gefäße aus Birkenrinde, verkauft.

Information

- **Nordlandsnaturen,** im Besøkssenter nasjonalpark Nordland, Tel. 40067251, www.nordlandsnaturen.no
- **Saltdal Turistsenter,** E6 10, 8255 Røkland, in der Tankstelle, Tel. 75682450, www.isaltdal.no

Aktivitäten

- Man kann die **Wanderung auf den Solvågtinden** am **Besøkssenter nasjonalpark Nordland** beginnen. Der Pfad ist anspruchsvoll und steil. Oberhalb der Baumgrenze ist teilweise kein sichtbarer Pfad vorhanden, daher sollte man eine Karte oder ein GPS-Gerät dabeihaben. Nachdem man die 1400 Höhenmeter und ca. 8 km bis zum Gipfel bewältigt hat, wird man mit einem atemberaubenden Ausblick belohnt.
- Die ca. 5 km lange **Wanderung in den Junkerdalsura-Canyon** beginnt am Parkplatz des Saltdal Turistsenter und führt zunächst über eine Brücke. Der Canyon ist bis Trekta begehbar und kann auf einer Rundwanderung erlebt werden. Im Frühling und nach starken Regenfällen sollte er nicht betreten werden, da dann Erdrutsche ein Risiko darstellen.
- Der ca. 5 km lange **Wanderweg zum Kjemåfossen** (auf der Westseite des Lønselva für Rollstühle und Kinderwagen geeignet) kann am Nationalpark-Be-

122wn-df

sucherzentrum begonnen werden. Er führt zunächst nordwärts zum Junkerdalselva, wo er sich nach Westen wendet und anschließend eine Unterführung der E6 passiert. Daraufhin folgt man dem Weg bis zu einer Brücke über den Lønselva und weiter auf der Westseite des Flusses bis zum Wasserfall. Alternativ kann man die Wanderung auch Richtung Süden beginnen, wo man ebenfalls eine Unterführung der E6 passiert. Nach etwa 1 km führt eine Hängebrücke über den Lønselva. Den Wasserfall erreicht man, indem man nach der Brücke nach rechts geht. In der Information gibt es kostenlose Übersichtskarten für diese Region.

NORDNES (SALTDALEN)

(15,7 km – km 654,7)

Ein Zwischenstopp in Nordnes lohnt sich, denn der Ort liegt inmitten einer **reizvollen Wanderregion.** Direkt vom Campingplatz 42 aus führen unterschiedlich anspruchsvolle Wanderwege in die Berge östlich und westlich des Flusses Saltelva. Der nördliche Teil des **Saltfjellet-Svartisen-Nationalparks** und der **Junkerdal-Nationalpark** können von hier aus erkundet werden. Im Flusstal kann man entspannt dahinschlendern. Auf dem Gammelveien lässt sich das **Tal des Saltelva** bis **Rognan** und darüber hinaus auf markierten Routen gut mit dem Fahrrad erkunden. An der Rezeption des Nordnes-Campingplatzes gibt es kostenlose Landkarten der näheren Umgebung.

Information

› **Saltdal turistinformasjon,** Saltfjellveien 2201, 8255 Røkland, Tel. 75693855, www.nordnescamp.no, www.visitsaltdal.com

◁ *Auf einer Wanderung in den Junkerdalsura-Canyon (s. S. 129) überquert man den Fluss Junkerdalselva*

124wn-df

42 Nordnes Camping

GPS 66.93742, 15.31599

Trotz Nähe zur E6 ist dies ein Platz zum Wohlfühlen. Das Restaurant Nordneskroa, das zum Platz gehört, ist bekannt für traditionelles norwegisches Essen aus lokalen Produkten. Ein Laden mit Souvenirs und Infomaterial gehört ebenfalls zur Anlage. Guter Ausgangspunkt für Ausflüge in die umliegende Natur. **Lage/Anfahrt:** An der E6 gelegen; Über die E6 zu erreichen. Der Platz ist ausgeschildert; **Platzanzahl:** 80; **Untergrund:** Asphalt, Wiese; **Service:** Strom, Trinkwasser, Abwasser, Chemie-WC, WLAN; **Preiskat.:** €€; **Geöffnet:** ganzjährig; **Kontakt:** post@nordnescamp.no, Saltfjellveien 2201, 8255 Røkland, Tel. 75693855, www.nordnescamp.no

Aktivitäten

› **Wanderung zur Jordbruhytta,** Die etwa 7 km (einfacher Weg) lange Wanderung beginnt am Nordnes Camping. Zunächst folgt man der alten Straße (Gammelveien) richtung Süden nach Russånes und überquert hier den Fluss Saltelva. Nach der Brücke führt die Route nach links und sogleich nach rechts bergan. Nach einer Weile überquert der Schotterweg die Bahngleise. Von hier aus sind es noch ca. 4 km bis zu Hütte. Die Wege sind teils markiert und ausgeschildert. Von der Hütte führen Wanderwege weiter ins Jarbrudal und in den Saltfjellet-Svartisen-Nationalpark. Der Rückweg kann über das Kverndalen gewählt werden und so zu einer Rundwanderung verbunden werden.

ROGNAN

(21,4 km – km 676,1)

Weiter auf der E6 lohnt in **Rognan** am Saltdalsfjorden der schöne Campingplatz **Rognan Fjordcamp** ⓸⓷ einen Zwischenstopp. Das Zentrum der Kommune Saltdalen hat etwa 3000 Einwohner. Es gibt mehrere größere Supermärkte, Autowerkstätten und eine Tankstelle. Im kleinen, gemütlichen Hafen liegen einige fotogene historische Fischerboote vor Anker.

Auf der östlichen Flussseite, nahe der Mündung des Saltelva in den Saltdalsfjorden und etwa 1 km vom Campingplatz entfernt, warten das **Blodveimuseet** und das **Saltdal Bygdetun** auf Besucher.

Kurz vor Rognan zweigt die Rv812 nach Westen ab. Die malerische Straße **verbindet die Routen 2 und 1** (s. S. 57).

⓸⓷ Rognan Fjordcamp

GPS 67.10329, 15.40858

Der Campingplatz bietet Stellplätze direkt am Wasser mit Blick auf den Saltdalsfjorden. Das Gelände ist durch vereinzelte Bäume und Baumgruppen gegliedert. Die Betreiberin spricht Deutsch. **Lage/Anfahrt:** Etwa 500 m östlich des Zentrums von Rognan. Der Platz ist ab der E6 ausgeschildert; **Platzanzahl:** 90; **Untergrund:** Schotter, Schotterrasen, Wiese; **Preiskat.:** €€–€€€ (je nach Größe); **Geöffnet:** ganzjährig; **Kontakt:** Sandbakkveien 16, 8250 Rognan, Tel. 48154795, www.rognanfjordcamp.no

Sehenswert

› **Blodveimuseet (Blutweg-Museum),** Tunvegen 1, 8250 Rognan, Tel. 75503500, https://nordlandsmuseet.no/blodveimuseet, geöffnet: 25.6.–19.8. Do–So. 11–16 Uhr, Nebensaison auf Anfrage, Eintritt: Erw. 90 NOK, Studierende 40 NOK, Kinder

Ein altes Walfangboot im Hafen von Rognan

kostenlos. Auf dem Gelände der ehemaligen deutschen Kaserne wird die Geschichte der zehntausenden osteuropäischen Kriegsgefangenen erzählt, die während des deutschen Besatzungsregimes für den Bau von Straßen und Eisenbahnlinien in den Norden geschickt wurden und unter unmenschlichen Bedingungen schuften mussten.

› **Saltdal Bygdetun (Heimatmuseum),** Tunvegen 1, 8250 Rognan, Tel. 75503500, https://nordlandsmuseet.no/saltdal-bygdetun, geöffnet: 20.6.-18.8. Do-So 11-16 Uhr, Eintritt: Erw. 90 NOK, 40 NOK/Stud., Kinder kostenlos. Das Museum wurde rund um das ansehnliche Haus eines Skippers Ellingsen errichtet, dessen Familie es von 1750 bis Ende des 19. Jahrhunderts bewohnte. Im Haupthaus befinden sich ein kleines Café und ein Souvenirladen. Im 1. Stock kann eine Fotoausstellung besucht werden. Das Freilichtmuseum besteht aus 20 Häusern aus dem 17. bis zum 20. Jahrhundert.

FAUSKE/FUOSSKO

(27 km - km 703,1)

Auch die 9600-Einwohner-Stadt Fauske wird über die E6 erreicht. Heute sind Landwirtschaft, Handel und der Tourismus die bedeutenden Wirtschaftszweige des Ortes, früher drehte sich in Fauske allerdings alles um den Bergbau. Eine der größten Gruben, in der Schwefelkies und Kupfer abgebaut wurde, stellte 1991 den Betrieb ein. Heute ist das Bergbaugebiet **Sulitjelma** östlich der Stadt ein sehenswertes Museum.

Berühmt ist Fauske auch heute noch aufgrund des **Marmorabbaus.** Der weltweit nachgefragte rosafarbene, weiß strukturierte oder hellgraue Marmor wird von der **Norwegian Rose AS** (www.norwegianrose.no) nördlich des Ortes gefördert. Der begehrte Werkstoff ist in einer ganzen Reihe bekannter Bauwerke wie dem Kaiserpalast in Tokio, dem Osloer Rathaus oder dem UN-Hauptquartier in New York verbaut. In der Stadt erinnern Skulpturen, aufgestellte Marmorblöcke und aus dem Marmor bestehende Sitzgelegenheiten an den Marmorabbau.

Der historische Dorfkern, der westlich an das Stadtzentrum mit seinen Supermärkten, Einkaufszentren und Tankstellen angrenzt, wird heute vom Nordlandmuseum gepflegt. Im dazugehörenden **Fauske bygdetun** wird die die Geschichte des Ortes vorgestellt. Nicht weit davon entfernt ist die weiß strahlende, 1867 aus Holz fertiggestellte **Langkirche** ein hübscher Anblick.

In Fauske hat man die Möglichkeit, an **Route 4** anzuknüpfen (s. S. 171).

44 Bobilplass Fauske

GPS 67.25730, 15.38370

Strategisch gut gelegener Platz in Wassernähe. Von einigen Stellplätzen hat man Ausblick auf den Fjord. Alle zentrumsnahen Sehenswürdigkeiten sind fußläufig zu erreichen. Ein Fahrrad/Fußweg führt direkt am Platz vorbei. Die Wasserversorgung wird ca. vom 1.11. bis zum 15.4. abgestellt. Bezahlung erfolgt via Automat. **Lage/Anfahrt:** In unmittelbarer Nachbarschaft zum Nordlandmuseet Fauske Bygdetun/Salten Museum. Der Rv80, die im Ort an einem Kreisverkehr von der E6 abzweigt, Richtung Bodø folgen, auf die Hinweisschilder zu den Museen achten; **Platzanzahl:** 16 mit und 8 ohne Strom; **Untergrund:** Asphalt; **Preiskat.:** €; **Max. Stand:** 3 Nächte; **Geöffnet:** ganzjährig; **Kontakt:** Sjøgata 50, 8200 Fauske, Tel. 75604000, www.fauske.kommune.no/overnatting, fauskeparkering@fauske.kommune.no

126wn-df

127wn-df

Sehenswert

- **Fauske bygdetun,** Sjøgata 46, Tel. 75503500, https://nordlandsmuseet.no/en/fauske-bygdetun, geöffnet: 20.6.–20.8. Di–Sa 11–16 Uhr, Eintritt: Erw. 90 NOK, Stud. 40 NOK, Kinder kostenlos. Das Freilichtmuseum liegt direkt am Wohnmobilstellplatz 44 und bietet Ausstellungen rund um die Geschichte des Ortes, zu Kunst und Kultur und dem Leben der nordnorwegischen Familien, die häufig Bauern und Fischer zugleich waren. Zudem kann man im Außenbereich der am Wasser gelegenen, parkähnlichen Anlage wunderbar entspannen.
- **Sulitjelma Gruvemuseum,** Fagerli 41, 8230 Sulitjelma, Tel. 75503500, https://nordlandsmuseet.no/sulitjelma-gruvemuseum, geöffnet: 26.6.–18.8. tägl. 11–17 Uhr, Eintritt: Erw. 90 NOK, Stud. 40 NOK, Kinder kostenlos. Das Grubenmuseum liegt 40 km von Fauske entfernt und gehörte zu den ersten Industriegebieten in der Region, die zu Beginn des Bergbaus entstanden. Die alte Kupferhütte und das erste Kraftwerk stammen aus den 1890er-Jahren. Neben verschiedenen im Bergbau genutzten Geräten zeigt das Museum auch eine Sammlung an Mineralien aus den hiesigen Gruben.

Information

- **Fauske turistinformasjon,** Storgaten 76a, 8200 Fauske, Tel. 48204105, www.fauske.kommune.no/turist

45 Lundhøgda Camping

GPS 67.24540, 15.33613

Da sich der Platz auf einer Anhöhe befindet, hat man einen beachtlichen Rundblick. Das Zentrum von Fauske liegt ca. 3 km entfernt. **Lage/Anfahrt:** Südwestlich von Fauske auf einer Halbinsel, die sich in den Skjerstadfjorden erstreckt. Der Rv80, die im Ort an einem Kreisverkehr von der E6 abzweigt, Richtung Bodø folgen. Etwa 200 m nach der Kirche in den Erikstadveien abbiegen. Der Platz ist ausgeschildert; **Platzanzahl:** 50; **Untergrund:** Schotter, Wiese; **Preiskat.:** €; **Geöffnet:** ganzjährig; **Kontakt:** Lundveien 62, 8200 Fauske, Tel. 97539894, www.lundhogdacamping.no

Von Fauske aus fährt man über die Rv80 nach **Bodø** (s. S. 103, 52,8 km – km 755,6). Hier endet diese Route und man hat die Möglichkeit, über **Route 1** (s. S. 57) zurück nach Trondheim zu fahren, oder über **Route 3** (s. S. 135) weiter gen Norden. Alternativ kann man von Fauske aus über die E6 und die **Route 4** (s. S. 171) weiterfahren.

ROUTE 3

DIE SPEKTAKULÄRE INSELWELT DER LOFOTEN

268wn-df

Strecke:

Bodø (s. S. 103) – **Moskenes und Sørvågen** (97,2 km Fähre, s. S. 138) – **Å i Lofoten** (5 km, s. S. 140) – **Reine, Sakrisoy und Hamnøy** (9,9 km, s. S. 143) – **Sund** (18,3 km, s. S. 146) – **Fredvang** (12,4 km, s. S. 146) – **Ramberg** (6,3 km, s. S. 147) – **Flakstad** (4,1 km, s. S. 150) – **Nusfjord** (12,7 km, s. S. 151) – **Vikten** (15,6 km, s. S. 153) – **Nappskaret und Napp** (8,1 km, s. S. 154) – **Leknes** (11,6 km, s. S. 155) – **Borg und Bøstad** (13,4 km, s. S. 156) – **Abstecher nach Eggum** (hin und zurück 20 km, s. S. 157) – **Henningsvær** (48 km, s. S. 158) – **Kabelvåg** (19,3 km, s. S. 161) – **Svolvær** (6,4 km, s. S. 163) – **Sildpollneset und Laukvik** (17,2 km, s. S. 166) – **Raftsundet und Raften** (45,7 km, s. S. 169) – **Gullesfjordbotn** (38,6 km, s. S. 170) – **Abstecher nach Lødingen** (hin und zurück 5,6 km, s. S. 170) – **Narvik** (143 km, s. S. 185)

⊠ Kapitelstartseite: Blick vom Reinebringen (s. S. 144) auf den Kjerkfjorden

Streckenlänge:

ohne Abstecher: 532,8 km
mit Abstechern: 558,4 km

ROUTENÜBERSICHT

Die etwa 80 Inseln der Lofoten – die größten unter ihnen sind Austvågøya, Gimsøya, Vestvågøya, Flakstadøy und Moskenesøya – gehören zu den spektakulärsten Landschaften Nordnorwegens. Bis zu 1000 Meter ragen die Felswände empor. Unzählige Buchten, Fjorde und Sunde durchziehen die majestätische Bergwelt. Diese Kombination aus kleinen Fischerdörfern mit bunten Rorbuern (Fischerhütten), weißen Stränden, rauer See und spitzen Bergen bezaubert auf Anhieb. Die faszinierende Natur und eine lebendige Mischung aus Fischern, Künstlern und lokalen Lebensmittelproduzenten, deren Lebensweise eng mit dem Meer verbunden ist, haben die Lofoten mittlerweile zu einem fast legendären Reiseziel werden lassen. Somit kann es hier im Sommer für skandinavische Verhältnisse recht belebt sein. In der Hauptsaison (Juni–August) muss auf den Lofoten stellenweise mit ausgebuchten Campingplätzen gerechnet werden. In der Nebensaison, beispielsweise ab Anfang September, ist es deutlich ruhiger. Zudem ist die Wahrscheinlichkeit, Nordlichter zu sehen, erheblich größer. Spektakuläre Plätze, um die Polarlichter zu beobachten und zu fotografieren, findet man zur Genüge.

Von Bodø aus setzt man mit der Fähre nach Moskenes (s. S. 138) über. Schon bei der Überfahrt hat man bei guter Sicht einen wunderbaren Blick auf die gesamte Inselgruppe. In Moskenes angekommen, befindet man sich bereits inmitten der spektakulären Berg- und Wasserwelt der Lofoten. Von hier folgt man größtenteils der E10 nach Nordosten. Die Strecke über die Lofoten gehört zu den besonders sehenswerten Routen der Nasjonale turistveger.

Von Lødingen (s. S. 170) gibt es eine Fährverbindung nach Bognes (s. S. 183) (im Sommer auch von Svolvær nach Skutvik) und die Möglichkeit, an die Route 4 anzuschließen. In Narvik erreicht man die Routen 4 und 5 (s. S. 189).

⊡ *Skagsanden Strand bei Flakstad (s. S. 150) auf der Insel Flakstadøya*

Bodø (s. S. 103) ist Endpunkt von Route 1 und 2. Die Fährverbindung auf die Lofoten ist die Fortsetzung der Rv80, der man von Osten kommend bis zum Hafen folgt. Die **Überfahrt nach Moskenes** dauert 3 bis 3½ Std.

› **Fahrpläne und Tickets:** www.torghatten-nord.no, Tel. 90820700

Auf den Lofoten werden die Straßen deutlich schmaler. Selbst auf der E10, obwohl eine Europastraße und zugleich Hauptstraße der Lofoten, folgt man vor allem auf den südlichen Inseln größtenteils einem schmalen und gewundenen Asphaltband. Im Sommer sollte man in der Hochsaison besonders vorausschauend fahren, da zu dieser Jahreszeit neben Radfahrern auch viele Touristen aus der ganzen Welt mit Leihwagen unterwegs sind. Nicht immer kann mit erfahrenen Autofahrern gerechnet werden.

MOSKENES UND SØRVÅGEN

(97,2 km – km 97,2)

Der kleine Ort Moskenes, nach dem die Insel Moskenesøya benannt wurde, liegt auf einer Halbinsel und zählt 280 Einwohner. Der Hafen mit dem Fähranleger liegt geschützt in einer natürlichen Bucht. Von hier legen Fähren nach Bodø und zu den Inseln **Værøy und Røst** ab. Etwas oberhalb des Hafens, auf der westlichen Seite der Bucht, befindet sich eine 1821 geweihte **Kirche,** deren Turm 1865 errichtet wurde. Ein Vorgängerbau des Gotteshauses stand hier bereits im 16. Jahrhundert. Vor der Kirche erinnern zwei **Gedenksteine** an auf See gebliebene Fischer und die Gefallenen des Zweiten Weltkriegs.

Die unten beschriebenen Wanderungen in die beeindruckende Bergwelt von Moskenesøya beginnen im Nachbarort **Sørvågen.**

Das außergewöhnliche Klima der Lofoten

So wie der Großteil der norwegischen Westküste, bilden auch die Lofoten eine klimatische Ausnahme. Normalerweise müssten die Temperaturen in diesen Breiten deutlich niedriger ausfallen und zumindest im Winter wäre das Meer weit nördlich des Polarkreises gänzlich zugefroren.

Verantwortlich für das vergleichsweise milde ozeanische Klima Norwegens sind die Ausläufer des Golfstroms, auch Nordatlantikstrom genannt. Die warme Meeresströmung gehört zu einem globalen Strömungssystem und lässt warmes Wasser aus äquatornahen Regionen nach Norden fließen. Die Durchschnittstemperatur liegt auf Røst, der südlichsten bewohnten Insel der Lofoten, im Januar bei 1 °C, also ähnlich dem Januarmittel in Kontinentalfrankreich. Im Juli können die Temperaturen ausnahmsweise auch bis 30 °C erreichen, doch in der Regel steigen sie in den drei Sommermonaten bis auf höchstens 25 °C und liegen meistens mit einer durchschnittlichen Temperatur von 13 °C sogar deutlich darunter. Man sollte nicht vergessen, dass die Lofoten in einer arktischen Region weit nördlich des Polarkreises liegen und somit starke Temperaturschwankungen möglich sind.

Schöne Sonnentage und milde Temperaturen wechseln sich auf den Lofoten mit kühlen Schauerperioden ab. Obwohl die Niederschlagsmengen recht hoch sind, kann es im Sommer dennoch vorkommen, dass 10 Tage vergehen, ohne dass ein Tropfen vom Himmel fällt. Der trockenste Monat ist in der Regel der Juni und die wärmsten Monate sind Juli und August. Die Wetterwechsel treten – vor allem im Herbst und Winter – recht plötzlich auf. Die maritime Lage und die Berge sorgen dafür, dass das Wetter auf den Lofoten von einem Ort zum anderen sehr unterschiedlich sein kann. Nicht selten regnet oder schneit es an der Westküste, während nur zehn Kilometer entfernt an der Ostküste die Sonne scheint. Entsprechend ist es daher immer empfehlenswert, wetterfeste Kleidung dabei zu haben. Das wechselhafte Wetter sorgt aber auch für unglaubliche Lichtstimmungen, die eine Reise für Naturliebhaber und Fotografen zu einem Genuss machen.

279wn-df

Information

- **Turistinformasjon,** direkt am Fähranleger von Moskenes, Tel. 48079911, www.lofoten.info

Einkaufen

- **Joker-Supermarkt,** Moskenesveien 865, 8392 Sørvågen, geöffnet: Mo.–Fr. 9–21, Sa. 10–18, So 10–17 Uhr

Aktivitäten

- **Abstecher mit der Fähre** zu den Vogelinseln Værøy und Røst, Dauer: 1 Std. 45 Min. bzw. ca. 4 Std., www.visitvaroy.no, www.visitrost.no
- **Wanderung zur Munkebu-Hütte.** Der Weg beginnt am Wanderparkplatz in Sørvågen am östlichen Ufer des Sørvågvatnet. Die Strecke ist markiert, Dauer: hin und zurück 4–6 Std. Karten und Wanderführer sind z. B. im Circle K in Reine (s. S. 145) erhältlich.
- **Bergtour auf den Hermannsdalstinden** (1029 m). Der Wanderweg beginnt am Wanderparkplatz in Sørvågen. Die Route auf den höchsten Gipfel der Westlofoten führt über die Munkebu-Hütte. Einige Passagen sind mit Fixseilen ausgestattet und exponiert. Dauer: einfache Strecke ca. 8–10 Std.

Parken

41 **Wanderparkplatz Sørvågen,** GPS 67.89107, 13.01019, eine kostenpflichtige Toilette befindet sich am Parkplatz.

Die Einfahrt zum Hafen von Moskenes

131wn-df

46 Moskenes Camping

GPS 67.900056, 13.053167

Campingplatz mit Blick aufs Meer und die Inselkette der Lofoten. Zugang zum Meer. Eigene Kneipe „Posa Pub". **Lage/Anfahrt:** Hinter der Kirche, verborgen in den Felsen auf einer kleinen Anhöhe; Zufahrt gegenüber dem Fähranleger über eine Schotterstraße bergan in östlicher Richtung. Von der E10 kommend: Auf die Rv 80 abbiegen, hinter der Kirche links. **Platzanzahl:** ca. 60; **Untergrund:** Schotter, Schotterrasen; **Preiskat.:** €€; **Geöffnet:** ganzjährig; **Kontakt:** Birger Eriksens vei 30, 8392 Sørvågen, Nordland, Tel. 99489405, www.moskenescamping.no

Å I LOFOTEN

(5 km – 102,2 km)

Å i Lofoten mit seinen 100 Einwohnern ist die südlichste Siedlung der Insel Moskenesøya und Ausgangspunkt bzw. Ende der **Europastraße 10.** Um den Ort zu erreichen, fährt man, nach der Ankunft mit der Fähre in Moskenes, auf der E10 zunächst 5 km in südlicher Richtung. Um die Reise auf den Lofoten fortzusetzen, muss man die 5 km auf der E10 bis Moskenes wieder zurückfahren.

Der Ort kann erst seit 1992 über den Landweg erreicht werden. Er gehört zum größten Teil der Familie des Stockfischproduzenten Johan B. Larsen (www.johan-b-larsen.no/Eng lish) und dessen Nachkommen. Ein Besuch des malerischen Örtchens Å – wie der Ort auch kurz genannt wird – ist sehr zu empfehlen. Zwei Museen beschäftigen sich mit der Kultur und dem Leben auf den Lofoten. Den größten Teil des Orts nimmt das **Norsk Fiskeværsmuseum** (Norwegisches Fischerdorfmuseum) ein, dessen hölzerne Gebäude bis zu 150 Jahre alt sind. Das **Lofoten Tørrfiskmuseum** widmet sich ganz dem Stockfisch.

Å i Lofoten am Fuß des 490 m hohen Tindstinden

Sehenswertes

› **Norsk Fiskeværsmuseum,** Å vegen 21, 8392 Sørvågen, Tel. 76091488, www.museumnord.no/en/norwegian-fishing-village-museum/, geöffnet: 2.1.–30.5. Mo–Fr 11–15, 1.7.–31.8. tägl. 11–18, 1.9.–30.9. tägl. 9–15, 1.10.–18.12. Mo–Fr 11–15 Uhr, Eintritt: Erw. 110 NOK, Senioren 100 NOK, Stud. 80 NOK, Kinder unter 5 Jahren kostenlos. Das Norwegische Fischerdorfmuseum beschäftigt sich mit der Geschichte der Lofotenfischerei in den letzten 250 Jahren. Es wurde 1989 gegründet und hat den Charakter eines Freilichtmuseums. Der Großteil der neun Gebäude befindet sich an ursprünglicher Stelle. Zu besichtigen sind eine aus Stein gebaute Bäckerei, die für die Herstellung von Zimtschnecken

132wn-df

Stockfisch, luftgetrocknete Delikatesse

Stockfisch (norwegisch: „Tørrfisk") ist durch Lufttrocknung haltbar gemachter Fisch und das älteste Exportgut Norwegens. Die Lofoten sind der bedeutendste Lieferant dieser Spezialität. Die Herstellung von Stockfisch hat insbesondere in Nordnorwegen lange Tradition und ist seit Jahrhunderten eine wichtige Einnahmequelle. Neueste Forschungen ergaben, dass die Konservierungsmethode des Trocknens in Nordnorwegen schon seit dem 8. Jahrhundert praktiziert wird.

133wn-df

Bereits die Wikinger führten Stockfisch auf ihren Reisen als Nahrungs- und Tauschmittel mit sich. Im 12. Jahrhundert begann der regelmäßige Export nach England und im 13. Jahrhundert etablierte sich die Hanse in Bergen und übernahm die Kontrolle über den Stockfischhandel mit Nordnorwegen. Der Fisch gelangte so nach Deutschland und wurde von dort international weiterverkauft. Nachdem sich die Hanse aufgelöst hatte, übernahmen die kommunalen Fischereiverbände den internationalen Handel.

Für den typisch norwegischen Stockfisch wird hauptsächlich Kabeljau (Dorsch) verwendet, der in den Gewässern der Lofoten von Januar bis April in großen Schwärmen vorkommt, um hier zu laichen und zu überwintern. Anschließend kehren die Schwärme in die kältere Barentssee zurück. Doch auch Seelachs, Schellfisch, Leng und Lumb werden verarbeitet. Eine besonders hohe Qualität wird dem Stockfisch von den Lofoten-Inseln Værøy und Røst nachgesagt. Seit 2007 ist „Stockfisch von den Lofoten" eine geschützte Marke und 2014 wurde diese im EU-Qualitätsregister eingetragen.

Stockfisch ist ein natürliches Produkt frei von künstlichen Zusatzstoffen. Nach dem Fang werden Kopf und Innereien des Fischs entfernt und anschließend zwei Fischkörper an den Schwänzen zusammengebunden. Die Köpfe werden separat getrocknet. Die Fische werden nun auf die hölzernen Trockengestelle gehängt, die das Bild vieler Orte auf den Lofoten und in den nordnorwegischen Provinzen Troms und Finnmark (seit 2020 Troms og Finnmark) prägen. Hier bleiben die Fische für zwei bis drei Monate. Später kommen sie für weitere vier bis zwölf Monate in spezielle Trockenhäuser.

In Nordnorwegen herrschen die perfekten klimatischen Bedingungen für die Herstellung von Stockfisch. Die Luft ist nicht zu trocken, gleichzeitig sind die Temperaturen ideal. Zu warme Temperaturen würden den Befall mit Fliegen und Maden begünstigen. Bei zu kalten Temperaturen wiederum würde der Fisch gefrieren und nicht trocknen. Eine leichte, salzige Meeresbrise liefert die besten Produkte.

Der fertige Stockfisch wird in mehrere Klassen eingeteilt. Innerhalb dieser Klassen findet eine weitere Feinsortierung statt. Der Fisch wird nach Geruch, Struktur, Form, Länge, Gewicht und Farbe sortiert und nach Qualität und Charakter in insgesamt mehr als 20 verschiedene Kategorien unterteilt. Der Ursprung dieser Einteilung geht auf die Hansezeiten zurück. Die verschiedenen Handelspartner wurden und werden immer noch unterschiedlich beliefert. Der Fisch der 1. Klasse geht vorzugsweise nach Italien, die 3. Klasse, bestehend aus den Köpfen und den aussortierten Fischen, wird ausschließlich nach Afrika exportiert.

Durch den starken Rückgang der Kabeljaubestände in den letzten Jahrzehnten ist der klassische Stockfisch heute relativ teuer geworden und hat seinen Ruf als „Arme-Leute-Essen" weitgehend verloren. Heute sind die wichtigsten Exportmärkte für den norwegischen Stockfisch Italien, Schweden, die USA und Nigeria.

134wn-df

135wn-df

und traditionellem Brot bekannt ist, ein Lebensmittelgeschäft, ein Postamt, ein Bootshaus mit traditionellen Nordland-Holzbooten, eine Lebertranfabrik, historische Gärten, eine Schmiede und das Rorbuer, ein traditionelles Fischerhaus, das sechsmal täglich geöffnet ist und nur im Rahmen einer Führung (auf Norwegisch, Englisch und Spanisch) besichtigt werden kann. Angeschlossen sind ein Souvenirgeschäft und ein Café.

- **Lofoten Tørrfiskmuseum,** Moskenesveien 1270, 8392 Å, Tel. 76091211. Das Stockfischmuseum widmet sich der tausendjährigen Herstellungsgeschichte des norwegischen Stockfischs, einem der ältesten Exportgüter Norwegens. Das Museum zeigt den Verarbeitungsprozess vom Fang bis zur Verpackung und der Bereitstellung für den Export. Führungen werden auch auf Deutsch angeboten.

Gastronomie

- **Å Rorbuer & Brygga Restaurant,** Tel. 76091211, www.arorbuer.no/activities/restaurant, geöffnet: Do–So 15–22 Uhr. Das Restaurant befindet sich in einem historischen Gebäude mit gemütlichem Ambiente. Die Speisekarte bietet vor allem lokale Spezialitäten mit reichlich Fisch, aber auch Burger und Fleischgerichte.

Aktivitäten

- Die anspruchsvolle **Wanderung zur Bucht Stokkvika** beginnt an den Fisch-Trockengestellen oberhalb des zentralen Parkplatzes und führt auf die Westseite der Insel. Schlecht markierter, aber zumeist gut sichtbarer Pfad, hin und zurück 7–8 Std.
- **Wanderung um den See Ågvatnet.** Einstiegsmöglichkeiten befinden sich vor und hinter dem etwa 100 Meter langen Åtunnelen, der mitten im Ort zum zentralen Parkplatz führt, Länge: 7,5 km.
- **Spaziergang zur Bucht Andstabbvika.** Dem asphaltierten Weg am Ende des großen zentralen Parkplatzes folgen. Nach etwa 500 m erreicht man die Landspitze, die einen guten Blick auf die südlichste Spitze der Insel Moskenesøya und die Inseln Værøy und Røst ermöglicht.

Parken

P 42 **Zentraler Parkplatz Å i Lofoten,** GPS 67.88006, 12.97790. Großer Parkplatz nach dem Åtunellen am Ende der E10.

Von Å fährt man nun auf der E10 nördlich, passiert erneut Moskenes und erreicht den Ort Reine.

Das Zentrum von Å i Lofoten mit dem Tørrfiskmuseum

Schmackhafte Fischgerichte wie panierte Dorschzunge gibt es im Restaurant Å Rorbuer & Brygga

REINE, SAKRISØY UND HAMNØY

(9,9 km – km 112,1)

Der malerisch auf Inseln und Halbinseln erbaute Ort Reine ist das administrative Zentrum der Kommune Moskenes. Er liegt inmitten einer majestätischen Bergwelt, die vom **Reinefjorden,** bestehend aus den Meeresarmen Vorfjorden, Kjerkfjorden, Forsfjorden und Bunesfjorden, ergänzt wird. Die schroffen Felsriesen ragen bis zu 800 Meter hoch nahezu senkrecht aus dem Meer. Die bedeutendsten Erwerbsquellen für die 300 Einwohner des Ortes sind der Tourismus und der Fischfang. Die hölzernen Trockengestelle für die Herstellung des bekannten Stockfischs (s. S. 141) prägen den Ort nach wie vor.

Folgt man der E10, die durch Reine verläuft, in Richtung Norden, gelangt man in die benachbarten, fotogenen Orte **Sakrisøy** und **Hamnøy,** die durch kurze, gewölbte Brücken verbundenen sind. Die Orte Reine, Sakrisøy und Hamnøy sind der Inbegriff der Lofoten. Das kulturelle Angebot ist nicht vergleichbar mit Å i Lofoten, Nusfjord, Henningsvær oder Svolvær, doch optisch vereinen sie all das, was die Lofoten ausmacht. Das bezaubernde Arrangement aus Inseln, bunten Rorbuern, Fjorden und Bergen betrachtet man am besten vom 448 Meter hohen **Reinebringen,** dem wohl berühmtesten Aussichtspunkt der Lofoten.

Der auch im Winter eisfreie Hafen von Hamnøy vor dem 675 m hohen Olstinden

136wn-df

Der Reinebringen

Der Aufstieg zum 448 Meter hohen Gipfel des Reinebringen galt lange als Norwegens gefährlichstes Touristenziel. Der steile Weg auf den beliebten, stark frequentierten Aussichtspunkt war stark ausgetreten und rutschig und wurde daher von der Gemeinde Moskenes vorrübergehend gesperrt. Dies hielt jedoch viele Touristen nicht davon ab, den Aufstieg trotzdem zu wagen, denn der Blick vom Reinebringen gehört in den sozialen Medien zu den beliebtesten Motiven.

Seit Sommer 2019 ist der Weg wieder begehbar. Insgesamt 7,1 Millionen norwegische Kronen, umgerechnet 734.000 Euro, wurden investiert, um den Weg durch eine sogenannte Sherpatreppe zu sichern. Dieses Verfahren hat sich in Norwegen und Schweden in den letzten Jahren etabliert, um auf stark begangenen und steilen Wegen Touristen und Natur zu schützen. Errichtet wurde die Treppe von nepalesischen Steinsetzern. Einige Höhenmeter fehlen noch, denn der Bautrupp aus Asien ist weltweit gefragt und hatte bereits anderweitige Aufträge.

Die eigentliche Herausforderung, um auf den Aussichtspunkt zu gelangen, ist nunmehr eher die Parkplatzsuche. In der Hochsaison sind bei gutem Wetter sämtliche bergnahen Parkmöglichkeiten an der E10 mit Wohnmobilen und Pkw gut gefüllt. Dann ist es ratsam, auf den größeren, gebührenpflichtigen Parkplatz im äußeren Hafen von Reine auszuweichen. Von hier sind es etwa 25 Minuten zu Fuß bis zum Startpunkt für den Aufstieg. Man folgt zu Fuß der E10 gen Süden Richtung Å. Am Tunneleingang des 400 m langen Ramsviktunnelen wechselt man nach links auf die alte, schmale, asphaltierte Straße. Nach ca. 150 Metern erreicht man die weiß leuchtenden Treppen.

› *ca. 600 Meter südlich von Reine, www.facebook.com/reinebringen. Dauer des Aufstiegs 1½–2 Stunden. Man sollte gute Wanderschuhe tragen. Bei Schnee und Regen ist der Aufstieg nicht empfehlenswert.*

Sehenswertes

› **Reine Kultursenter,** Kirkeveien 20, Tel. 76091010, www.reinekultursenter.no/english, geöffnet: Juni–Sept. (wechselnde Öffnungszeiten), in der Nebensaison auf Anfrage. Im Kultursenter werden Fotografien von Arnt Sneve gezeigt, es gibt wechselnde Ausstellungen und ein Kunst- und Souvenirshop mit hochwertigen Produkten ist angeschlossen. Außerdem ist die Galleri Eva Harr im Gebäude untergebracht:

› **Galleri Eva Harr,** www.evaharr.no, geöffnet: von Mai bis September (wechselnde Öffnungszeiten), außerhalb der Saison auf Anfrage. Die Galerie beherbergt eine Sammlung von Grafiken und Gemälden der Künstlerin Eva Harr. In einer Erweiterung der Ausstellung werden Fotografien von Frank A. Jenssen gezeigt. Angeschlossen ist ein Laden, in dem grafische Arbeiten von Eva Harr und Postkarten, Bücher und Poster beider Künstler erworben werden können.

› **Lofoten Leketøysmuseum/Lofoten Toy Museum,** Sakrisøy, Tel. 76092143, www.lofoten-info.no/Museums.htm#1, geöffnet: 25.5.–20.6. 10–18, 21.6.–15.8. 10–20, 16.–31.8. 10–18 Uhr, in der Nebensaison auf Anfrage, Eintritt: Erw. 60 NOK, Kinder 30 NOK. Das liebenswürdige kleine Museum ist der nordnorwegischen und europäischen Spielzeugkultur gewidmet. Es beherbergt über 1500 Puppen und Teddybären aus den Jahren 1860 bis 1965.

Information

› **Moskenes turistinformasjon,** Kirkeveien 38, 8390 Reine, Tel. 90520774 www.visitlofoten.com/en/destination/moskenes

Gastronomie

› **Underhuset Restaurant,** Sakrisøy Rorbuer, Tel. 94136501, www.sakrisoyrorbuer.no/restaurant, geöffnet: in den Sommermonaten Mo–Sa 16–22 Uhr. Für die Lofoten typische Speisen mit Fisch und Fleisch, aber auch vegetarische und vegane Gerichte werden in urigem Ambiente serviert.

› **Restaurant Gammelbua,** Reineveien 165, Tel. 76092222, www.classicnorway.no/hotell/reine-rorbuer/restaurant/, geöffnet: tägl. 17–22 Uhr. In rustikalem Ambiente werden Gerichte aus lokal produzierten Zutaten und lokale Spezialitäten serviert.

› **Tapperiet Bistro,** Reineveien 164, Tel. 90197335, www.tapperiet.com, geöffnet: Mo, Di, Do 12–23,

Mi, Fr, Sa 12–24, So 12–23 Uhr. Burger, Fish & Chips, Fleisch, Fischgerichte und Pizza in gemütlichem Ambiente. Im Sommer mit Außenbereich.

› **Reine Bringen Kaffeebar,** Reineveien 109, Tel. 76091300, geöffnet: Sa/So 11–17 Uhr. Café und kleiner hübscher Laden, in dem Einrichtungsaccessoires gekauft werden können. Es gibt Klassiker wie Zimtschnecken.

› **Anita's Sjømat,** Sakrisøy, Tel. 90061566, www.sakrisoy.no, geöffnet: tgl. 10–20 Uhr, Nebensaison tgl. 11–17 Uhr. Im Anita's Seafood genießt man im angenehmen Ambiente Meeresspezialitäten wie Stockfisch, Räucherlachs und Krabben. Im dazugehörigen Laden werden Delikatessen aus der Region angeboten.

Einkaufen

› **Coop Prix Reine,** an der E10 zwischen Reine-Zentrum und Sakrisøy auf der Insel Andøya, Tel. 76092103, geöffnet: Mo.–Fr. 9–20, Sa. 9–18 Uhr. Kleiner Supermarkt mit guter Auswahl und kleinem Parkplatz.

› **Circle K Reine,** im Zentrum von Reine an der Tankstelle, Tel. 76092439, geöffnet: tgl. 9–22 Uhr. Tankstelle, kleines Lebensmittelgeschäft, Souvenirshop und Imbiss.

Aktivitäten

› **Bootstour über den Reinefjorden,** Kirkeveien 11, Tel. 77710100, www.norwegian.travel, Preise ab 298 NOK. Die Boote legen in Reine und Hamnøy ab. Abfahrt Reine: 9, 10.45, 13.30, 15.15, 17 Uhr, Abfahrt Hamnøy 9.15, 11, 13.45, 15.30, 17.15 Uhr. Die Rundtour verläuft durch den Reinefjorden und den Kjerkfjorden, am Bunesfjorden und Forsfjorden vorbei. Es ist möglich, die Tour zu unterbrechen und beispielsweise in Vindstad auszusteigen und nach Buneset zu wandern. Am schön gelegenen Sandstrand blickt man direkt auf das Nordmeer. Pro Richtung muss man eine Stunde einplanen und kann anschließend ein Boot zurücknehmen. Die Rundfahrt dauert 1½ Std. an Bord gibt es Englisch sprechende Guides. Es verkehren auch Linienboote, die günstiger sind und ohne Guide auskommen. Abfahrten siehe Aushang vor Ort oder www.reisnordland.no.

› **Wanderung auf den Reinebringen** (s. S. 144)

› **Aqua Lofoten Coast Adventure,** im Zentrum von Reine gegenüber der Tankstelle, Tel. 99019042, www.aqualofoten.no. Angeltrips, Meeressafaris, Bootstouren zum Gezeitenstrom Moskenstraumen (Malstrom) und zu benachbarten Inseln und Küstenabschnitten sowie Touren zu einer Steinzeithöhle mit 3000 Jahre alten Malereien, Walsafaris, geführte Wanderungen und Nordlichtsafaris. Auch mehrtägige Ausflüge.

137wn-df

◘ *In Anita's Sjømat findet man allerlei regionale Delikatessen wie Tørr- und Klippfisk*

Parken

P 43 Parkplatz Reine Blick/Reinehalsen, GPS 67.92834, 13.08416. Parkplatz an der E10 am Abzweig zur Reineveien nach Reine-Zentrum. Wunderschöner Blick auf Reine, die Bucht Gravdalsbukta und den markanten 675 Meter hohen Berg Olstinden. Beliebtes Fotomotiv.

P 44 Parkplatz Gravdalsbukta, GPS 67.93005, 13.08192. Parkplatz an der E10 mit Blick auf das Zentrum von Reine, die Gravdalsbukta und den Olstinden.

P 45 Parkplatz Djupfjorden, GPS 67.91194, 13.07445. Parkplatz mit Blick auf das Meer an der E10 zwischen Moskenes und Reine.

P 46 Parkplatz Sakrisøy, GPS 67.94167, 13.11279. Parkplatz auf der Insel Sakrisøy. Direkt am Anita's Sjømat.

138wn-df

47 Wohnmobil Stellplatz Reine

GPS 67.93475, 13.09327
Stellplatz am äußeren Hafen von Reine mit Blick auf die Insel Andøya und die umliegenden Berge. Die Bezahlung erfolgt am Parkscheinautomaten. **Lage/Anfahrt:** Zufahrt über das Zentrum von Reine. Am Circle K rechts abbiegen; **Untergrund:** Schotter, Asphalt; **Sicherheit:** beleuchtet; **Preiskat.:** €€€, Bezahlung mit Kreditkarte und EasyPark möglich (s. S. 36); **Geöffnet:** ganzjährig; **Kontakt:** Reine Hurtigbåtkai, 8390 Reine, Tel. 76091599

P 47 **Akkarvikodden rasteplass,** GPS 67.96206, 13.15216. Rastplatz mit Blick aufs Meer an der E10 am Nordende des Hamnøytunnel. Toilette und warmes Wasser sind vorhanden. Übernachtung wird toleriert. Die Toiletten sind jedoch in den Wintermonaten geschlossen. Gestaltet von der Landschaftsarchitektin Inge Dahlman. Vom Rastplatz führt die alte asphaltierte Straße für Fußgänger und Radfahrer an der Küste entlang nach Hamnøy.

SUND
(18,3 km – km 130,4)

Um nach Sund zu gelangen, folgt man der E10 von Reine Richtung Norden. Einen Kilometer vor dem Kråkersundet, der die Inseln Moskenesøya und Flakstadøya trennt, passiert man die **Fischzuchtstation von Mølnarodden.**

Kurz hinter der Brücke über den **Kråkersundet** zweigt die Straße Fv810/7598 nach Osten ab und endet im Ort Sund. Er gehört zu den älteren Siedlungen der Lofoten und wurde um das Jahr 1500 erstmals erwähnt. Ein gut geschützter Hafen und eine Werft machen den Ort für die verbliebenen 100 Einwohner noch immer lebenswert. Größte touristische Attraktionen des Ortes sind die weithin bekannte **Schmiede und das Fischereimuseum.**

Sehenswertes

› **Smeden i Sund & Fiskerimuseum,** 8384 Sund i Lofoten, Tel. 91371718, www.lofoten-info.no/sund-mus.htm, www.smedenisund.no, geöffnet: 1.6.–1.9. 10–17 Uhr. Das Fischereimuseum wurde 1964 von Petra und Hans Gjerten gegründet. Seit 1999 gehört das Museum dem Schmied Tor-Vegard Mørkved, dem man beim Arbeiten zusehen kann. Die Schmiede macht nun einen wesentlichen Teil des Museums aus. Tor-Vegard Mørkved arbeitet nach wie vor auf traditionelle Weise. Seine schmiedeeisernen Kormorane sind weltberühmt. Man findet sie im Pentagon, im Kreml und im norwegischen Königspalast. Eine weitere besondere Attraktion ist die Sammlung von größtenteils noch funktionstüchtigen Bootsmotoren, die klopfend laufen und weithin hörbar sind. Eine kleines Lokal ist angeschlossen.

Parken

P 48 **Am Fiskerimuseum,** GPS 68.00533, 13.20671. Parkplatz am Hafen in der Nähe des Cafés und des Fischereimuseums.

FREDVANG
(12,4 km – km 142,8)

Fredvang erreicht man auf der Fv808/7708 über zwei für die Lofoten typische Bogenbrücken, die sich über den Kubbholmsundet und den Røssøystraumen spannen. Das Dorf liegt in einer größeren Ebene, die in einen weitläufigen Sandstrand (Sandbotnen) ausläuft. Obwohl auf Moskenesøya gelegen, gehören der Ort und seine 240 Einwohner zur Gemeinde Flakstad. In früheren Zeiten war die Ansiedlung von den übrigen Gemeinden auf Moskenesøya abgeschnitten. Es gab nur eine Fährverbindung nach Ramberg auf Flakstadøya, wodurch die Bewohner von Fredvang eher in Flakstad ihre Besorgungen tätigten.

Von Fredvang aus lässt sich die spektakuläre Bergwelt von Moskenesøya gut zu Fuß erschließen. Der Ort liegt am **Lofotodden-Nationalpark** (www.norgesnasjonalparker.no/en/nationalparks/lofotodden), der sich über die gesamte Westküste von Moskenesøya erstreckt und eine der dramatischsten Landschaften der Lofoten mit Fjorden, schmalen Landbrücken und spitz aufragenden Bergen einschließt. Folgt man der Fv808/7708, die in Fredvang nach Süden abknickt, ergeben sich weitere Wandermöglichkeiten.

Sehenswertes

› **Lofoten Torvmuseum,** westlich des Zentrums von Fredvang, Tel. 90984351, www.lofoten-torvmuseum.no, geöffnet: Juni–Aug. 10–13, 15–17 Uhr, Mai und Sept. auf Anfrage, Eintritt: Erw. 20 NOK, Kinder 10 NOK. Das Torfmuseum beschäftigt sich mit dem für die Lofoten wichtigen kulturellen Erbe der Torfgewinnung.

Aktivitäten

Am Parkplatz Yttersand beginnen mehrere Wanderwege. Die Wanderung zur Landspitze **Mulstøa** führt an die Nordspitze der Insel Moskenesøya (einfacher Weg ca. 30 Minuten). Alternativ kann vom Parkplatz Yttersand auch der **Mulstøtinden** (220 m) erwandert werden. Dieser Pfad führt zunächst in südwestliche Richtung und dann Richtung Norden (einfacher Weg ca. 1 Stunde).

49 Yttersand, GPS 68.09912, 13.13478

Ausgangspunkt für die etwa zweistündige (hin und zurück) Wanderung zur populären Bucht **Kvalvika** ist der Parkplatz Torsfjord, der sich 2 km südlich von Fredvang an der Fv808/7708 befindet. Die Wanderung beginnt auf der gegenüberliegenden Seite des Parkplatzes und führt zu einem herrlichen, zwischen dunklen Granitfelsen eingekesselten **Nordmeerstrand,** an dem die Surfer Inge Wegge und Jørn Ranum 2012 neun Monate lang in einer aus Treibholz und anderem angeschwemmten Material selbst erbauten Hütte lebten und den Film „North of the sun" drehten. Der Ort ist sehr zu empfehlen, um abends/nachts die Mitternachtssonne zu genießen. Die Wanderung kann auf den 543 m hohen Ryten oder zu einer Schleife über Fredvang und über die Fv808/7708 zurück zum Parkplatz ausgedehnt werden.

50 Torsfjord, GPS 68.06840, 13.12971. Der Parkplatz war in der Vergangenheit immer wieder geschlossen. Gegebenenfalls muss man auf einen der anderen Parkplätze ausweichen.

Eine Wanderung auf den **Ryten** bzw. zum **Kvalvika-Strand** beginnt am Parkplatz Ryten/Kvalvika. Der 3,9 km bzw. 3,5 km lange Wanderweg führt zunächst nach Süden und ist ausgeschildert. Vom 543 m hohen Ryten bietet sich eine atemberaubende Aussicht.

51 Ryten/Kvalvika, GPS 68.08855, 13.13885. Tel. 91676044. Der kostenpflichtige Parkplatz (100 NOK) liegt nahe des Torfmuseums. Frischwasser und Toiletten sind vorhanden. Eine Übernachtung ist möglich.

Parken

52 Fredvang, GPS 68.08703, 13.17254. Rastplatz mit Toiletten und Sitzgelegenheiten.

RAMBERG

(6,3 km – km 149,1)

Von Fredvang aus geht es über die Fv808/7708 und die zwei Brücken wieder zurück zur E10. Ihr folgt man nun ein kurzes Stück bis Ramberg. Kurz vor dem Ortseingang fallen die großflächig aufgebauten Holzgestelle auf.

Geologie und Entstehung der Lofoten

Die spektakulären norwegischen Küstenlandschaften nördlich des Polarkreises bieten beeindruckende Einblicke in die Geologie der im Wesentlichen von Meer und Inlandeis geformten Ufer. Die dunklen Gneisfelswände auf Moskenesøya zählen mit einem Alter von 3 bis 3,5 Milliarden Jahren zum ältesten freiliegenden Urgestein der Erde. Auf dem angrenzenden Festland sind diese alten Gneise, Granite und Charnockite (granitähnliche Gesteine) unter mächtigen Gesteinsdecken des Kaledonischen Gebirges verborgen, welches vor etwa 450 Millionen Jahren während des Ordovizium/Silur bei der Kollision der Urkontinente Baltica (Ur-Europa) und Laurentia (Ur-Nordamerika) entstand. Auf den Lofoten ragen diese Gesteine in Form der für die Inseln typischen, spektakulären und bis zu über 1000 Meter hohen Felsnadeln aus dem Nordatlantik.

Die Lofoten wurden das letzte Mal vor 420 bis 390 Millionen Jahren zusammen mit dem Skandinavischen Hochgebirge, das seinen Ursprung im Kaledonischen Gebirge hat, aufgefaltet. Die wesentlich älteren Gesteine wurden schon mehrfach in Gebirge „eingearbeitet". Am häufigsten kommen Granitgneise und die sonst in Europa seltenen Charnockite vor, die etwa 1,75 bis 25 Milliarden Jahre alt sind. Ihre aktuelle Form erhielten die Berge der Lofoten von der letzten Eiszeit vor ca. 10.000 Jahren.

Die Felsen der Lofoten gehören zu einer Erosionskante des Kaledonischen Gebirges, die langsam nach Westen wandert. An einigen Stellen ist der Abtrag so weit fortgeschritten, dass das alte Urgestein des Transskandinavischen Magmatitgürtels zum Vorschein kommt.

Man geht davon aus, dass die durch den Zusammenstoß der Urkontinente entstandenen Auffaltungen ursprünglich eine Höhe von mehr als 10 Kilometern erreichten. Neben den Gletschern der letzten Eiszeiten hat vor allem die Witterung die Berge im Laufe der Jahrmillionen auf die heutige Höhe abgeschliffen. Nach wie vor sind alle Gesteinsarten auf diesem Archipel starken Witterungsverhältnissen ausgesetzt, wobei die Brandung an der Westseite einer der größten Faktoren der Erosion ist.

139wn-df

140wn-df

Beliebtes Motiv: einsamer Schuppen nahe des Parkplatzes Rambergstranda (s. S. 150)

Trotz seiner nur 300 Einwohner bildet Ramberg das administrative Zentrum der Lofoten-Insel Flagstadøya. Der Ort eignet sich gut, um die Vorräte aufzufüllen. Es gibt hier einen größeren Supermarkt, eine Tankstelle, eine Autowerkstatt für Fahrzeuge bis 7,5 Tonnen und zwei Cafés. Eine Touristeninformation mit angeschlossenem Geschäft für Kunst und Kunsthandwerk rundet das Angebot ab.

Der nördlich des Zentrums gelegene, weitläufige Sandstrand **Rambergstranda** lädt zum Schlendern ein. Guten Zugang zum Strand – zum Beispiel, um die Mitternachtssonne zu betrachten, hat man vom gut ausgestatteten Campingplatz **Ramberg Gjestegård** (48) oder vom **Parkplatz Rambergstranda.**

Gastronomie

- **Café Friisgården,** Flagstadveien 422, Tel. 41562281 https://de-de.facebook.com/Friisgarden/, geöffnet: tgl. 12–19 Uhr. Gemütliches Café in historischem Holzhaus.
- **Café Lille Martine,** Flakstadveien 457, Tel. 90639433, www.cafelillemartine.no, geöffnet: Mo–Fr 10–15, Sa 11–15 Uhr. Kleine Gerichte, Pizza, Salate, Kaffee und Kuchen.
- **Ramberg Gjestegård,** Flagstadveien 361, am südlichen Ende von Rambergstranda, Tel. 76093500, www.ramberg-gjestegard.no/#Restaurant, Öffnungszeiten je nach Saison (siehe Website). Gemütliches Restaurant. Regionale Fischgerichte, aber auch Kaffee und Kuchen.

Information

- **Flakstad turistinformasjon – „The Lofoten Store" & Lofotodden Nationalpark Besucherzentrum,** Flakstadveien 459, 8380 Ramberg, im Zentrum am Supermarkt, Tel. 91320903, www.visitlofoten.com/en/destination/flakstad, www.lofotenstore.com, https://ramberg-tourist-information.business.site/#details, geöffnet: Sept.–Juni tägl. 10–18, 20.6.–31.8. tägl. 9–20 Uhr. Touristeninformation mit angeschlossenem Geschäft für Kunst, Kunsthandwerk und Deko.

Aktivitäten

- **Wanderung auf den 240 Meter hohen Nubben,** Ausgangspunkt im Zentrum am Parkplatz des Supermarkts. Die E10 überqueren, die Wanderung beginnt direkt gegenüber in der kleinen Straße. Nach etwa 100 Metern bei GPS 68.08884, 13.23143 an der Jugendherberge UL Lysbøen dem Pfad geradeaus folgen. Schmale Serpentinen führen auf direktem Weg nach oben. Kurze, mittelschwere Wanderung mit imposantem Ausblick auf Berge, Buchten, Strände und Meer. Bei Nässe sehr rutschig! Hin und zurück 1,2 km (ca. 1½ Std.). Die Wanderung kann bis auf den 695 m hohen Moltinden ausgedehnt werden, von dessen Gipfel sich ein überwätigender Ausblick bietet. Kurz vor dem Nubben geht es links ab. Der Pfad ist markiert, aber teils schlecht zu erkennen. Der Gipfelbereich ist nur für geübte Wanderer und nicht bei Schnee, Eis oder Regen zu empfehlen. Hin und zurück ab Ramberg 4,3 km (ca. 4–5 Std.). Der Rückweg erfolgt wie der Aufstieg.
- **Fahrradtour nach Nesland,** Fahrradverleih am Campingplatz Ramberg Gjestegård (48). 12 Kilometer lange Radtour. Zunächst folgt man der E10 nach Süden. Nach etwa 2,5 Kilometern knickt die E10 nach Westen ab. Hier folgt man der Straße 803 weiter nach Süden. Nach etwa 600 Metern lohnt ein Abstecher zu der fünf Meter hohen Steinskulptur „Epitaph" des japanischen Künstlers Toshikatsu Endo. Die kaum befahrene Straße führt weiter am malerischen Skjelfjorden entlang, umrundet den 443 Meter hohen Berg Neslandsheia und endet im abgelegenen Doppelort Vester und Auster Nesland. Im Ortsteil Auster Nesland befindet sich die einzige erhaltene **Wassermühle** der Lofoten.

48 Ramberg Gjestegård

GPS 68.09200, 13.23442
Gut ausgestatteter Campingplatz mit Boots- und Fahrradverleih (auch E-Bikes). Restaurant am Platz. **Lage/ Anfahrt:** Am südlichen Ende des Rambergstranda. Direkt an der E10. Der Platz ist ausgeschildert; **Platzanzahl:** 35; **Untergrund:** Schotter, Wiese; **Preiskat.:** €€; **Kontakt:** Flagstadveien 361, 8380 Ramberg, Tel. 76093500, www.ramberg-gjestegard.no

49 Lofoten Beach Camp

GPS 68.10320, 13.29470
Moderner Camping direkt am Strand Skaksanden. Die Stellplätze liegen quasi in den kleinen, baumlosen Dünen hinter dem Strand. Man hat Blick aufs Meer und die Mitternachtssonne. Idealer Platz zum Fotografieren. Grillplätze sind vorhanden. Guter Ausgangspunkt für Aktivitäten wie Surfen, Wandern, Kajak- und Radfahren. Eine Surfschule gehört zum Platz. Verleih von Fahrrädern und diversen Wassersportgeräten. In der neu errichteten Beach Bar werden Getränke und Speisen serviert. **Lage/Anfahrt:** An der E10 zwischen Flakstad und Ramberg, ausgeschildert; **Platzanzahl:** 75 (mit Strom); **Untergrund:** Schotter, Wiese, Sand; **Preiskat.:** €€; **Geöffnet:** Mai–Okt.; **Kontakt:** Kjerkveien 45, 8380 Ramberg, Tel. 95035283, www.lofotenbeachcamp.no

142wn-df

Parken

- P **53 Rambergstranda,** GPS 68.09842, 13.24558. Parkplatz mit gutem Blick auf den Rambergstranda. Ausgangspunkt für Spaziergänge am Strand.
- P **54 Schule und Bibliothek,** GPS 68.09240, 13.23197
- P **55 Supermarkt und Zentrum,** GPS 68.08927, 13.22887

FLAKSTAD

(4,1 km – km 153,2)

Das frühere Zentrum der Insel ist der Namensgeber der gesamten Gemeinde. Heute leben hier kaum mehr als 20 Einwohner. Auf einer weitläufigen Wiesenebene stehen schmucke Häuser verstreut, unter denen eine rot gestrichene, mit Zwiebelturm geschmückte Kirche heraussticht. Die **Flagstad Kirke** trägt dazu bei, dass der Ort nach wie vor das kirchliche Zentrum der Gemeinde ist.

Im Westen wird die Ebene vom wunderschönen, weitläufigen Sandstrand **Skaksanden** begrenzt, von dem man einen perfekten Blick auf die Mitternachtssonne genießen oder Nordlichter fotografieren kann.

Sehenswertes

› **Flagstad Kirke,** Kjerkveien 17, www.fmkirken.no. Von der E10 Richtung Lofoten Beach Camp und Friedhof abbiegen. Der Straße für ca. 600 m folgen. Die Kirche ist im Rahmen von Gottesdiensten geöffnet. Im Sommer finden Konzerte statt. Der Sage nach wurde hier bereits im Jahre 1430 ein Gotteshaus aus russischem Holz erbaut, das ein gestrandeter schottischer Frachter geladen hatte. Die heutige feuerrote Kirche mit Zwiebelturm errichtete man im Jahre 1780 ebenfalls aus russischem Holz. Das Innere der Kirche wurde von Gottfried Ezechiel künstlerisch gestaltet. Sehenswert sind die Kanzel aus dem Jahr 1766 und die Altartafel von 1765. Ein Kronleuchter aus dem Jahre 1550 und ein Schiff als Symbol der Gemeinde ergänzen die Innenausstattung.

Aktivitäten

› **Wanderung auf den Flakstadtinden** (540 m), Start bei GPS 68.10273, 13.30400, am besten parkt man auf den Parkplätzen Rasteplass Flakstad oder Flakstad Kirkegård. Der Weg ist einfach zu bewältigen und gut ausgebaut. Auf halbem Weg zum Gipfel befindet sich ein Unterstand. Bei Schnee und Eis ist die Wanderung nicht zu empfehlen. Länge ca. 3 km pro Richtung, Dauer ca. 2–3 Std., 458 Höhenmeter.

Parken

P 56 Rasteplass Flakstad, GPS 68.10383, 13.28410. Ausgangspunkt, um den Strand Skaksanden zu erkunden und den Flakstadtinden zu besteigen. Kostenlose, behindertengerechte Toilette vorhanden. Der Parkplatz befindet derzeit im Umbau.

P 57 Flakstad Kirkegård, GPS 68.10352, 13.29660. Parkplatz am Friedhof. Ausgangspunkt, um den Flakstadtinden zu besteigen.

P 58 Flagstad Kirke, GPS 68.10515, 13.30543

NUSFJORD

(12,7 km – km 165,9)

Die enge Fv807/7596 zweigt am südlichen Ende der Bucht Flakstadpollen in Richtung Süden ab und verbindet den Ort Nusfjord mit der E10. Sie schlängelt sich zunächst durch lichten Birkenwald. Der See Storvatnet ist von imposanten und glattgeschliffenen Felswänden eingerahmt, die weit aufragen. Der Stjerntinden mit seiner atemberaubenden Nordwand ist über 900 Meter hoch. Wenn man den Bottelvika-Fjord erreicht, der ebenfalls von steilen Felswänden umgeben ist, sind in der Ferne schon die roten Häuschen von Nusfjord zu erkennen.

143wn-df

Zu Beginn des 20. Jh. war Nusfjord einer der größten Fischerorte der Lofoten. Die Bevölkerungszahl lag bei 1500 und wuchs in der winterlichen Fangsaison durch zugereiste Fischer kurzzeitig weiter an. Als der Fischfang durch Trawler modernisiert wurde, ging die Bevölkerungszahl zurück und liegt nunmehr bei 30 Einwohnern. Heute ist der Tourismus die Haupteinnahmequelle des malerischen Ortes, der nahezu ein Freilichtmuseum ist. Die 28 Fischereigebäude von Nusfjord, die zumeist aus dem 19. Jh. stammen, sind dank eines von der UNESCO unterstützten **Programms zum Schutz von Architekturdenkmälern** vollständig erhalten. Unter ihnen findet man Rorbuern, Fischverarbeitungsanlagen, eine Trankocherei, Bootshäuser und einen Kaufmannsladen.

Das Durchfahren des Ortes ist nicht gestattet. Das Fahrzeug muss auf einem der beiden kostenlosen Parkplätze abgestellt werden. Der obere ist nur über eine sehr steile Rampe erreichbar.

Alter Fischkutter im sehenswerten geschützten Hafen des Fischerdorfes Nusfjord

Fahrradfähre
Zwischen Ballstad auf der Insel Vestvågøya und Nusfjord verkehrt eine Fähre für Fahrräder: www.ballstadgutt.no.

Sehenswertes

› **Freilichtmuseum Nusfjord,** Nusfjordveien 110, 8380 Ramberg. Tel. 0047 76093020, www.nusfjordarcticresort.com, geöffnet: ganzjährig, tägl. geöffnet. Eintritt im Sommer: 100 NOK, in der Nebensaison (Sept.-Ende Mai) ist der Eintritt meist gratis. In Nusfjord können die meisten der erhaltenen Fischereigebäude, die im Ort verteilt sind, besichtigt werden. Die liebevoll gestaltete Ausstellung gibt einen Einblick in das Leben im 19. und Anfang des 20. Jahrhunderts. In der Rezeption/Information am historischen Zentrum, wo alle Aktivitäten und Übernachtungen in Nusfjord koordiniert werden, kann man ein Ticket und einen Lageplan erwerben. Die täglich geöffnete Salteriet Galleri, die sich mitten im Ort befindet, zeigt norwegische und internationale Kunst. In der Hauptsaison ist der Ort sehr stark besucht. Es empfiehlt sich daher, rechtzeitig (am besten vor 11 Uhr) mit der Besichtigung zu beginnen.

Information

› **Nusfjord Arctic Resort,** Nusfjord, 8380 Ramberg, Tel. 76093020, www.nusfjordarcticresort.com, geöffnet: ganzjährig

Gastronomie

› **Hansines bakeri Veronica Olaisen,** Nusfjordveien 94, 8380 Ramberg, Tel. 98104764, https://hansines-bakeri-veronica-olaisen.business.site, geöffnet: im Sommer tägl. 11-15 Uhr. Rustikale Bäckerei und Café im alten Stil.

› **Restaurant Karoline,** Nusfjordveien 110, 8380 Ramberg, Tel. 76093020, www.nusfjordarcticresort.com/cuisine#resturants, geöffnet: tägl. 8-10, 17-21 Uhr. Lokale Küche mit Lamm, Fisch, Meeresfrüchten (darunter auch Seeigel und Seegras) und natürlich Stockfisch. Um Reservierung wird gebeten.

› **Oriana kro,** Nusfjordveien 110, 8380 Ramberg, Tel. 76093020, www.nusfjordarcticresort.com/cuisine#resturants, geöffnet: Mo-So. 15-22 Uhr. Spezialitäten: Pizza mit frisch geräuchertem Lachs und Sashimi mit frischem Fisch des Tages. Erschwingliche Preise.

Einkaufen

› **Nusfjord Landhandel,** Nusfjordveien 110, 8380 Ramberg, im gelben Haupthaus in der Ortsmitte, Tel. 76093020, geöffnet: meist tägl. 11-16 Uhr. Sehenswerter historischer Kaufmannsladen mit Souvenirs, lokalen Produkten, Angelausrüstung, Gebäck etc. Das Landhandleriet Café befindet sich im hinteren Teil des Geschäfts.

Aktivitäten

› **Nusfjord Arctic Resort,** Nusfjordveien, 8380 Ramberg, Tel. 76093020, www.nusfjordarcticresort.com/activities. Verschiedene Aktivitäten wie Speedboot-Touren, Tauchen, Yoga, Kochkurse, Spa und Wellness, SUP, Kajaktouren, Surfen, Kitesurfen, Angeltrips, Wandern, Fototouren, Schneeschuhwandern und Skibergsteigen werden angeboten.

› **Wanderung nach Nesland.** Der Weg beginnt bei GPS 68.02947, 13.34928. Das Fahrzeug stellt man auf einem der Parkplätze im Ort ab. Der Pfad beginnt am Ende des Nusfjordveien. Leichte Tour. Länge: ca. 4 km pro Richtung (ca. 2-3 Std.). Nicht bei Schnee und Eis zu empfehlen.

› **Wanderung auf den Tønsåsheia** (769 m), Ausgangspunkt ist der Parkplatz Nusfjord. Dem Nusfjordveien nach Süden folgen. Der Pfad beginnt rechts vom Weg, ca. 700 m hinter dem Ort bei GPS 68.03107, 13.34477. Vom Gipfel hat man einen eindrucksvollen Blick auf den Skjelfjord, den Vestfjord und den Stjerntinden, den mit 934 Metern höchsten Gipfel der Insel. Anspruchsvolle Tour, hin und zurück ca. 6 km (ca. 2-3 Std. bis zum Gipfel).

Parken

59 **Flakstadpollen,** GPS 68.07385, 13.34619.

P 60 **Bottelvika,** GPS 68.04429, 13.35320.

P 61 **Oberer Parkplatz Nusfjord,** GPS 68.03454, 13.34681. Parkplatz mit steiler Auffahrt.

P 62 **Unterer Parkplatz Nusfjord,** GPS 68.03561, 13.34663. Geräumiger Parkplatz. Für Wohnmobile empfehlenswert.

VIKTEN

(15,6 km – km 181,5)

Die Straße Fv804/7600 zweigt bei Vareid von der E10 in Richtung Westen ab und endet in Vikten. Die Bucht von Vikten ist seit über 1000 Jahren besiedelt. Viele Menschen zog es in den letzten Jahrhunderten dennoch nicht in diese Region. Der kleine Ort liegt am Nordende von Flakstadøya und wird vom 691 m hohen **Hustinden** überragt. Vikten ist ein ruhiger, verschlafener Flecken, in den zunehmend Liebhaber von Ruhe und Abgeschiedenheit ziehen und den Ort zu ihrem Zuhause machen. Neben der imposanten Landschaft ist die sehenswerte **Glasshytta Vikten** die größte Attraktion des Orts, außerdem ist Vikten eine gute Örtlichkeit, um die Mitternachtssonne zu genießen.

Sehenswertes

› **Glasshytta Vikten (Glasbläserei Vikten),** in der Ortsmitte von Vikten, Tel. 97716023, www.glasshyttavikten.no, geöffnet: Mai tägl. 11–16, Juni–August tägl. 10–19 Uhr, in der Nebensaison auf Anfrage. Ende der 1960er-Jahre kam dem Fischer Åsvar Tangrand der Gedanke, die Glasschwimmer der Fischernetze auf eine neue künstlerische Art zu verarbeiten. Seine Leidenschaft für das Glas führte ihn auf eine Bildungsreise nach Finnland. Nach seiner Rückkehr errichtete er 1976 mithilfe des finnischen Glasbläsers Pertti Merilaiinen einen Schmelzofen und gründete als erster in Nordnorwegen seine Glasbläserei. Für das besondere Glas wird während des Blasvorgangs ein kleiner Brocken milchig-weißer, gebrochener Quarz in die glühende Glasmasse gemischt. Das fertige, abgekühlte Glasprodukt ähnelt ein wenig den schwimmenden Eisschollen im Meer und wird daher auch Eismeerglas genannt. Für das Logo der Glasbläserei entwarf Åsvar die „Lofotruna" (Lofotenrune), ein Symbol, das die Essenz der Lofoten einfängt und stilisiert die Fische, ein Boot und den Menschen zeigt. Seit 1992 befindet sich die Glasbläserei mit Verkaufsraum in einem architektonisch ansprechenden Gebäude. Jährlich finden sich bis zu 30.000 Besucher ein. Im ebenfalls sehenswerten Gebäude gegenüber betreibt Åse Tangrand ein Keramikatelier. Hier befindet sich auch ein angeschlossenes Café.

Aktivitäten

› **Wanderung zur Landspitze Hornneset.** Leichte Wanderung zu einer Landspitze. Ausgangspunkt ist der Parkplatz an der Glasbläserei. Vom Parkplatz aus folgt man der Fv804/7600 durch Vikten hindurch nach Norden. Die Straße endet nach etwa 500 Metern und geht in einen Schotterweg über. Die anschließenden 200 Meter überquert man eine Wiese. Hier beginnt der gut sichtbare Pfad, der an der steinigen Küste entlangführt. Länge: ca. 3 km pro Richtung, Dauer ca. 1–1½ Std.

Parken

P 63 **Glasbläserei Vikten,** GPS 68.13913, 13.31255

144wn-df

Der Entstehung eines Kunstwerks aus Glas kann man in Vikten beiwohnen

023wn-ls©Morten Munthee

NAPPSKARET UND NAPP

(8,1 km – km 189,6)

Die beiden an der E10 gelegenen Orte Nappskaret und Napp sind eher unspektakulär, doch **Nappskaret,** auf einer kleinen Passhöhe zwischen Vareid und Napp gelegen, lohnt sich als Zwischenstopp, um als Ausgangspunkt für zwei Wanderungen zu dienen. In **Napp** befand sich vor der Eröffnung des 1,8 Kilometer langen Tunnels, der unter dem Sund des Nappsstraumen die Inseln Flakstadøya und Vestvågøya verbindet, der Fährhafen. Einen Besuch wert ist der Verkaufsladen von **Lofoten Seaweed.** Das Unternehmen stellt Lebensmittel aus Meeresalgen her, die unter anderem an Sternerestaurants in ganz Europa geliefert werden.

Aktivitäten

Ausgangspunkt für die **Wanderung auf den Stornappstinden** ist der Wanderparkplatz Nappskaret. Der 740 m hohe Stornappstinden tront majestätisch über dem Sund des Nappstraumen. Dementsprechend grandios ist der Blick auf diese Meerenge und die dahinter liegende Insel Vestvågøya. Mittelschwere Tour, bis zum Gipfel hin und zurück ca. 5 km, Dauer ca. 2–3 Std. Gut sichtbarer Pfad.

Auch die **Wanderung nach Vikten** beginnt am Wanderparkplatz Nappskaret. Sie führt durch eine traumhafte Bergwelt und über eine Passhöhe. Länge: hin und zurück ca. 8 km, Dauer ca. 4–5 Std. Die Wanderung kann auch zu einem Rundweg über den 691 Meter hohen Hustinden ausgedehnt werden.

64 Nappskaret, GPS 68.12957, 13.39029

Gastronomie

› **Lofoten Seaweed,** Flakstadveien 73, 8382 Napp, Tel. 40197418, www.lofotenseaweed.no, geöffnet: Mo–Fr 11–16 Uhr. Die Norwegerin Angelita Eriksen und die Neuseeländerin Tamara Singer führen gemeinsam dieses Unternehmen. Aus dem schnellfließenden und nährstoffreichen Nappstraumen ernten die beiden Frauen Meeresalgen bzw. Seetang. Aus diesem natürlichen Rohstoff entstehen zahlreiche Produkte wie Grillgewürze mit Algen, geräuchertes Algensalz, Schokolade und Pasta mit Algen, die neben Produkten anderer Unternehmen aus der Region im Laden zu erwerben sind.

Angelita und Tamara, die Inhaberinnen von Lofoten Seaweed, beim Ernten des Seetangs

LEKNES

(11,6 km – km 201,2)

Der an der E10 gelegene Ort Leknes hat optisch nicht allzu viel zu bieten, doch er liegt in einer landschaftlich reizvollen Gegend. Sanfte Hügel dominieren die nähere Umgebung und in der Ferne erheben sich höhere Berge. Die Region um Leknes eignet sich zudem hervorragend für **Outdoor-Aktivitäten** jeglicher Art. Gemütliche Wanderungen in hügeliger Landschaft oder Radtouren auf unzähligen kleinen Straßen und Radwegen mit moderaten Anstiegen locken den bewegungsfreudigen Reisenden. Das nahegelegene Meer lässt auch Wasserenthusiasten nicht zu kurz kommen.

Mit seinen rund 3500 Einwohnern zählt Leknes zu den größeren Orten auf den Lofoten und bildet das Verwaltungszentrum der Kommune Vestvågøy. Leknes ist nicht aus einem Fischerdorf entstanden und somit finden sich auch keine der für die Lofoten so typischen Rorbuern oder Hafenanlagen. Der Ort wuchs in dieser nur leicht hügeligen und fruchtbaren Region vielmehr als landwirtschaftlicher Mittelpunkt heran. Nach und nach siedelten sich dann Händler und Kaufleute an. Heute bietet Leknes wahrscheinlich das umfangreichste Einzelhandelsangebot auf den Lofoten. Neben unterschiedlichsten Geschäften befindet sich in der Ortsmitte auch das **Lofotsenteret,** eines der größten Einkaufszentren in Nordnorwegen.

Information

› **Vestvågøya turistinformasjon,** Storgata 27, 8370 Leknes, Tel. 48175009, www.visitlofoten.com/reisemal/vestvagoy

Einkaufen/Parken

P 65 Lofotsenteret, GPS 68.14886, 13.62099, Storgata 8, 8370 Leknes, www.lofotsenteret.no, geöffnet: Mo.–Fr. 10–18, Sa. 10–16 Uhr. Einkaufszentrum mit vielseitigem Angebot in der Ortsmitte.

Von Leknes sind es über die E10 13,4 km bis nach Borg (s. S. 156), dem nächsten Routenpunkt. Wer möchte, kann alternativ aber auch über die Fv815 fahren und die wenig besiedelte **Südostküste von Vestvågøya** genießen (bis zur E10 am Sundklakkstraumen 38,4 km), lässt Borg und den Abstecher nach Eggum dann aber aus. Man verlässt hierzu Leknes über die Fv815 zunächst Richtung Osten. Kurz hinter Storfjorden biegt die Straße nach Norden ab und schlängelt sich eine malerische, einsame Küste entlang. Die enge Straße verbindet Fjorde und Buchten und bietet immer wieder einen herrlichen Ausblick auf den Vestfjord und die Insel Austvågøya. Kleine Parkbuchten laden zu einem kurzen Zwischenstopp ein. Mit etwas Glück sieht man **Seeadler,** die über dem Meer kreisen. Sie haben in den steilen Felsen dieser ruhigen Küste einen optimalen Lebensraum ge-

50 Lofoten Camp Storfjord

GPS 68.15892, 13.75229

Kleiner Campingplatz am See mit Sauna, Warmwasserbecken Scooter und Pkw-Verleih. **Lage/Anfahrt:** An der Fv815, zwischen Leknes und Stamsund; **Untergrund:** Schotter; **Preiskat.:** €€; **Geöffnet:** ganzjährig; **Kontakt:** Hagskarveien 336, 8340 Stamsund, Tel. 97623606, www.lofotencamp.com

145wn-df

funden. Am Ende der Straße stößt die Fv815 an der Sundklakkbrua wieder auf die E10. Die gesamte Küstenstraße Fv815 eignet sich gut für **Radtouren,** da sie wenig befahren wird. Ein guter Ausgangspunkt hierfür ist der Camping Brustranda 51.

Parken

P 66 **Valberg kirke,** GPS 68.19188, 13.94206

51 Brustranda Fjordcamping

GPS 68.20406, 13.88472

Die Stellplätze des ruhig und idyllisch gelegenen Areals liegen auf einer Halbinsel. Im Rezeptionsgebäude befindet sich ein Café mit Souvenirladen. Wanderwege führen in die umliegenden Berge. **Lage/Anfahrt:** Am Nordende des Rolvsfjorden gelegen, erreichbar über die Rv815; **Platzanzahl:** 40; **Untergrund:** Schotter, Schotterrasen, Wiese; **Preiskat.:** €€; **Geöffnet:** Mai–Sept., **Kontakt:** Valbergsveien 851, 8357 Valberg, Tel. 90473630, www.brustranda.no

147wn-df

BORG UND BØSTAD

(13,4 km – km 214,6)

Mehr als 1000 Jahre lang lag bei Borg versteckt und vergessen ein **Häuptlingssitz der Wikinger.** Als ein Landwirt im Jahre 1981 sein Feld bestellte, fand er in den Furchen seines Traktors wunderschöne Fragmente aus Glas und Keramik. Dies war der Beginn einer archäologischen Erfolgsgeschichte. Es wurde nicht nur das weltweit größte Langhaus der Wikinger gefunden, sondern es konnte auch nachgewiesen werden, dass hier ein mächtiger Häuptling residiert hatte, der regen Kontakt zu weiteren namhaften Herrschern des Europas seiner Zeit pflegte.

Die Forschungsarbeiten an der Fundstelle wurden 1983 begonnen und dauerten bis 1989. Bis in die 1990er-Jahre war man mit der Rekonstruktion der Stätte beschäftigt und schließlich wurde 1995 das **Lofotr Vikingmuseum** eröffnet. Heute ist hier die originalgetreue Rekonstruktion des Langhauses in Borg zu besichtigen. Das imposante Gebäude ist 83 m lang, 12 m breit und 9 m hoch.

Sehenswert

› **Lofotr Vikingmuseum,** Prestegårdsveien 59, 8360 Bøstad, Tel. 76154000, www.lofotr.no, geöffnet: 1.6.–15.8. tägl. 10–19, 16.8.–15.9. tägl. 10–17 Uhr, weitere Öffnungszeiten siehe Website, Eintritt: Erw. 180–225 NOK, ermäßigt 170–195 NOK, Kinder 140–150 NOK. Das Museum zeigt die Rekonstruktion des längsten Wikinger-Langhauses, das jemals gefunden wurde. Rund um das Gebäude wurde ein authentisches Umfeld mit historischen Werkstätten und einem Wikingerschiff geschaffen. Auf Führungen und bei einer warmen, nach historischem Vorbild zubereiteten Lammsuppe, die man am Lagerfeuer probiert, kann man in die Welt der Wikinger eintauchen. Eine archäologische Ausstellung zeigt die erstaunlichen Funde, z. B. Amulette, Schmuck, Keramikfragmente und Schwerter. Zudem gibt es über das Jahr verteilt verschiedene Veranstaltungen. Allen voran das 5-tägige Wikinger-Festival, das Anfang August stattfindet. Ein Café und Museumsladen gehören zur Anlage. Parkplätze befinden sich am Museum.

Gastronomie/Einkaufen

› **Lofoten Gårdsysteri,** Saupstadveien 235, 8360 Bøstad, Tel. 95082958, www.lofoten-gardsysteri.no, Café: Fr–Sa 11–16.30 Uhr, Hofladen: Mo–Sa 11–16.30 Uhr. Der Hof liegt an der rauen, wenig besiedelten Westküste von Vestvågøy. Man kann an Kursen zur Käseherstellung teilnehmen und anschließend im Hofcafé verschnaufen. Allerlei Käseprodukte, die überwiegend aus Bio-Ziegenmilch vom eigenen Vieh hergestellt werden, stehen im Hofladen zum Verkauf. Zudem wird auch Ziegenfleisch zu hochwertigen Produkten verarbeitet. Die Erzeugnisse sind auch in ausgewählten Supermärkten auf den Lofoten zu erstehen.

ABSTECHER NACH EGGUM

(ab dem Abzweig von der E10 hin und zurück 20 km)

Etwa 1 km nordöstlich des Wikingermuseums zweigt die Fv831/7724 nach Norden ab und folgt für mehrere Kilometer einer malerischen, flach ins Meer abfallenden Küste. An der windgepeitschten Westküste von Vestvågøya stehen zwischen Meer und Bergen zerstreut die Häuser des alten Fischerdorfes Eggum. Der Ort ist ausgesprochen beliebt, um die **Mitternachtssonne** zu erleben. Der Blick aufs offene Meer ist top und mehrere Strandabschnitte bieten Raum, um am Wasser entlangzuschlendern und sich einen schönen Platz für den Genuss des Naturschauspiels zu suchen.

Parken

S **67 Eggum Rasteplass og utsiktspunkt,** GPS 68.30806, 13.65428, www.nasjonaleturistveger.no/no/turistvegene/lofoten/eggum. Vom Architekturbüro Snøhetta gestalteter Rastplatz, der den besonders sehenswerten Routen der Nasjonale turistveger angehört. Auf dem Rastplatz gibt es ein Servicegebäude mit Toiletten. Eine Übernachtung ist für 100 NOK möglich. Bezahlt wird im Café.

P **68 Torvdalshalsen Rasteplass,** GPS 68.26314, 13.82683, www.nasjonaleturistveger.no/de/routen/lofoten/torvdalshalsen. Der Rastplatz liegt südlich des Torvdalsvatnet und 4 km nördlich des Wikingermuseums auf einer Anhöhe und bietet beste Aussicht nach Westen und Südwesten über die Insel Vestvågøya. Für die außergewöhnliche architektonische Gestaltung ist 70°N arkitektur – Gisle Løkkenn verantwortlich. Eine lange Wand aus hölzernen Sitzgelegenheiten lädt zum Verweilen ein. Die Toiletten sind ganzjährig geöffnet und für Rollstuhlfahrer zugänglich.

Henningsvær (s. S. 158), den nächste Routenpunkt, erreicht man am schnellsten über die E10. Wer möchte, kann aber auch über die Insel **Gimsøya** fahren (vom Abzweig von der E10 über Hov bis zur Gimsøystraumen bru 27,3 km). An der Sundklakkbrua über den Sundklakkstraumen biegt man dafür nach links von der E10 ab und folgt der Fv861/7624 über die Westküste bis an die Nordspitze von Gimsøya. An dieser einsamen und ruhigen Küste liegt im kleinen Fischerdorf Hov der Reiterhof **Hov Gård,** der außer einem Campingplatz 52 auch ganzjährig verschiedene Reitausflüge anbietet.

Der Blick schweift von hier ungehindert über das offene Meer – ein idealer Platz, um die Mitternachtssonne zu beobachten. Südlich des Platzes kann über den Ostgrat der 368 m aufragende markante Berg **Hoven** bestiegen werden und für **Golfspieler** ist der nördlichste Links-Platz der Welt eine Reise wert.

Anschließend setzt man die Fahrt an der Ostküste der Insel entlang fort, um schließlich über die 840 m lange Gimsøystraumen bru die Hauptinsel Austvågøya zu erreichen.

52 Hov Gård – Camping, Restaurant und Reiterhof

GPS 68.33890, 14.11142

Der Campingplatz liegt an einem idyllischen Sandstrand. Die unparzellierten Stellplätze befinden sich auf baumlosen Wiesen. Vom Platz aus blickt man aufs Meer und den Berg Hoven. Ein Wanderweg führt auf den in 368 m Höhe gelegenen Gipfel. Das rustikale, in einer alten Scheune eingerichtete Restaurant Låven serviert lokale Spezialitäten nach alten Rezepten. Der Reiterhof besitzt rund 50 Islandpferde und bietet zu allen Jahreszeiten Ausritte an. In der Nähe befindet sich der Golfplatz Lofoten Links. **Lage/Anfahrt:** An der Nordküste der Insel Gimsøya. Kurz nach der Sundklakk-Brücke, die Vestvågøya und Gimsøya verbindet, auf die Fv861/7624 abbiegen. Später auf Fv862/7626 fahren. Der Platz ist ausgeschildert (Hov); **Platzanzahl:** ca. 50; **Untergrund:** Wiese; **Preiskat.:** €€; **Geöffnet:** ganzjährig; **Kontakt:** Tore Hjortsvei 471, 8314 Gimsøysand, Tel. 97559501, www.hovgard.no

148wn-df

Aktivitäten

› **Lofoten Links,** Hov, 8314 Gimsøysand, Tel. 760720, https://lofotenlinks.no, geöffnet: Mai–Okt. je nach Witterung, Clubhaus 9–20 Uhr. Der Golfplatz liegt etwa 700 m östlich des Campingplatzes. Von Mai bis Juli ist er 24 Stunden geöffnet, sodass man mit Blick auf die Mitternachtssonne golfen kann. Ab dem 20. August sind mit etwas Glück bereits die ersten flackernden Nordlichter sichtbar. Diese Art von Golfplatz befindet sich auf sogenanntem Linksland, eine früher als unbrauchbar angesehene Dünenlandschaft. Da die oft sehr salzhaltigen Sandböden landwirtschaftlich nicht genutzt werden konnten, gab man das Land zur allgemeinen Nutzung frei. Linksplätze können bei fast jeder Witterung bespielt werden, da die kargen Sandböden die Nässe ausgesprochen gut absorbieren und sich somit kein Schlamm oder Matsch bildet.

› **Reittouren Hov Gård,** Tore Hjortsvei 471, 8314 Gimsøysand, Tel. 97559501, www.hovgard.no/en/riding-tours, eine Stunde: 1250 NOK, Tages- und Halbtagestouren: 2290 NOK bzw. 1690 NOK, 5-Tagestour: ab 21.990 NOK. Mit den an die hiesigen Bedingungen perfekt angepassten Islandpferden werden ganzjährig verschiedene Touren angeboten.

HENNINGSVÆR

(48 km – km 262,6)

Der sehenswerte Ort Henningsvær zeichnet sich durch seine außergewöhnliche Lage auf den beiden vorgelagerten Inseln **Heimøya** und **Hellandsøya** aus. Die Eilande wurden 1934 durch einen Wellenbrecher verbunden und daraufhin entwickelte sich Henningsvær zu einem zentralen **Fischereihafen** der Lofoten. In den 1940er-Jahren lebten während der Winterfangsaison zeitweilig bis zu 12.000 Männer im Ort, der früher nur per Schiff erreichbar war. Seit 1983 verbinden zwei Brücken die Inseln mit der Hauptinsel Austvågøya.

Das nur etwa 500 Einwohner zählende urtümliche Dorf ist inzwischen zu einem der **beliebtesten Touristenziele** auf den Lofoten geworden. Rund um das Hafenbecken – den **Heimsundet** – lassen sich zahlreiche Galeri-

289wn©Tim Sommer/Wirestock Creators, stock.adobe.com

en, kleine Geschäfte, Cafés, Restaurants und Museen entdecken. Bei einem Streifzug durch die engen Gassen wird man vom unablässigen Geschrei der Möwen begleitet, die über den Booten kreisen oder auf Dächern sitzen, und deren Nester häufig in Nischen und auf Vorsprüngen der Hafengebäude kleben.

Auf der südlichen Spitze von Hellandsøya befindet sich das **Henningsvær Stadium,** ein Kunstrasen-Fußballplatz, der aufgrund seiner außergewöhnlichen Lage - eingebettet zwischen Felsen und umgeben vom Meer - zu den beliebtesten Fotomotiven auf den Lofoten gehört. Seitdem ein Bild der Sportstätte 2017 im National Geografic in der Kategorie „Städte" zum Foto des Jahres gekürt wurde, gilt der Platz als einer der schönstgelegenen der Welt.

Sehenswert

› **Kaviar Factory,** Hennningsværveien 13, PB 2, Tel. 90803363, www.kaviarfactory.com, geöffnet: Mo–So 11–17 Uhr. Eintritt: Erw. 100 NOK, Kinder 80 NOK. Die Ausstellungsräume befinden sich in einer ehemaligen Kaviarfabrik. Zeitgenössische Kunst von internationaler Bedeutung wird in wechselnden Ausstellungen sowie durch dauerhaft installierte Werke der Streetart Künstler Dolk und Pøbel repräsentiert.

› **Galleri Lofoten,** Misværveien 18, Tel. 98104659, www.galleri-lofoten.no, geöffnet 16.3.–16.5. Mi.–So. 11–16, 18.5.–16.8. Mo.–So. 10–21 Uhr, Eintritt: 60 NOK. Die Galerie beherbergt eine der umfangreichsten Sammlungen an nordnorwegischer Malerei aus dem 19. Jahrhundert. Zudem werden Aquarelle von Lars Lerin und Fotografien sowie Keramik von der auch als Künstlerin tätigen Königin Sonja von Norwegen gezeigt.

Charakteristische Ansicht von Henningsvær mit seinem weltberühmten Fußballplatz

Information

› **Turisteninformasjon,** Dreyers gate 8, 8312 Henningsvær, www.visithenningsvar.no, im Zentrum des Ortes am Hotel Knusarn

Gastronomie

› **Fiskekrogen,** Dreyersgt. 29, Tel. 76074652, www.fiskekrogen.no, geöffnet: Mo–Fr 15–21, Sa 12–21, So 12–20 Uhr. Wie der Name es vermuten lässt, wird hier vor allem Fisch serviert. In hübschem Ambiente mit Blick auf den Hafen kann man aber auch Burger und Fleischgerichte bestellen.

Die lebendige Kunstszene der Lofoten

Schon immer inspirierten die Lofoten unzählige Künstler. Einer der bekanntesten ist der amerikanische Schriftsteller Edgar Allan Poe, der im Jahr 1841 die Kurzgeschichte „A Descent into the Maelström" (Fahrt in den Maelstrom) veröffentlichte, die durch den Moskstraumen, auch Moskenstraumen oder Moskenesstraumen, einen zwischen den Lofoteninseln Moskenesøya und Værøy auftretenden Gezeitenstrom, inspiriert wurde. Dennoch ist es vor allem die bildende Kunst, die mit den Lofoten in Verbindung gebracht wird.

Die ersten Malereien, die in der Höhle Revsvika auf Moskenesøya gefunden wurden, entstanden schon in der Steinzeit und ab Mitte des 19. Jahrhunderts wurden Künstler zunehmend von der wilden, spektakulären und unberührten Natur der Lofoten angezogen.

Der Maler Christian Krohg, einer der bekanntesten norwegischen Künstler seiner Zeit, besuchte im Jahre 1896 die Inselgruppe und schrieb: „Schwer – schwer zu malen ist dies! Diese hohe Pracht, Unerbittlichkeit der Natur, gnadenlose Ruhe und Gleichgültigkeit zu vermitteln, ist eine großartige Aufgabe, die bewältigt werden kann". Zahlreiche Künstler folgten seinem Ruf und auch heute finden viele von ihnen ihren Weg auf die Inseln. Es wird angenommen, dass die Lofoten in Norwegen die höchste Anzahl an Künstlern pro Kopf aufweisen. Viele von ihnen besitzen ihre eigenen Werkstätten, Glasbläsereien, Galerien und Verkaufsstellen. Museen und Ausstellungen widmen sich der vielseitigen lokalen zeitgenössischen Kunstszene. Beispielsweise zeigen in Henningsvær die Galerie Lofoten Werke aus der Zeit von Christian Krohg und die Kaviar Factory internationale zeitgenössische Kunst.

Das Lofoten international Art Festival (LIAF, https://info.liaf.no/) gehört zu den ältesten und bedeutendsten Kunstevents in Norwegen und findet jährlich von Anfang Sept. bis Anfang Okt. in den Orten Kåbelvag und Svolvær statt.

› **Lysstøperiet,** Gammelveien 2, Tel. 76077040, www.henningsvarlys.no, geöffnet: tägl. 10–17 Uhr. Hier erhält man riesige ofenfrische Zimtschnecken. Auch kleine Gerichte und Pizzen werden im gemütlichen Café frisch zubereitet.

Einkaufen

› **Engelskmannsbrygga,** Dreyersgate 1, Tel. 48129870, www.engelskmannsbrygga.no, geöffnet: 30.5.–16.7. tägl. 10–18, 17.6.–21.8. tägl. 10–21 Uhr, weitere Öffnungszeiten siehe Website. Die Galerie und Werkstatt wurde 1997 von drei Kunsthandwerkern und einem Fotografen eröffnete. Es können Werke der Glasbläser Heidi Kristiansen und Mette Paalgard, Keramik von Cecilie Haaland und Fotografien von John Stenersen besichtigt und erworben werden.

› **Lofoten Wool,** Gammelveien 4, Tel. 90504001, 95072734, www.lofoten-wool.no, geöffnet: tägl. 11–16, Juli tägl. 10–18 Uhr. Wolle von Schafen aus eigener Zucht wird von Ragnhild Lie seit 2013 zu hochwertigen Produkten verarbeitet.

› **925 Catrine Linder,** Gammelveien 6, Tel. +46762093388, www.925catrinelinder.com, geöffnet: Mitte Juni–August tägl. 12–17 Uhr. Verschiedene Kollektionen und Einzelstücke werden von der schwedischen Silberschmiedin Catrine aus recyceltem Material gefertigt und verkauft. Ihre Leidenschaft für das Felsklettern und die skandinavische Natur spiegelt sich in ihren Werken.

Aktivitäten

› **Kayak Lofoten,** Gammelveien 6, Tel. 46805648, www.kayaklofoten.com. Geführte Kayaktouren können zu allen Jahreszeiten gebucht werden. Die benötigte Ausrüstung wird gestellt.

› **Booklofoten,** Hellandsgata 47, Tel. 90596663, www.booklofoten.no. Es werden Aktivitäten wie Mitternachtssonnensafaris mit dem Schnellboot, Angelausflüge mit einem traditionellen Fischtrawler oder Kletterkurse angeboten.

Parken

P 69 **Parkplatz auf der Insel Engøya,** GPS 68.16392, 14.21603. Kostenpflichtiger Parkplatz.

P 70 **Parkplatz am Zentrum,** GPS 68.15641, 14.20734. 8–23 Uhr kostenpflichtig.

(53) Lyngvær Lofoten Bobilcamp

GPS 68.22517, 14.21715

Der Platz ist terrassenartig angelegt. Einige Stellplätze befinden sich direkt am Wasser. Man hat einen schönen Blick auf den Gimsøystraumen. **Lage/Anfahrt:** An der E10 gelegen, etwa 12 km von Henningsvær entfernt. Der Platz ist ausgeschildert; **Platzanzahl:** 200, davon 100 mit Strom; **Untergrund:** Schotter, Schotterrasen; **Preiskat.:** €€; **Geöffnet:** Mai–Sept.; **Kontakt:** Lyngvær, 8313 Kleppstad, Tel. 93282961 oder 97713950, www.lofoten-bobilcamping.no

KABELVÅG

(19,3 km – km 281,9)

Vågar, wie der Ort früher hieß, wurde 1103 von König Øystein I. gegründet und lag zunächst westlich der heutigen Siedlung. Im ältesten Ort der Lofoten wurde auch die erste Kirche des Archipels erbaut. Die heute bestehende **Vågan-Kirche** (auch **Lofotkatedralen** genannt), die bei Kjerkvågan etwa 1 km nordöstlich des Ortskerns steht, stammt aus dem Jahre 1898. Sie gehört zu den imposantesten Gotteshäusern auf den Lofoten und gilt als das größte Holzgebäude Norwegens nördlich von Trondheim.

Kabelvåg erstreckt sich über die drei Buchten Storvågan, Kabelvåg und Kjerkvågan, die vor allem von nordnorwegischen Fischern besiedelt wurden. Die Ortschaft gehörte zu den bekanntesten **Fischerdörfern** des Landes. Die Stockfischproduktion boomte und lockte auch Fischer aus Südnorwegen an. 1120 wurden hier die ersten **Rorbuer** Norwegens errichtet, die den zahlreichen Fischern als Unterkunft dienten. Die Lofoten-Fischerei nahm hier ihren Anfang. Das Dorf wuchs stetig an und wurde zum bekanntesten Marktplatz der Küste. Kabelvåg galt lange als Hauptstadt der Lofoten. Die Motorisierung der Schiffe im 20. Jahrhundert leitete schließlich das Ende der Blütezeit ein, da der Hafen für die größeren Schiffe zu klein und zu seicht war. Die größeren Flotten siedelten ins nahe Svolvær (s. S. 163) über.

Heute ist Kabelvåg ein bedeutendes kulturelles Zentrum mit sehenswerten **Museen und Galerien.** Zudem ist das charmante Ortszentrum mit seinen bunten Holzhäusern und dem historischen Marktplatz am Hafen einen Besuch wert.

Sehenswert

- **Vågan-Kirke/Lofotkatedralen,** Våganveien, Tel. 76067190, www.lofotkatedralen.no/vagankirke, Eintritt: 50 NOK. Die neugotische Kirche bietet 1200 Plätze und wird aufgrund ihrer Größe als Lofotkatedralen bezeichnet.
- **Lille Kabelvåg,** Torggata 19, Tel. 95183603, 41653207, www.lillekabelvaag.no, je nach Saison und auf Anfrage geöffnet. Die Galerie zeigt auf 600 m² Werke von mehr als 200 Künstlern und gehört somit zu den größten privaten Kunstsammlungen auf den Lofoten. Sie wurde 2006 von dem Künstlerpaar Inger Anne Nyaas und Thor Erdahl gegründet, die beide mit eigenen Werken in der Galerie vertreten sind.
- **Galleri Espolin,** Storvåganveien 22, Tel. 76078405, www.museumnord.no/en/our-venues/the-espolin-gallery, geöffnet: 1.6.–14.8. tägl. 10–18, 15.8.–25.8. tägl 11–15 Uhr, in der Nebensaison siehe Website oder auf Anfrage, Eintritt: Erw. 110 NOK,

54 Ørsvågvær Camping

GPS 68.20627, 14.42584

Der Platz ist terrassenartig angelegt. Man hat einen ausgesprochen schönen Blick auf den Ørsvågenfjord und die umliegenden Berge. Ein Restaurant gehört zur Anlage. An der ca. 1 km entfernten E10 gibt es eine Busverbindung. **Lage/Anfahrt:** Westlich von Kabelvåg, etwa 2,5 km entfernt. Der Platz ist an der E10 ausgeschildert (Ørsvågvær/Lofoten Turist-Rorbusenter); **Platzanzahl:** 70; **Untergrund:** Schotter, Schotterrasen, Wiese; **Preiskat.:** €€€; **Geöffnet:** Mai-Sept.; **Kontakt:** Ørsvågveien 36, 8310, Kabelvåg, Tel. 76078180 oder 41560154, www.lofotenturist-rorbusenter.no

ermäßigt 90 NOK, Kinder 60 NOK. Das Museum zeigt die umfassendste Sammlung von Werken des Künstlers Kaare Espolin Johnson (1907–1994). Seine Bilder visualisieren das entbehrungsreiche Leben der an der Küste Norwegens lebenden Menschen.

› **Kystverkmusea/Lofotmuseet,** Storvåganveien 25, Tel. 76069790, www.museumnord.no/vare-museer/lofotmuseet, www.kystverkmusea.no, geöffnet: 1.6.–14.8. tägl 10–18, 15.8.–31.8. tägl. 11–15 Uhr, in der Nebensaison siehe Website oder auf Anfrage. Eintritt: Erw. 110 NOK, ermäßigt 90 NOK, Kinder 60 NOK. Das Museum liegt idyllisch nahe des Wassers und widmet sich überwiegend der Fischerei und dem traditionellen Handwerk. Im Inneren des stattlichen Hauptgebäudes aus dem Jahr 1815 sind gut erhaltene herrschaftliche Innenräume zu besichtigen. Der Außenbereich mit Garten lädt bei schönem Wetter zum Verweilen. Am Wasser können historische Bootshäuser besichtigt werden. Die Ausstellungen sind überaus sehenswert gestaltet.

Gastronomie

› **Tante Kaias Kaffeehus,** Storvåganveien 36, Tel. 93094595, www.tantekaiaskaffehus.com, geöffnet: Mo–So 11–17 Uhr. Das Kaffeehaus liegt idyllisch nahe des Kystverkmusea und kann bequem mit einem Besuch des Museums verbunden werden. Im historischen Ambiente des 1860 erbauten Hauses werden selbstgebackene Kuchen, Hefegebäck und Waffeln serviert.

Einkaufen

› **Rundt og rundt redesign,** Torggata 10, Tel. 95899723, www.rundtogrundt.no, geöffnet: Mo–Fr 11–16, Sa 11–15 Uhr. Hier kann man Werke und Produkte der Künstlerin Sylvia Henriksen besichtigen und erwerben, die überwiegend aus recyceltem Material bestehen.

Aktivitäten

› **Lofoten Aktiv,** Rødmyrveien 24, Tel. 76073000, 99231100, www.lofoten-aktiv.no/en. Geführte Bergtouren, Kajak-Verleih und -Kurse, Nordlichtsafaris etc.

Im einladenden Ortskern von Kabelvåg fühlt man sich wohl

55 Lofotferie Sandvika Camping

GPS 68.20456, 14.42734

Der Campingplatz liegt auf einer felsigen Landzunge, sodass an mehreren Stellen Plätze direkt am Wasser vorhanden sind. An der ca. 1,2 km entfernten E10 besteht eine Busverbindung. Es können Motorboote geliehen werden. **Lage/Anfahrt:** Westlich von Kabelvåg, etwa 3 km entfernt. Der Platz ist an der E10 ausgeschildert; **Platzanzahl:** 140; **Untergrund:** Schotter, Schotterrasen, Wiese; **Preiskat.:** €€–€€€ (je nach Lage); **Geöffnet:** Mai–Sept.; **Kontakt:** Ørsvågveien 45, 8310 Kabelvåg, Tel. 76074500, www.lofotferie.no

56 Kabelvåg Feriehus og Camping

GPS 68.21713, 14.44502

Der Platz ist terrassenartig angelegt und liegt am Ende eines Fjords, eingebettet zwischen felsigen Hügeln. Die sanitären Anlagen sind in stilvollen Holzhäusern mit Grasdächern untergebracht. Vom Platz aus führen Wanderwege in die Umgebung. An der ca. 500 m entfernten E10 besteht eine Busverbindung in alle Richtungen. **Lage/Anfahrt:** Der Platz liegt etwa 1,5 km westlich von Kabelvåg. Die Anlage ist an der E10 ausgeschildert.; **Platzanzahl:** 59; **Untergrund:** Schotter, Schotterrasen, Wiese; **Preiskat.:** €€; **Geöffnet:** Mai–Okt.; **Kontakt:** Mølnosveien 19, 8310 Kabelvåg, Tel. 46879118, www.kabelvag.com

151wn-df

SVOLVÆR

(6,4 km – km 288,3)

Mit etwa 4700 Einwohnern ist Svolvær der größte Ort auf den Lofoten und das Verwaltungszentrum der Kommune Vågan. In den Gründerjahren von Svolvær war der Fischfang ein bedeutender Wirtschaftszweig und ließ den Ort wachsen. Als britische Truppen die von den Deutschen besetzten Lofoten 1941 während der Operation Claymore befreiten, wurde ein Teil des Ortes bei einem Brand zerstört. Svolvær bietet daher keinen historischen Stadtkern und besteht überwiegend aus Nachkriegs- und Neubauten mit schachbrettartig angelegten Straßen und Gassen. Die Hafenpromenade mutet fast großstädtisch an. **Restaurants, Einkaufszentren und kulturelle Angebote** sind im Ort zahlreich vorzufinden.

Aus nahezu allen Ecken der Stadt sind die **Berge** zu sehen die sich unmittelbar am Stadtrand erheben. Die Natur ist schnell erreicht, und so verwundert es nicht, dass sich von Svolvær aus gute Möglichkeiten für Outdoor-Aktivitäten bieten. Das Wahrzeichen der Stadt ist die Felsformation **Svolværgeita** (Svolvær-Ziege) mit zwei 1,80 m auseinanderstehenden Felsspitzen. Sie ist über eine Kletterpassage für ambitionierte Alpinisten zu erreichen und befindet sich auf dem Berg **Fløya,** den man über eine **Sherpatreppe** erklimmen kann. Zudem ist der Ort Ausgangspunkt für verschiedene Bootstouren und Seeadlersafaris in den bekannten **Trollfjorden.**

Sehenswert

› **Galleri Dagfinn Bakke,** Richard Withs Gate 4, Tel. 99596949, www.dagfinnbakke.no, geöffnet: Di, Mi, Fr 11–15, Do 11–19, Sa 11–14 Uhr. Illustrationen, Grafiken, Fotos, Aquarelle und Skulpturen von mehr als 40 norwegischen Künstlern sind ausgestellt. Die Galerie wurde 1982 gegründet und ist vor allem von den Werken des Künstlers, Illustrators und Grafikers Dagfinn Bakke (1933–2019) geprägt, der auf den Lofoten lebte. Seine Werke sind von internationaler Bedeutung und wurden unter anderem in Norwe-

291wn©luril, stock.adobe.com

gens Nationalgalerie ausgestellt. Werke des Künstlers, dessen größte Inspirationsquelle die Natur Nordnorwegens darstellt, schmücken zahlreiche öffentliche Gebäude und das Interieur der Schiffe „Finnmarken" und „Nordnorge" der Hurtigruten.

› **Nordnorsk kunstnersenter,** Torget 20, Tel. 40089595, www.nnks.no/en, geöffnet: Mo–Fr 10–21, Sa/So 10–16 Uhr. Wechselnde Ausstellungen mit Werken zeitgenössischer Künstler und ein Künstlerladen mit einzigartigen Gegenständen, die von Malern und Kunsthandwerkern aus Nordnorwegen geschaffen wurden, machen einen Besuch im Nordnorwegischen Zentrum für zeitgenössische Kunst zu einem lohnenswerten Erlebnis. Neben Gastaufenthalten von Künstlern organisiert das Kunstzentrum das renommierte internationale Kunstfestival LIAF.

› **Lofoten Krigsminnemuseum,** Fiskergata 3, Tel. 91730328, www.lofotenkrigmus.no, geöffnet: Mo–Fr 10–16, 18.30–22, Sa 11–15, 18.30–22, So 12–15, 18.30–22 Uhr, Eintritt: Erw. 100 NOK, Kinder 50 NOK. Zu sehen ist eine beeindruckende Sammlung an Uniformen und seltenen Gegenständen aus dem Zweiten Weltkrieg.

› **Magic Ice,** Fiskergata 36, Tel. 45418535, www.magicice.no/listings/svolvaer-lofoten, geöffnet: 1.6.–31.8. tägl. 12–22, 1.9.–17.9. tägl. 14–22, 18.9.–31.5. tägl. 18–22 Uhr. Eintritt: Erw. 250 NOK, Kinder 110 NOK. Ganzjährig können Skulpturen aus Eis, die zum Teil historische Themen aufgreifen, bei Musik und einem Getränk erlebt werden. Warme Bekleidung und Handschuhe werden zur Verfügung gestellt.

Information

› **Svolvær Turistinformasjon,** Torget 18, 8300 Svolvær, Tel. 76070575, www.visitlofoten.com

Gastronomie

› **Paleo Arctic,** Thon Hotel Lofoten, Torget, Tel. 76049000, www.paleoarctic.no, geöffnet: Mo–Sa 18–22 Uhr. In der Gastronomie mit Ausblick werden modern interpretierte Gerichte serviert, die von der heimischen Natur inspiriert sind und auf Zutaten aus der Zeit basieren, als die Menschen auf den Lofoten als Jäger und Fischer lebten.

› **Børsen Spiseri,** Gunnar Bergs vei 2, Tel. 76069930, www.svinoya.no/en/restaurant, geöffnet: tägl. 18–21 Uhr. In einem historischen Hafengebäude aus dem Jahre 1828 kann man in rustikalem Ambiente gut essen. Das renommierte Restaurant ist vor allem für seine Stockfisch-Spezialitäten bekannt.

› **Restaurant Kjøkkenet,** Lamholmen 1, Tel. 94991735, www.anker-brygge.no, geöffnet: Mo–Do 16–22 Uhr, Fr/Sa 16–23 Uhr. In ausgesprochen hübschen Räumlichkeiten mit nostalgischem Charme werden traditionelle nordnorwegische Gerichte angeboten.

⊡ Von der Svolværgeita hat man einen atemberaubenden Ausblick auf Svolvær

⊡ Mit dem Schnellboot geht es auf Seeadlersafari in den Trollfjorden

Einkaufen

- **Alti Svolvær,** Lofotgata 33, www.alti.no/svolvar/en, geöffnet: tägl. 10–19 Uhr, Einkaufszentrum mit mehr als 30 Geschäften, darunter Apotheke (Mo.-Fr. 9–19, Sa. 9–18 Uhr), Vinmonopolet (Mo.-Mi. 10–17, Do.-Fr. 10–18, Sa. 10–16 Uhr) und Lebensmittelgeschäfte (Mo.-Sa. 7–23 Uhr), übrige Geschäfte (Kleidung etc.): Mo.-Fr. 10–19, Sa. bis 18 Uhr.
- **Rødsand Lofoten 1915,** Torget 15, Tel. 76075936, www.rodsand.net, geöffnet: Mo–Mi 9–17, Do–Fr 9–19, Sa 10–16 Uhr. Am Hauptplatz von Svolvær gelegener Souvenirladen mit Büchern, Landkarten, Textilien, Geschirr und vielem mehr im Angebot.

Aktivitäten

- **XXLofoten,** J. E. Paulsens gate 9, Tel. 91655500, www.xxlofoten.no. Alle erdenklichen Abenteuer wie Seeadlersafari, Nordlicht-Fototour, Kajaktouren, Angelausflüge mit traditionellem Fischtrawler oder Fahrten in den Trollfjorden können ganzjährig gebucht werden.
- **RIB-Lofoten,** Fiskergata 23, Tel. 90416440, www.rib-lofoten.com/de. Schnellbootfahrten in den Trollfjorden stehen auf dem Programm. Die Ausrüstung wird gestellt.
- **Wanderung auf den Fløya und zur Svolværgeita,** Ausgangspunkt für die etwa 2-stündige Wanderung bis zum 590 m hohen Gipfel ist der nordöstlich des Zentrums gelegene Parkplatz Fløya. Der steile, markierte Pfad führt zunächst über eine Sherpatreppe. Ein wunderbarer Ausblick auf die Stadt ist garantiert. Auf dem Weg zum Gipfel passiert man die wohl bekannteste Felsformation der Lofoten – die Svolværgeita. Das Wahrzeichen der Stadt ist bei Kletterern äußerst beliebt und kann nur mit vollständiger Kletterausrüstung (Sicherungsseil, Klettergurt etc.) bestiegen werden. Geführte Touren werden z. B. unter www.alpineguides.no/services/climb-svolvaergeita angeboten.

57 Stellplatz Svolvær Bobilpark

GPS 68.22723, 14.55671

Im zentralen Bereich des Platzes kann man an einer Holzterrasse, die teilweise mit Tischen und Bänken versehen ist, parken. Bezahlung am Automaten. Das Ortszentrum liegt etwa 800 m entfernt. **Lage/Anfahrt:** Der Platz liegt auf einer Landzunge, südlich des Ortskerns in einem Gewerbegebiet am Hafen. Am Kreisverkehr nach dem Tunnel (von Kabelvåg kommend) rechts in die Lofotgata abfahren (später Vorsetøyveien) und bis zum Platz fahren; **Platzanzahl:** ca. 40; **Untergrund:** Schotter; **Preiskat.:** €€, nur Ver- und Entsorgung 50 NOK; **Geöffnet:** ganzjährig; **Kontakt:** Vorsetøyveien, 8300 Svolvær

153wn-df

152wn-df

154wn-df

58 Svolvær Camping

GPS 68.24755, 14.54856

Der Platz besticht durch seine gute Lage. Das Zentrum von Svolvær ist fußläufig gut erreichbar. Wanderwege in die umliegende Natur beginnen in unmittelbarer Nähe. **Lage/Anfahrt:** Der Platz liegt am Nedre Svolværvatnet am nördlichen Ortsrand der Stadt. Er ist ab der E10 an der Circle-K-Tankstelle ausgeschildert; **Platzanzahl:** 16; **Untergrund:** Asphalt; **Preiskat.:** €€; **Geöffnet:** ganzjährig; **Kontakt:** Leirskoleveien, 8300 Svolvær, Tel. 76072164, www.lofoten-feriesenter.no

Parken

71 Parkplatz Fløya, GPS 68.24485, 14.57785. Ausgangspunkt für Wanderungen auf den Berg Fløya und zur Svolværgeita.

Um das nächste Ziel zu erreichen, verlässt man die Stadt auf der E10 nach Osten. Sie wendet sich kurze Zeit später am Flughafen von Svolvær nach Norden.

SILDPOLLNESET UND LAUKVIK

(17,2 km – km 305,5)

Der **Austnesfjorden** gehört zu den längsten Meeresarmen der Lofoten. An seiner Ostseite erheben sich die höchsten Berge des Archipels. Der **Higravtinden** ist mit 1146 m der höchste Gipfel der Inselgruppe. Um die beeindruckende Bergwelt dieses Massivs zu erleben, kann man den drei- bis vierstündigen, anspruchsvollen und mit Kletterpassagen versehenen Aufstieg bis zum Gipfel wagen. Ausgangspunkt für die Bergtour ist die 7,5 km nördlich des **Campingplatzes Sildpollnes** 59 gelegene Gemeindehalle von Eide. Der höchste Punkt der Lofoten wurde am 4. August 1901 erstmals von Hastings Collie erreicht.

Von der **Halbinsel Sildpollneset,** die sich in den Austnesfjorden erstreckt, bietet sich ein beeindruckender Ausblick auf die eindrucksvolle Bergwelt. Für ein ansprechendes Fotomotiv sorgt auch die aus Holz erbaute **Sildpollnes Kirke,** die einsam an der östlichsten Spitze der Landzunge ruht. Die ersten Gebäudeteile wurden in den Jahren 1890 und 1891 vollendet. 1924 bis 1928 erweiterte man das Bauwerk nach und nach – unter anderem um einen kleinen Turm über der Eingangshalle.

Ab 1890 besaßen die Gemeindemitglieder das Recht, die Kirche über das private Anwesen des Grundbesitzers zu erreichen. 2015 musste die Kirche geschlossen werden, da der gegenwärtige Eigentümer das Betreten des Landes verwehrte. Im Jahr 2018 entschied das Bezirksgericht erneut zu Gunsten der Kirche und legte fest, dass der Weg über das Grundstück freizugeben sei.

Die Hauptroute verläuft weiter über die E10, aber wer Lust hat, kann noch einen Abstecher nach Laukvik machen (hin und zurück 36,8 km) oder gleich auf der Fv888/7638 bleiben, bis sie wieder auf die E10 stößt (53,6 km).

Der nördliche Teil von Austvågøya liegt etwas abseits der Hauptroute. Der Ort **Sandsletta** erschließt den zerklüfteten **Vatnfjorden,** der nur über den schmalen Vatnfjordstraumen mit dem Meer verbunden ist. Der gut geschützte Meeresarm mutet wie ein Binnensee an – ideal, um die Küstenlinie mit dem Kajak oder Boot zu erkunden.

Das kleine und verschlafene Fischerdorf **Laukvik** lässt den Besucher rauen nordischen Charme spüren. Die offene Küste ist Wind und Wetter ausgesetzt, zudem bietet sie großartige Möglichkeiten, um die Mitternachtssonne oder Nordlichter zu erleben.

Von Laukvik gelangt man östwärts über den Laukvikveien nach Straumnes. Ab hier folgt man der Fv388/7638, die sich an der kaum besiedelten Nordküste der Insel durch eine weniger spektakuläre und einsame Landschaft windet, die gerade dadurch einen gewissen Zauber besitzt.

Sehenswert

› **Polarlightcenter Laukvik,** Midnattsolveien 1706, Straumnes, 8315 Laukvik, Tel. 91124668, www.polarlightcenter.com. Ein niederländisches Paar hat sich in Laukvik/Straumnes niedergelassen, um ihrer Leidenschaft für Polarlichter zu frönen. Im von ihnen gegründeten Polarlightcenter bieten die beiden Vorträge, Präsentationen und Fotokurse an, um ihr Wissen rund um das Naturschauspiel mit interessierten Besuchern zu teilen.

59 Sildpollnes Sjøcamp

GPS 68.32211, 14.71685

Der Platz liegt wunderschön auf einer Halbinsel im Austensfjorden. Die kleine Kirche von Sildpollnes thront fotogen an der Ostspitze der Landzunge. Man hat einen herrlichen Ausblick auf die umliegenden Berge, die zu den höchsten der Lofoten gehören. Die Stellplätze liegen teils am Ufer des Fjords, teils um einen kleinen See verstreut. Es bieten sich gute Angelmöglichkeiten. Busse verkehren an der E10. **Lage/Anfahrt:** Kurz vor dem Örtchen Vestpollen und ca. 15 km von Svolvær entfernt. Über die E10 zu erreichen, der Platz ist ausgeschildert (Sildpollnes/Sjøhus). Eine schmale Schotterstraße verbindet die E10 mit dem Gelände; **Platzanzahl:** ca. 40; **Untergrund:** Schotter, Schotterrasen; **Preiskat.:** €€; **Geöffnet:** ganzjährig; **Kontakt:** Sildpollneset 92, 8316 Laupstad, Tel. 76075812, www.sildpollnes-sjocamp.no

156wn-df

↘ Nicht nur im Herbst schön: die fotogene Sildpollnes Kirke vor den höchsten Bergen der Lofoten

155wn-df

157wn-df

60 Sandsletta Camping

GPS 68.33552, 14.49751

Der Platz besteht seit 60 Jahren und soll einer der ersten auf den Lofoten gewesen sein. Das gut funktionierende Servicegebäude besitzt den Charme dieser Zeit. Die Plätze liegen teilweise ausgesprochen schön, terrassenartig zum Wasser angelegt und versteckt zwischen Bäumen. Im gemütlichen, aus Holz erbauten Rezeptionsgebäude befindet sich ein Restaurant. Sauna und Whirlpool am Fjord können gegen eine Gebühr genutzt werden. Boote und Kanus stehen zur Ausleihe bereit. In der Nähe führen Wanderwege in die umliegende Natur. Die Besitzerin gibt gern Auskunft über die besten Touren. **Lage/Anfahrt:** Am Vatnfjorden, im nördlichen Teil der Lofoteninsel Austvågøya, etwa 8,5 km von Laukvik entfernt. Von Svolvær kommend über die Fv888/7638 Richtung Laukvik zu erreichen. Der Platz ist ausgeschildert; **Platzanzahl:** 80; **Untergrund:** Schotter, Wiese; **Preiskat.:** €€; **Geöffnet:** Jan.-Sept.; **Kontakt:** Midnattsolveien 993, 8315 Laukvik, Tel. 90915230, www.camping-lofoten.no

61 Laukvik Bobilcamp

GPS 68.38949, 14.41157

Direkt am Hafen des charmanten Fischerdorfs Laukvik gelegener Platz. Die Betreiber kommen mehrmals täglich vorbei, um neuen Gästen das Bezahlen zu ermöglichen. Ein schöner Flecken Erde, um das Flair des ruhigen, etwas abseits der touristischen Hauptroute am Meer gelegenen Orts zu genießen. Ca. 350 m entfernt gibt es einen kleinen Supermarkt. **Lage/Anfahrt:** Im nördlichen Teil der Hafenbucht von Laukvik gelegen. Von Svolvær kommend über die Fv888/7638 Richtung Laukvik; **Platzanzahl:** ca. 40; **Untergrund:** Schotter; fest; **Preiskat.:** €; **Geöffnet:** ganzjährig; **Kontakt:** Moloveien 25, 8315 Laukvik, Tel. 93458179, www.facebook.com/laukvikbobilcamp

158wn-df

Gastronomie

› **Kafe Naust,** Laukvikveien 3, 8315 Laukvik, www.facebook.com/kafenaust, geöffnet: im Sommer Mo–So 10–17 Uhr. Gemütliches Café am Hafen von Laukvik.

RAFTSUNDET UND RAFTEN

(45,7 km – km 351,2)

Folgt man der E10 weiter Richtung Narvik, führt die Straße zunächst durch den Sløverfjordtunnelen und nach einigen Kilometern über den **Raftsundet,** der die Inseln Austvågøya und Hinnøya voneinander trennt. Bereits der nordöstliche Teil von Austvågøya gehört zur Kommune Hadsel und somit zur Region Vesterålen.

Hinnøya, die größte Insel Norwegens, ist hingegen fast vollständig Vesterålen zuzuordnen. Lediglich die südwestliche Spitze der Insel gilt als Teil der Lofoten, da sie in der Vergangenheit nur mit dem Boot von Svolvær aus zu erreichen war.

Kurz nach der **Raftsundbrua** zweigt die Fv868/7630 von der E10 Richtung Digermulen nach rechts ab. Die Straße führt stetig am zeitweise nur knapp 200 m breiten Raftsundet entlang und bietet einen dementsprechend **schönen Ausblick auf das beeindruckende Bergmassiv** mit den höchsten Gipfeln der Lofoten im Westen. Am Camping Raften (62), nahe der Siedlung **Raften,** die an der Bucht Raftvågen liegt, kann man diesen beeindruckenden Ausblick genießen. Wer möchte, kann der Straße weiter bis nach Digermulen folgen (14 km), wo es auch einen kleinen Supermarkt gibt.

Von Raften fährt man über die Fv868/7630 zurück zur E10, wo man der Beschilderung ostwärts nach Narvik folgt und nach Gullesfjordbotn gelangt.

(62) Camping Raften/Raftøra Camping

GPS 68.40155, 15.11216

Der Platz liegt ausgesprochen schön auf einer kleinen Landspitze. Man kann die Schiffe der Hurtigruten beim Passieren der schmalen Meeresstraße beobachten. Mehr als 1000 m hohe Berge ragen am gegenüberliegenden Ufer auf. Ggf. ist ein langes Stromkabel nötig. Bezahlung erfolgt am Automaten im Servicegebäude. **Lage/Anfahrt:** Im Raftsundet unweit des Orts Raften an der Fv868/7630. Ab der E10 Beschilderung Richtung Digermulen folgen; **Platzanzahl:** ca. 20; **Untergrund:** Schotter, Schotterrasen, Wiese; **Preiskat.:** €; **Geöffnet:** Mitte Mai–Ende Sept.; **Kontakt:** Fv868/763019, 8325 Tengelfjord, Tel. 97954874

159wn-df

160wn-df

beginnt am **Løbergsbukta-Parkplatz** ein Wanderweg der über die **Snytindhytta** in den Park führt, dessen Gipfel bis zu 1264 m hoch aufragen.

72 **Løbergsbukta-Parkplatz,** GPS 68.55975, 15.75117

ABSTECHER NACH LØDINGEN

(ab Abzweig von der E10 hin und zurück 5,6 km)

Lødingen erreicht man über die Rv85. Von hier aus bietet sich die Möglichkeit, die **Fähre nach Bognes** (Route 4, s. S. 183) zu nehmen. Der schön gelegene Stellplatz am Hafen eignet sich ausgesprochen gut für einen Zwischenstopp. Im Ort gibt es Einkaufsmöglichkeiten und selbst ein **Vinmonopolet (Wein und Spirituosen)** ist im weniger als 1 km vom Stellplatz entfernten Zentrum zu finden.

Über die E 10 erreicht man als nächstes **Narvik** (143 km – km 532,8, s. S. 185) und damit den Endpunkt von Route 4 und den Startpunkt von Route 5 (s. S. 189).

63 Gullesfjord Camping

GPS 68.53215, 15.72766

Der Campingplatz liegt zum Teil auf einer Halbinsel an der Mündung des Vesterelva in den Gullesfjord. Vom Platz aus blickt man in alle Richtungen auf eine beeindruckende Bergwelt. Der Zugang zum Wasser ist hervorragend. Boote können geliehen werden. Ein Café gehört zum Platz und hat täglich geöffnet. Eine Sauna wärmt an kalten Tagen. An der Rv85 verkehren Busse. **Lage/Anfahrt:** Am Ende des Gullesfjord, über die Rv85 zu erreichen; **Platzanzahl:** 55; **Untergrund:** Schotter, Schotterrasen; **Preiskat.:** €€; **Geöffnet:** ganzjährig; **Kontakt:** Rv85470, 8409 Gullesfjord, Tel. 95063496, www.gullesfjordcamping.no

GULLESFJORDBOTN

(38,6 km – 389,8 km)

Gullesfjordbotn liegt an einem wichtigen Knotenpunkt. Nach Norden erschließt die Rv85 die Inseln von **Vesterålen.** Nach Westen windet sich die E10 weiter Richtung Narvik. Das schön gelegene Gullesfjordbotn eignet sich gut für eine Rast. Von hier aus kann man den nahegelegenen **Møysalen nasjonalpark** (https://moysalennasjonalpark.no/) erkunden. 3,7 km nördlich des Campingplatzes 63

64 Lødingen Bobilcamp

GPS 68.41206, 16.00860

Sehr attraktiv am Wasser gelegener Stellplatz mit guter Aussicht. Die Zufahrt auf die kleine Insel erfolgt über eine schmale Mole. Den WLAN-Code findet man im Sanitärhaus an der Pinnwand. Duschen und Toiletten sind vorhanden. Bezahlung am Automaten. **Lage/Anfahrt:** Der Stellplatz befindet sich am Jachthafen von Lødingen. Der Rv85 nach Lødingen folgen. Am Fähranleger (YX-Tankstelle) der Beschilderung nach Lødingen und dem Straßenverlauf am Hafen entlang bis zur Ausschilderung „Utkikksplass" folgen und rechts abbiegen; **Platzanzahl:** ca. 40; **Untergrund:** Asphalt, Schotter; fest; **Preiskat.:** €€; **Geöffnet:** ganzjährig; **Kontakt:** Fyret, 8410 Lødingen, Tel. 95918850, kaarjak@online.no

ROUTE 4

DURCH NORD-SALTEN NACH NARVIK

161wn-df

Strecke:
Fauske (s. S. 133) – **Øyra und Rago nasjonalpark** (26,4 km, s. S. 174) – **Mørsvikbotn und Kråkmo** (53,7 km, s. S. 175) – **Abstecher auf die Insel Engeløya** (138 km hin und zurück, s. S. 176) – **Abstecher nach Drag** (8 km hin und zurück, s. S. 180) – **Abstecher zum Knut Hamsunsenteret nach Presteid, Oppeide und Hamsund** (42 km hin und zurück, s. S. 181) – **Bognes** (85,8 km, s. S. 183) – **Abstecher zum Stetinden** (35,2 km hin und zurück, s. S. 184) – **Narvik** (85,1 km, s. S. 185)

Streckenlänge:
ohne Abstecher: 251 km
mit Abstechern: 474,2 km

« Kapitelstartseite: Die E6 führt über die Kjerringstraumen bru, die den Efjorden überspannt. Dahinter ist der markante, 784 m hohe Stortinden zu sehen.

321wn-df

ROUTENÜBERSICHT

Diese Strecke ist von tief einschneidenden Fjorden geprägt, die zum Teil bis auf wenige Kilometer an die schwedische Grenze heranreichen. Markante Berge, wie der Kråkmo oder Norwegens Nationalberg, der Stetinden, zieren diese zerklüftete Landschaft. Der gut zugängliche Rago-Nationalpark zeichnet sich durch sein üppiges, abwechslungsreiches Gelände aus. Tiefe Täler, rauschende Flüsse und Wasserfälle, kahl geschliffene Felsen und Berge sind charakteristisch für diesen abgelegenen Landstrich, der im Osten an den Padjelanta-Nationalpark in Schweden grenzt.

Auf der Insel Engeløya befinden sich die Ruinen einer der größten Küstenbefestigungsanlagen Europas, die Teil des von den deutschen Truppen im Zweiten Weltkrieg errichteten Atlantikwalls war. In Hamarøy können Kulturinteressierte auf den Spuren des bekannten norwegischen Schriftstellers Knut Hamsun wandeln.

Die bedeutende Hafenstadt Narvik markiert das Ende der Route 4 und ist eng mit der deutschen Geschichte verbunden, denn über den Hafen wurde die deutsche Rüstungsindustrie im Ersten und Zweiten Weltkrieg mit Rohstoffen versorgt.

⊡ *Auf der E6 am 923 m hohen Kråkmotinden* *(s. S. 175)*

295wn©Andreas, stock.adobe.com

Ausgangspunkt dieser Route ist Fauske (s. S. 133), der vorletzte Stopp von Route 2. Von hier aus erreicht man den **Rago-Nationalpark** über die E6.

ØYRA UND RAGO NASJONALPARK

(26,4 km – km 26,4)

Ausgangspunkte für Touren in den **Rago-Nationalpark** sind der Øyra Camping 65 an der Mündung des Nordfjordelva in den Nordfjorden oder zwei Parkplätze im weiteren Verlauf der Fv617/7504. Um die Parkgrenze zu erreichen, folgt man zunächst der Fv617/7504, die am Campingplatz vorbeiführt, weiter den Fluss entlang Richtung Osten. Nach ca. 2,8 km befindet sich auf der linken Straßenseite der Parkplatz Litjsand. Hier beginnt ein Wanderweg zum wunderschön gelegenen Wasserfall **Litlverivassforsen** (Værivassfossen). Etwa 4,7 km vom Campingplatz entfernt endet die Straße in **Lakshol** (Lachsloch) an einem Parkplatz, von wo aus nun ein Weg weiter dem Fluss Nordfjordelva Richtung **Storskoghyttene** und **Ragohytta** folgt.

Der Rago-Nationalpark besticht durch seine malerische Topografie und bietet herrliche Berglandschaften mit felsigen Klippen, tiefen Schluchten, Seen und mächtigen Wasserfällen. Alte Kiefern, Birkenwälder und Moore gliedern die in weiten Teilen karge nordnorwegische Landschaft. Immer wieder bietet sich ein beeindruckender Ausblick auf die weitläufige Gebirgslandschaft, die im Süden des Parks einige vergletscherte Gebiete aufweist.

Aktivitäten

› **Rago Adventures,** Einerveien 16, 8226 Straumen, Sørfold, Tel. 91633996, www.ragoadventures.no. Es werden verschiedene geführte Wanderaktivitäten und Hundeschlittentouren im Rago-Nationalpark angeboten. Die Tourlängen variieren von mehrstündigen bis zu fünftägigen Aufenthalten.

Information

› **Sørfold turistinformasjon,** Rago nasjonalpark, Øyra Camping, Nordfjord, Tel. 97159213, www.visitbodo.com/sorfold, www.ragonasjonalpark.no

Parken

73 Litlverivassforsen turparkering (Litjsand), GPS 67.44187, 15.74299. Ausgangspunkt für Touren in den Rago-Nationalpark.

74 Parkplatz in Lakshol, GPS 67.45212, 15.77477. Ausgangspunkt für Touren in den Rago-Nationalpark.

65 Øyra Camping

GPS 67.43167, 15.68922

Der Platz liegt von Wasser umgeben in einem abgelegenen, sehr ruhigen Tal an der Mündung des Nordfjordelva in den Nordfjorden. Die naturnahe, urige Anlage eignet sich gut, um Ausflüge in den Nationalpark zu unternehmen. Man kann Boote mieten, um beispielsweis im Fjord oder im Fluss zu angeln. Die Betreiber geben gern Auskunft über die Region. **Lage/Anfahrt:** Etwa 12 km nördlich von Straumen am Nordfjord und der Mündung des Nordfjordelva gelegen. Der E6 nach Norden folgen. Die Abfahrt zum Camping und zum Rago-Nationalpark ist ausgeschildert, liegt jedoch etwas versteckt zwischen zwei Tunneln unmittelbar nach dem Tennfloget tunnel; **Platzanzahl:** ca. 20; **Untergrund:** Wiese; **Preiskat.:** €€; **Geöffnet:** Mai–Sept.; **Kontakt:** Laksholveien 2, 8226 Straumen, Tel. 90693081, www.oyra-camping.business.site

162wn-df

MØRSVIKBOTN UND KRÅKMO

(53,7 km – km 80,1)

Der Ort liegt umgeben von einer sehenswerten Kulisse am Mørsvikbotn am Ende des Mørsvikfjorden. In **Mørsry,** am 2,3 km nördlich des Ortes gelegenen See Mørsvikvatnet, betrieb die deutsche Wehrmacht im Zweiten Weltkrieg ein Gefangenenlager. Hier wurden überwiegend russische Gefangene festgehalten, die für den Bau des Streckenabschnitts Fauske – Narvik der geplanten **Polarbahn** (s. S. 178) eingesetzt wurden. Die Bahnlinie wurde nie fertiggestellt, doch die Fundamente des Bahndamms, ein Tunnel, Straßen und Überreste des Lagers sind im Gebiet rund um den See zu entdecken.

Wenige Kilometer nördlich von Mørsvikbotn führt die Route durch eine beeindruckende Landschaft. Schon bald erblickt man den markanten, 923 m hohen **Kråkmotinden,** der

66 Mørsvikbotn Camping

GPS 67.70850, 15.85585

Vom Platz aus hat man einen wunderbaren Blick auf den Fjord und die umliegenden Berge. Je nach Wetterlage rauschen Wasserfälle die felsigen Flanken herab. Zahlreiche Stellplätze befinden sich direkt am Wasser. Trotz der Lage an der E6 ein gemütlicher und ruhiger Platz mit einer liebenswerten, älteren Betreiberin. Ungewöhnliche Duschen, die über einen Duschautomaten mit diversen Bezahlmöglichkeiten (auch Kreditkarte) aktiviert werden. **Lage/Anfahrt:** 2 km nördlich von Mørsvikbotn am Ende des Mørsvikfjorden an der E6. Der Platz ist ausgeschildert; **Platzanzahl:** ca. 40; **Untergrund:** Schotterrasen, Wiese; **Preiskat.:** €€; **Geöffnet:** Mai–Sept.; **Kontakt:** 8266 Mørsvikbotn, Tel. 47272575, www.morsvikbotncamping.no

Litlverivatnet und Litlverivassforsen im malerischen Rago-Nationalpark

über dem Sjettevatnet aufragt und in seiner Form einer Welle oder einer Rückenflosse ähnelt. Der Berg ist von der flach aufsteigenden Nordostseite aus einfach zu besteigen. Die Wanderwege beginnen im Ort **Kråkmo (Kråkmoen)** am Fjerdvatnet.

Sehenswert

› **Historischer Kleinbauernhof Kjelvik,** GPS 67.5655579, 15.8080015, Tel. 90774321, https://nordlandsmuseet.no/en/husmansplassen-kjevik, geöffnet: 27.6.-13.8. Di-So 11-16, 15.8.-18.8. Di-Fr 11-15 Uhr, Eintritt: Erw. 90 NOK, Studierende 40 NOK, Kinder frei. Für einen kurzen Zwischenstopp auf dem Weg nach Norden lohnt sich der ca. 21 km südlich von Mørsvikbotn an der E6 gelegene Kleinbauernhof. Die Zeit scheint stehengeblieben zu sein, seit im Jahr 1967 die letzten hier lebenden Sámi den Hof verließen. Bei Führungen durch die Gebäude kann nachempfunden werden, wie die Menschen hier ohne fließend Wasser und Elektrizität auskamen.

ABSTECHER AUF DIE INSEL ENGELØYA

(138 km hin und zurück)

Bei Tømmerneset zweigt die Fv835 von der E6 ab und führt landschaftlich ausgesprochen schön auf die am Vestfjorden gelegene Insel Engeløya. Bei guter Sicht kann man von der West- und Nordseite der Insel die Felswand der Lofoten sehen. Der vorgelagerte Schärengarten lädt von **Røssøya** aus zu Erkundungen ein. Die Küste der Insel ist von lieblicher Kulturlandschaft geprägt.

Im beschaulichen Solheim bei Steigen ist das **historische Haus eines Landarztes** aus dem 19. Jahrhundert zu besichtigen und ein kleiner Supermarkt bietet allerlei Notwendigkeiten. Die aus Stein erbaute **Steigen Kirke** fügt sich in die harmonische Kulisse ein.

Von Steigen/Solheim aus lässt sich der 646 m hohe **Prestkonetinden** erwandern. An der Nordküste der Insel Engeløya befinden sich eingebettet in einer idyllischen Landschaft die Ruinen der **Batterie Dietl,** einer der größten Küstenbefestigungsanlagen Europas, die von deutschen Truppen im Zweiten Weltkrieg errichtet wurde. An den unweit der Anlage gelegenen malerischen Buchten und Sandstränden kann man nach einer Zeitreise in Europas bedrückende Vergangenheit entspannen.

Sehenswert

› **Batterie Dietl,** Bøsjyveien 101, 8289 Engeløya, Tel. 90403980, https://nordlandsmuseet.no/en/batterie-dietl, geöffnet: 17.6.-20.8. tägl. 11-18 Uhr, Eintritt für Museum im Bunker: Erw. 90 NOK, Studierende und Kinder frei. Der Außenbereich ist frei zugänglich. Die drei sogenannten Adolfskanonen, die hier stationiert waren, gehörten zu den größten landgestützten Geschützen, die jemals gebaut wurden. Sie waren Teil des Atlantikwalls (www.atlantikwall.info), der die von den Deutschen besetzten Gebiete vor den alliierten Streitkräften schützen sollte. Im Museum kann man unter anderem die gewaltigen Geschosse des Kalibers 40,6 cm bestaunen.

› **Steigen bygdetun,** Prestegårdsveien 12, 8289 Engeløya, Tel. 90478261, https://nordlandsmuseet.no/en/steigen-folk-museum, geöffnet: 24.6.-13.8. Di-So 11-17 Uhr, Eintritt: Erw. 90 NOK, Studierende und Kinder frei. Durch das idyllisch gelegene ehemalige Haus eines Arztes aus dem Jahr 1877 werden Führungen angeboten, die Aufschluss über die Arbeitsbedingungen eines Landarztes im 19. Jahrhundert geben. Im angeschlossenen Café oder im Garten kann bei Kaffee und Kuchen eine Rast eingelegt werden. Bis zum Røssøy Camping 67 sind es 4,3 km.

Gastronomie

› **Steigen Vikingstua,** Engeløyveien 287, 8289 Engeløya, Tel. 93258888, https://steigen-vikingstue-as.business.site, geöffnet: Mo-Do 16-20, Fr/Sa 17-22, So 14-18 Uhr. In der Nebensaison abweichende Öffnungszeiten. Rustikales Restaurant mit besonderer Atmosphäre. Reichhaltige Speisen, überwiegend durch die norwegische Kultur inspiriert. Etwa 3 km vom Røssøy Camping 67 entfernt.

› **Lefspia Kafé & Gelleri,** Engeløyveien 626, 8289 Engeløya, Tel. 99109513, https://lefspia.business.

164wn-df

site, geöffnet: 24.6.-30.6. tägl. 13-17, 1.7.-31.7. Do-So 12-17, 4.8.-7.8. Do-So 13-17 Uhr. Idealer Ort, um während einer Radtour rund um die Insel eine Rast einzulegen. Im gemütlichen Ambiente des idyllisch gelegenen Cafés kann man bei Lefser und kleinen Gerichten Kraft schöpfen.

Einkaufen

› **Det Sorte Får (Hofladen),** Storsæter 10, 8289 Engeløya, Tel. 48297233, www.detsortefaar.no. Allerlei regional produzierte Gebrauchsgegenstände, Dekoartikel und Lebensmittel werden im hübschen Laden angeboten.

Übernachten

S **75 Bø Camping,** GPS 67.97044, 15.00797, Bøsjyveien, 8289 Engeløya, Preiskat.: €. An der Nordküste von Engeløya. Von der E6 der Fv835 und der Beschilderung Richtung Batterie Dietl folgen. Der wilde Stellplatz (ca. 20 Plätze) ohne Ver- und Entsorgung liegt nur 1,5 km von der Batterie Dietl entfernt direkt am Wasser und an einem schönen Strand an der wenig besiedelten Nordküste der Insel. Der weitläufige Sandstrand Bøsanden liegt etwa 3 km entfernt. Die wenig befahrenen Straßen von Engeløya lassen sich gut mit dem Fahrrad erkunden. Bezahlung erfolgt via Briefumschlag im Briefkasten oder per Überweisung.

Überreste der Batterie Dietl auf der Insel Engeløya

165wn-df

67 Røssøy Camping

GPS 67.91962, 14.94427

Der kleine Platz ist recht neu und noch im Aufbau. Die schöne Lage auf einem kleinen Archipel ist einen Besuch wert. Bis zur Batterie Dietl sind es etwa 12 km, die sich in dieser ruhigen Gegend besonders gut mit dem Fahrrad zurücklegen lassen. **Lage/ Anfahrt:** Auf der kleinen Insel Røssøya, an der Westküste von Engeløya. Von der E6 der Fv835 folgen. Beschilderung Batterie Dietl/Engeløya und Camping folgen. Nach ca. 8,5 km Richtung Sjøhus/Røssøy fahren; **Platzanzahl:** 29; **Untergrund:** Wiese; **Preiskat.:** €€; **Geöffnet:** ganzjährig; **Kontakt:** Røssøyveien 31, 8289 Engeløya, Tel. 91618033 oder 48034356, https://rssy-camping.business.site/

Der Zweite Weltkrieg in Norwegen

Auf einer Reise durch Nordnorwegen verblüfft, dass man hier häufig auf Spuren des Zweiten Weltkriegs und Überreste des Einflusses der deutschen Besatzungsmacht trifft. Norwegen verfolgte bereits im Ersten Weltkrieg eine neutrale Politik und setzte diesen Kurs auch während des Zweiten Weltkriegs fort, in der Hoffnung, nicht in die Kriegshandlungen verwickelt zu werden. Man ging davon aus, dass Norwegen aufgrund der geografischen Lage nicht unmittelbar vom Deutschen Reich bedroht sei, sondern allenfalls durch den nach dem Ersten Weltkrieg gegründeten Völkerbund in einen Konflikt zwischen den Großmächten verwickelt werden könne.

Aufgrund der strategisch bedeutenden Lage im Nordatlantik und dem Vorkommen von für die Rüstung unabdingbaren Rohstoffen wie Kupfer, Schwefel, Schwefelkies, Nickel, Molybdän, Eisenerz und Aluminium, die beispielsweise von Narvik aus verschifft wurden, war es für Norwegen aber schwierig, eine neutrale Stellung gegenüber den Konfliktparteien Großbritannien und dem Deutschen Reich aufrechtzuerhalten.

Die Besetzung Norwegens durch die deutsche Wehrmacht nahm mit dem Unternehmen „Weserübung" am 9. April 1940 ihren Anfang. Die norwegische Bevölkerung leistete zunächst Widerstand, der 62 Tage währte. Am 10. Juni 1940 endeten die Kämpfe nach massiven deutschen Luftangriffen auf norwegische Städte und der Kapitulation der 6. Norwegischen Division. Josef Terboven wurde als Reichskommissar eingesetzt und übernahm die Kontrolle über die norwegische Regierung. König Haakon VII. floh daraufhin mit der rechtmäßigen Regierung unter Ministerpräsident Johan Nygaardsvold ins Exil nach London.

Im Jahre 1942 setzten die Deutschen den norwegischen Faschisten Vidkun Quisling als Regierungschef der nun herrschenden Marionettenregierung ein. Da es ihm und der deutschen Besatzung nicht gelang, Rückhalt in der norwegischen Bevölkerung zu erlangen, wurde von Josef Terboven eine immer härtere Besatzungspolitik durchgesetzt. Politische Gegner, Studierende, Juden, Offiziere der norwegischen Armee u. a. wurden in Strafgefangenenlager deportiert, die zudem als Hinrichtungsorte fungierten.

Nach der britischen Operation „Claymore" auf den Lofoten wurde der Ausbau der Küstenverteidigung durch die Deutschen forciert. Als gegen Ende des Jahres 1943 die deutsche Wehrmacht vor allem an der Ostfront die ersten größeren militä-

168wn-df

rischen Rückschläge erlitt, nahm die Furcht vor einer britischen Invasion in Norwegen zu. Nach Landung der Alliierten in der Normandie wurde Norwegen zur letzten deutschen Bastion für die Kriegsführung im Atlantik und erlangte somit, ergänzend zu den rüstungstechnisch wertvollen Rohstoffen, höchste strategische Priorität.

Man begann mit der herausfordernden Sicherung der langen und zerklüfteten norwegischen Küstenlinie und dem Bau gigantischer Küstenbefestigungen wie der Batterie Dietl, deren Kanonen mit einem Kaliber von 40,6 cm zu den größten im Krieg eingesetzten Geschützen gehörten und den Vestfjord gegen Angriffe der alliierten Streitkräfte sichern sollten. Zeitgleich plante man, das norwegische Straßen- und Schienennetz mit dem Bau des Riksveien 50 (der heutigen E6) von Oslo nach Kirkenes und der Polarbahn bis Kirkenes (die Nordlandbahn ist gegenwärtig nur bis Bodø in Betrieb) zu erweitern. Für die Fertigstellung der diversen militärischen Bauprojekte wurden überwiegend osteuropäische Kriegsgefangene eingesetzt. Bis Kriegsende starben in Norwegen etwa 13.000 sowjetische, 2600 jugoslawische und 160 polnische Gefangene aufgrund von Hinrichtung, Erschöpfung, Unterversorgung und Krankheit.

Auch die norwegische Zivilbevölkerung litt unter der Besatzung. Mangelernährung, Arbeitslosigkeit und fehlende Brennstoffe setzten der Bevölkerung des damals ohnehin armen Landes schwer zu. Dänemark und das neutrale Schweden leisteten Hilfslieferungen. In Norwegen wurden etwa 12.000 Besatzungskinder (Kinder von deutschen Soldaten mit norwegischen Frauen) geboren. Davon ca. 8000 im Rahmen des norwegischen Lebensborn-Programms, das von der deutschen SS getragen und staatlich gefördert wurde. Seine Funktion bestand darin, die Geburtenzahl „arischer Kinder" zu erhöhen. Das Schicksal und die Diskriminierung der sogenannten Tyskerbarn („Deutsche Kinder") und ihrer Mütter (Tyskertøs – „Deutschenflittchen") in der Nachkriegszeit war in Norwegen jahrzehntelang ein Tabuthema.

Nachdem der Druck auf das Deutsche Reich durch die Alliierten in den letzten Kriegsjahren stieg und sich gehäuft Misserfolge der Wehrmacht einstellten, erarbeitete Terboven Pläne für den „Endkampf" in Norwegen. Dieser sah die endgültige Zerstörung sämtlicher wichtiger Industrie- und Versorgungsbetriebe im Land vor, was jedoch nie zur Ausführung kam. Im Rahmen der Operation „Nordlicht" erfolgte ab Ende 1944 die vollständige und rücksichtslose Deportation der norwegischen Bevölkerung und die Zerstörung aller Unterkünfte ostwärts des Lyngenfjords (Finnmark) durch die Wehrmacht.

Bereits zu Beginn der Besetzung Norwegens hatten sich einige hundert Soldaten der norwegischen Armee mit 13 Schiffen und fünf Flugzeugen nach Großbritannien abgesetzt und gründeten dort eine norwegische Exilarmee. Über den sogenannten „Shetland Bus", einen mit Fischerbooten betriebenen Seeweg, entkamen weitere Norweger nach Großbritannien, um sich der Exilarmee anzuschließen. Aber auch in umgekehrter Richtung wurden Widerstandskämpfer und Material verschifft. Auch ca. 15.000 Norweger, die sich 1940 nach Schweden abgesetzt hatten, gehörten zur Exilarmee. Diese Truppen waren 1944/1945 an der Befreiung der norwegischen Provinz Finnmark beteiligt.

Am 8. Mai 1945, dem Tag der bedingungslosen Kapitulation der Wehrmacht, endete die fünf Jahre währende Okkupation in Norwegen. Fähnrich Terje Rollem, ein Mitglied der Widerstandsgruppe Milorg, übernahm am 11. Mai 1945 vom deutschen Kommandanten Major Wilhelm Nichterlein die Festung Akershus in Oslo.

Am 7. August 1959 wurde zwischen Norwegen und der Bundesrepublik Deutschland im Rahmen des Globalabkommens zur Wiedergutmachung eine Zahlungsverpflichtung von 60 Mio. DM vereinbart.

◁ Spuren des Zweiten Weltkriegs: Reste der Küstenbefestigung auf der Insel Senja (s. S. 192)

166wn-df

⑱ Tømmerneset Camping

GPS 67.90707, 15.87442

Typisch nordnorwegischer Platz am See mit stilvollem Sanitärgebäude aus Holz und unparzellierten Stellplätzen. Birken und Kiefern gliedern das Gelände. **Lage/Anfahrt:** 1 km nördlich von Tømmerneset am Kjerringvatnet gelegen. An der E6 ausgeschildert; **Platzanzahl:** ca. 40; **Untergrund:** Schotter, Schotterrasen, Wiese; **Preiskat.:** €€; **Geöffnet:** 1.6.–31.8.; **Kontakt:** Tømmerneset, 8260 Innhavet, Tel. 46516616, https://tommernesetcamping.wordpress.com, www.tocamp.no

167wn-df

⑲ Innhavet Bobilparkering

GPS 67.96357, 15.92651

Der Stellplatz ist terrassenartig, teilweise auf Felsen angelegt und liegt direkt am kleinen Jachthafen mit Blick auf Fjord und Berge. Neben den asphaltierten Stellflächen liegen jeweils Kunstrasenteppiche. Die Ver- und Entsorgung befindet sich auf dem angrenzenden Supermarkt- und Tankstellengelände. Bezahlung entweder am Automaten oder in der Tankstelle. **Lage/Anfahrt:** In Innhavet am Supermarkt. Der Platz ist an der E6 Richtung Norden kurz vor dem Supermarkt REMA 1000 ausgeschildert; **Platzanzahl:** ca. 30; **Untergrund:** Asphalt, Schotter, Wiese; **Service:** Strom, Trinkwasser, Abwasser, Chemie-WC; **Preiskat.:** €; **Geöffnet:** ganzjährig; **Kontakt:** E6, 8260 Innhavet, Tel. 95059800

Kehrt man von der Insel Engeløya zur E6 zurück und fährt weiter nach Norden, befindet sich etwa 1 km von der Kreuzung entfernt auf der rechten Seite der Tømmerneset Camping ⑱. In Innhavet, etwa 15 km vor Drag, bietet sich der Stellplatz Innhavet Bobilparkering ⑲ für eine Rast an.

ABSTECHER NACH DRAG/ÁJLUOKTA

(hin und zurück 8 km)

Etwa 11 km nördlich von Innhavet (GPS 68.03119, 15.99988) besteht die Möglichkeit, die E6 Richtung Osten zu verlassen, um einen Zwischenstopp in Drag einzulegen. Drag ist das lulesamische Zentrum Norwegens. Der Ort liegt am 59 km langen Tysfjorden. An dessen Ende befindet sich der Weiler Hellmobotn, der nur mit dem Boot oder zu Fuß erreichbar ist. Vom Weiler sind es nur noch etwa 6,5 km bis zur schwedischen Grenze, weshalb der Landstrich rund um Hellmobotn zu den schmalsten Stellen Norwegens gezählt werden kann.

In Drag wurde im Jahr 1994 das **lulesamische Kulturzentrum Árran** eröffnet, das unter anderem ein Museum, eine Bibliothek und einen samischen Kindergarten beherbergt.

Im Ort besteht die Möglichkeit, mit der **Fähre nach Kjøpvik** überzusetzen (Abfahrten: 6.50–23 Uhr alle 2 Std., www.fjord1.no/Ruteoversikt/Nordland/Drag-Kjoepsvik) und – alternativ zur E6 – der Fv827 nach Norden zu folgen. Dabei passiert man den Nationalberg der Norweger, den Stetinden.

› **Lulesamisk senter Árran (Julevsáme guovdásj),** Njárgga 33, 8270 Ájluokta/Drag, Tel. 75775100, www.arran.no, geöffnet: 24.6.–9.8. Mo–Fr 10–17 Uhr, Eintritt: Erw. 80 NOK, ermäßigt 60 NOK, Kinder frei. Das Museum im lulesamischen Kulturzentrum ist derzeit aufgrund von Renovierungsarbeiten nur teilweise geöffnet. Im Erdgeschoss können ein Museumsladen und ein Teil der Ausstellung besucht werden.

Zwischen Drag und Kjøpsvik verkehrt eine Fähre, die eine Alternativverbindung zur E6 über die Rv827 ermöglicht (52,7 km). Die Route führt durch eine landschaftlich reizvolle Region, unter anderem an Norwegens Nationalberg, dem **Stetinden** vorbei.

Auf der **Hauptroute** (E6) bietet sich als nächstes ein Abstecher zum Knut Hamsunsenteret an.

ABSTECHER ZUM KNUT HAMSUNSENTERET NACH PRESTEID, OPPEIDE UND HAMSUND

(42 km hin und zurück)

Der Literaturnobelpreisträger **Knut Hamsun** verbrachte seine frühen Kindheits- und Jugendtage in der Region rund um Hamsund, Oppeide und Presteid. Die beiden Orte Oppeide und Presteid liegen direkt nebeneinander und verschmelzen zu einer Ortschaft. Oppeide bildet das administrative Zentrum der Region. Presteid ist Teil dieses Verwaltungsgebietes. Das **Elternhaus in Hamsund** und das architektonisch faszinierende **Hamsun-Zentrum in Presteid** veranschaulichen das Leben und Schaffen des Schriftstellers und sind einen Besuch wert.

Blick auf das Hamsun-Zentrum

Knut Hamsun

Knut Hamsun wurde am 4. August 1859 in Gamo/Garmostrædet bei Lom in Südnorwegen als Knut Pederson geboren. 1863 zogen seine Eltern, Peder Pederson und Tora Olsdatter, die Kleinbauern waren, mit ihren Kindern nach Hamarøy und kauften dort den kleinen Hof Hamsund. Als Neunjähriger wurde Knut an seinen Onkel in Presteid abgegeben, um durch Hilfsdienste die Schulden der Eltern abzuarbeiten. Diese Zeit behielt er als Martyrium in Erinnerung. Bereits als Jugendlicher schrieb er während seiner Anstellung als Ladengehilfe bei einem Kaufmann in Tranøy seine ersten Verse auf die Türrahmen des Ladens.

1875, als er sechzehn Jahre alt war, begab sich Hamsun auf Wanderschaft durch Norwegen und verdingte sich als Hafenarbeiter, fahrender Händler und Gemeindeschreiber.

1878 fügte Knut Pederson seinem Namen den Hofnamen Hamsund hinzu, da es zu jener Zeit unter Gebildeten und Auswanderern üblich war, neben dem Namen des Vaters einen Familiennamen zu verwenden, der dem Namen des Besitztums entsprach. Angeblich durch einen Druckfehler tauchte 1885 in einem Essay erstmals der Name Hamsun auf, den er daraufhin beibehielt. Zur Pflicht wurde ein Familienname in Norwegen erst 1923.

Seine ersten literarischen Versuche unternahm Hamsun 1877 mit dem Werk „Den Gaadefulde" („Der Rätselhafte") und der Bauernnovelle „Björger" („Der Bürger") von 1878. In Letzterer verarbeitet er seine Kindheits- und Jugendtage in Presteid. Beide Werke wurden aber kaum wahrgenommen. Mit dem 1890 erschienenen Roman „Sult" („Hunger") gelang Hamsun dann der literarische Durchbruch. In seiner Schaffensperiode ab 1892 erschienen Romane wie „Mysterien" oder „Pan", die als Grundstein seines Ruhms betrachtet werden können.

In seinen Werken setzte sich Hamsun mit dem Unterbewusstsein und mit dem Mäandern der Gedanken und Gefühle auseinander. Hamsuns literarische Figuren sind rastlose, existentiell, sozial und geografisch verirrte Menschen. Der Wanderer ist ein zentrales Thema seiner Werke. Auch Hamsun selbst war unentwegt auf Reisen, die ihn beispielsweise nach Kopenhagen, in den Kaukasus und nach Amerika führten und inspirierten. Dennoch blieb auch seine Heimat immer Quelle seiner künstlerischen Produktivität.

1920 erhielt er für seinen bekanntesten Roman „Markens Grøde" („Segen der Erde") den Literaturnobelpreis. Das Werk gilt als Schöpfungsmythos, dem eine gewisse Zivilisationskritik zugrunde liegt. Es beschreibt eine Botschaft des Friedens und eine Welt, in der die Menschen in Harmonie zusammenleben.

Hamsun war ein großer Bewunderer Deutschlands und bei der deutschen Führung waren seine Werke angesehen. Unter anderem schätzte Propagandaminister Joseph Goebbels seine Arbeit. Schon im Ersten Weltkrieg identifizierte sich Hamsun mit der deutschen Haltung. Deutschland stand für ihn für ein junges Europa. Im Zweiten Weltkrieg sympathisierte er mit dem Nationalsozialismus. Hamsuns Ruhm als Schriftsteller wird überschattet von seinem aktiven Eintreten für die nationalsozialistische Partei in Norwegen. In Zeitungsartikeln bezog er Stellung für die Politik Hitlers. Doch seine Sympathie hatte Grenzen. Das brutale Vorgehen des Reichskommissars Josef Terboven gegenüber der norwegischen Bevölkerung beunruhigte Hamsun und so setzte er sich, teilweise mit Erfolg, für einige Norweger ein, die von den Deutschen hingerichtet werden sollten. 1943 begann er schließlich in Artikeln, auf Versammlungen und während eines vermutlich von Goebbels arrangierten Treffens mit Hitler auf die Ablösung von Terboven hinzuwirken.

Knut Hamsun wurde nach dem Krieg wegen Kollaboration mit den Deutschen zu einer hohen Geldstrafe verurteilt, die ihn finanziell ruinierte.

Er starb 92-jährig am 19. Februar 1952 in seinem Haus Nørholm bei Grimstad in Südnorwegen. Seine Sympathie für die Besatzungsmacht Deutschland führte in Norwegen lange Zeit zu einem nationalen und kulturellen Trauma.

70 Camp Hamarøy

GPS 68.08212, 15.64399

Der Platz liegt am Presteidstraumen. Es gibt Stellplätze direkt am Wasser mit schöner Aussicht auf die umliegende Natur. Boote und Kajaks können geliehen werden. Zahlreiche Wanderwege erschließen die Region. In unmittelbarer Nähe des Hamsunsenteret und 7 km vom Knut Hamsuns Barndomshjem entfernt. **Lage/Anfahrt:** Ab der E6 in Ulvsvåg über die Fv81, der Beschilderung „Hamsunsenteret" folgen; **Platzanzahl:** ca. 35; **Untergrund:** Schotter, Schotterrasen, Wiese; **Preiskat.:** €€; **Geöffnet:** ganzjährig, Rezeption 1.6.–16.8.; **Kontakt:** Vestfjordveien 1458, 8294 Hamarøy, Tel. 75770000, www.camphamaroy.no

Die idyllische Umgebung und der schön gelegene Campingplatz machen einen Besuch des Orts zu einem entspannten Erlebnis. Die umliegende Natur lässt sich auf einfachen Wanderwegen erkunden. So kann man beispielsweise den **Glimmen** umrunden und auf Knut Hamsuns Spuren wandeln.

Folgt man der Fv81 weiter nach Skutvik, besteht die Möglichkeit, mit der Fähre (1.6.–31.8.) nach Svolvær überzusetzen und zur **Route 3** (s. S. 163) zu wechseln.

Sehenswert

P 76 Hamsunsenteret, GPS 68.08202, 15.64078, 8294 Hamarøy, Tel. 75503450, www.hamsunsenteret.no, geöffnet: 1.6.–17.6. und 14.8.–31.8. tägl. 10–16, 18.6.–13.8. tägl. 10–18 Uhr, Nebensaison siehe Website, Eintritt: Erw. 130 NOK, Studierende 90 NOK, Kinder frei, Kombiticket, das auch das Elternhaus miteinschließt: Erw. 170 NOK, Studierende 120 NOK. Das Literaturhaus und Dokumentationszentrum ist dem weltbekannten Schriftsteller Knut Hamsun gewidmet. Der auffällige Turm des Hamsun-Zentrums war zunächst umstritten. Laut dem amerikanischen Architekten Steven Holl basiert der Entwurf auf einer architektonischen Interpretation von Hamsuns Literatur und Charakter. 1997 wurde Hall für den Entwurf mit dem amerikanischen „Progressive Architecture Award" ausgezeichnet. Das Turmgebäude besteht aus sechs Geschossen und gilt als das weltweit größte Literaturhaus. Seit 2010 ist es für die Öffentlichkeit zugänglich und fasziniert die Besucher aufgrund des durchdachten und facettenreichen Konzeptes.

P 77 Knut Hamsuns barndomshjem, GPS 68.10260, 15.51907. Das einige Kilometer westwärts in Hamsund gelegene Elternhaus (Knut Hamsuns Barndomshjem, Infos s. Website Hamsunsenteret) ist ebenfalls Teil des Dokumentationszentrums und kann besichtigt werden.

Information

- **Hamarøy turistinformasjon,** Marie Hamsuns vei 3, Hamarøy, Tel. 75503450, www.visitbodo.com/hamaroy

BOGNES/BOGNÁSSJE

(85,8 km – km 165,9)

In Bognes kann man mit zwei verschiedenen Fähren nach Lødingen und zur **Route 3** (s. S. 135) übersetzen oder mit der Fähre nach **Skarberget** fahren, wo man auf der E6 die **Route 4** fortsetzt.

Wer sich bis zur Fährabfahrt die Zeit vertreiben möchte, kann für einen Abstecher kurz vor dem Fähranleger der Fv681/7534 nach links folgen, um **Felszeichnungen** zu besichtigen. Das Schild „Bergkunst" macht auf die Sehenswürdigkeit aufmerksam.

P 78 Felszeichnungen, GPS 68.24029, 16.06323

Infos

- **Fähre Bognes – Lodingen,** Fahrzeit: ca. 60 Min., Abfahrten: 6.40–23.40 Uhr, alle 1–2 Std., www.visitlofoten.com/en/topic/ferry-and-express-boat-timetables-to-lofoten
- **Fähre Bognes – Skarberget,** Fahrzeit: ca. 25 Min., Abfahrten: 1.20–23.59 Uhr, alle 40–80 Min., www.fjord1.no/eng/Routes-and-timetables/Nordland/Bognes-Skarberget

ABSTECHER ZUM STETINDEN (STÁTTÁJÅHKKÅ)

(35,2 km hin und zurück)

Kurz vor dem Sørstraumen, etwa 14 km nordöstlich von Skarberget, zweigt die Rv827 nach Osten ab und führt am Efjorden entlang. Bereits nach wenigen Kilometern kann man einen ersten Blick auf **Norwegens Nationalberg** erhaschen. Wenige Hundert Meter nach dem Stetindtunellen befindet sich auf der linken Seite ein Parkplatz. Von hier aus kann man den mit 1392 m höchsten Granit-Obelisken der Erde in seiner vollen Pracht bestaunen. Der **Stetinden,** dessen Form an einen Amboss erinnert, überragt und dominiert seine Umgebung deutlich.

Vom Parkplatz aus führt ein Wanderweg in Richtung des Gipfels. Doch seine Lage weit im Norden und die oft extremen Wetterbedingungen machen eine Besteigung selbst auf dem Normalweg zu einem ernstzunehmenden Unterfangen. Im Jahr 1910 erreichten erstmals die Bergsteiger Ferdinand Schjeldrup, Carl Wilhelm Rubenson und Alf Bonnevie Bryn den Gipfel. Die erste Winterbesteigung und die Bewältigung der schwierigen Westwand gelang dem norwegischen Professor und Philosophen Arne Næss.

Wer eine geführte Tour auf den Berg unternehmen möchte, kann sich an die zertifizierten Bergführer von **Narvik Mountain Guides** (www.narvikguides.no) wenden. Ausrüstung wie Kletterschuhe, Klettergurt und Helm wird gestellt.

Parken

P 79 Stetind Parkplatz, GPS 68.17663, 16.54972. Am Parkplatz beginnt der Wanderweg auf den Stetinden. Toiletten sind vorhanden. Für eine Übernachtung geeignet.

Der imposante Stetinden am Stefjorden von der Rv827 von Westen kommend gesehen

NARVIK/ÁHKANJÁRGA

(85,1 km – km 251)

Der ganzjährig eisfreie Hafen von Narvik ist ein wichtiger Umschlagplatz für das in Kiruna abgebaute Eisenerz. Schon durch die Rohstoffversorgung der deutschen Rüstungsindustrie zu Zeiten des Ersten Weltkriegs rückte Narvik in den Fokus der Kriegsmächte. Im Zweiten Weltkrieg war Narvik für das Deutsche Reich von strategischer Bedeutung, um das begehrte Eisenerz aus Kiruna in den Emder Hafen zu verschiffen. Während der Besetzung Norwegens erlitten die deutschen Truppen in der **Schlacht um Narvik** zunächst erhebliche Verluste und standen vor einer verheerenden Niederlage, denn die Alliierten hatten die Stadt bereits besetzt. Erst als sich die Alliierten aus Narvik zurückzogen, konnte der Ort von den Deutschen eingenommen werden. Bei diesen Kämpfen wurde Narvik im Frühjahr 1940 fast vollständig zerstört. Es wurde jedoch nach dem Krieg wieder aufgebaut. Nur einige wenige Gebäude überstanden den Bombenhagel durch die deutschen Bomber. Im Stadtteil **Frydenlund** sind die **Narvik Kirke** und einige hübsche Holzhäuser erhalten geblieben.

Außer Museen, Gastronomie und zahlreichen Geschäften ist die direkt von der Stadt aus zugängliche Natur (Narvikfjellet) ein bedeutendes Highlight. Einige **Grünanlagen,** z. B. um die Narvik Kirke oder am Stadion Jaklamyra fotballbane (GPS 68.44232, 17.40135), laden zum Flanieren ein. Bei GPS 68.44523, 17.42925 kann man mitten in einem kleinen Stadtwald die **Felszeichnung** „Der Elch vor Brennholtet" (Zugang über Einerveien 15) besichtigen.

In Narvik befindet sich der **nördlichste im Personenverkehr erreichbare Bahnhof Europas.** Hier enden die Personenzüge, die Narvik

169wn-df

⊡ *Narviks Stadtteil Frydenlund mit der Narvik Kirke und dem Narvikfjellet im Hintergrund*

170wn-df

⊡ *Die Skulptur „Spielende Kinder" von Trygve Thorsen (1892–1965) im Zentrum von Narvik*

mit den schwedischen Städten Luleå, Boden und Stockholm verbinden. Zwischen Narvik und Abisko in Schweden verkehren mehrfach täglich Züge der **Arctic Train AS** (www.arctictrain.com), die Touristen auf der sehenswerten Bahnstrecke zum Abisko-Nationalpark befördern. Sie gilt als die nördlichste Eisenbahnstrecke, die mit dem normalspurigen europäischen Eisenbahnnetz verbunden ist. Die legendäre **Kirunabahn** transportiert über diese Route seit 1902 Eisenerz aus den Abbaugebieten Gällivare und Kiruna in Schweden. Auf dem Teilstück zwischen Narvik und Riksgränsen müssen auf 40 km Strecke 520 Höhenmeter überwunden werden.

Die Züge werden heute von bis zu 10.800 kW starken elektrischen Doppelloks gezogen und bestehen aus 68 Waggons, die jeweils mit 100 Tonnen Erz beladen sind. Die bis zu 700 Meter langen und mehr als 8000 Tonnen schweren Züge verkehren mit einer Geschwindigkeit von etwa 50 km/h.

Sehenswert

› **Seilbahn auf das Narvikfjellet,** Skistuaveien 61, Tel. 90540088, www.narvikfjellet.no, www.visitnarvik.com/narvikfjellet-cable-car, geöffnet: ganzjährig, einfache Fahrt: Erw. 230 NOK, ermäßigt 195 NOK. Die Seilbahn befördert ihre Passagiere auf 659 m Höhe. Schon von der Bergstation aus hat man einen beeindruckenden Ausblick. Von hier aus führen beispielsweise Wanderwege auf den Fagernestoppen und weiter auf den 1272 m hohen Tredjetoppen. Im Restaurant Narvikfjellet kann man ganzjährig bei wunderbarem Panoramablick essen und die Mitternachtssonne oder das Nordlicht genießen.

› **Narvik Krigsmuseum,** Kongens gate 39, Tel. 76944426, www.krigsmuseet.no, geöffnet: Mo–So 10–16 Uhr, Eintritt: Erw. 130 NOK, Kinder 55 NOK. Das moderne Kriegsmuseum informiert über die Schlacht von Narvik und weitere Ereignisse in Norwegen während des Zweiten Weltkriegs. Auch zeitgenössische Kunst, die sich mit politischen und menschenrechtlichen Themen beschäftigt, wird gezeigt.

› **Narvik Museum,** Administrasjonsveien 3, Tel. 76969650, www.museumnord.no/en/our-venues/narvik-museum, geöffnet: Mo, Mi, Fr 12–17 Uhr, Eintritt: Erw. 80 NOK, ermäßigt 60 NOK, Kinder 40 NOK, Kinder unter 6 Jahren frei. Das Museum gibt Aufschluss über den Bau und Betrieb des Ofotbanen-Schienennetzes, das von 2001 bis 2010 vom gleichnamigen, in Narvik ansässigen Eisenbahnunternehmen betrieben wurde. Desweiteren wird die Bedeutung Narviks für den Eisenerztransport aus Kiruna in Schweden beleuchtet.

Information

› **Narvik turistinformasjon,** Kongens gate 41–43, Tel. 76965600, www.visitnarvik.com

Gastronomie

› **Narvik Fiskehallen & Fiskekroken,** Kongens gate 42, Tel. 40401983, www.facebook.com/FiskehallenDrift, www.facebook.com/FiskekrokenNarvik, Restaurant: Di–Do 12–19, Fr/Sa 13–21 Uhr, Fischmarkt: Mo–Fr 9.30–16.30, Sa 11–14 Uhr. Der im Zentrum gelegene Fischmarkt bietet frischen Fisch und Meeresfrüchte. Im dazugehörigen Restaurant Fiskekroken werden traditionelle norwegische Gerichte mit Fisch- und Meeresfrüchten zubereitet, die direkt vom Fischmarkt in die Küche kommen. Beispielsweise stehen frittierte Dorschzunge oder gegrillter Stockfisch auf der Karte. Eine Reservierung ist für das beliebte Restaurant empfehlenswert.

› **Kafferiet Restaurant & Bar,** Dronningens gate 47, Tel. 76960055, www.kafferiet.com, geöffnet: Mo–Do 11–24 Uhr, Fr/Sa 11–3 Uhr. Im modernen Restaurant, Bar und Café können kleine Snacks, Salate, internationale Gerichte, Süßspeisen, Kaffee, Wein und Bier bestellt werden.

Einkaufen

› **Sport Centret,** Kongensgate 50, Tel. 76946950, geöffnet: Mo, Di, Mi, Fr 9–17, Do 9–19, Sa 10–15 Uhr. Gut sortiertes Sportfachgeschäft im Zentrum von Narvik.

› **Gallery My,** Kongensgate 34, Tel. 93402257, www.facebook.com/gallerimy, geöffnet: Mo, Di, Mi, Fr 11–16, Do 11–17, Sa 11–14 Uhr. Hier werden Lithographien, Aquarelle, Fotokunst, Glaskunst und Keramik angeboten. Zahlreiche kleine und große Produkte für verschiedenste Anlässe.

171wn-df

⊡ *Die moderne Seilbahn auf das Narvikfjellet gehört zu den Hauptattraktionen von Narvik*

173wn-df

71 Narvik Bobilparkering

GPS 68.43562, 17.42359

Für Ausflüge in die Innenstadt ideal gelegener Platz. Mit Schranke und Bezahlautomat. Chemietoiletten- und Grauwasserentsorgung an der Tankstelle Circle K (Fagernesveien 142). **Lage/Anfahrt:** Zentrumsnah gelegen, ca. 350 m zur Touristeninformation. In Narvik von der E6 kurz vor dem Scandic Hotel (Hochhaus) links abbiegen. Sofort nächste Möglichkeit erneut links abbiegen; **Platzanzahl:** ca. 25; **Untergrund:** Schotter; **Preiskat.:** €; **Geöffnet:** ganzjährig; **Kontakt:** Verkstedbakken 45, 8514 Narvik, Tel. 76977290

72 Stellplatz Fagernesfjellet

GPS 68.43096, 17.44852

Die Stellplätze mit wunderbarem Ausblick befinden sich nahe der Seilbahn von Narvik. Sanitäre Einrichtungen sind ausgeschildert und befinden sich im Seilbahngebäude. Idealer Ausgangspunkt für Wanderungen Richtung Fagernesfjellet. **Lage/Anfahrt:** Oberhalb von Narvik an der Seilbahn und einem Skigebiet gelegen. Ab der E6 (Kreuzung Kongensgate und Tøttaveien) der Beschilderung Richtung Narvikfjellet folgen; **Platzanzahl:** ca. 50; **Untergrund:** Schotter; **Service:** Strom, Trinkwasser, Abwasser, Chemie-WC; **Preiskat.:** €; **Geöffnet:** ganzjährig; **Kontakt:** Skistua/Fjellveien, 8515 Narvik, Tel. 76977290, www.narvikgaarden.no/parkering/fagernesfjellet-parkering

73 Øyjord Camping Narvik

GPS 68.47427, 17.50090

Einfacher, kleiner Platz, geschützt in einem kleinen Waldgebiet gelegen. Das Zentrum von Narvik liegt etwa 10 km entfernt und kann mit dem Fahrrad über einen Radweg erreicht werden. In Øyjord verkehrt ein Bus nach Narvik. Der Betreiber spricht Deutsch. **Lage/Anfahrt:** Der Platz liegt versteckt in Øyjord nahe der Hålogalandsbrua. Der Camping ist an der E6 Richtung Øyjord gut ausgeschildert; **Platzanzahl:** ca. 20; **Untergrund:** Schotterrasen, Wiese; **Preiskat.:** €€; **Geöffnet:** Juni–Aug.; **Kontakt:** Snauvollen 13, 8517 Narvik, Tel. 47309009, oddny.andreassen@gmail.com

› **Amfi Narvik,** Bolagsgata 1, Tel. 76963400, www.amfi.no/amfi-narvik, geöffnet: Mo–Fr 10–20, Sa 10–18 Uhr. Das im Ortskern gelegene Einkaufszentrum beherbergt 34 Geschäfte und eine Auswahl an Restaurants.

› **Bagorama/Bjørg AS,** Kongensgt 40, Tel. 76946811, geöffnet: Mo–Fr 9–16.30, Sa 10–15 Uhr. Unter anderem erhält man in einem der ältesten Geschäfte Narviks Reiseutensilien und Souvenirartikel.

ROUTE 5

ÜBER DIE INSEL SENJA NACH TROMSØ

174wn-df

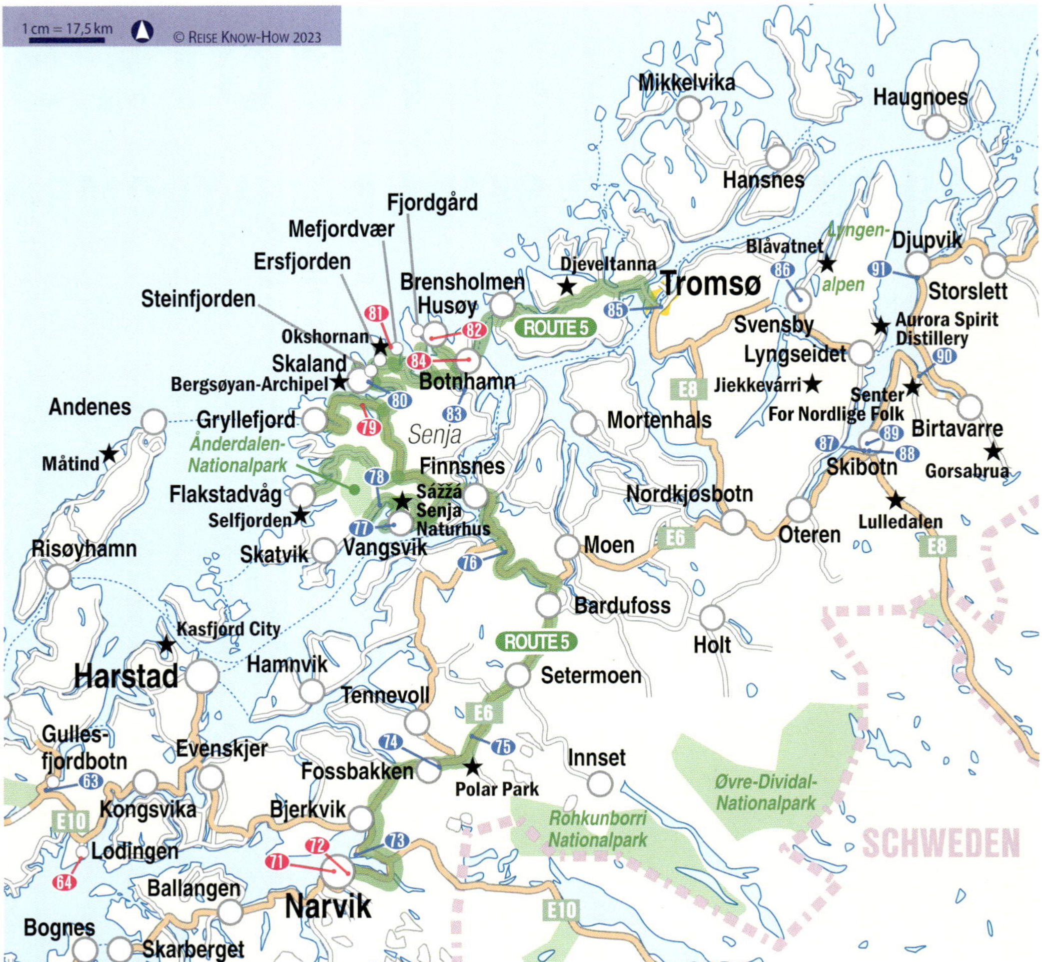

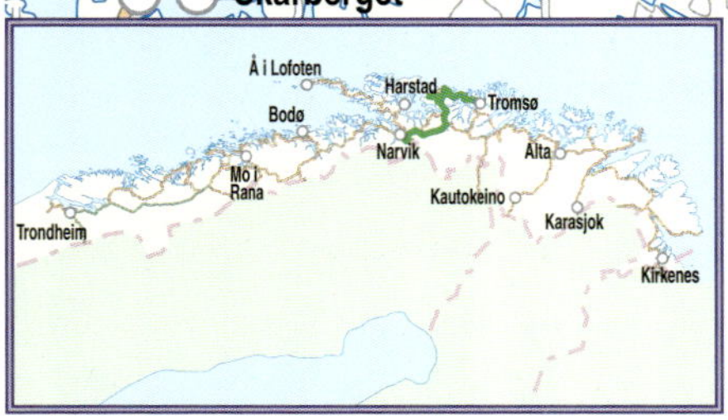

Strecke:

Narvik (s. S. 185) – **Finnsnes** (142 km, s. S. 192) – **Skatvik** (33,5 km, s. S. 194) – **Ånderdalen nasjonalpark** (11,9 km, s. S. 195) – **Bumannsvatnet** (29,8 km, s. S. 197) – **Flakstadvåg** (25,1 km, s. S. 197) – **Gryllefjord** (81,3 km, s. S. 199) – **Skaland** (40 km, s. S. 201) – **Steinfjorden und Ersfjorden** (11,3 km, s. S. 202) – **Mefjordvær** (9,7 km, s. S. 203) – **Fjordgård** (24,7 km, s. S. 204) – **Husøy** (26,6 km, s. S. 205) – **Botnhamn** (15,8 km, s. S. 206) – **Tromsø** (55,6 km, s. S. 207)

Streckenlänge:

507,3 km

« *Kapitelstartseite: Eine der bekanntesten Felsformationen von Senja – die Gebirgskette Okshornan (s. S. 202) von Tungeneset gesehen*

ROUTENÜBERSICHT

Von Narvik (s. S. 185, Route 4) folgt die Route über die imposante Hålogalandsbrua der E6 nach Norden. Weitläufige Fjelllandschaften werden durchfahren, die Siedlungsdichte nimmt deutlich ab. Zwischen Narvik und Finnsnes kann man auf einem der Campingplätze einen Zwischenstopp einlegen, um die wilde, einsame Natur zu erkunden.

In Bardufoss zweigt die Fv86 Richtung Finnsnes ab, wo die Insel Senja über eine Brücke mit dem Festland verbunden ist. Senja ist mit ihren 1569 Quadratkilometern die zweitgrößte Insel Norwegens und touristisch noch relativ wenig erschlossen. An den schmalen, windgepeitschten Küstenstreifen zwischen Meer und Bergen stehen kleine Fischerdörfer. Eine zerklüftete Fjordlandschaft mit steilaufragenden Bergflanken und spektakulären Felsformationen prägt die West- und Nordküste der Insel. Eine der 18 norwegischen Landschaftsrouten verläuft von Gryllefjord nach Botnhamn und passiert dabei weiße Sandstrände wie den Ersfjordstranda und sehenswerte Aussichtspunkte wie Tungeneset, wo man den Blick auf die Bergspitzen von Okshornan genießt.

Eine Herausforderung für Wohnmobilfahrer stellen die 13 Straßentunnel auf Senja dar. Einige der älteren Röhren aus den 1970er-Jahren sind eng, kurvig und kaum beleuchtet, doch auch für Wohnmobile befahrbar. Vor allem bei Gegenverkehr ist aber Vorsicht geboten.

Die Fährverbindung von Botnhamn nach Brensholmen verbindet die Inseln Senja und Kvaløya. Über die Fv862 erreicht man schließlich Tromsø, die größte Stadt Nordnorwegens.

⊡ *Mitternachtssonne über Steinfjorden und Ersfjorden (s. S. 202)*

Von Narvik (s. S. 185), dem Endpunkt von Route 4, fährt man über die E6 gen Norden. Ab Bardufoss folgt man dann der Fv86 Richtung Finnsnes.

Wer einen direkten Weg nach Tromsø bevorzugt und die Stopps dieser Route auslassen möchte, hat hier die Möglichkeit, auf der E6 weiter nach Nordkjosbotn zu fahren und anschließend der E8 bis **Tromsø** zu folgen (ab Narvik 236 km). Wenn man in Nordkjosbotn direkt an die **Route 6** (s. S. 213) anknüpfen möchte, kann man die Reise auch auf der E6 Richtung Skibotn und Alta fortsetzen.

74 Lapphaugen Turiststasjon

GPS 68.67875, 17.91447

Terrassenartig angelegter Platz mit hervorragendem Rundumblick auf die nahen Berge. Es bieten sich gute Wandermöglichkeiten in der umliegenden Berglandschaft. Im Restaurant kann man sich nach einem langen Tag in den Bergen stärken. Ein Kriegsdenkmal zwischen Camping und E6 erinnert an den norwegischen General Carl Gustav Fleischer, der im Zweiten Weltkrieg als erster Landkommandant gegen die deutschen Truppen einen bedeutenden Sieg verbuchen konnte. **Lage/Anfahrt:** An der E6, 40 km nördlich von Narvik, an der E6 ausgeschildert; **Platzanzahl:** 20; **Untergrund:** Asphalt, Wiese; **Preiskat.:** €€; **Geöffnet:** März–Nov.; **Kontakt:** General Fleischers Vei 365, 9357 Tennevoll, Tel. 77177127, www.lapphaugen.com

175wn-df

FINNSNES

(142 km – km 142)

Von Narvik aus (s. S. 185, Route 4) erreicht man Finnsnes über die E6 und Fv86. Der Streckenabschnitt führt durch eine weite und relativ wenig besiedelte Landschaft, die von ausgedehnten Tälern und hoch aufragenden Fjells geprägt ist. Mehrere Campingplätze laden zu einer Rast. Von ihnen aus kann man auf unterschiedlichen Wanderungen die einsame Gebirgslandschaft genießen.

Finnsnes eignet sich hervorragend, um Einkäufe zu tätigen und die Vorräte aufzustocken. Im Ort führt eine Brücke über den Gisundet auf die **Insel Senja** (Nordsamisch: Sážžá). Auf dem noch vergleichsweise wenig erschlossenen und teilweise einsamen und ursprünglichen Eiland finden sich nur eingeschränkte Einkaufs- und Tankmöglichkeiten. Benötigt man beispielsweise noch eine Wanderkarte für die Region kann man diese beispielsweise im Sportfachhandel des Einkaufszentrums AMFI (Storgata 7) in Finnsnes besorgen.

Sehenswert

› **Polar Park,** Bonesveien 319, 9360 Bardu, Tel. 48240000, www.polarpark.no/en, geöffnet: siehe Website, Eintritt: Erw. 315 NOK, Kinder 250 NOK. Im nördlichsten Tierpark der Welt können die wichtigsten und größten Bewohner der skandinavischen Wildnis auf geführten Touren kennengelernt werden. Der Park gehört weltweit zu den Tiergehegen mit den größten Flächen pro Tier.

› **Barnemuseet i Midt-Troms (Kinder-Museum),** Bernhard Lunds vei 4, 9300 Finnsnes, Tel. 47834500, www.mtmu.no/museum/barnemuseet-i-midt-troms, geöffnet: Sa, So 12–16, im Sommer Do–So 12–16 Uhr, Eintritt: Erw. 125 NOK, Kinder frei. In Norwegens erstem, ausschließlich an Kinder gerichteten Museum wird der Nachwuchs spielerisch an unterschiedliche Themen herangeführt. An verschiedenen Simulatoren und in hübsch gestalteten Spielecken können soziale und ökonomische Zusammenhänge sowie verschiedene Kulturen erforscht werden.

75 Solbakken Camping

GPS 68.73227, 18.09244

Schöner Platz im Tal des Salangselva, in erhöhter Hanglage mit entsprechend wundervoller Aussicht auf die Berge. Guter Zugang in die umliegende Natur und die weitläufigen Fjells. Charmante und gut eingerichtete Servicegebäude. **Lage/Anfahrt:** 21 km südlich von Setermoen und 5 km nördlich des Polar Parks, nahe der E6 gelegen, an der E6 ausgeschildert; **Platzanzahl:** 40 (Sommer), 20 (Winter); **Untergrund:** Wiese; **Preiskat.:** €€; **Geöffnet:** ganzjährig; **Kontakt:** Sollidveien 80, 9360 Bardu, Tel. 91564498, https://campio.no/en/campsite/solbakken-camping

176wn-df

76 Krogstadtunet Camping

GPS 69.12037, 18.21735

Der Campingplatz liegt idyllisch auf einem historischen, gut erhaltenen Hof. Man kann ein Museum über die Geschichte und das Leben in der Region besuchen. Bereits die Rezeption, die sich in einer ehemaligen Scheune befindet, ist überaus sehenswert. Zahlreiche handgefertigte Produkte aus der Region, die man erwerben kann, werden hier angeboten. Die sanitären Anlagen sind beheizt. Die ausgesprochen hilfsbereite und engagierte Besitzerin spricht Deutsch. **Lage/Anfahrt:** 4 km südöstlich von Sørreisa entfernt, nahe des Reisvatnet gelegen. Der Fv86 Richtung Finnsnes und Senja folgen. Der Platz ist ausgeschildert; **Platzanzahl:** ca. 10; **Untergrund:** Wiese; **Preiskat.:** €€; **Geöffnet:** ganzjährig (im Winter ohne Service und Strom); **Kontakt:** Krogstadtunet Finnset, 9310 Sørreisa, Tel. 41461015, www.krogstadtunet.no

177wn-df

Information

› **Visit Senja,** Strandveien 16, 9300 Finnsnes, Tel. 93022333, www.visitsenja.no

Einkaufen

› **Amfi Finnsnes,** Storgata 7, 9300 Finnsnes, Tel. 97479300, www.amfi.no/amfi-finnsnes, geöffnet: Mo–Fr 10–19, Sa 10–18 Uhr. Zahlreiche Geschäfte, darunter Lebensmittelladen und Sport-/Outdoor-Fachhandel, sind in dem Einkaufszenturum im Ortskern untergebracht.

Übernachten

S 80 **Stellplatz am Polarpark,** GPS 68.69205, 18.11133, Bonesveien 319, 9360 Bardu, Tel. 48240000, www.polarpark.no, Preiskat.: €. Der ganzjährig nutzbare Stellplatz (ca. 15 Plätze) liegt in einem ruhigen Tal am Polar Park. Die sanitären Einrichtungen des Parks können genutzt werden. Achtung: kein Strom, obwohl dies am Automaten ausgewählt werden kann!

SKATVIK

(33,5 km – km 175,5)

Die dem Meer zugewandte Westseite der Insel Senja ist felsig und stark zerklüftet und die dramatische Fjordlandschaft bietet immer wieder einen überwältigenden Anblick. Die dem Festland zugewandte **Ost- und Südseite** hingegen mutet eher lieblich an und ermöglicht Land- und Waldwirtschaft. Man sagt, Senja sei aufgrund ihrer landschaftlichen Vielseitigkeit „Norwegen in Miniatur“. Für viele ist Senja schöner als die Lofoten.

Die **Westseite** begeistert mit ihren steil ins Meer herabstürzenden Bergen und schmalen Fjorden. Doch ihre Schönheit rührt vor allem von ihrer bisherigen Unberührtheit und Ursprünglichkeit, denn touristisch ist die Region noch wenig erschlossen. Über Generationen waren manche abgeschiedene Flecken nur über das Meer erreichbar. Einige der Straßentunnel wurden erst in den 2000er-Jahren fertiggestellt. Der 2004 eröffnete Geitskartunnel verkürzte den Weg der Einwohner von Senjahopen in die Gemeindeverwaltung in Skaland um mehr als 90 Kilometer. Noch heute ist der Fischfang an der rauen Westseite der vorherrschende Wirtschaftszweig.

Der Ort Skatvik liegt auf der Südseite, am Solbergfjorden, und besteht aus wenigen Häusern. Um den Ort zu erreichen, folgt man ab Finnsnes zunächst der Fv86, dann der Fv860/8600 und zuletzt der Schotterstraße Fv231/7860. Unterwegs kann man im **Sážžá Senja Naturhus og Museum** einen Zwischenstopp einlegen.

☑ *Die leicht bergige Landschaft rund um Skatvik an der Südküste von Senja*

178wn-df

Höchste Erhebung in der sanften Landschaft ist das 449 m hohe **Skatvikfjellet,** dessen höchster Punkt über den Südwestgrat problemlos zu erreichen ist.

Sehenswert

› **Sážžá Senja Naturhus og Museum,** Tranøyveien 1261, 9304 Vangsvik, www.mtmu.no/museum/sazza-senja-naturhus-og-museum, geöffnet: Ende Juni–Mitte Aug. Do–So 11–16 Uhr, in der Nebensaison auf Anfrage, Eintritt: Erw. 70 NOK, Kinder kostenlos. Die Dauerausstellung ist überwiegend der Natur- und Kulturgeschichte von Senja und dem Nationalpark Ånderdalen gewidmet.

ÅNDERDALEN NASJONALPARK

(11,9 km – km 187,4)

Der 1970 gegründete **Nationalpark** (www.nasjonalparkstyre.no/Anderdalen, www.norgesnasjonalparker.no/en/nationalparks/anderdalen) wurde eingerichtet, um eine vielseitige nordnorwegische Küstenlandschaft zu erhalten. Der Park erstreckt sich über

179wn-df

77 Skatvik Camping

GPS 69.15915, 17.59340

Der naturbelassene, ruhige Platz befindet sich in einem kleinen Dorf am Ende der Straße an einer Bucht. Die Stellplätze liegen verstreut auf einem Wiesengelände zwischen einzelnen Bäumen, niedrigen Hecken und Sträuchern. Wanderwege führen vom Ort aus in die umliegende Natur. Der Wanderweg auf den Skatvikfjellet beginnt etwa 1,5 km westlich des Platzes an der Straße. Wer Glück hat, kann früh am Morgen Fischotter am Pier beobachten. **Lage/Anfahrt:** An der Südküste von Senja. Von der Fv86 auf der Fv860/8600 der Beschilderung nach Sážžá Ånderdalen folgen. Nach etwa 19 km auf die Fv231/7860 fahren und der Beschilderung nach Skatvik folgen. Die letzten 8 km sind auf einer Schotterstraße zurückzulegen; **Platzanzahl:** 75; **Untergrund:** Schotter, Wiese; **Preiskat.:** €; **Geöffnet:** Mitte Mai–Ende Aug.; **Kontakt:** Skatvikveien 774, 9376 Skatvik, Tel. 48108178, www.skatvik-camping.no

Bei einer Wanderung auf das Kaperfjellet im Nationalpark Ånderdalen wird man mit einem weiten Ausblick belohnt

180wn-df

verschiedene Küstenabschnitte der Insel und schließt eine Reihe von verschiedenen Lebensräumen ein. Der Süden des Parks ist eine sanfte Landschaft aus Feuchtgebieten, Seen, Flüssen, 500 Jahre alten Kiefernwäldern und seltenen Orchideen. Begibt man sich weiter gen Norden und Westen, folgen von Wald gesäumte, grasbewachsene Hänge. In den höheren Lagen dominieren Bergbirkenwälder und schließlich Schneefelder und hohe Berggipfel, deren Hänge in Richtung Westküste steil abfallen. Die westlichste Grenze erreicht beinahe das Meer und man hat einen wunderbaren Blick auf den offenen Ozean.

Es gibt vier offizielle Eingänge in den Nationalpark, die durch markierte Wanderwege miteinander verbunden sind, z. B. den Eingang Tranøybotn im Südosten und Bumannsvatnet/Kaperdalen (s. S. 197) im Norden. Vom **Parkplatz Eingang Tranøybotn** erreicht man einen zunächst komfortablen Schotterweg, der Richtung Parkgrenze verläuft. Am Ende des Wegs kann man sich entscheiden, ob man weiter zum **Åndervatnet** und tiefer in den Nationalpark wandern oder über eine Schleife zum Parkplatz zurückkehren möchte. In diesem Parkabschnitt finden sich zudem Rastplätze, Picknickbänke und Feuerstellen.

Vom Parkplatz **Tranøybotn** kann man an die **DNT-Route „Senja på langs“** (Senja-Traverse, www.nasjonalparkstyre.no/Anderdalen/kart) anknüpfen, die quer über die gesamte Insel und auf einem Teilstück durch den Ånderdalen Nasjonalpark verläuft. Sie verbindet **Olaheimen** (GPS 69.106523, 17.03762) südwestlich der Parkgrenze mit dem **Kraftwerk am Lysvatnet** (GPS 69.38724, 17.79844) im Norden von Senja.

Parken

81 Parkplatz Eingang Tranøybotn, GPS 69.19920, 17.45692. Am Parkplatz beginnt ein Wanderweg, der quer durch den Nationalpark und als Senja på langs weiter über die Insel Senja führt.

78 Norwegian Wild Camping

GPS 69.19879, 17.45809

Der Platz ist terrassenartig angelegt. Die Stellplätze befinden sich in der Nähe des Wassers. In der Rezeption befindet sich ein Café, das im Sommer geöffnet hat. Gegenüber der Einfahrt zum Platz beginnt ein Wanderweg, der in den Ånderdalen-Nationalpark führt. **Lage/Anfahrt:** An der Fv860/8600, an der Südküste von Senja, am Tranøybotn gelegen. Ab Finnsnes über die Fv86 und die Fv860/8600 zu erreichen; **Platzanzahl:** 30; **Untergrund:** Wiese; **Preiskat.:** €€; **Geöffnet:** ganzjährig; **Kontakt:** Tranøyveien 2002, 9304 Vangsvik, Tel. 91635760, https://norwegianwild.no/camping

181wn-df

BUMANNSVATNET/ KAPERDALEN
(29,8 km – km 217,2)

Der See liegt im schönen Kaperdalen, das man auf dem Weg hierher auf der sanft ansteigenden Fv232/7862 durchfährt. Nun befindet man sich auf der Nordseite des **Ånderdalen-Nationalparks** und an einem weiteren offiziellen Eingang. Die Parkgrenze liegt etwa 1,5 km südlich des Parkplatzes. Die Straße wird hier vom **Fernwanderweg „Senja på langs“** gekreuzt. Für kürzere Touren kann man beispielsweise den 851 m hohen **Istind** oder das 850 m hohe **Kaperfjellet** südlich des Bumannsvatnet anvisieren. Weniger Höhenmeter verspricht eine Tour zum **Langdalsvatnet** in nördlicher Richtung.

182wn-df

Parken

82 **Parkplatz am Bumannsvatnet,** GPS 69.29684, 17.29734. Ausgangspunkt für Touren in den Ånderdalen Nationalpark.

FLAKSTADVÅG
(25,1 km – km 242,3)

Folgt man der Fv232/7862 weiter Richtung Sifjord, beginnt unmittelbar nach dem Passieren des Kaperskartunnelen ein spektakulärer Streckenabschnitt. Die Straße windet sich in mehreren Serpentinen durch das enge Tal hinab bis zum Meer. Dabei offenbart sich immer wieder ein grandioser Ausblick.

In Sifjord biegt man von der Fv243/7864 auf die Fv232/7862 ab. Die schmale Straße schlängelt sich durch eine einsame, faszinierende Landschaft, die ein wenig an die isländischen Westfjorde erinnert, am Sifjorden entlang und überwindet schließlich kurz vor Flakstadvåg noch einen Pass.

Die Fv232/7862 windet sich durch das Sifjordbotndalen zum Sifjorden hinab

Am Ende der Straße befindet sich am Hafen des Orts ein Parkplatz. Von hier hat man einen wunderbaren Panoramablick auf den **Selfjorden** und die rundum aufragenden Berge und man fühlt sich in die Zeit versetzt, als die Orte an der Westküste Senjas nur mit dem Boot zu erreichen waren. Die wenigen zerstreut liegenden Häuser und die besondere Atmosphäre des abgelegenen Orts lassen einen darüber staunen, wohin es die Menschen in der Vergangenheit auf der Suche nach einem wirtschaftlichen Auskommen verschlagen hat.

Westlich des Orts verlaufen einige schmale Wanderwege, beispielsweise in das **Trolldalen** oder weiter nach **Leikvika.**

Einkaufen

› **Idar Olsen Landhandel,** Gnr 39 Bnr 36, 9393 Flakstadvåg, Tel. 47956720, www.facebook.com/ Idarolsenlandhandel, geöffnet: Mo–Sa 11–15 Uhr. Kleines, gemütliches Lebensmittelgeschäft.

Parken

P 83 **Parkplatz Flagstadvåg,** GPS 69.19043, 17.03378

Die Entstehung der Fjorde

Fjorde entstanden durch Talgletscher (Eismassen, die ein begrenztes Einzugsgebiet aufweisen und sich unter Einwirkung der Schwerkraft abwärts in einem Tal bewegen), die durch bereits bestehende Flusstäler abwärts flossen. Vom Eis wurde Gestein mitgerissen, das sich am Ende des Gletschers ablagerte und mit der Zeit eine wallartige Aufschüttung (Endmoräne) bildete. Das ursprüngliche schmale Tal wurde dadurch breiter und tiefer und erhielt im Querprofil seine typische U-Form (Trogtal) mit steilen Hängen.

Fjordküsten werden als Hebungsküsten bezeichnet. Nach dem Abschmelzen der bis zu drei Kilometer dicken, schweren Eismassen wurde das Land entlastet und angehoben. Durch den ansteigenden Meeresspiegel drang das Meer in die tiefen Täler ein. Die Endmoräne an der Fjordmündung stellt eine unterseeische Schwelle dar, die meist nur einen Bruchteil der Wassertiefe im Inneren des Fjords erreicht. Der Grund eines Fjords kann sich bis zu 1300 m unter dem Meeresspiegel befinden. Aufgrund der seichten Fjordmündung weisen Fjorde zumeist einen geringeren Wellengang auf.

An den äußeren Küsten war die Eisschicht dünner als im Inland und die Gipfel der mehr als 500 m hohen Berge waren nicht durch das Eis bedeckt. Die Felsen ragten aus der Eismasse hervor, sodass die Spitzen nicht durch glaziale Erosion geprägt wurden. Lediglich Wind und Wetter formten das Gestein und kreierten die schroffen und spektakulären Felsnadeln.

An Norwegens zerklüfteter Küste kommt es vor, dass ein Gebirgsrücken zwischen zwei Fjorden nur als Inselkette sichtbar ist, obwohl er bei tieferem Meeresspiegel als Gebirgszug mit Felsspitzen erscheinen würde. So findet man in Norwegen neben den klassischen, an drei Seiten von Festland umgebenen Fjorden auch Meeresarme, die teilweise oder ganz von Inselketten begrenzt sind. Dabei werden die Inseln zum Teil nur durch sehr schmale Sunde voneinander und vom Festland getrennt. Geologisch betrachtet handelt es sich hierbei ebenfalls um echte Fjorde, obwohl die Gebirgsmassive nicht durchgängig sichtbar sind.

⊡ *Der Gryllefjorden an der Westküste von Senja*

183wn-df

GRYLLEFJORD

(81,3 km – km 323,6)

Um nach Gryllefjord zu gelangen, muss man von Flagstadvåg den Weg zurück bis zur Fv86 fahren und dieser anschließend nach Gryllefjord folgen. Unterwegs besteht die Möglichkeit, auf dem Stellplatz **Hulder og Trollparken** 79 die Ver- und Entsorgung zu nutzen.

Gryllefjord liegt am nur wenige hundert Meter breiten **Gryllefjorden.** Dieser Meeresarm verkörpert das Idealbild eines Fjords. Die gleichmäßige U-Form des von eiszeitlichen Gletschern geformten Tals ist wunderbar zu erkennen. Markante Bergspitzen komplettieren das malerische Bild. Es verwundert nicht, dass hier die Landschaftsroute **Nasjonale Turistveger Senja** (www.nasjonaleturistveger.no/de/routen/senja) beginnt.

Vom Ort aus besteht eine Fährverbindung (Sommer) nach Andenes auf Vesterålen, von wo aus man über die Fv82 und Fv85 die E10 Richtung Lofoten erreichen kann. Der Fähranleger befindet sich am **Supermarkt Matkroken** im Zentrum von Gryllefjord. Hier finden sich einige zentrumsnahe Parkmöglichkeiten. Im Sommer ist die Fährverbindung sehr beliebt und es kann aufgrund des begrenzten Platzangebotes im Ort und durch die wartenden Fahrzeuge recht belebt zugehen.

Das Ortsbild ist von engen Straßen und bunten und überwiegend aus Holz erbauten Häusern geprägt. Touristische Infrastruktur ist hier bisher kaum zu finden. Das authentische Fischerdorf schmiegt sich an die ins Meer laufende Flanke des **Middagstinden,** dessen Gipfel über einen 1,2 km langen Wanderweg von Westen erreicht werden kann.

Gastronomie

› **Skreien spiseri,** Spiraveien 53, 9380 Gryllefjord, Tel. 90893324, www.skreienspiseri.no, geöffnet: Mo–Fr 13–20, Sa 11–20, So 13–19 Uhr. Nordnorwegische Küche aus lokalen Zutaten prägt das familiengeführte Restaurant und Café. Namensgeber ist die Norwegisch-Arktische Kabeljauart Skrei.

Parken

P **84 Gryllefjord rasteplass,** GPS 69.35512, 17.12560. Der Parkplatz liegt 3 km vom Ortskern entfernt am Gryllefjord.

Von Gryllefjord folgt man der Fv86 für 22,6 km zurück bis nach Straumsbotn, wo man bei GPS 69.38904, 17.39880 auf die Fv862 abbiegt. Kurz vor Skaland biegt die Fv862 Richtung Botnhamn/Senjahopen ab, hier fährt man aber geradeaus auf die Fv251/7866, die bis in den Ort führt.

79 Hulder og Trollparken

GPS 69.41059, 17.26328

Der Platz befindet sich an einem kleinen Freizeit-Trollpark. Ein Spielplatz kann kostenlos genutzt werden. **Lage/Anfahrt:** An der Fv86 Richtung Gryllefjord, ausgeschildert; **Platzanzahl:** ca. 10; **Untergrund:** Asphalt, Rasengitter; **Service:** Trinkwasser, Abwasser, Chemie-WC; **Preise:** kostenlos; **Geöffnet:** ganzjährig; **Kontakt:** Trollveien 4, 9385 Skaland

184wn-df

Nordnorwegische Häuser

Den Charme der nordnorwegischen Orte machen zu einem großen Teil die bezaubernden, häufig mit bunten Holzbrettern verkleideten Häuser aus. Typische Farben sind Rot, Blau, Gelb und häufig Weiß. Früher wurden die Häuser selten gestrichen, denn Farbe war teuer.

Traditionell sind die Räumlichkeiten eng und die Häuser kompakt gebaut, um im Winter die Wärme besser speichern zu können. Die Dächer sind meist schräg, selbst die Flachdächer mancher Häuser weisen eine leichte Neigung auf, damit der Schnee besser abgleiten kann. Je älter die Häuser, desto kleiner sind die Fenster, denn über die schlecht isolierten Gläser und Fensterrahmen wurde früher Wärme abgestrahlt. Im Zentrum des Hauses befand sich in der Regel der Ofen, der das gesamte Haus mit Wärme versorgte. Mittlerweile sind teilweise selbst in den alten Häusern Zentralheizungen und Fußbodenheizungen nachgerüstet worden. In Neubauten sind sie Standard.

Früher sehr häufig zu sehen waren mit Gras und Pflanzen gedeckte Dächer, die heute teilweise wieder im Kommen sind. Die Bepflanzung ist optisch reizvoll und gleichzeitig isolierend. Im Sommer schützt sie vor zu großer Hitze und im Winter hält sie die Wärme im Inneren des Gebäudes.

Ein großer Teil der privaten Einfamilienhäuser ist aus Holz gebaut oder mit Holzplanken verkleidet. Auf diese Weise ist das Gebäude dem extremen und wechselhaften Wetter des Nordens besser angepasst. Häuser aus Stein neigen zu Wasserschäden und in ihren Wänden bilden sich bei den kalten Temperaturen durch gefrorenes Wasser rasch Risse. Hinzu kommt, dass die Versicherungen für Steinhäuser erheblich teurer sind. Für Dächer wird gern der in Norwegen abgebaute, den Witterungen trotzende und problemlos auszutauschende Schiefer verwendet. Eine Außenbeleuchtung, die ständig eingeschaltet ist, ist im Winter an norwegischen Häusern aus Sicherheitsgründen gesetzlich verpflichtend.

Die Norweger lieben ihre vier Wände, die ihnen Schutz vor den unberechenbaren Naturkräften bieten, und investieren viel Zeit, um sich behaglich einzurichten.

185wn-df

186wn-df

SKALAND

(40 km – km 363,6)

Die Nordwestküste von Senja prägen vier markante Landzungen, die sich in den Nordatlantik erstrecken. Skaland liegt auf der von Bergsfjorden und Steinfjorden begrenzten westlichsten von ihnen. In dieser Region finden sich einige der bekanntesten Natursehenswürdigkeiten und Ausflugsziele von Senja, daher überrascht es nicht, dass man sich in Skaland mittlerweile ein wenig auf Touristen eingestellt hat. Der moderne **Skaland Camping** (80) ist ein geeigneter Standort, um die Umgebung zu erkunden. Von hier aus lässt sich beispielsweise der 635 m hohe Berg **Husfjellet** erklimmen. Dessen Gipfel gestattet einen tollen Ausblick auf die berühmten Felsspitzen von **Okshornan,** wenn diese von der Mitternachtssonne beleuchtet werden.

Bei einem Streifzug durch die Orte Skaland und Bøvær kann man im Restaurant einkehren oder ein Kulturhaus mit Café besuchen. In Skaland befinden sich zudem eine Tankstelle und ein Supermarkt.

Das aus 98 Inseln bestehende **Bergsøyan-Archipel** liegt etwa zwei Kilometer vor der Küste Skalands und ist ein Paradies für Ausflüge mit dem Kajak. Rund um die Inseln schimmert das Wasser türkis, sanfte Wellen schwappen auf die weißen Sandstrände. Kristallklares Wasser, das einen Blick auf die Unterwasserwelt des Fjords gewährt, und eine reiche Vogelpopulation aus Papageientauchern, Kormoranen oder Seeadlern machen die Inseln zu einem fantastischen Ausflugsziel. Vom 15.4. bis zum 31.7. dürfen einige Gebiete der Insel **Ertnøya** und die Inseln im Osten und Norden der Insel Kjopmannsøya nicht betreten werden, um die brütenden Vögel nicht zu stören.

Gastronomie

- **Restaurant Skagi,** Bergsfjordveien 1787, Tel. 97592929, www.skagisenja.no/en/restaurant, geöffnet: Mo–So 15–20 Uhr, Mo/Di nur mit Reservierung. Gemütliches Restaurant mit ansprechender Küche. Hier kann man nach einem aktiven Tag entspannen und norwegische Gerichte aus lokalen Zutaten genießen.
- **Kråkeslottet,** Skjæringa 11, 9385 Skaland, Tel. 91829902, www.kråkeslottet.no/english, geöffnet: im Sommer tägl. 12–19 Uhr. Dieser besondere Ort und das außergewöhnliche Gebäude sind einen Besuch wert. Die ehemalige Fischfabrik und Trankocherei ist ein bedeutender Treffpunkt der Musik- und Kunstszene. Den ganzen Juli über findet das Kunstfestival ArtiJuli statt. Ein Café, verschiedene kulturelle Events und Ausstellungen sind für die Öffentlichkeit zugänglich. Am ersten Juniwochenende findet das Musikfestival Kråkeslottfestivalen statt.

Aktivitäten

- Vom Campingplatz aus sind es etwa 4 km bis zum **Gipfel des Husfjellet.** Von hier aus kann man einen beeindruckenden Panoramablick genießen, der zu den schönsten von Senja gehört. Der markierte Wanderweg, der auch von Königin Sonja von Norwegen geschätzt wird, beginnt am Ingrid-Bjerkås-Denkmal an der Berg Kirke oder am Parkplatz Skaland.

Ausblick auf das Bergsøyan-Archipel während einer Wanderung auf das Husfjellet

› **Basecamp Senja,** Bergsfjordveien 1724, 9385 Skaland, Tel. 91709618, www.basecampsenja.no. Verschiedene Aktivitäten wie Bootstouren über den Bergfjorden oder Ausflüge zur Insel Ørja inklusive Sammeln und Verkosten von Seevogeleiern können gebucht werden.

Parken

P 85 **Skaland,** GPS 69.44462, 17.29933. Von hier kann man zu einer Wanderung auf das Husfjellet aufbrechen.

80 Skaland Camping

GPS 69.44369, 17.30367
Terrassenartig angelegte Stellplätze mit Blick auf den Fjord. Die Plätze können online oder per Anruf gebucht und bezahlt werden. Eine Anleitung ist ausgehängt und die Anmeldung kann vor Ort mit dem Smartphone erfolgen. Ein Supermarkt befindet sich 200 m entfernt. Gute Wandermöglichkeiten finden sich in der Nähe. **Lage/Anfahrt:** Im nordwestlichen Teil von Senja, zwischen Bergsfjorden und Ersfjorden gelegen. Über die Fv862 und die Fv251/7866 zu erreichen; **Platzanzahl:** 24 und neun 9 weitere ohne Strom am Joker-Supermarkt; **Untergrund:** Schotter; **Preiskat.:** €€; **Geöffnet:** ganzjährig; **Kontakt:** Bergsfjordveien 1757, 9385 Skaland, Tel. 96646115, www.skalandcamping.no

187wn-df

STEINFJORDEN UND ERSFJORDEN

(11,3 km – km 374,9)

Folgt man der Landschaftsroute auf der Fv862 weiter in Richtung Botnhamn und Senjahopen, windet sich die Straße Kurve um Kurve durch die bezaubernde Landschaft an der rauen Nordwestkante Senjas. Lohnenswerte Zwischenstopps können an den Rast- und Aussichtsplätzen **Tungeneset** und **Ersfjordstranda** eingelegt werden. Von Tungeneset aus hat man den besten Blick auf die bis zu 559 Meter hohe Bergkette **Okshornan** („Stierhörner“).

Parken

P 86 **Steinfjord rest stop,** GPS 69.45672, 17.34770. Etwas abseits der Hauptstraße am Wasser gelegener Parkplatz.

P 87 **Parkplatz Tungeneset,** GPS 69.48685, 17.33307, www.nasjonaleturistveger.no/de/routen/senja/tungeneset. Architektonisch sehenswerter Parkplatz am Nasjonale Turistveger mit schönem Ausblick auf die bekannten Felsspitzen von Okshornan. Ein Steg führt über die Felsen hinunter zum Wasser.

P 88 **Parkplatz Ersfjordstranda,** GPS 69.47881, 17.39454, www.nasjonaleturistveger.no/de/routen/senja/ersfjordstranda. Parkplatz an einem

weitläufigen Sandstrand. Das dreieckige Toilettengebäude mit seiner goldenen Außenverkleidung wurde von Tupelo Arkitektur entworfen.

MEFJORDVÆR

(9,7 km – km 384,6)

Auf dem Weg nach Mefjordvær passiert man auf der Fv252/7868, die kurz vor Senjahopen am Abzweig der Fv862 geradeaus weiterführt, zunächst das Fischerdorf **Senjahopen,** in dessen Zentrum ein Supermarkt und eine Tankstelle zu finden sind.

Der beschauliche Ort **Mefjordvær** begeistert mit seiner malerischen Lage zwischen Fjord und Bergen. Kreischende Möwen, das rauschende Meer, der pfeifende Wind und der Geruch des Salzwassers machen die besondere Atmosphäre aus. Westlich und südwestlich der Siedlung erstreckt sich das sanfte **Stordalen,** in dem man auf zahlreichen Pfaden und Wegen entspannt wandern kann. Nördlich des Ortes, nahe des Parkplatzes **Mefjordvær,** lädt der auf einer Landspitze aufragende, 110 m hohe **Knuten** zum Verweilen. Von hier kann man weiter Richtung Nordwesten an der Bucht **Knutevika** vorbei zur Landspitze **Skøyteneset** wandern.

Setzt man die Reise auf der Fv862 Richtung Fjordgård fort, passiert man am Ende des Mefjords das mächtige Bergmassiv des **Breidtinden** (Reaiddaidčohkka). Mit 1001 m Höhe ist dessen Südgipfel die höchste Erhebung auf Senja.

Gastronomie

› **Salteriet Restaurant & Bar – Mefjord Brygge,** Mefjordveien 1947, 9386 Senjahopen, Tel. 41549100, www.mefjordbrygge.no/restaurant, geöffnet: tägl. 13–21 Uhr, 31.10.–4.1. geschlossen. Das außergewöhnlich eingerichtete Restaurant bietet hochwertige nordnorwegische Küche mit viel Fisch und Meeresfrüchten.

81 Mefjord Camp

GPS 69.51577, 17.44252

Kleiner, liebevoll gestalteter Stellplatz am Wasser. Eine Grillhütte und Fahrräder stehen zur Benutzung bereit. Holz und Kohle können für 50 NOK gekauft werden. Bezahlung per Geldeinwurf in einen Briefkasten oder Überweisung an das ausgeschriebene Konto. **Lage/Anfahrt:** Nahe des Ortseingangs von Mefjordvær. Auf dem Gelände stehen zwei Schuppen mit Garagentoren. Über die Fv252/7868 zu erreichen. Ein kleines Hinweisschild macht auf den Platz aufmerksam; **Platzanzahl:** 7; **Untergrund:** Schotter; **Preiskat.:** €; **Geöffnet:** ganzjährig; **Kontakt:** Mefjordveien 1907, 9386 Senjahopen, Tel. 95993372

188wn-df

Routenübersicht S. 190

Aktivitäten

Die etwa 7,5 km (hin und zurück) lange **Bergtour auf den Breitdtinden** beginnt am Parkplatz Breidtinden am Ende des Mefjords. Der gut begehbare Pfad erfordert bis zum Breidtindvatnet kein außergewöhnliches Können. Je höher man steigt, desto schwieriger wird der Weg. Das letzte Teilstück ist ausgesetzt und beinhaltet Kletterpassagen. Eine gute Grundkondition und Schwindelfreiheit sind auf der vier- bis fünfstündigen Wanderung mit fast 1000 Höhenmetern von Vorteil. Vom Gipfel bietet sich ein beeindruckender Ausblick.

Parken

P **89 Parkplatz Mefjordvær,** GPS 69.52105, 17.43952. Schotterparkplatz mit Grauwasserent- und Wasserversorgung.

90 Parkplatz Breidtinden, GPS 69.45851, 17.59579

Der Segla gehört zu den spektakulärsten Bergen von Senja

298wn©sg-naturephoto.com, stock.adobe.com

FJORDGÅRD

(24,7 km – km 409,3)

Um nach Fjordgård zu gelangen, fährt man auf der Fv252/7868 zurück nach Senjahopen, biegt erneut auf die Fv862 ein und folgt anschließend nach 14 km der Fv275/7884 nach links Richtung Fjordgård. Nun müssen die alten, sehr schmalen und schlecht beleuchteten Ørnfjordtunnelen und Fjordgårdtunnelen durchfahren werden.

Der etwas mehr als 200 Einwohner zählende Ort Fjordgård ist von steil aufragenden, mehr als 600 m hohen Bergen umgeben. Er liegt in Sichtweite des jenseits des Øyfjorden gelegenen Ortes Husøy. Beliebte Ausflugsziele sind die Berge **Segla** (640 m) und **Hesten** (556 m). Von beiden Gipfeln bieten sich fantastische Ausblicke. Die jeweiligen Westwände fallen derart steil in den Mefjorden ab, dass man den Eindruck hat, als könnte man einen Stein direkt ins Meer hinabwerfen. Beide Touren sind etwa 4 km (hin und zurück) lang und können in zwei bis drei Stunden bewältigt werden. Der Aufstieg auf den Segla ist steil und erfordert Schwindelfreiheit und Trittsicherheit.

Parken/Übernachten

91 Parkplatz Hesten, GPS 69.51227, 17.62774. Ausgangspunkt für Wanderungen auf den Berg Hesten.

92 Parkplatz Segla und Hesten, GPS 69.50429, 17.62622. An der Montessorischule, Restaurant Segla grill og pub in der Nähe. Ausgangspunkt für Wanderungen auf die Berge Segla und Hesten.

S **93 Stellplatz Fjordgård,** GPS 69.51559, 17.62854, am Ende der Straße, die durch den Ort führt, erreichbar über die Fv275/7884. Ca. 4 Plätze (Preise: Spendenbasis), am Ørnfjorden gelegen, mit schönem Blick aufs Wasser. Ein Picknickplatz mit Feuerstelle kann genutzt werden. Eine einfache Toilette ist vorhanden. Ein kleiner Lebensmittelladen befindet sich ca. 850 m entfernt im Ort. Die Ausgangspunkte zu den Wanderungen auf die Berge Segla und Hesten befinden sich etwa 900 m bzw. 1,2 km entfernt.

189wn-df

HUSØY

(26,6 km – km 435,9)

Um die Reise fortzusetzen, fährt man von Fjordgård über die Fv275/7884 zurück zur Fv862. An der Kreuzung kurz hinter dem Ørnfjordtunnelen biegt man auf die Fv862 nach Osten ab und folgt ihr Richtung Botnhamn und Husøy. Nach etwa 9 km zweigt die Fv277/7886 ab und führt bis nach Husøy.

Das auf einer Insel gelegene Fischerdorf ist die **jüngste Siedlung auf Senja.** Bis 1912 befanden sich in diesem Teil des Fjords lediglich Fischfarmen. Aufgrund eines Mangels an sicheren Ankerplätzen für die Fischerboote in der Region finanzierte der norwegische Staat von 1914 bis 1925 den Ausbau des Hafens zwischen der kleinen Insel Husøya und dem Ufer des Fjords. Zudem leistete der Staat finanzielle Hilfe, um den Bewohnern der umliegenden Orte Trælvika, Toften, Øyfjordvær und Breivika den Umzug nach Husøy zu ermöglichen. 1947 wurde in einer Hütte eine Schule eingerichtet, die ein Jahr später in ein neu errichtetes Schulgebäude verlegt wurde. Zunächst war der Ort nur über das Meer erreichbar. Die Straße von Huselva wurde erst im Jahr 1982 für den Verkehr freigegeben.

Heute befinden sich **mehr als 100 Häuser** auf der Insel und etwa 300 Bürger bewohnen den Ort. Aufgrund des oft rauen Wetters sind einige der exponierteren Häuser mit Seilen verankert, um den extremen Winden standzuhalten.

190wn-df

82 Husøy Stellplatz

GPS 69.54496, 17.67017

Vom Platz aus blickt man auf den Hafen, die bunten Häuser des Orts und die umliegenden Berge. Bezahlung per Überweisung oder Einwurf eines Briefumschlags in den Briefkasten. **Lage/Anfahrt:** Am Jachthafen, an einer 90-Grad-Kurve, kurz vor der Mole, über die der Ort zu erreichen ist. Erreichbar über die Fv277/7886; **Platzanzahl:** ca. 8; **Untergrund:** Asphalt; **Preiskat.:** €; **Geöffnet:** ganzjährig; **Kontakt:** Husøyveien 29, 9389 Husøy i Senja

Vom Stellplatz blickt man auf die Insel Husøya

In Husøy wird eine auf Senja einzigartige Tradition gepflegt. Um 12 Uhr mittags wird in den meisten Betrieben die Arbeit für eine Stunde niedergelegt. Eine willkommene Pause, denn im Hafen ist es in der Fangsaison üblich, bis spät in die Nacht zu arbeiten. Einer Legende nach gibt es die **Siesta** auf Husøya, weil vor vielen Hundert Jahren ein spanisches Handelsschiff vor der Küste Senjas sank und dessen gerettete Besatzung den Brauch im Ort einführte.

Bewohner jeden Alters engagieren sich, um ein angenehmes Leben auf der kleinen Insel Husøy zu ermöglichen und die Gemeinschaft zu fördern. Beispielsweise kooperieren die Schule von Husøy und der seit den 1930er-Jahren in Husøy bestehende Betrieb der Karlson-Brüder. Die Kinder unterschiedlichen Alters haben die Möglichkeit, an der gut bezahlten Verarbeitung von Kabeljauzungen mitzuhelfen und die älteren Jahrgänge werden vom Unterricht befreit, um bei Bedarf auf den Docks zu arbeiten. Dies ist ein oft praktizierter Brauch in Nordnorwegen, um den Nachwuchs für die traditionellen Berufe zu begeistern. In einigen Regionen finden sogar Wettbewerbe im Kabeljauzungenschneiden statt.

Bei einem Spaziergang durch den Ort erhält man ein Gefühl für das Leben am äußersten Rand der nordnorwegischen Küste. Touristische Infrastruktur ist nicht vorhanden. Lediglich ein Supermarkt befindet sich in einem gelben Hafengebäude nahe der Mole.

83 Fjordbotn Camping

GPS 69.44938, 17.88216

Die Stellplätze befinden sich teilweise direkt am Wasser. Es können Boote gemietet werden, die für das Meeresangeln ausgerüstet sind. **Lage/Anfahrt:** Der Platz liegt an der namensgebenden Bucht Fjordbotn im Fjord Stønesbotn im Nordosten von Senja, ca. 11 km von Botnhamn entfernt. Erreichbar über die Fv861; **Platzanzahl:** 40; **Untergrund:** Schotter; **Preiskat.:** €€; **Geöffnet:** ganzjährig; **Kontakt:** Stønesbotnveien 401, 9373 Botnhamn, Tel. 77849310, www.fjordbotn.no

191wn-df

BOTNHAMN

(15,8 km – km 451,7)

Der Hof Stufunes, auf dessen Land heute das Dorf Botnhamn liegt, wurde 1370 erstmals erwähnt. Mehrere Funde aus der Steinzeit und Eisenzeit belegen aber, dass dieser Küstenstreifen bereits weitaus früher besiedelt war. Der bekannteste Fund ist der **„Silberschatz von Botnhamn“.** Die vermutlich aus dem Jahr 1000 n. Chr. stammende Halskette ist das weltweit einzige bekannte Schmuckstück mit einer Runeninschrift. Die Halskette und weite-

84 Stellplatz Botnhamn

GPS 69.50741, 17.90829

Stellplatz am Jachthafen. Ein Supermarkt ist 200 m entfernt. Duschen und Toiletten sind vorhanden. **Lage/Anfahrt:** Der Fv862 bis Botnhamn folgen. Der Stellplatz liegt direkt am Fähranleger; **Platzanzahl:** 5–6; **Untergrund:** Schotter; **Preiskat.:** €; **Geöffnet:** ganzjährig, **Kontakt:** Fergeleiet/båthavn i Botnhamn

192wn-df

re Funde, wie eine mit Gold beschichtete Axt und diverse Broschen, können im **Tromsø Museum** (s. S. 209) besichtigt werden.

Ende des 19. Jahrhunderts wuchs der Ort durch den aufkommenden Handel mit anderen Orten Nordnorwegens, durch den alles Notwendige für die hier lebenden Menschen in diese abgelegene Gegend gelangte, und wurde zu einem Zentrum der Region. Wer Zeit in Botnhamn verbringen möchte, kann beispielsweise eine **Fahrradtour** durch das **Astridalen** oder in den 8 km entfernten Ort **Bjørklund im Baltsfjorden** unternehmen oder die lange und gegen Ende anspruchsvolle Wanderung auf den 742 m hohen **Astritinden** antreten.

Ansonsten ist Botnhamn vor allem für die **Fährverbindung auf die Insel Kvaløya** (April–Sept., www.botnhamn.com/malangsforbindelsen) bekannt. Nach der 45-minütigen Passage über den Malangen-Fjord und einer einstündigen Autofahrt ab Brensholmen erreicht man über die Fv862 zügig Tromsø, das Ende dieser Route.

⌃ *Vom Storsteinen hat man den besten Blick auf die Insel Tromsøya und die Stadt Tromsø*

TROMSØ/TROMSÖ/ROMSA

(55,6 km – km 507,3)

Tromsø ist die größte Stadt Nordnorwegens und für hiesige Verhältnisse eine Metropole. Das auf der Insel Tromsøya im Grøtsundet gelegene Zentrum ist seit 1960 durch die imposante Tromsøbrua mit dem Festland verbunden. Neben der Provinzverwaltung von Troms og Finnmark hat hier auch der Arktische Rat seinen ständigen Sitz. Zudem kann man in Tromsø die **nördlichste Universität,** die **nördlichste Kathedrale** und den **nördlichsten botanischen Garten der Welt** besichtigen.

Die **Tromsø domkirke** wurde 1861 im Zentrum errichtet und gehört zu den größten norwegischen Holzkathedralen. Wahrzeichen der Stadt ist die auffällige, weiß strahlende **Ishavskatedralen** („Eismeerkathedrale"). Die Kirche, die eigentlich keine Kathedrale ist, wurde 1965 auf der Festlandseite im Stadtteil Tromsdalen als evangelische-lutherische Pfarr- und Seemannskirche erbaut.

Die **Geschichte Tromsøs** kann bis in das 13. Jahrhundert zurückverfolgt werden. Im Jahr 1804 wurde die Stadt zum offiziellen **Bischofssitz.** In den folgenden Jahren stieg die Handelstätigkeit in der Region an und Tromsø wurde **Ausgangspunkt für Expeditionen in den Arktischen Ozean.** Ebenso wurden die

Verkehrsanbindungen nach Südnorwegen ausgebaut, vor allem über den Seeweg. Seit 1893 legt die von Richard With, einem Sohn Tromsøs, gegründete Postschifflinie Hurtigruten hier an. Im Mai 1940 ernannte man Tromsø für kurze Zeit zur Hauptstadt von Norwegen, als Oslo und Südnorwegen von den Deutschen besetzt wurden.

Noch heute besitzt die Stadt einen großen Stellenwert in der **Polarforschung.** 1993 wurde das norwegische Polarforschungsinstitut (Norsk Polarinstitutt) von Oslo in die Stadt verlegt und nach wie vor ist der Ort ein wichtiger Ausgangspunkt für Expeditionen in die Polarregion.

Der Hauptwirtschaftszweig ist auch in Tromsø der **Fischfang,** der von größeren Flotten das ganze Jahr über betrieben wird. Durch die günstige Lage in der sogenannten **Nordlichtzone** sind Tromsø und die Region aber auch zu einer beliebten Destination für Touristen aus aller Welt geworden. Die Nordlichtzone, in der Polarlichter besonders häufig vorkommen, umfasst auch Regionen im Norden von Alaska, Kanada und Russland, doch nur in Norwegen ist ein verhältnismäßig problemloser Zugang zu diesem Gebiet möglich.

Der sehenswerte **Stadtkern** ist von einer Vielzahl an historischen Holzbauten geprägt, die sich mit moderner Architektur und Gebäuden mit verschiedenen anderen Baustilen vermischen. Die Innenstadt wird von einem schachbrettartig angelegten Straßennetz durchzogen, dessen Hauptachse, die **Stor-**

Tromsø Pass

Der Pass gewährt Einlass in verschiedene Museen und Sehenswürdigkeiten und ermöglicht zugleich die Nutzung des öffentlichen Nahverkehrs. Der Pass ist in der Touristeninformation erhältlich. Es stehen verschiedene Varianten zur Auswahl.

› www.visittromso.no/about-visit-tromso/tromso-pass, Tagespass: Erw. 912 NOK, Kinder 587 NOK, Senioren 637 NOK

gata, einen Großteil der Sehenswürdigkeiten erschließt. Die Festungsanlage **Skansen Festningsverk** nahe der Tromsøbrua ist das älteste Gebäudeensemble der Stadt und der einzige erhaltene Bau aus dem Mittelalter.

Zahlreiche Museen und kulturelle Einrichtungen wie das **Polarmuseum** oder das Erlebniszentrum **Polaria** machen Tromsø zu einem lohnenswerten Ziel für Kulturinteressierte. Zudem finden sich in der Stadt exzellente Restaurants, urige Pubs und gemütliche Cafés. Den Beinamen **„Paris des Nordens"** erhielt die Stadt nicht, wie man vermuten könnte, aufgrund des kulturellen Angebots, sondern durch Reisende aus dem Süden, die ein derart hohes Bildungsniveau und modisch gekleidete Damen im äußersten Norden Europas nicht erwartet hatten.

Eine Besonderheit der Stadt ist das **öffentliche Straßentunnelsystem,** das Teile der Insel und des Orts durchzieht. Unterirdische Kreisverkehre und Parkhäuser sind Bestandteil des in den Fels gesprengten Verkehrsnetzes.

Die gute Erreichbarkeit der weitläufigen und imposanten **Bergwelt** rund um Tromsø macht den Ort vollends zu einem attraktiven Reiseziel. Eingangs des **Tromsdalen,** das sich bis an die Flanke des 1238 m hohen **Tromsdalstinden** zieht und auf der westlichen Festlandseite liegt, befördert die **Seilbahn Fjellheisen** Besucher auf den beliebten Aussichtsberg **Storsteinen.** Die Bergstation kann von bewegungsorientierten Besuchern auch über eine **Sherpatreppe** erreicht werden, die im Ortsteil Tromsdalen am Fuße des Bergs beginnt. Westlich des Stadtzentrums erstrecken sich über den inneren Bergrücken der Insel Tromsøya weitläufige Grün- und Parkanlagen. Im Ortsteil **Åsgård,** am Westufer der Insel, finden sich überdies ländliche Areale mit Feldern und Höfen.

Sehenswert

› **Ishavskatedralen (Eismeerkathedrale),** Hans Nilsens vei 41, 9020 Tromsdalen, Tel. 41008470, www.ishavskatedralen.no, geöffnet: 1.6.–15.8. Mo–Sa 9–18, So 13–18, 16.8.–30.12., 2.1.–31.5. tägl. 13–17, Mi 14–17 Uhr, Eintritt: 55 NOK. Das von Jan Inge Hovig entworfene Bauwerk ist ein weithin sichtbares Wahrzeichen. Die 11 aluminiumbeschichteten Betonplatten auf jeder Seite des Dachs geben der Kathedrale ihre markante Form. Neben der prägnanten Außenfassade ist das 1972 von Victor Sparre geschaffene, 23 m hohe Glasmosaik im Inneren ein auffälliges Element. Als Inspirationsquellen für die Gestaltung der Kirche werden die westlich von Tromsø gelegene Insel Håja, die Nordlichter, samische Zelte und Eis bzw. Eisplatten genannt. Zudem wird die Kirche aufgrund ihrer guten Akustik als Veranstaltungsort für Konzerte genutzt.

› **Tromsø arktisk-alpine botaniske hage (Arktisch-alpiner botanischer Garten),** Stakkevollvegen 200, 9019 Tromsø, Tel. 77623360, https://en.uit.no/tmu/botanisk, Café: 5.6.–14.8. tägl. 11.30–15.30 Uhr, botanischer Garten: rund um die Uhr geöffnet, Eintritt frei. Im Café kann man sich mit Waffeln, Kaffee und Tee stärken. Der Garten ist Bestandteil der Universität von Tromsø. Zwischen Steinen und Felsblöcken wachsen alpine Pflanzen von allen Kontinenten. Auf schmalen Pfaden und Treppen kann diese Oase der Ruhe erkundet werden.

› **Tromsø Museum,** Lars Thørings veg 10, https://en.uit.no/tmu, geöffnet: Mo.–Fr. 10–16.30, Sa. 12–15, So. 11–15 Uhr, Eintritt: Erw. 100 NOK, Senioren 50 NOK, Kinder und Jugendliche unter 18 frei. Im Museum der Universität, zu dem auch das Polarmuseum und der botanische Garten gehören, kann unter anderem der Silberschatz von Botnhamn (s. S. 206) besichtigt werden.

› **Seilbahn Fjellheisen,** Sollivegen 12, 9020 Tromsdalen, www.fjellheisen.no, Seilbahn: Tel. 92617837, tägl. 9/10–24 Uhr (je nach Saison),

280wn-df

Der Eingangsbereich der architektonisch spannenden Eismeerkathedrale

einfache Fahrt: Erw. 225 NOK, ermäßigt 190 NOK, Kinder 115 NOK, Restaurant/Café: Tel. 92618839, tägl. 10–23.30 Uhr. Die 1961 eröffnete Seilbahn befördert Besucher auf die 421 m ü. NHN gelegene Bergstation, in der sich das Restaurant und Café Fjellstua befindet. Von hier hat man einen herrlichen Blick auf die Kulisse aus Insel, Stadt, Meerengen und Bergen. Polarlichter im Herbst/Winter und die Mitternachtssonne im Sommer machen diese ohnehin schon wunderbare Szenerie zu einem eindrucksvollen Anblick. Von der Bergstation führen Wanderwege auf den südlich verlaufenden Bergrücken und Gipfel wie Fløya (671 m) oder Bønntuva (776 m).

› **Polarmuseet i Tromsø (Polarmuseum),** Søndre Tollbodgate 11B, 9008 Tromsø, Tel. 77645001, https://uit.no/tmu/polarmuseet, geöffnet: 1.6.–15.8. tägl. 8–17 Uhr, 16.08.–31.5. tägl. 11–17 Uhr, Eintritt: Erw. 100 NOK. Das Museum befindet sich in einem alten Hafengebäude am historischen Tollbod-Kai aus dem Jahr 1834. Es ist dem Überleben und der Jagd im Arktischen Ozean gewidmet und informiert über die großen Polarexpeditionen der bekannten Forscher und Abenteurer Roald Amundsen und Fridtjof Nansen.

› **Nordnorsk Kunstmuseum,** Sjøgata 1, 9260 Tromsø, Tel. 77647020, www.nnkm.no, geöffnet: tägl. 10–17 Uhr, Eintritt: 80 NOK/Erw. Das international ausgerichtete Museum präsentiert Kunst und Handwerk der Gegenwart, aber auch der letzten 200 Jahre. Ausstellungen, Bildungsangebote und Kooperationen sind der Vermittlung von Kunst gewidmet.

› **Polaria Aquarium,** Hjalmar Johansens gate 12, 9296 Tromsø, Tel. 77750100, www.polaria.no, geöffnet: tägl. 10–16 Uhr, Erw. 210 NOK, Studierende 120 NOK, Kinder 105 NOK. Das Arktis-Erlebniszentrum, dessen Architektur in der Polarlandschaft verwurzelt ist, zeigt Ausstellungen rund um die Themen Klima und Umwelt. In mehreren Aquarien können zudem Meeresbewohner kennengelernt werden. Eine Attraktion ist ein Besuch der Bartrobben. In unmittelbarer Nähe des Aquariums kann die historische MS Polstjerna besichtigt werden.

› **Troll Museum,** Kaigata 3, 9008 Tromsø, Tel. 94073357, www.trollmuseum.no, geöffnet: tägl. 10–18 Uhr, Eintritt: Erw. 180 NOK, ermäßigt 130 NOK, Kinder 100 NOK. Ein liebevoll eingerichtetes, kurioses Museum für Liebhaber von Mythologie, Märchen, Fabelwesen und Trollen.

Information

› **Tromsø turistinformasjon,** Prostneset, Samuel Arnesens gate 5, Tromsø, Tel. 77610000, www.visittromso.no

Gastronomie

› **Macks Ølbryggerie/Ølhallen,** Storgata 4, 9008 Tromsø, Tel. 77624580, www.mack.no, geöffnet: Mo–Do 12–0.30, Fr/Sa 12–1.30, So 13–18 Uhr. Bezeichnet sich selbst als die nördlichste Brauerei der Welt, ist aber auf jeden Fall die nördlichste kommerzielle Großbrauerei. In der Ølhallen (Bierhalle/Bierpub) gibt es 72 Zapfhähne, die ebenso viele verschiedene Biersorten versprechen.

› **Fiskekompaniet,** Killengreens gate, 9008 Tromsø, Tel. 77687600, www.fiskekompaniet.no, geöffnet: Mo–Sa 11.30–22 Uhr. Das Fischrestaurant am Hafen lässt für Liebhaber von Fisch und Meeresfrüchten keine Wünsche offen.

› **Skarven Vertshus,** Strandtorget 1, 9008 Tromsø, Tel. 77600720, www.skarven.no, Küche tägl. 14.30–22.30 Uhr. Uriges Gasthaus mit Außenbereich am Hafen. Im Skarven Biffhuset, einem der fünf Restaurants, die zusammen unter dem

Namen Skarven Vertshus firmieren, sind beispielsweise Steaks vom Rind, Rentier oder Lamm eine Spezialität.

› **Full Steam,** Søndre Tollbodgate 3, 9008 Tromsø, Tel. 92044930, www.fullsteam.no, geöffnet: Mo–So 11–22 Uhr. Der Besuch ist ein Erlebnis. Außergewöhnliches Ambiente und hervorragende Gerichte. Zudem besteht die Möglichkeit, eine Ausstellung zu besuchen oder an einer Führung mit Geschichten über die Kabeljau- und Stockfischverarbeitung (inklusive Verkostung) teilzunehmen.

› **Rorbua Pub,** Samuel Arnesens gate 12, 9008 Tromsø, Tel. 77759086, www.rorbuapub.no, geöffnet: Mo–Di 12–1, Mo–So 12–2 Uhr. Ausgesprochen uriger Pub mit regelmäßiger Livemusik.

› **Pust.kafé & bar,** Skippergata 1C, 9008 Tromsø, Tel. 40487798, www.kafe.pust.io, geöffnet: Mi, Do 10–16, Fr 10–19, Sa 10–16 und 20–3 Uhr.

Sankt Hans – Mittsommerfest in Nordnorwegen

Der längste Tag des Jahres, der klassische Mittsommertag (norweg.: midtsommer), ist der 21. Juni. In Norwegen wird das Fest jedoch ein wenig später, am 23. Juni, dem Vorabend des Johannistags, gefeiert. Das zu Ehren des Propheten Johannes der Täufer, einem der bedeutendsten Heiligen der orthodoxen und der katholischen Kirche, gefeierte Fest wird in Norwegen „Sankt Hans" oder „Jonsok" (Abgeleitet vom altnordischen „jónsvaka", was als „Nachtwache für Jon" übersetzt werden kann) genannt.

Im Gegensatz zu Schweden und Finnland, wo das Fest keine christlichen Wurzeln hat und am 21. Juni begangen wird, ist der 23. Juni in Norwegen seit 1770 kein Feiertag mehr. Er wurde vom dänischen König, der damals in Personalunion als Staatsoberhaupt von Dänemark und Norwegen fungierte, abgeschafft, da es sich bei den Feierlichkeiten um ein bedeutendes norwegisches Brauchtum handelte und der König wohl vermeiden wollte, dass die Norweger bei Versammlungen dieser Art auf rebellische Gedanken kommen. Lediglich im südnorwegischen Städtchen Sandefjord wird an diesem Tag nicht gearbeitet.

In einigen Regionen Norwegens werden zu Sankt Hans traditionell gigantische Feuer entfacht, die vor bösen Geistern und Dämonen schützen sollen und um die die Menschen tanzen. Früher setzte man zudem eine Puppe in das Feuer, um sich symbolisch von Altem zu trennen. In Norwegen hat das Fest einen christlichen Ursprung, wird jedoch mit einem heidnischen Brauch kombiniert. Die größten Feuer gibt es in Bergen und Ålesund. Sie stehen mit mehr als 45 Metern Höhe im Guinness-Buch der Rekorde.

Der Sankt-Hans-Nacht werden besondere Kräfte zugesprochen. Wenn beispielsweise ein junges Mädchen in dieser Nacht mit sieben selbstgesammelten Kräutern unter ihrem Kopfkissen schläft, soll sie von ihrem zukünftigen Verehrer träumen. Überdies soll in jener Nacht geschöpftes Wasser über heilende Kräfte verfügen, und u. a. gegen Augenleiden helfen.

Vor allem die Frauen schmücken sich auch in Norwegen zu Mittsommer gerne mit Blumenkränzen, die sie auf dem Kopf tragen. Einst war es die Frau des Hofs, die am Mittsommerabend um das Feld zog und Kornhalme und Blumen sammelte, die zu einem Kranz geflochten wurden. Dabei ließ sie ein Lied erklingen, das den Boden für die fruchtbare Zeit beleben sollte.

In Nordnorwegen wird die Sankt-Hans-Nacht eher bescheiden gefeiert. Die Menschen treffen sich zu privaten Feiern im eigenen Garten, am Strand oder an einem Seeufer und verbringen den Abend gemeinsam am Feuer. Einige Freilichtmuseen und kulturelle Zentren veranstalten ebenfalls Mittsommerfeste. Typisches Essen kommt vom Grill und wird gern durch norwegische Erdbeeren und Rømmergrøt (Sauerrahmgrütze) ergänzt.

In Tromsø findet jährlich der Mitternachtssonnen-Marathon (www.msm.no) statt. Der nördlichste Marathon der Welt zieht jedes Jahr Läufer aus über 50 Ländern an. Neben der Hauptveranstaltung, dem 42-km-Lauf, finden zudem ein kürzerer Volkslauf und ein Lauf für Kinder und Familien statt.

Ungewöhnliche Einrichtung, teils aus Paletten, dennoch sehr gemütlich. Ansprechend angerichtete, schmackhafte kleine Gerichte und Snacks.

Einkaufen

- **Dragøy,** Stortorget 1, 9008 Tromsø, Tel. 94857134, www.dragoy.no, geöffnet: Mo–Fr 10–17, Sa 11–17 Uhr. Vielseitige Auswahl an Fisch- und Meeresfrüchten. Im angeschlossenen Bistro können die Produkte verkostet werden.
- **Krane Kunstgalleri,** Strandgata 30, 9008 Tromsø, Tel. 77615250, www.kranegalleri.no, geöffnet: Mo–Fr 10–17, Sa 10–16 Uhr. Seit 1908 familiengeführte Galerie und Rahmenwerkstatt. Der Focus liegt auf nordnorwegischer Kunst. Darunter bekannte Namen wie Dagfinn Bakke, Eva Harr und Karl Erik Harr.

85 Tromsø Lodge & Camping

GPS 69.64765, 19.01408

Ideal gelegener Campingplatz, um die City und die beeindruckende Natur rund um Tromsø fußläufig zu erkunden. Die Stellplätze verteilen sich auf einen sehr gepflegten, neuen Teil mit Asphalt und Kunstrasen und etwas ursprünglichere Abschnitte nahe des den Platz umfließenden Tromsdalselva. Im Café/Restaurant der Anlage kann gefrühstückt werden. In der Nähe verkehren Busse. **Lage/Anfahrt:** Der Platz liegt weniger als 3 km östlich des Stadtzentrums, am Eingang des Tromsdalen. An der Tromsøbrua und der E8 ausgeschildert; **Platzanzahl:** 54; **Untergrund:** Asphalt, Schotter, Schotterrasen, Wiese; **Preiskat.:** €€–€€€; **Geöffnet:** ganzjährig; **Kontakt:** Arthur Arntzens veg 10, 9020 Tromsø, Tel. 77638037, www.tromsolodgeandcamping.no

281wn-df

- **Tromsø Souvernir Shop,** Strandgata 36, 9008 Tromsø, Tel. 77673413, www.tgss.no, geöffnet: Mo–Fr 9.30–18.15, Sa 9.30–18.15, So 12–18.15 Uhr. Laden mit einer großen Auswahl an klassischen Souvenirs, der zudem hochwertige Handwerkskunst der Samen anbietet.
- **Fjellshop Tromsø,** Storgata 52, 9008 Tromsø, Tel. 91921192, www.fjellshop.no/tromso, geöffnet: Mo–Fr 10–18, Sa 10–17 Uhr. Gut sortierter Outdoorladen in historischem Gebäude.

Aktivitäten

- Die **Wanderung auf den Tromsdalstinden** kann direkt am Campingplatz 85 beginnen. Der markierte Weg führt zunächst sanft ansteigend nach Südosten in das Tromsdalen. Am Ende des Tals beginnt der Anstieg Richtung Gipfel. Er kann über den Nord- oder Südgrad bestiegen werden. Bei schönem Wetter sind die Lyngenalpen im Osten und der Ozean im Westen zu sehen. Für die insgesamt 20 km und 1200 Höhenmeter muss man mit 5 bis 8 Stunden rechnen.
- **Aurora Photo Guide,** Grønnegata 30, Tromsø City Center, Tel. 90018900, www.auroraphotoguide.com. Von September bis Ende März bietet der Fotograf Geir Ytterstad in einem Radius von etwa 150 km rund um Tromsø Nordlicht-Fotosafaris an.
- **Tromsø Outdoor,** Fredrik Langes gate 14, 9008 Tromsø, Tel. 97575875, www.tromsooutdoor.no. Verschiedene geführte Aktivitäten wie E-Bike-Touren durch Tromsø oder Schneeschuhwanderungen. Zudem können Fahrräder ausgeliehen werden. Auch Fahrrad-Reparaturservice und -verkauf.
- **Arctic Safari,** Conrad Holmboes veg 53, 9011 Tromsø, Tel. 91809475, www.arcticsafari.no. Verschiedene Bootstouren. Mit dem historischen Schiff „M/S Tromsø" kann man sich beispielsweise auf Nordlicht- oder Mitternachtssonnenfahrt begeben oder die lokale Meeresfauna erkunden.

Parken

P **94 Parkplatz am Polaria,** GPS 69.64297, 18.94705, Hjalmar Johansens gate 24, 9007 Tromsø, 8–20 Uhr 32 NOK/Std., 20–8 Uhr 14 NOK/Std. Der Platz liegt an einem Jachthafen nahe des Aquariums Polaria. Man darf maximal 3 Nächte auf dem Platz verbringen. Keine Ver- oder Entsorgung.

ROUTE 6

DURCH NORD TROMS UND DIE WEST-FINNMARK ANS NORDKAP

194wn-df

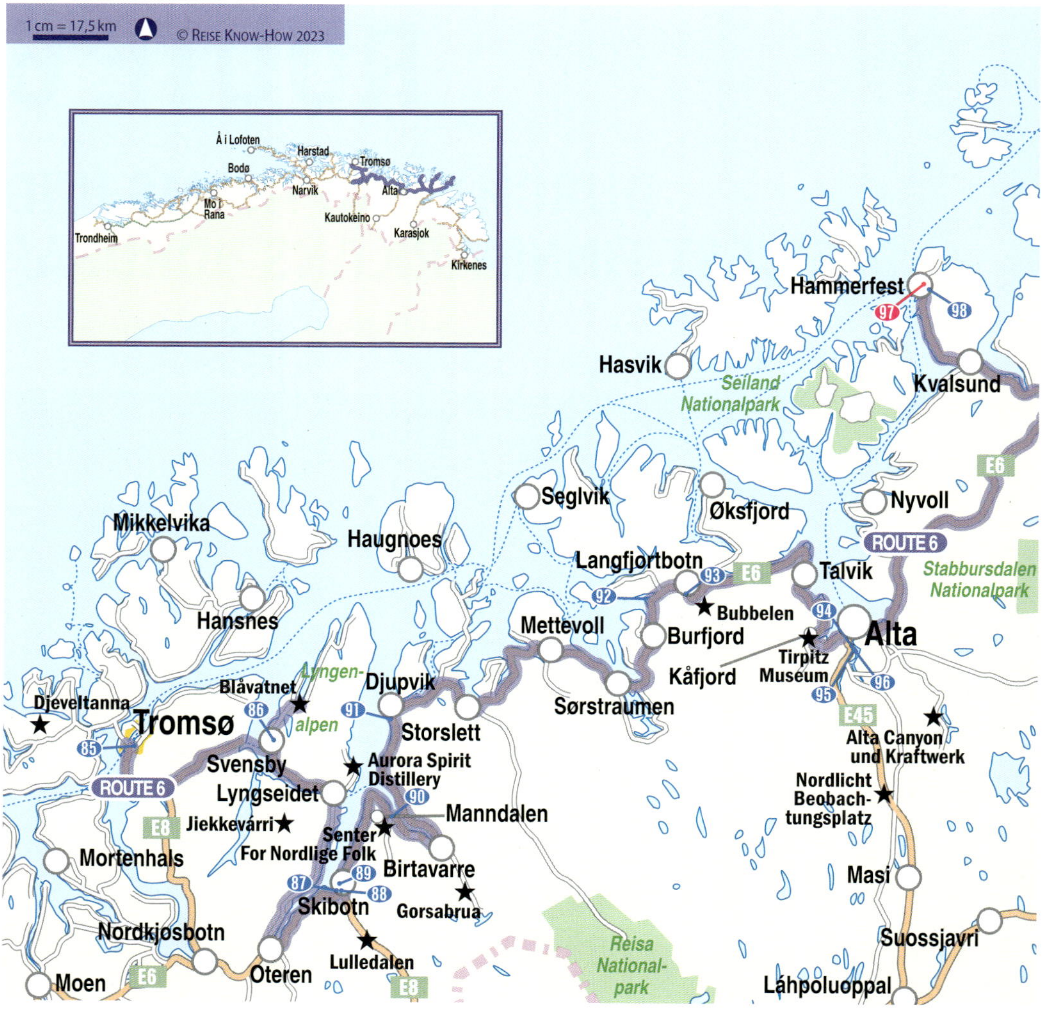

ROUTENÜBERSICHT

Nach einem Abstecher in die urbane Welt von Tromsø (s. S. 207) führt die Route zunächst in die spektakuläre Bergwelt der bis zu 1834 Meter hohen Lyngenalpen. Diese touristisch wenig erschlossene Region bietet für Naturliebhaber zahlreiche Möglichkeiten, in eine Welt aus Eis, Schnee und Fels einzutauchen. Über die Fährverbindung Breidvik – Svensby und die Fv91 ist die Lyngenhalbinsel zu erreichen. Nach einem Abstecher zur nördlichsten Whiskydestillerie der Welt passiert man den Lyngenfjord gen Süden, fortwährend eine atemberaubende Bergkulisse vor Augen, um sich an seinem Ende erneut nach Norden zu wenden. Von der Ostseite des Fjords hat man nun auf dem Weg nach Norden für dutzende Kilometer die schneebedeckte, weiß leuchtende Bergkette der Lyngenalpen im Blick. Bei Birtavarre besteht die Möglichkeit, einen der tiefsten und spektakulärsten Canyons Nordeuropas zu besuchen.

In der dünn besiedelten West-Finnmark führt die E6 durch ein abwechslungsreiches Küstengebiet mit vereinzelten größeren Siedlungen. Alta ist die größte Stadt der Finnmark und vor allem aufgrund der bis zu etwa 6000

Jahre alten und von der UNESCO zum Weltkulturerbe erklärten Felsmalereien der Kosma-Kultur einen Besuch wert.

Im weiteren Routenverlauf besteht die Möglichkeit zu einem Abstecher nach Hammerfest und zum nördlichsten Vermessungspunkt des Struve-Bogens. Die Vegetation verändert sich nun spürbar. Bäume sind auf manchen Streckenabschnitten rar und es dominieren Sträucher und kleinwüchsige Birken. Die Nationale Landschaftsroute nach Havøysund führt teilweise durch eine einsame Klippenlandschaft mit dem Meer auf der einen Seite und zerklüfteten Felsformationen auf der anderen Seite. Die raue und dramatische Landschaft macht einen Abstecher an diesen Küstenabschnitt absolut lohnenswert.

Auf dem letzten Streckenabschnitt folgt die Route der E69 nach Norden und führt durch einen kargen, weitläufigen, faszinierenden Landstrich. Nun spürt man endgültig, dass man im hohen Norden angekommen ist.

Die Insel Magerøya erreicht man über den 6,9 km langen Nordkapptunnelen, der mehr als 200 Meter unter dem Meeresspiegel verläuft. Nachdem man die bunten Häuser und Fischkutter der letzten größeren Ortschaft Honningsvåg hinter sich gelassen hat, windet sich die Straße auf die windgepeitschte Hochebene der Insel, am kleinen Fischerdorf Skarsvåg vorbei, um am Nordkap zu enden.

Strecke:

Tromsø (s. S. 207) – **Landschaftsschutzgebiet Lyngenalpen** (54,6 km, s. S. 216) – **Skibotn** (91,2 km, s. S. 219) – **Manndalen** (27,4 km, s. S. 224) – **Birtavarre** (17,3 km, s. S. 225) – **Djupvik** (37,5 km, s. S. 226) – **Langfjordbotn** (120 km, s. S. 228) – **Kåfjord** (59 km, s. S. 229) – **Alta** (15,5 km, s. S. 230) – **Abstecher nach Hammerfest** (hin und zurück 110,8 km, s. S. 234) – **Olderfjord** (112 km, s. S. 238) – **Abstecher nach Havøysund** (hin und zurück 168,6 km, s. S. 238) – **Honningsvåg** (99,4 km, s. S. 240) – **Skarsvåg** (24,2 km, s. S. 242) – **Nordkap** (15,3 km, s. S. 243)

Streckenlänge:

ohne Abstecher: 673,4 km
mit Abstechern: 952,8 km

⧀ *Kapitelstartseite: Das Kvænangsfjellet (s. S. 227) ist einer der höchsten Punkte an der gesamten E6*

Von **Tromsø** (s. S. 207) aus folgt man zunächst der E8 am Fjord entlang nach Süden. Nach etwa 22 km biegt man in Fagernes auf die Fv91 in Richtung Breivikeidet und Lyngsalpen ab (ausgeschildert). Nach weiteren 23 km ist der Fähranleger Breivikeidet erreicht, wo man nach Svensby übersetzen kann und damit die Halbinsel der Lyngenalpen erreicht.

› **Fähre Breivikeidet – Svensby,** https://fylkestrafikk.no, Fahrtdauer: 20 Min., Abfahrten März–Aug. 6.35–22.10 Uhr, etwa alle 60–80 Min.

LANDSCHAFTSSCHUTZGEBIET LYNGENALPEN (LYNGSALPAN, LYNGSFJELLAN)

(54,6 km – km 54,6)

Die Lyngenalpen sind ein markanter Höhenzug mit hohen Bergen und alpinen Landschaftsformen, die sich über 90 km in nord-südlicher Richtung auf der **Lyngenhalbinsel** erstrecken und eine Breite von 15 bis 20 km aufweisen. Die Halbinsel wird im Westen durch den Ullsfjorden und im Osten durch den Lyngenfjorden begrenzt. Die **Bergkette** wird durch den tief einschneidenden, etwa 14 km langen Kjosen, einen Seitenarm des Ullsfjorden, in ein nördliches und ein südliches Gebiet geteilt.

Charakteristisch für den Gebirgszug sind die steilen Berge, tiefen Täler und Gletscher, die von starken Kräften zeugen, die seit 2,6 Millionen Jahren auf die Landschaft einwirken. Vor etwa 20.000 Jahren reichten die Gletscher auf der Lyngenhalbinsel wahrscheinlich bis in eine Höhe von über 1000 Metern. Die höchsten Gipfel ragten aus dem Eis heraus und wurden von Wind und Wetter geformt, während die Täler ihre Form dem Gletschereis zu verdanken haben.

Das Bergmassiv besteht überwiegend aus dem harten, schwer abnutzbaren Gestein Gabbro, einem kompakten, grobkörnigen magmatischen Felsen plutonischen Ursprungs (in großer Tiefe durch langsame Abkühlung von Magma entstanden). Die höchste Erhebung ist der 1834 Meter hohe **Jiekkevárri** im südlichen Teil der Halbinsel. Mehr als 50 Gipfel erreichen Höhen von über 1300 Metern und locken im Sommer wie im Winter **Bergsteiger, Skibergsteiger und Extremskifahrer** aus aller Welt an. Etwa 140 Gletscher mit einer Gesamtfläche von rund 100 km² befinden sich in diesem Gebiet.

Wanderung durch das idyllische Steindalen im südlichen Teil der Lyngenalpen

Gletscherwanderungen sind in der Region beliebt und es gibt zahlreiche Möglichkeiten, diese mit erfahrenen Guides auf organisierten Touren zu unternehmen.

Mit etwas Glück können hier neben Vogelarten wie der Schneeammer in den Hochlagen, dem Blaukehlchen im Birkenwald oder dem Knutt an der Küste auch große Greifvögel wie See- und Steinadler beobachtet werden. Die spärliche **Flora,** die Wind und Wetter ausgesetzt ist, ist auf nährstoffarme Böden und kurze Vegetationszeiten spezialisiert. Die Täler sind teils üppig bewachsen. Sprudelnde Bäche und Flüsse, saftige Wiesen und moosbewachsene Felsen bieten gute Weidebedingungen für Schafe und Hausrentiere. Seit Jahrhunderten leben hier die **Samen, Kvenen und Norweger** Seite an Seite und widmen sich der Landwirtschaft, der Viehzucht, der Jagd und der Fischerei.

Es gibt unzählige Möglichkeiten, die Bergwelt bei Wanderungen und Bergtouren in allen Schwierigkeitsgraden zu erkunden. Neben den hohen Gipfeln locken auch sanfte und leicht zugängliche idyllische Täler wie das **Steindalen/Gievdanvággi,** an dessen Ende der **Steindalsbreen** ins Tal fließt. Touristisch ist die Region wenig erschlossen. Die Anzahl der markierten Wege ist begrenzt, doch ist es in der Regel relativ einfach, den Wegen zu folgen, da das Gelände meist recht übersichtlich ist.

Die Lyngenalpen sind im nördlichen Teil von der Fv312/7922 und im südlichen Teil von der Fv868 aus gut zu erreichen. Es stehen einige Parkplätze zur Auswahl. Sie bieten gute Ausgangspunkte, um in die Berge aufzubrechen.

Der Campingplatz **Svensby Tursenter** (86) ist bisher der einzige Campingplatz in der Region. Jedoch ist auf den meisten Parkplätzen eine Übernachtung im Wohnmobil möglich.

Möchte man sich die Fahrt um das Südende des Fjords sparen und den südlichen Teil der Lyngenalpen sowie Skibotn auslassen, besteht die Möglichkeit, die Fähre von **Lyngseidet nach Olderdalen** (https://fylkestrafikk.no) zu nehmen. In Lyngseidet finden sich Tankstellen, Supermärkte und einige kleine Läden wie Elektro- und Sportfachgeschäfte. Für eine Rast kann man einfache Lokale wie den Arctic Grill am Spar-Supermarkt an der Kreuzung von Rv91 und Rv868 aufsuchen.

Sehenswert

- **Aurora Spirit Distillery – Bivrost,** Årøybuktnesset 44, 9060 Lyngseidet, Tel. 91904260, www.auroraspirit.com, www.bivrost.com, geöffnet: ganzjährig, je nach Saison variierend. Die nördlichste Whiskydestillerie der Welt produziert seit 2016 unter dem Namen „Bivrost" Whisky und andere akloholische Getränke wie Aquavit und Gin. Der Name stammt aus dem Altnordischen und bedeutet Nordlicht. Führungen und Verkostungen werden im ansprechenden Besucherzentrum ab 299 NOK/Person angeboten.

Information

- **Lyngseidet Turistinformasjon,** Strandveien 16, Lyngseidet, Tel. 77210850, www.visit-lyngenfjord.com, www.lyngsalpanlvo.no/en, www.lyngen.com
- kostenloser Download eines **Wander- und Mountainbikeführers** der Lyngenregion: www.visit-lyngenfjord.com/travel-info/brochures-lyngenfjord-region

Aktivitäten

- **Wanderung zum Gletschersee Blåisvatnet/Blåvatnet.** Die Wanderung beginnt am Parkplatz Sør-Lenangsbotn und führt zu einem intensiv blauen Bergsee, der in einer wunderschönen Bergwelt liegt.

Hop-on/Hop-off-Bus

Die Buslinien 150 und 160 verkehren in der Region rund um den Lyngenfjord und verbinden die wichtigsten Orte bis Alta. Die Linie 150 verkehrt durch Svensby. Über die App „Troms Billett" kann man die Abfahrtszeiten abrufen und Tickets kaufen (kostenlos für iOS und Android). Informationen finden sich auch unter www.fylkestrafikk.no. Das Sommerticket ermöglicht über einen Zeitraum von sieben Tagen beliebig viele Fahrten mit den lokalen Bussen und Expressbooten.

- Preise: Erw. 990 NOK, Kinder/Senioren 495 NOK

196wn-df

197wn-df

Die markierte Tour ist für jedes Alter geeignet und von Sommer bis Herbst zu empfehlen. Die Gesamtstrecke beträgt hin und zurück 8 km und kann etwa 3 Std. in Anspruch nehmen.

- Die etwa 10 km lange **Wanderung am Jægervatnet** verläuft an der Westseite des Sees und verbindet den Parkplatz Jægervatnet mit Svensby (Campingplatz 86).
- Die **Wanderung zum Steindalsbreen** führt durch das bezaubernde Steindalen/Gievdanvággi und beginnt am Parkplatz Steindalen. Das Glockengebimmel der weidenden Schafe und das Wasserrauschen begleiten den Wanderer durch die alpine Hochgebirgslandschaft. Informationstafeln geben Aufschluss über Flora, Fauna, Geologie und Geschichte der Region. Am Ende des Tals fließt der Gletscher Steindalsbreen in das Steindalen (Tal) hinab und mit ihm die eisige Gletscherluft. Schilder verdeutlichen den Rückgang des Eises. Für die 12,4 km lange Wanderung (hin und zurück) können 5 bis 6 Std. veranschlagt werden. Etwa 500 Höhenmeter sind zu überwinden.

86 Camping Svensby Tursenter

GPS 69.66747, 19.80941
Vom Platz aus hat man einen schönen Blick auf den Fjord. Vom Tursenter werden zahlreiche Outdooraktivitäten angeboten. Guides können gebucht werden. Wanderwege führen direkt vom Platz aus in die Umgebung. Am Fähranleger Svensby befinden sich eine kleine Touristeninformation und ein Café. Lyngseidet, der größte Ort der Gemeinde Lyngen, liegt etwa 22 km entfernt. Hier finden sich ein Supermarkt, eine Tankstelle, verschiedene Läden und eine Touristeninformation. **Lage/Anfahrt:** Der Platz befindet sich in unmittelbarer Nähe des Fähranlegers der Verbindung Svensby – Breivikeidet, etwa 55 km östlich von Tromsø. Am Fähranleger links auf die Fv312/7922 abbiegen und ihr etwa 500 m folgen; **Platzanzahl:** ca. 40; **Untergrund:** Schotter, Wiese; **Preiskat.:** €€; **Geöffnet:** ganzjährig; **Kontakt:** Storåsveien 50, 9064 Svensby, Tel. 91709936, www.svensbytursenter.no

Parken

95 **Sør-Lenangsbotn/Blåvatnet/Blåisvatnet Parkplatz,** GPS 69.75820, 19.95576. Gebührenpflichtiger Parkplatz (175 NOK/24 Std.). Ausgangspunkt für eine Wanderung zum Gletschersee Blåvatnet/Blåisvatnet. Ein Kiosk und Toiletten befinden sich am Platz.

96 **Parkplatz Jægervatnet,** GPS 69.73059, 19.85139. Der Wanderweg führt am Jægervatnet entlang, verbindet die Orte Jægervatnet und Svensby und endet am Svensby Tursenter.

97 **Parkplatz Steindalen,** GPS 69.37567, 20.03716, Steindalsveien, 9046 Oteren. Hier beginnt der Wanderweg zum Steindalsbreen.

Der Steindalsbreen ist zu Fuß durch das Steindalen zu erreichen

SKIBOTN/IVGOBAHTA

(91,2 km – km 145,8)

Wenn man ab Lyngseidet der Fv868 und dem Lyngenfjord auf der westlichen Seite nach Süden folgt, trifft man in Oteren wieder auf die E6. Dieser folgt man nun für etwa 28 km am östlichen Ufer des Lyngenfjords nach Norden und erreicht den Ort Skibotn.

Der im südlichen Teil des Lyngenfjords gelegene Ort war im 19. Jahrhundert ein bedeutender Marktplatz in der Region Nord-Troms. Zweimal im Jahr trafen sich hier die Bewohner aus den Binnen- und Küstengebieten, um mit Waren wie Rentierfleisch, Moorhühnern, Butter, Mehl und Fisch zu handeln. Überwiegend waren es samische Rentierzüchter, Händler aus dem Tornetal in Nordschweden und Nordfinnland, norwegische Händler und Kvenen, die hier Handel trieben. Einen Einblick in diese Zeit gewährt das **Nord-Troms Museum Skibotn markedsplass.**

Skibotn ist für sein relativ trockenes Mesoklima und weitläufige Kiefernwälder bekannt, in denen seltene Orchideen gedeihen. Die ca. 540 Einwohner des Orts sind größtenteils Nachkommen der Kvenen und Samen oder von Siedlern, die aus Süd- und Mittelnorwegen stammten. Die Region ist besonders für **Wander- und Mountainbiketouren** interessant. Norrøna, ein bekannter norwegischer Hersteller von Premium-Outdoorbekleidung, hat sogar eine Mountainbike-Kollektion nach dem Ort benannt. Außerdem sind durch die

Die Kvenen

Offizielle Stellen sprechen von 20.000 in Norwegen lebenden Kvenen, kvenische Organisationen gehen sogar von 30.000 bis 50.000 aus. Die Kvenen gehören seit 1998 neben den Waldfinnen, den Tataren, den Roma und den Juden zu den anerkannten Minderheiten in Norwegen. Die Sámi gelten dagegen rechtlich als Urbevölkerung.

Der Begriff „Kvener" wurde bereits im 9. Jahrhundert verwendet. Er bezeichnet ein Volk, das am Bottnischen Meerbusen siedelte und wurde häufig synoym mit Finnen verwendet. Erste Hinweise auf eine Einwanderung der Kvenen nach Norwegen finden sich in der „Carta Marina" von Olaus Magnus aus dem Jahr 1539, der frühesten nach heutigem Standard einigermaßen korrekten Landkarte Nordeuropas. Die erste große Einwanderungswelle fand während des Großen Nordischen Kriegs (1700–1721) statt.

Die Kvenen besiedelten landwirtschaftlich nutzbare Flächen im Inneren der Finnmark und die Fjorde von Troms og Finnmark. Dabei kam es zwar zum Teil zu Konflikten mit den dort heimischen Samen, aber auch zu einem von gegenseitiger Hilfe geprägten Zusammenleben. Auch Eheschließungen zwischen Samen und Kvenen waren nicht selten.

1830 gab es eine zweite Einwanderungswelle, da für ein neues Kupferwerk in Alta Arbeitskräfte benötigt wurden. Ab 1840 gab es durch das wachsende Fischaufkommen im Varangerfjord einen Anstieg der Zuwanderung in Vadsø und den Fischerdörfern der Ost-Finnmark. Die Kvenen machten zu jener Zeit 8 % der Bevölkerung in der Provinz Troms und 25 % in der Finnmark aus.

Im Zuge der Norwegisierung ab der zweiten Hälfte des 19. Jahrhunderts wurde der Gebrauch der kvenischen Sprache in Schulen und Kirchen verboten. Da Finnland von 1809 bis 1917 zu Russland gehörte, wurden die Kvenen misstrauisch beäugt und viele sahen sich gezwungen, ihre Identität aufzugeben. In den isolierten Fischerdörfern blieb das kvenische Erbe aber am Leben.

Ab dem Ende der 1960er-Jahre war es wieder möglich, die kvenische Sprache in Schulen zu lehren. 1996 wurde sie in einigen Gemeinden in Nord-Troms und der Finnmark als zweite Amtssprache zugelassen. Seit 2005 gilt Kvenisch als eigenständige Sprache und ist auch im Alltag zu finden: Zum Beispiel ist das Ortsschild von Alta in Norwegisch, Samisch und Kvenisch zu lesen.

Kvenisch ist ein finnischer Dialekt, der sich aber unabhängig vom Finnischen entwickelte, so dass Kvenen und Finnen sich nur schwer verstehen.

Lage am Flussdelta des **Skibotnelva/Gálggojohka** und am Lyngenfjord Wasseraktvitäten möglich.

Sehenswert

› **Nord-Troms Museum Skibotn markedsplass,** Markedsgata 2, 9143 Skibotn, Tel. 97558330, www.ntrm.no/skibotn, geöffnet: Mo–Fr 10–14 Uhr, Eintritt: Erw. 60 NOK, ermäßigt 30 NOK, Kinder unter 16 Jahren frei. Die historischen Gebäude des Handelspostens gehörten zu einem der ältesten und bedeutendsten Marktplätze in Nordnorwegen. Bereits im Jahre 1571 wurde er in schriftlichen Überlieferungen erwähnt. Außer einer Ausstellung sind in den Gebäuden ein Museumsladen und ein Café untergebracht.

87 Strandbu Camping

GPS 69.37739, 20.26900
Das Gelände liegt direkt am Skibotnelva, kurz vor dessen Delta und der Mündung in den Lyngenfjord. Die Plätze für Wohnmobile liegen relativ wild und naturbelassen zwischen Bäumen und Sträuchern in der Nähe des Flusses bzw. teilweise auch direkt am Fluss mit Blick auf das Flussdelta und die umliegenden Berge. Sauna und Whirlpool können genutzt werden. Die attraktive Umgebung lässt Outdoorbegeisterte länger verweilen. **Lage/Anfahrt:** Der Platz ist an der E6 ausgeschildert; **Platzanzahl:** 20 (Strom) und 20 (ohne Strom); **Untergrund:** Schotter, Schotterrasen; **Preiskat.:** €€; **Geöffnet:** ganzjährig; **Kontakt:** Båtkulpen 41, 9143 Skibotn, Tel. 77715340, www.strandbu.no

198wn-df

Information

› **Touristeninformation Skibotn,** im Arktos Bistro, Johan Beck-Veien 23, Tel. 77210850, Nordkalottensenteret, www.lyngen.com, www.visit-lyngenfjord.com. Das kleine Touristenbüro befindet sich im Arktos Bistro in einem Nebenflur Richtung Toiletten. Es handelt sich um keine öffentliche Infostelle, trotzdem wird einem gern Auskunft gegeben. Flyer sind auch an der Tankstelle des Orts erhältlich und über einen QR-Code an der Hauswand des Bistros können Informationen auch online abgerufen werden.

Aktivitäten

› **Wanderung zum Aussichtspunkt Svartberget/Čáhppesbákti.** Die Tour beginnt im Zentrum. Am Museum folgt man zunächst dem Weg zur beleuchteten Skilanglaufstrecke. Hier finden sich Schilder, die zum Svartberget weisen. Unterwegs hat man einen schönen Ausblick auf den Ort. Die Länge der Tour beträgt hin und zurück etwa 4 km. Möchte man vom Olderelv Camping 88 starten, kann man einem Rad- und Fußweg, der parallel zur E6 führt, in den Ort folgen (etwa 7 km, 2 bis 3 Std.). Die Tour kann auch zu einem Rundweg über Svartberget – Várdovárri – Sledo – Hengen ausgedehnt werden, der 10,4 km lang ist (ohne Rückweg zum Campingplatz oder in den Ort).

199wn-df

88 Olderelv Camping Skibotn

GPS 69.38014, 20.29557

Die große, familiengeführte Anlage liegt inmitten einer beindruckenden Bergwelt, die auf Wanderwegen, die in unmittelbarer Nähe beginnen, erkundet werden kann. Vereinzelte Bäume spenden Schatten. Neben einem großen Spielplatz bietet der Platz einen kleinen Laden mit Imbiss und Café. In der Sauna kann man nach einem langen Tag in den Bergen entspannen. **Lage/Anfahrt:** Der Camping liegt ca. 2 km südöstlich des Ortskerns von Skibotn und ist an der E6 ausgeschildert; **Platzanzahl:** ca. 100; **Untergrund:** Schotter, Wiese; **Preiskat.:** €€; **Geöffnet:** ganzjährig; **Kontakt:** Olderelv Camping, 9143 Skibotn, Tel. 91131700 oder 77715444, www.olderelv.no

89 Skibotn Camping

GPS 69.39264, 20.26685

Einige der Stellplätze liegen direkt am Wasser und bieten einen wunderbaren Blick auf den Fjord und die Lyngenalpen. Ein Supermarkt befindet sich nur wenige 100 Meter entfernt. Schöne Wanderwege führen vom Ortskern aus in die Berge. **Lage/Anfahrt:** Der Platz liegt an der E6 im Ortskern, gegenüber der Kirche von Skibotn. Erreichbar über die E6. Der Platz ist ausgeschildert; **Platzanzahl:** 45; **Untergrund:** Schotter, Wiese; **Service:** Strom, Trinkwasser, Chemie-WC, WLAN; **Preiskat.:** €€; **Geöffnet:** Mai–September; **Kontakt:** Skibotsveien 350, 9143 Skibotn, Tel. 90865674 oder 77715277

200wn-df

Das indigene Volk der Sámi

Sápmi, das Siedlungsgebiet der Samen (deutsch) bzw. Sámi, das ursprünglich keine politischen Ländergrenzen kennt, erstreckt sich von der Gemeinde Idre in der Provinz Dalarnas län in Südschweden und Trøndelag sowie Femundsmarka in Südnorwegen bis in die nördlichen Teile Schwedens, Norwegens, Finnlands und im Osten bis zu den Küsten der Barentssee und des Weißen Meers auf der russischen Halbinsel Kola.

Die Sprache der Samen gehört zur Familie der uralischen Sprachen. Sie ist also mit Finnisch, Estnisch und Ungarisch verwandt. In den unterschiedlichen Siedlungsregionen werden 10 verschiedene Dialekte gesprochen: Sørsamisk im Süden, Umesamisk, Pitesamisk und Lulesamisk in Nordschweden, Helgeland, Salten, auf den Lofoten und in Narvik, Nordsamisk in Nordschweden, der Finnmark und in Nordfinnland, Enaresamisk am Inarisee (Finnland), Østsamisk/Skoltsamisk in Nordfinnland und Russland, Ahkkilsamisk, Kildinsamisk und Tersamisk in Russland. Nordsamisk, Lulesamisk und Sørsamisk werden aktiv gesprochen und gelten in Norwegen als die offiziellen samischen Dialekte der samischen Sprache. Nordsamisk ist der am häufigsten gesprochene Dialekt und wird in Norwegen, Schweden und Finnland verwendet. Die samischen Dialekte besitzen einen besonders reichen Wortschatz, wenn es darum geht, die Natur, das Tierreich, Schnee oder die Jagd zu beschreiben.

Die Samen sind in Schweden, Norwegen, Finnland und Russland als Urvolk anerkannt, doch nur in Norwegen stehen sie unter den Schutz der internationalen ILO Konvention 169 (Übereinkommen über eingeborene und in Stämmen lebende Völker in unabhängigen Ländern). Sie nennen sich selbst Sámi („Sumpfleute"), Sámit oder Sápmelaččat. Ihre Population wird auf etwa 70.000 geschätzt. Etwa 40.000 leben in Norwegen. Im Landesinneren der norwegischen Provinz Finnmark und im finnischen Utsjoki sind die Sámi heute in der Überzahl.

Die Herkunft der Sámi, die sich äußerlich und auch genetisch zum Teil deutlich von anderen

201wn-df

Europäern unterscheiden, ist umstritten. Es ist möglich, dass erste eurasische Menschen bereits sehr früh nach der letzten Eiszeit (10.000–5000 v. Chr.) nach Fennoskandinavien einwanderten und dort für viele Jahrtausende weitgehend isoliert lebten. Andere Wissenschaftler gehen von einem sogenannten „Gendrift" bei isoliert lebenden Stämmen und noch andere von einer Genvermischung, zum Beispiel mit eingewanderten samojedischen Völkern, aus.

Die Samen sind ein Nomadenvolk, das traditionell von der Rentierzucht und der Fischerei lebt. Ursprünglich jagten die Bergsamen und die Sámi in der Finnmarksvidda vor allem das Wildren. Gezähmte Rentiere wurden von den verschiedenen Sámigruppen überwiegend als Last- und Zugtiere genutzt. Erst die strengen Steuergesetze der fremden Landesherren führten zur Ausweitung der Rentierhaltung als überwiegende Lebensgrundlage.

Etwa 3000 Sámi leben aktuell in Norwegen noch von der Rentierwirtschaft. Die Rentierhirten wandern mit den Tieren umher und wechseln zwischen Küste und Binnenland. Die Rentierzüchter-Familien finden sich in Gemeinschaften (Siidas) zusammen, um kollektiv zwischen den festen Saisonwohnsitzen zu wechseln, sich gegenseitig zu unterstützen und um so die Tiere auf der Wanderung begleiten zu können.

Die Sámi haben eine enge Verbindung zur Natur und sind auch heute noch Meister darin, in den extremen Bedingungen der arktischen Tundra zu überleben. Ihre Kleidung, Nahrung und Werkzeuge wurden aus den Materialien hergestellt, die in ihrer Umgebung verfügbar waren. Auch heute noch werden nach dem Schlachten eines Rentiers das Fell, die Knochen, das Geweih und selbstverständlich das Fleisch mit allen Innereien größtenteils verwertet.

Die Samen besitzen eine reiche Tradition, was Geschichten, Mythen und Legenden angeht, die ihre Beziehung zur Natur und ihren Glauben an Geister und Gottheiten widerspiegeln. Sie pflegen auch eine einzigartige musikalische Tradition, den Joik (s. S. 275). Er ist ein Gesang, der

202wn-df

oft verwendet wird, um Menschen oder Tiere zu beschreiben und zu ehren.

Die Geschichte der Samen ist von der Unterdrückung und Diskriminierung durch die norwegischen und schwedischen Regierungen und ihre Siedler geprägt. Im Laufe der Jahrhunderte wurden ihre Kultur und Lebensweise durch die Einführung von Landbesitz, christliche Missionierung und die Einschränkung ihrer Bewegungsfreiheit und später auch ihrer Rentierzucht bedroht. Heute kämpfen die Samen für ihre Rechte und ihre Autonomie als indigenes Volk und setzen sich für den Schutz ihrer Kultur und ihrer Umwelt ein.

Es bestehen vor allem rechtliche Konflikte zwischen den Sámi und den Landesregierungen. In den 1970er-Jahren plante Norwegen die Nutzung des Alta-Canyons in der Finnmark als Wasserkraftwerk. Die Sámi klagten in Kooperation mit Umweltschutz- und Menschenrechtsorganisationen gegen den Staat und leisteten vor Ort erheblichen Widerstand. Das Kraftwerk wurde 1987 dennoch fertiggestellt. Der Konflikt führte jedoch zur Gründung des samischen Parlaments.

Die Samen sind in der modernen Gesellschaft aktiv und tragen zur Wirtschaft und Kultur ihrer Länder bei. Ein großer Teil der in Norwegen lebenden Sámi lebt außerhalb der traditionellen Siedlungsgebiete und ist in die Städte Nordnorwegens oder in den Ballungsraum Oslo gezogen.

- **Wanderung im Lulledalen.** Der markierte Wanderweg beginnt am Parkplatz Lulledalen/Lullefjellet und ist an der E8 Richtung Finnland ausgeschildert. Die Region gehört zu den trockensten in Norwegen. Dies begünstigt das Wachstum seltener Pflanzen. 60 Informationstafeln erläutern die Besonderheiten dieser Landschaft. 16 verschiedene Orchideenarten gedeihen in diesem Gebiet und können auf dem leicht zu laufenden Pfad entdeckt werden.
- **Mountainbiketouren,** Skibotn gehört zu den besten Mountainbikeregionen des Lyngenfjord-Gebiets. Verschiedene Trails beginnen am Zentrum oder am Olderelv Camping und in dessen Nähe. Sie führen beispielsweise Richtung Bosso, Vartovarre/Várdovárri, Sledo/Sleaddu, Hengen oder Elva. Einige der Trails sind technisch anspruchsvoll. Bosso und Vartovarre liegen in einem Naturschutzgebiet, hier dürfen keine E-Bikes genutzt werden. Eine Broschüre, die verschiedene Routen beschreibt, wird von Visit Lyngenfjord herausgegeben. Bei Active North (Gammelveien 142, Tel. 41331561, www.activenorth.no) in Skibotn können Mountainbikes geliehen werden.

Parken

98 Parkplatz Lulledalen/Lullefjellet, GPS 69.30553, 20.42312. Der Parkplatz liegt etwa 10 km von Skibotn entfernt.

MANNDALEN/ OLMMÁIVÁGGI/ OLMAVANKKA

(27,4 km – km 173,2)

Folgt man von Skibotn weiter der E6 gen Norden, erreicht man den Ort Manndalen, der Eingangs des gleichnamigen idyllischen Tals und an der Mündung des Manndalselva in den Kåfjorden liegt. Im Ort befinden sich ein Supermarkt und eine Tankstelle.

Im rund 15 km langen Tal Manndalen leben Sámi, Kvenen und Norweger seit Generationen Seite an Seite. Während des Zweiten Weltkriegs wurden die Einwohner des Dorfes evakuiert, bevor die Deutschen bei ihrem Rückzug aus der Finnmark die gesamte Siedlung niederbrannten.

Viehzucht und Fischfang gehören heute neben dem Dienstleistungsgewerbe zu den Haupeinkommensquellen der hiesigen Bewohner. Schafzucht und Milchproduktion sind die wichtigsten Formen der Landwirtschaft, die in diesem Tal betrieben werden. Das Manndalen gehört außerdem zu den Sommerweidegebieten der Rentierzüchter aus Karesuando an der Schwedisch-Finni-

203wn-df

schen Grenze, da in den Sumpflandschaften des Binnenlandes Millionen von Moskitos im Sommer über die Tiere herfallen und sie in den Wahnsinn treiben können.

Der Ort Manndalen gilt als Zentrum für die Wiederbelebung der Kultur und Sprache der an der Küste lebenden Sámi in der Region Nord-Troms. Das **Senter For Nordlige Folk** (Museum der nördlichen Völker) und das **Festival Riddu Riđđu** spiegeln diesen Stellenwert wider. Zudem werden an der lokalen Schule Kvenisch und auch Sámi als Zweitsprache angeboten.

Das schöne Manndalen lässt sich vom Campingplatz 90 aus beispielsweise mit dem Fahrrad auf der Fv331/7932 erkunden.

90 Løkvollstranda Camping

GPS 69.54247, 20.54795

Der Platz liegt ca. 3,5 km vom Senter for nordligefolk entfernt. Im Sommer gibt es an der Rezeption einen Grillimbiss. Eine Lärmschutzwand trennt das Gelände von der E6. Ein Supermarkt ist in unmittelbarer Nähe. **Lage/Anfahrt:** Der Platz liegt am Kåfjord an der E6 nahe des Jachthafens und ist an der E6 ausgeschildert; **Platzanzahl:** ca. 30; **Untergrund:** Wiese; **Preiskat.:** €€; **Geöffnet:** ganzjährig; **Kontakt:** Garver Hansens vei, 9144 Samuelsberg, Tel. 46781933

Sehenswert

› **Senter For nordlige Folk/Davvi Álbmogiid Guovddá,** Kjerringdalsveien 240, 9144 Samuelsberg, Tel. 77717800, www.senterfornordligefolk.no, geöffnet: Mo–Fr 10–15 Uhr, Eintritt: Erw. 30 NOK. Das Museum der nördlichen Völker ist der Vermittlung der regionalen samischen Kultur und Zeitgeschichte sowie der Kunst und kulturellen Ausdrucksform der nördlichen Völker gewidmet. Die Hauptausstellung „mii" gibt Einblick in die Kultur der See-Samen in der Region Nord-Troms und Zentral-Troms. Religion, Handwerk, Politik und Handel spiegeln die Identitätsgestaltung und das Leben in der Region wider. Zeitgenössische Kunst lokaler Künstler ist ebenfalls Teil der Ausstellung. Zudem sind ein Sprachzentrum, eine Bibliothek und eine Abteilung zum Schutz des kulturellen Erbes der Sámi im Gebäude untergebracht.

› **Riddu Riđđu Festival,** www.riddu.no/en. Jährlich im Juli stattfindendes Musik- und Kulturfestival der indigenen Völker. Das fünftägige Festival wird seit 1991 veranstaltet und wurde ursprünglich zur Förderung der kulturellen Identität und des Bewusstseins des indigenen Volkes der Sámi ins Leben gerufen. Heute treffen sich auf dem Open-Air-Festival indigene Völker aus der ganzen Welt, um auf sich aufmerksam zu machen und gemeinsam zu feiern. Das Festival vereint Musik, Tanz, Theater, Film, Stand-up-Comedy, Diskussionen, Spiele, Kulinarisches und Kunstausstellungen. Jedes Jahr wird einem indigenen Volk aus der arktischen Region ein eigener Ausstellungsbereich gewidmet. Das Festivalgelände befindet sich in unmittelbarer Nachbarschaft des Museums der nördlichen Völker.

⊡ *Die typisch norwegische Holzarchitektur des Senter For nordlige Folk*

Information

› **Manndalen Turistinformasjon,** Coop Manndalen Sentrumsveien 4, Samuelsberg, Tel. 77210850, www.visit-lyngenfjord.com/turistinfo-manndalen

Parken

P **99 Parkplatz am Nordnestunnelen,** GPS 69.53801, 20.37745. Parkplatz kurz vor Manndalen mit Toiletten und imposantem Blick auf die Lyngenalpen.

BIRTAVARRE/BIERTAVÁRRI/PIRTTIVAARA

(17,3 km – km 190,5)

Im Ort Birtavarre am Kåfjorden, den man auf der Weiterfahrt auf der E6 erreicht, gibt es zwei größere Supermärkte (Joker und COOP Prix) eine Tankstelle, eine Werkstatt, eine Werkzeughandlung und einen Friseur. Vom

Ort aus führt die Fv333/7936 in das Kåfjorddalen und erschließt im weiteren Verlauf über eine im Sommer geöffnete Schotterstraße die Gebirgswelt der Region.

Im 11 km entfernten **Ankerlia** am Ende des Tals Kåfjorddalen wurde bis 1919 eine **Erzgrube mit Verhüttung** betrieben. Die frei zugänglichen Ruinen der Bergbausiedlung werden vom Nord-Troms Museum erhalten und fungieren heute als Freilichtmuseum.

Größtes touristisches Highlight im Kåfjorddalen ist die eindrucksvoll gelegene **Gorsabrua.** Die Brücke überspannt einen schmalen, 153 m tiefen Canyon, der zu den tiefsten in Nordeuropa gehört. Eine weitläufige, wilde Landschaft mit rauschenden Wasserfällen und Flüssen sowie steil ansteigenden Berghängen umgibt die spektakuläre Schlucht.

Information

- **Birtavarre Turistinformasjon,** Joker Birtavarre, Stiger Pettersens veg 1, Tel. 77210850, www.visitlyngenfjord.com/touristinfo-birtavarre

Aktivitäten

- Die **Wanderung zur spektakulären Gorsa-Brücke** kann an den Parkplätzen Ankerlia und Gorsabrua begonnen werden. Vom Parkplatz Ankerlia kann man dem 8,3 km langen, markierten Rundwanderweg, der zunächst die Überreste der Erzgrube von Ankerlia passiert und auf der westlichen Seite des Canyons verläuft, zur Brücke folgen und anschließend auf der östlichen Seite zurücklaufen. Vom oberen Parkplatz Gorsabrua führt ein 1,8 km langer Pfad (Fosseveien) auf der Ostseite des Canyons zur Brücke. An den Samstagen im Sommer gibt es die Möglichkeit, nach vorheriger Anmeldung einen Bungeesprung von der Brücke zu wagen (Tel. 90870977, www.bungee.no).

299wn©Jens Teichmann, stock.adobe.com

Parken

- **100 Parkplatz Ankerlia,** GPS 69.42948, 20.96912. Der große Parkplatz ist über die Fv333/7936 von Birtavarre nach etwa 10 km erreicht. Die Gorsabrua ist an der E6 ausgeschildert. Am Parkplatz befinden sich Toiletten und Infotafeln.
- **101 Parkplatz Gorsabrua,** GPS 69.41492, 20.98291. Der obere Parkplatz ist nur für Bullis und ähnliche Camper dieser Größe zu empfehlen, da sich die kurvenreiche, enge und ansteigende Schotterstraße in einem schlechten Zustand befindet.

DJUPVIK/ČIETNJALLUOKTA/ KAIVUONO

(37,5 km – km 228)

Folgt man von Birtavarre weiter der E6 nach Norden zunächst den Kåfjorden und anschließend den Lyngenfjorden entlang, bieten sich immer wieder spektakuläre Ausblicke auf die Gebirgskette der Lyngenalpen. An einer Landspitze, die in den Lyngenfjord ragt, liegt der kleine **Fischerort.** Vom wunderschön gelegenen Campingplatz 91 kann man die eindrucksvolle Aussicht auf die Lyngenalpen genießen. Einige Wege führen durch die nähere Umgebung des Platzes und laden zu entspanntem Schlendern ein. Beispielsweise besteht die Möglichkeit, die ca. 50 Meter oberhalb des Fjords gelegene Ruine des **Spåkenes Kystfort,** einer Verteidigungsanlage der Deutschen aus dem Zweiten Weltkrieg, zu erwandern, von wo aus man die Umgebung gut überblicken kann.

Der Aufstieg auf den 1142 m hohen **Storhaugen/Boazovárri** stellt eine ambitionierte Tour dar, entlohnt aber mit wundervollem

204wn-df

Ausblick. Der Beginn der insgesamt 8,8 km langen Wanderung ist etwa 1,2 km vom Campingplatz entfernt (GPS 69.744995, 20.515376). Im oberen Bereich findet man keinen gut sichtbaren Pfad, dennoch ist das Gelände übersichtlich und gut zu bewältigen. Die Ostseite des Bergs fällt sehr steil ab.

Unterhalb des Campingplatzes 91 verläuft eine schmale Straße zunächst an Fischtrocknungsgestellen und anschließend an einem kleinen Hafen mit fischverarbeitender Industrie vorbei. Folgt man der Straße weiter, kann man um die idyllische und von Landwirtschaft geprägte Landspitze herumfahren, bis man wieder auf die E6 trifft.

Auf der direkten Hauptroute folgt man ab Djupvik weiter der E6 und kann auf der Küstenstraße den beeindruckenden Ausblick genießen. Am **Kvænangsfjellet** erreicht die Straße eine Höhe von 401 m und am Parkplatz bietet sich ein wunderschöner Ausblick auf die im Kvænangen- und im Badderfjorden gelegenen Inseln und die umliegenden Berge. Die E6 fällt bald darauf wieder bis auf Meereshöhe ab und schlängelt sich die Küste Richtung Langfjordbotn und Alta entlang.

P 102 Kvænangsfjellet, GPS 69.896342, 21.619218

Auf dem idyllischen Campingplatz Arctic Fjordcamp 92 können Ruhesuchende noch eine Rast einlegen.

91 Arctic Lyngen Sjøcamp

GPS 69.74539, 20.49143

Vom kleinen, urigen Platz hat man einen beeindruckenden Ausblick auf die Lyngenalpen und den Lyngenfjord. In einem behaglich eingerichteten Restaurant und Pub lassen sich gemütliche Abende verbringen. Lavvu (Zelt der Sámi), Sauna und Whirlpool ergänzen das Wohlfühlangebot. Verschiedene Outdooraktivitäten können gebucht werden. **Lage/ Anfahrt:** Am Hang südlich des kleinen Hafens von Djupvik. Der Platz ist an der E6 ausgeschildert; **Platzanzahl:** ca. 15; **Untergrund:** Schotter, Wiese; **Preiskat.:** €€; **Geöffnet:** ganzjährig; **Kontakt:** Djupvik, 9146 Olderdalen, Tel. 41769069, www.artic-lyngen.no

Die Gorsabrua im Kåfjorddalen ist architektonisch interessant

92 Arctic Fjordcamp

GPS 70.00857, 22.02308
Der idyllische Platz liegt an einem Hang, der zum Fjord abfällt. Dadurch bietet sich ein wunderbarer Ausblick auf die Fjordlandschaft. **Lage/Anfahrt:** Das Gelände liegt eingebettet in einer Wald- und Wiesenlandschaft ca. 600 m von der E6 entfernt am Burfjorden, etwa 8,5 km nördlich von Burfjord. Der Platz ist an der E6 ausgeschildert; **Platzanzahl:** 50; **Untergrund:** Wiese; **Preiskat.:** €€; **Geöffnet:** ganzjährig; **Kontakt:** Storeng 62, 9161 Burfjord, Tel. 97473239, www.arcticfjordcamp.com

205wn-df

206wn-df

LANGFJORDBOTN/ LÁKKOVUONBAHTA

(120 km – km 348)

In einer fruchtbaren Landschaft am Ende des Langfjordens liegt die Siedlung Langfjordbotn an der E6. Die Natur bietet selbst hier, am 70. Breitengrad nördlicher Breite, relativ gute Bedingungen für die Landwirtschaft. Beeren und Kartoffeln gedeihen in diesem malerischen Landstrich besonders gut und einige Milchhöfe betreiben Land- und Viehwirtschaft. Üppige Fischgründe für Angler und die vom Campingplatz aus gut erreichbare Natur verlocken zu einem Zwischenstopp.

Folgt man am Campingplatz der Straße Skinnelvveien, die von der E6 abzweigt, trifft man nach 1,3 km in Bognelv auf die Straße Bognelvdalen, die weiter in das gleichnamige Tal führt. Hier besteht die Möglichkeit, sich Zeit für einen Abstecher zum **Bubbelen** (ausgeschildert) zu nehmen, einem unterirdischen Fluss, der hier aus der Erde schießt. Die Straße führt bis zum Parkplatz, der kurz vor der Brücke über den Ørplasselva liegt.

Folgt man vom Parkplatz am Bubbelen zu Fuß dem idyllischen Bognelvdalen in südlicher Richtung, kann man über Wanderwege am Ende des Tals die Wildnis rund um das **Tverrfjellet** erreichen.

Aktivitäten

› **Vidda Runners,** Tappeluftveien 3, 9545 Langfjordbotn, Tel. 99150533, www.vidda-runners.com. Mountainbiketouren, Wander- und Bergtouren mit und ohne Husky, Rentiersafaris, Angel- und Gletschertouren sowie diverse Winteraktivitäten werden vom deutschen Paar Katarina und Ben angeboten, die am Fjord ihren Traum von einer Huskyfarm verwirklicht haben.

Im kleinen Museum des Altafjord Camping 93 gibt es einiges zu entdecken

Einkaufen

› **Sámi Souvenirs,** GPS 70.09248, 22.80217. Auf einem Rastplatz am Langfjorden befindet sich der kleine Laden, der von Juni bis August täglich geöffnet hat und Rentierfelle, Messer, getrocknetes Rentierfleisch und weitere Produkte aus samischer Produktion anbietet.

Parken

103 **Parkplatz am Bubbelen,** GPS 69.995217, 22.333916

KÅFJORD/GÁVVUONNA/KAAVUONO

(59 km – km 407)

Kurz vor der Kåfjordbrua, nur noch wenige Kilometer von Alta entfernt, zweigt die Fv7996 von der E6 ab. Im kleinen Ort Kåfjord lädt das private **Tirpitz Museum** zu einem Zwischenstopp. Das hölzerne Gebäude, in dem sich das Museum befindet, stammt aus den 1880er-Jahren und stand ursprünglich in Lillehammer. Es wurde 1946 abgebaut und im Rahmen des Wiederaufbaus der im Krieg durch die Deutschen verwüsteten Finnmark nach Alta verschifft. Die Grundlage des Tirpitz Museums bilden ansprechende **Schiffsmodelle** und **Fundstücke.** Die Gegenstände wurden zum Teil bei Tauchgängen im Jahr 2008 geborgen. Ein Video veranschaulicht die Geschehnisse im Kåfjord während des Zweiten Weltkriegs.

Aufgrund ihrer Lage in der Nordlichtzone wurde die Region rund um Alta Ende des 19. Jahrhunderts zum **Mittelpunkt der europäischen Nordlichtforschung.** Westlich von Kåfjord errichtete man im Jahre 1899 auf dem 906 Meter hohen Sukkertoppen das **Nordlicht-Observatorium Haldde.** Es wurde 1912 um ein Servicegebäude ergänzt, das von Wissenschaftlern wie dem Norweger Kristian Birkeland (1867–1917), der vor allem aufgrund seiner Forschungsarbeit bezüglich der Elektrizität in der Atmosphäre bekannt war, und seinem Assistenten, dem Physiker Ole Andreas Krogness (1886–1934), bewohnt wurde, die sich intensiv der Untersuchung des Naturphänomens widmen wollten. Heute wird die Erforschung des Nordlichts und der polaren Atmosphäre vor allem von Svalbard (Norwegen) aus betrieben und das massive Steingebäude des ehemaligen Nordlicht-Observatoriums fungiert als Hütte des Norwegischen Wanderverbands. Der **Sukkertoppen** ist von Kåfjord aus über einen breiten, gut ausgebauten, 9 km langen Wanderweg zu erreichen, der durch eine karge Fjelllandschaft führt und beeindruckende Ausblicke gewährt.

207wn-df

93 Altafjord Camping

GPS 70.02823, 22.28210

Der Platz liegt etwas oberhalb des Fjords und bietet eine schöne Aussicht. Ein kleines Museum, das dem Alltag der hier ansässigen Menschen gewidmet ist, befindet sich in einem alten Farmhaus und kann kostenlos besichtigt werden. Wanderwege führen direkt vom Platz in die Umgebung. Der freundliche Besitzer gibt gern Ausflugstipps. Boote und Angelausrüstung können ausgeliehen werden. **Lage/Anfahrt:** An der E6 am Langfjorden bei Langfjordbotn. Der Platz ist an der E6 ausgeschildert; **Platzanzahl:** 35; **Untergrund:** Wiese; **Preiskat.:** €€; **Geöffnet:** Juni–Aug.; **Kontakt:** Altafjord Camping, 9545 Langfjordbotn Alta, Tel. 78438000, www.altafjord-camping.no

Sehenswert

P **104 Tirpitz Museum,** GPS 69.93152, 23.01743, Kåfjordbotten 65, 9518 Alta, Tel. 92092370, geöffnet: im Sommer tägl. 10–17 Uhr, in der Nebensaison auf Anfrage, Eintritt: 100 NOK. Vom Parkplatz aus sind es etwa 70 m bis zum Museum und 800 m bis zum Wanderweg, der auf den Sukkertoppen und zum ehemaligen Nordlicht-Observatorium Haldde führt.

Die Tirpitz

Die Tirpitz, benannt nach Admiral Alfred von Tirpitz, einem einflussreichen deutschen Marineoffizier des frühen 20. Jahrhunderts, war ein deutsches Schlachtschiff der Bismarck-Klasse. Sie wurde im Februar 1941 in Dienst gestellt, war zu jener Zeit das größte und modernste Schlachtschiff der Welt und gilt auch heute noch als das größte jemals in Europa konstruierte Schlachtschiff. Die Tirpitz war schwer gepanzert und mit neuester Technologie ausgestattet, darunter leistungsfähige Radarsysteme.

Im Zweiten Weltkrieg wurde das Schiff vor allem zur Abschreckung eingesetzt. Die meiste Zeit war es in Norwegen stationiert, um die Hilfslieferungen der Alliierten zu den verbündeten Russen nach Murmansk zu erschweren. Trotzdem war die Tirpitz nie in Schlachten involviert, sondern verbrachte den größten Teil des Kriegs im Hafen, um im Falle einer Invasion durch die Alliierten den Angriff abzuwehren.

An ihrem Liegeplatz im Kåfjorden wurde sie mehrfach aus der Luft angegriffen und am 15. September 1944 durch einen Angriff so stark beschädigt, dass sie nicht mehr für Seeoperationen einsetzbar war. Daraufhin wurde sie bei Tromsø verankert. Am 12. November 1944 beschädigte ein britischer Luftangriff die Tirpitz derart stark, dass sie an ihrem Liegeplatz kenterte.

Die Reste des Schiffes sind heute ein beliebtes Ziel für Taucher. Seit 2014 steht das Wrack unter Denkmalschutz.

ALTA/ÁLTÁ/ALATTIO

(15,5 km – km 422,5)

Die Region rund um Alta wurde bereits vor mehr als 10.000 Jahren besiedelt. Spuren dieser frühen Besiedlung sind im empfehlenswerten **Alta Museum** zu sehen. Die vor schätzungsweise 2500 bis 6200 Jahren erschaffenen **Felsritzungen von Alta** werden seit 1985 auf der Liste des **UNESCO-Weltkulturerbes** geführt und können auf dem Außengelände des Museums besichtigt werden. Das Stadtwappen ziert seit 1976 die Abbildung einer steinzeitlichen Speerspitze, die ebenfalls Bezug auf die prähistorischen Funde in der Region nimmt.

Die heutige Stadt wurde im Jahr 1704 von eingewanderten Finnen gegründet. Bis 1909 baute man in einer Kupfermine im nahegelegenen Kåfjord Kupfererz ab. Das Bergwerk war eine der ersten größeren industriellen Anlagen Nordnorwegens und zog teilweise sogar Arbeiter aus England und Schweden an. Das Gelände der ehemaligen Mine ist durch einen ca. 3 km langen Lehrpfad erschlossen.

Während des Zweiten Weltkriegs wurde die Stadt nahezu vollständig zerstört. Lediglich die 1858 errichtete **Alta kirke** blieb erhalten. Seit dem Wiederaufbau ist das Stadtbild von modernen Bauten geprägt. Bestes Beispiel ist die gen Himmel strebende, spiralförmige **Nordlyskatedral** (Nordlichtkathedrale), die sich am Erscheinungsbild der Nordlichter orientiert. Die sehenswerte Kirche entstand nach Entwürfen von Kolbjørn Jenssen und wurde 2013 geweiht. Sie besteht vollständig aus Beton, ist aber außen mit Titanplatten verkleidet. Auch der Innenraum ist modern gestaltet. Vor einem blau gestrichenen Hintergrund steht eine bronzene Christusfigur, die nach oben hin heller wird. An den Wänden dominiert eine Reihe von vertikal angebrachten Holzleisten. Sie sind hinterleuchtet und erzeugen ein angenehmes, weiches Licht. An den Betonwänden des Kirchturms sind Reliefs der 12 Apostel angebracht und im Inneren ist eine goldene Jakobsleiter zu sehen.

Einer der wichtigsten Wirtschaftszweige der über 21.000 Einwohner zählenden Kommune Alta ist der Abbau des **Alta-Quarzits.** Der gefragte Exportartikel wurde unter anderem am Flughafen von Tokio verbaut. Der in Platten auftretende, über 600 Millionen Jahre alte Glimmerquarzit erinnert an Schiefergestein, ist ausgesprochen hart und abriebfest und bietet hervorragende Eigenschaften bei frostigen Bedingungen. Er wird überwiegend in Bodenplatten, Wandverkleidungen und als Treppenstufen verbaut.

Erst im Jahr 1999 erhielt Alta den offiziellen Status einer Stadt und nennt sich seitdem **„Stadt der Nordlichter".** Das hier besonders häufig auftretende Naturphänomen und der historische Stellenwert der Region in der Nordlichtforschung machen diese Bezeichnung nachvollziehbar.

Die **Campingplätze** von Alta liegen in einer ländlichen Umgebung. Die in unmittelbarer Nähe verlaufenden Wanderwege, Pfade, Forst- und Wirtschaftswege können für **Rad- und Wandertouren** genutzt werden.

298wn©karenm9071, stock.adobe.com

Sehenswert

- **Alta Museum – Felskunst von Alta,** Altaveien 19, 9512 Alta, Tel. 41756330, www.altamuseum.no, ganzjährig geöffnet, 1.6.–21.8. tägl. 9–19 Uhr, weitere Öffnungszeiten siehe Website, Eintritt im Sommer: Erw. 135 NOK, Senioren 125 NOK, Studierende 115 NOK, Kinder 45 NOK. Ein Teil der Felsbilder kann im Außenbereich über Wege und Aussichtsplattformen besichtigt werden. Im Museumsgebäude befinden sich weitere sehenswerte Ausstellungen, ein Museumsladen und ein Café.
- **Nordlyskatedral (Nordlichtkathedrale),** Markedsgata 30, 9510 Alta, https://nordlyskatedral.no/, geöffnet: Sommer Mo–Fr 11–15, So 10–13 Uhr, Nebensaison tägl. 11–13 Uhr, Eintritt: 50 NOK. Im unteren Geschoss dieses außergewöhnlichen Gotteshauses ist eine Nordlicht-Ausstellung untergebracht.

Die auffallende Nordlyskatedral ist das Wahrzeichen von Alta

209wn-df

94 Alta River Camping

GPS 69.92933, 23.26213

Der gemütliche Platz liegt ca. 6 km vom Alta Museum und den berühmten Felszeichnungen entfernt. Bis zur Sami Siida mit Restaurant sind es ca. 500 m. Es gibt zwei Saunen. Grillhütten stehen ebenfalls zur Verfügung. **Lage/Anfahrt:** Am Altaelv, etwa 6 km vom Zentrum entfernt. Der Platz ist an der E45 ausgeschildert; **Platzanzahl:** 39; **Untergrund:** Schotter, Wiese; **Preiskat.:** €€; **Geöffnet:** ganzjährig; **Kontakt:** Steinfossveien 5, 9518 Alta, Tel. 94032779, www.alta-river-camping.no

Die Felskunst von Alta

Die Felsritzungen von Alta sind die größten bekannten zusammenhängenden Felsbilder in Nordeuropa, die Szenen einer Jäger- und Sammlergesellschaft zeigen. Die ersten Bilder wurden 1973 entdeckt und man geht davon aus, dass die Ritzungen vor ca. 2500 bis 6200 Jahren entstanden sind.

Die Felsbilder von Alta sind Petroglyphen, also in den Fels gravierte, geschabte, geritzte, gemeißelte oder geschliffene Vertiefungen. Tiere, Menschen, Boote und verschiedene Gegenstände sind am häufigsten zu erkennen. Die Bilder stellen konkrete Situationen dar, ihnen wird aber auch eine symbolische Bedeutung zugesprochen. Sie spiegeln Gemeinschaftszugehörigkeit, religiöse Glaubensbekenntnisse, Riten, Schamanismus, Fruchtbarkeit, Ideologie oder Macht wider. Aufgrund der hohen Anzahl von ca. 6000 Figuren geht man davon aus, dass der Ort am Altafjord zu jener Zeit einen bedeutenden rituellen Stellenwert einnahm.

Vermutlich war die Region ein wichtiger Versammlungsort, an dem die Menschen zusammenkamen, um an Ritualen teilzunehmen, Erfahrungen auszutauschen und Beschlüsse zu fassen, die der Gemeinschaft und den unterschiedlichen Stämmen dienten. Zudem förderten die Felszeichnungen möglicherweise die Kontaktaufnahme mit der spirituellen Welt. An der Küstenlinie treffen Wasser, Erde und Himmel aufeinander, was den Glauben an das Zusammentreffen der Götter und Geister dieser drei Welten begünstigt haben könnte.

Die Besonderheit der Felsbilder von Alta liegt in der Variation der Motive und der stilistischen Ausführung. Am häufigsten stellen die Ritzungen Rentiere und Elche dar, aber auch Bären, Vögel, Fische, Fischernetze, Speere, Ski, Boote und Menschen in unterschiedlichen Situationen sind zu erkennen. Die Motive lassen vermuten, dass die hier in der Steinzeit ansässige Gemeinschaft auf der Jagd, dem Fischfang, dem Sammeln von Beeren, Kräutern, Vogeleiern etc. basierte, zudem reflektieren die Bilder die Interaktion der Menschen mit der Landschaft.

Viele der 20 bis 40 cm großen Figuren besitzen eine bemerkenswerte künstlerische Qualität und sind ausgesprochen gut erhalten. Etliche Abbildungen weisen eine naturgetreue Darstellung auf, andere sind geometrisch und stilistisch ausgeführt. Die Felsritzungen wurden auf den blanken Felsen in Ufernähe angelegt. Aufgrund der Landhebung nach der letzten Eiszeit erschuf man auf den aus dem Wasser auftauchenden unberührten Felsen neue Felsbilder. Somit liegen die ältesten Felsritzungen im höheren Gelände des Areals.

Zahlreiche Figuren wurden zu Anschauungszwecken mit rotbrauner Farbe ausgemalt. In den letzten Jahren hat man jedoch von diesem Verfahren Abstand genommen, da es die Figuren schneller verwittern lässt. Zusätzlich erschwert es die zukünftige Erforschung und Datierung der Felsbilder.

208wn-df

211wn-df

95 Camp Alta

GPS 69.92782, 23.26888
Ruhig gelegener Platz mit nahezu baumlosem Wiesengelände und Stellplätzen teils direkt am Fluss. Gute Ausflugsmöglichkeiten in die umliegende Natur. Das Alta Museum liegt etwa 6 km entfernt. Die Sami Siida ist in wenigen Minuten fußläufig zu erreichen. **Lage/Anfahrt:** Etwa 6 km südlich des Zentrums am Altaelv. Der Platz ist an der E45 ausgeschildert; **Platzanzahl:** ca. 80; **Untergrund:** Wiese; **Preiskat.:** €€; **Geöffnet:** ganzjährig; **Kontakt:** Steinfossveien 25, 9518 Alta, Tel. 40077399, www.campalta.no

› **Laksenshus (Haus des Lachses),** Markedsgata 3, 9510 Alta, Tel. 45225384, www.laksenshus.no, geöffnet: Mo–Fr 11–16 Uhr, Eintritt frei. Das Zentrum informiert über einen der bedeutendsten Wirtschaftszweige Norwegens – die Lachszucht. Es können auch Bootstouren zu einer Lachsfarm im Altafjord gebucht werden (500 NOK/Erw.).

Information

› **Alta Turistinformasjon,** Labyrinten 3, Tel. 99100022, www.visitalta.no

Gastronomie

› **Sami Siida,** Øytunveien 4, Øvre Alta, Tel. 46838645, www.samisiida.no, geöffnet: Mo–Do und So. 15–21 Uhr, Fr/Sa 15–24 Uhr, Küche bis 20 Uhr. *Siida* bedeutet Dorf/Gemeinschaft. Im Restaurant werden traditionelle Gerichte der Sámi wie Biđos (Rentierfleischeintopf), aber auch moderne Interpretationen wie Rentier-Burger serviert. Im angeschlossenen Laden wird traditionelle Handwerkskunst der Sámi angeboten. Zudem kann man an diversen Aktivitäten mit Rentieren teilnehmen oder sich im Lavvu (Zelt der Sámi) am Lagerfeuer wärmen.

Das samische Nationalgericht „Biđos" wird auch im Restaurant Sami Siida serviert

210wn-df

96 Alta Strand Camping

GPS 69.92740, 23.27163
Der moderne Campingplatz liegt am Altaelv. Es besteht Zugang zum Fluss. Ein kleines Café und ein Kiosk gehören zur Anlage. Das Alta Museum liegt 6 km entfernt. Die Sami Siida befindet sich in unmittelbarer Nähe. **Lage/Anfahrt:** Nahe der E45, etwa 6 km vom Stadtzentrum entfernt. Der Platz ist ausgeschildert; **Platzanzahl:** 40; **Untergrund:** Wiese; **Preiskat.:** €€; **Geöffnet:** ganzjährig; **Kontakt:** Steinfossveien 29, Øvre-Alta, 9518 Alta, Tel. 91233333

Einkaufen

Im Supermarkt REMA 1000 (im Zentrum von Alta gegenüber der Touristeninformation) kann man **Rentierfleisch** für die Zubereitung in der Wohnmobilküche kaufen. Auch in anderen gut sortierten Supermärkten wird immer wieder Rentierfleisch angeboten – meistens tiefgefroren.

ABSTECHER NACH HAMMERFEST/ HÁMMERFEASTTA
(hin und zurück 110,8 km)

Nachdem man auf der E6 eine Hochebene durchfahren hat, zweigt etwa 85 km nordöstlich von Alta die Rv94 in Skaidi nach Westen Richtung Hammerfest ab. Die rund 11.000-Einwohner-Stadt bezeichnet sich als **nördlichste Stadt Europas,** und auch wenn inzwischen das noch nördlicher gelegene Honningsvåg auf der Insel Magerøya mit seinen ca. 2500 Einwohnern den Status einer Stadt erhalten hat, trägt Hammerfest den werbewirksamen Titel aufgrund einer Absprache zwischen den beiden Städten weiterhin.

Die vom **Aussichtsberg Salen** gut sichtbare natürliche Bucht gab dem Ort seinen Namen. „Hammerfest" ist an einen alten norwegischen Begriff für das Festmachen von Booten und Schiffen an einem steilen Berghang angelehnt und bedeutet so viel wie „Ort mit großen Steinen zum Vertäuen von Booten". Walfänger und Robbenjäger nutzten den Hafen als Stützpunkt und die Handelsbeziehungen mit den Pomoren, einer russischen Volksgruppe, die seit dem 12. Jahrhundert am Weißen Meer siedelte, wurden ebenfalls von hier aus gepflegt.

Im Jahr 1789 erhielt der Ort die Stadtrechte und zählt somit zu den ältesten Städten in Nordnorwegen. 1891 entstand während des

212wn-df

Wiederaufbaus nach einer Brandkatastrophe in Hammerfest die erste elektrische Straßenbeleuchtung Nordeuropas.

Das Stadtwappen ziert ein weißer Eisbär auf rotem Grund, da der Ort als Ausgangspunkt für die Eisbärenjagd auf Spitzbergen diente. Der 1963 gegründete **Isbjørnklubben** (Eisbärenclub, s. S. 236) ist dieser Tradition verbunden. Echte Eisbären gibt es nicht in der Stadt, obwohl Gerüchte im Umlauf sind, die das Gegenteil behaupten. Einzig Rentiere gehören zum Stadtbild von Hammerfest. Man trifft sie grasend in Parks oder in Vorgärten, gemütlich über die Straßen schlendernd oder an der Tankstelle.

Während der Neuvermessung der Erde in den Jahren 1816 bis 1855 durch den Astronomen Friedrich Georg Wilhelm Struve entstand eine Kette von Vermessungspunkten, die sich von Hammerfest bis zum Schwarzen Meer erstreckte, ein sogenannter Meridianbogen. Heute erinnert am Messpunkt in Hammerfest im Ortsteil Fuglenes ein Denkmal (GPS 70.67003, 23.66345) – die Meridiansäule – an den **Struve-Bogen,** der seit 2005 zum **UNESCO-Weltkulturerbe** zählt.

Auch Hammerfest wurde gegen Ende des Zweiten Weltkriegs während des Rückzugs der deutschen Wehrmacht aus der Finnmark zwangsevakuiert und anschließend von den deutschen Truppen vollständig zerstört. Historische Bauten sind daher kaum zu finden und das Stadtbild ist von funktionalen bunten Gebäuden geprägt. Der Wiederaufbau dauerte bis Ende der 1950er-Jahre und war eine gesamtnorwegische Aufgabe. Beispielsweise finanzierte die Stadt Trondheim einen Teil des neuen Rathauses. Das **Gjenreisningsmuseet** (Wiederaufbau-Museum) ist diesem dunklen Geschichtskapitel gewidmet.

In den folgenden Jahrzehnten lebte die Stadt größtenteils vom Fischfang und investierte auch ein wenig in den Tourismus. In den 1990er-Jahren sank die Einwohnerzahl jedoch kontinuierlich und es schien nur noch eine Frage der Zeit, bis der Ort zu einem bedeutungslosen Dorf schrumpfen würde. Der Aufschwung kam im Jahr 2007 mit der Errichtung eines gigantischen **Erdgasterminals** auf der Insel Melkøya. In der größten Industrieanlage Nordnorwegens werden die Ressourcen des Nordatlantiks für die Verschiffung nach Südeuropa und Nordamerika aufbereitet. Die Einwohnerzahl stieg wieder an und ließ Hammerfest zu einem **lebendigen, dynamischen Ort** mit moderner Architektur anwachsen.

Im Gewerbegebiet Storsvingen thront das Wahrzeichen von Hammerfest über der Stadt

Sehenswert

› **Gjenreisningsmuseet (Wiederaufbau-Museum),** Kirkegata 19, 9600 Hammerfest, Tel. 78402940, www.kystmuseene.no, geöffnet: Mo–Mi 10–15, Do 10–18, Sa/So 11–14 Uhr, Eintritt: Erw. 90 NOK, ermäßigt 70 NOK, Kinder kostenlos. Das Museum beschäftigt sich mit den Geschehnissen des Zweiten Weltkriegs, der Zerstörung der Finnmark und dem anschließenden Wiederaufbau.

› **Isbjørnklubben (Eisbärenclub),** Hamnegata 3, 9600 Hammerfest, Tel. 78412185, www.isbjornklubben.no, geöffnet: Mo–Fr 10–14 Uhr. Die Mitgliedschaft im Club kostet einmalig 299 NOK und ist lebenslang gültig. Jedes Mitglied erhält eine emaillierte Eisbärennadel aus Silber, ein datiertes Diplom, das vom Bürgermeister von Hammerfest unterschrieben ist, eine Mitgliedskarte, einen Aufkleber und 10 % Rabatt auf Produkte des Souvenirladens. Zudem können alle Mitglieder an der jährlichen Hauptversammlung am dritten Samstag im Januar in Hammerfest teilnehmen. Eine Ausstellung ist der Jagd und Fischerei unter arktischen Bedingungen gewidmet.

Information

› **Hammerfest Turistinformasjon,** Hamnegata 3, Tel. 78412185, www.visithammerfest.net. Eine kostenlose Ausstellung gibt Einblicke in die Geschichte der Region.

Der Struve-Bogen

Die Bestimmung der Größe und Form der Erde war ab dem 4. Jahrhundert v. Chr. eines der bedeutendsten Rätsel der Naturwissenschaften. Die Entwicklung der Triangulation (Aufteilen einer Fläche in Dreiecke und deren Ausmessung) eröffnete neue Möglichkeiten, um die Erde zu vermessen. Dass die Erde eine Kugel ist, war im 19. Jahrhundert unter den Gelehrten unumstritten. Die von Isaac Newton aufgestellte These, die Erde sei an den Polen abgeflacht und somit nicht exakt kugelförmig, rückte im 18. und 19 Jahrhundert in den Fokus der Wissenschaft.

In den Jahren 1816 bis 1855 führte der deutschbaltische Astronom Friedrich Georg Wilhelm Struve (1793–1864) die erste genaue Vermessung eines langen Meridianabschnitts durch. Der sogenannte Struve-Bogen bestand aus einer Reihe von Vermessungspunkten, die durch imaginäre Linien zu messbaren Dreiecken verbunden wurden und sich über 2820 km von Hammerfest bis ans Schwarze Meer erstreckten. 265 primäre Messpunkte aus Obelisken, Steinhaufen, Säulen oder Eisenbolzen, die man in Abständen von 20 bis 40 km errichtete und die von 60 sekundären Messpunkten unterstützt wurden, bildeten eine Kette, die sich durch Norwegen, Schweden, Finnland, Russland, Estland, Lettland, Litauen, Weißrussland, die Ukraine und Moldawien zog.

213wn-df

Mithilfe der Triangulation und der Breitenmessungen konnte schließlich die Ellipsenform der Erde mit bemerkenswerter Präzision bestimmt und letztendlich bestätigt werden. Das Ergebnis trug dazu bei, die genaue Größe und Form des Planeten zu ermitteln und förderte zudem maßgeblich die Entwicklung der Geowissenschaften und die topografische Kartierung. Der Struve-Bogen ist auch ein außergewöhnliches Beispiel für die wissenschaftliche Zusammenarbeit von Gelehrten aus verschiedenen Ländern und die Kooperation der Monarchen jener Zeit zu Gunsten eines internationalen Forschungsziels. Repräsentiert durch 34 bis heute erhaltene Messpunkte wurde der Struve-Bogen daher von der UNESCO in die Liste des Weltkulturerbes aufgenommen. Vier dieser Messpunkte befinden sich in Norwegen (Hammerfest, Alta und zwei in Kautokeino).

Gastronomie

- **Du Verden matbar,** Strandgata 32, 9600 Hammerfest, Tel. 45250700, www.duverden-hammerfest.no, geöffnet: Mo-Sa 17-22 Uhr. Nordnorwegische Gerichte mit Rentier oder Stockfisch werden angeboten. Auch Tapas aus nordnorwegischen Zutaten stehen auf der Karte. Die Räumlichkeiten gewähren einen wunderbaren Ausblick auf den Hafen. Im Sommer steht ein Außenbereich zur Verfügung.
- **Niri Sushi & Dinner,** Strandgata 16, Tel. 45500200, www.nirihammerfest.no, geöffnet: Di-Do 15-21, Fr, Sa 15-22 Uhr. In ansprechendem Ambiente werden Sushi und asiatische Gerichte serviert.
- **SOT Bar & Burger,** Hamnegata 13, Tel. 45500200, Tel. 92144400, www.sotbar.no, geöffnet: tägl. 15-23 Uhr. Im Restaurant der norwegischen Kette gibt es eine Auswahl an verschiedenen Burgern. Auch zum Mitnehmen.

Aktivitäten

- **Wanderung auf den Aussichtsberg Salen.** In der Salsgata 27 im Stadtzentrum von Hammerfest beginnt ein Weg, der in Serpentinen auf den Aussichtsberg Salen führt. Von hier aus kann man die Bucht, um die sich die Häuser des Ortes reihen, wunderbar überblicken. Vom Campingplatz Storvannet 98 ist der Aufstieg aus Südwesten möglich. Auf der Anhöhe lädt das samische Erlebnisrestaurant Mikkelgammen zur Einkehr.
- **Der Wanderweg auf den Tyven** beginnt nahe des Campingplatzes Storvannet 98 am Sportplatz und führt zunächst in südöstlicher Richtung. Der 418 Meter hohe Berg kann entweder über einen 7,5 km langen Fahrweg, der am Vestfjelldammen vorbeiführt, oder über einen etwa 3 km langen Pfad, der an einer 90-Grad-Biegung des Fahrwegs ca. 500 m nach dem Sportplatz nach rechts abzweigt, erreicht werden.

97 Stellplatz Hammerfest Zentrum

GPS 70.66331, 23.67572

Die Stellplätze bieten freien Blick auf das Wasser und die Hafenbucht von Hammerfest. Die Bezahlung erfolgt am Automaten. Die Sanitäranlagen im Thon Hotel am Rathausplatz (ca. 500 m entfernt) mit Dusche, WC, WLAN und Sauna können genutzt werden. **Lage/Anfahrt:** Der Stellplatz liegt am Hafen in unmittelbarer Nähe des Zentrums und ist an der Rv94 an der Kirche (Hauen-Kapelle) ausgeschildert; **Platzanzahl:** 12; **Untergrund:** Asphalt; **Preiskat.:** €€; **Geöffnet:** April-Okt.; **Kontakt:** Jernbanetrasken, 9600 Hammerfest, Tel. 4778413228, www.hammerfestparkering.no

214wn-df

98 Storvannet Camping Hammerfest

GPS 70.65924, 23.71233

Vom Platz aus lässt sich das Stadtzentrum gut fußläufig erreichen (1,7 km) und die in unmittelbarer Nähe befindliche umliegende Natur erkunden. Zum bekannten Aussichtspunkt Salem sind es 1,4 km. **Lage/Anfahrt:** Das Gelände liegt an einem See oberhalb und östlich des Stadtzentrums. Der Platz ist an der Rv94 ausgeschildert; **Platzanzahl:** 40; **Untergrund:** Schotter, Wiese; **Preiskat.:** €€; **Geöffnet:** Ende Mai-Ende Sept.; **Kontakt:** Storvannsveien 103, 9600 Hammerfest, Tel. 91990236 und 93418887, post@storvannet-camp.no

215wn-df

OLDERFJORD/ LEAIBEVUOTNA/ LEIPOVUONO

(112 km – km 534,5)

In **Olderfjord** kreuzen sich die Europastraßen E6 und E69 und an diesem wichtigen Verkehrsknotenpunkt zwischen der West- und Ost-Finnmark befinden sich eine Tankstelle, ein kleiner Matkroken-Supermarkt (an der Tankstelle) und ein Campingplatz. Im Ort leben etwa 70 Einwohner, die größtenteils der Bevölkerungsgruppe der Küsten-Sámi angehören und deren Vorfahren sich hier im 17. und 18. Jahrhundert niederließen. In Smørfjord, nördlich von Olderfjord an der E6, befindet sich das Museum **Sjøsamisk Tun** (ausgeschildert), das sich mit ihrer Kultur und Geschichte befasst.

99 Olderfjord Hotel Russenes Camping

GPS 70.47828, 25.06793
Die Stellplätze befinden sich teilweise direkt am Wasser mit Blick auf den Strand. Auf der gegenüberliegenden Straßenseite befinden sich ein großer Souvenirshop, ein Café und ein Restaurant. **Lage/Anfahrt:** An der E69 am Olderfjorden, einem Seitenarm des Porsanagerfjorden, gelegen. Zum Nordkap sind es 130 km. Der Platz ist über die E69 zu erreichen; **Platzanzahl:** 100; **Untergrund:** Schotter, Schotterrasen, Wiese; **Preiskat.:** €€; **Geöffnet:** 1.4.–31.10.; **Kontakt:** E69, 9713 Russenes, Tel. 78463711, post@olderfjord.no

216wn-df

Sehenswert

S 105 Sjøsamisk Tun, GPS 70.52517, 25.09417, Smørfjord, 9713 Russenes, Tel. 91159722, www.sjosamisktun.no, geöffnet: 20.6.–20.8. tägl. 11–17 Uhr, Eintritt: Erw. 40 NOK, Kinder/Studierende 20 NOK. Ein Museum über die Kultur und Geschichte der Küsten-Sámi, ein Kiosk und ein Markt finden sich auf dem Gelände. Es werden Führungen und verschiedene Aktivitäten angeboten. Zudem befindet sich hier ein kleiner Stellplatz mit Strom und Wasser für 100 NOK pro Nacht.

Information

› **Olderfjord Turistinformasjon,** Russenes, Olderfjord, Tel. 78463711

Einkaufen

› **Olderfjord Souvenir Shop & Turistsenter,** E69125, 9713 Russenes, Tel. 78463711, geöffnet: ganzjährig täglich. Großer Souvenirladen mit allerlei Produkten wie Strickwaren, Rentierfelle, Kunsthandwerk etc. Ein Restaurant und Café laden zur Einkehr.

ABSTECHER NACH HAVØYSUND/ÁVANUORRI

(hin und zurück 168,6 km)

Wenige Kilometer nördlich von Olderfjord zweigt die Fv889 von der E69 nach Nordwesten ab und führt anschließend durch das Russelvdalen bis an den Revsbotn. Die Strecke nach Havøysund ist als **Norwegische Landschaftsroute** ausgewiesen und beeindruckt durch ihre Vielfalt. Teilweise verläuft die Route durch eine einsame und bizarre Klippenlandschaft mit wild geschichteten Schieferplatten. Größtenteils folgt die Straße dem westlichen Küstenverlauf der Porsangerhalvøya durch eine raue und dramatische, von zerklüfteten Felsen geprägte Landschaft. Während einer Fahrt können einem **Seeadler** und **Rentiere** begegnen. Mehrere archi-

tektonisch sehenswerte **Rastplätze** laden zu Zwischenstopps ein. Am Ende der Straße erreicht man das auf der Insel **Havøya** gelegene Fischerdorf **Havøysund,** das am Ende der Welt zu liegen scheint. Die Insel ist durch einen schmalen Sund von der Porsanger-Halbinsel getrennt, der von der Havøysund Brua überspannt wird.

Hauptwirtschaftszweig des Ortes sind das Meer und die Fischerei. Gute Bedingungen für das **Meeresangeln** locken Touristen, aber auch Einheimische in die Region. Zudem ist der Hafen des Orts ein bedeutender Umschlagplatz für die Schiffe der Hurtigruten.

Etwa eine halbe Stunde Fußweg von Havøysund entfernt befindet sich der höchste Punkt der Insel. Der **Havøygavlen** bietet einen tollen Ausblick auf den Arktischen Ozean und die umliegenden Eilande. Überdies ragen hier 16 Windkraftanlagen eines Windparks in die Höhe, die Seeleuten mittlerweile als Orientierungspunkt dienen. Am Ende der Straße, an der nordwestlichsten Kante der Insel, befindet sich das **Arctic View Glamping & Restaurant,** das bei den hier häufig auftretenden widrigen Witterungsverhältnissen Schutz und zusätzlich einen schönen Ausblick bietet.

⮹ *Auf dem Weg zum Havøygavlen blickt man auf das Fischerdorf Havøysund*

217wn-df

218wn-df

100 Stellplatz Havøysund – Elvesletten Bobilcamp

GPS 70.99602, 24.66094

Nahe des Supermarktes COOP prix im Zentrum am Hafen. Die Abwasserentsorgung befindet sich an der Rückseite des Warteraums am Fähranleger etwa 600 m entfernt. Die Bezahlung erfolgt über einen Automat oder eine App. Toilette, Dusche und Waschmaschine stehen zur Verfügung. **Lage/ Anfahrt:** Über die Fv889 zu erreichen; **Platzanzahl:** 10; **Untergrund:** Schotter; **Preiskat.:** €€; **Geöffnet:** Mai–Sept.; **Kontakt:** Strandgata 171, 9690 Havøysund, Tel. 90118987

Sehenswert

- **Måsøy Museum,** Kirkeveien 3, 9690 Havøysund, Tel. 92350016, www.kystmuseene.no/maasoey, geöffnet: Di–Fr 10–16, Sa 11–15 Uhr, Eintritt: Erw. 50 NOK, ermäßigt 25 NOK. Das kleine Museum in der Nähe der Kirche informiert über die Küstenkultur von der Steinzeit bis in die Gegenwart.

Gastronomie

- **Havets Smak AS,** Strandgata 173, Tel. 46952440, www.facebook.com/havets.smak, geöffnet: Di–Fr 16–22, Sa 12–22 Uhr. Hübsches Ambiente und diverse Fischgerichte erwarten den Gast.
- **Arctic View Glamping & Restaurant,** GPS 71.019094, 24.564271, Tel. 94427785, www.facebook.com/arcticview. Gastronomie mit ausgesprochen schöner Aussicht.

Parkplatz

P **106 Selvika rasteplass,** GPS 70.91457, 24.60971, www.nasjonaleturistveger.no/de/routen/havoysund/selvika. Architektonisch sehenswerter Rastplatz. Toiletten und ein barrierefreier Zugang.

☑ *Der Hafen von Honningsvåg an einem der wenigen nahezu windstillen Tagen*

HONNINGSVÅG/ HONNESVÁHKI/VOOKI

(99,4 km – km 633,9)

Honningsvåg erreicht man, indem man ab Olderfjord der E69 am Porsangerfjorden entlang weiter gen Norden folgt. Der Ort liegt auf der baumlosen Insel Magerøya („karge Insel“, auf Samisch „Máhkarávju“), die seit 1999 über den 6875 Meter langen und 212 Meter unter dem Meeresspiegel des Magerøysundet verlaufenden **Nordkapptunnelen** erreicht werden kann. Der Tunnel gilt als drittlängster Unterwassertunnel Europas. Trotz seiner Tiefe gibt es im Tunnel Mobilfunkempfang und die beiden Tunneleinfahrten können bei Bedarf durch Tore verschlossen werden. Bis 2012 kostete eine Durchfahrt 145 NOK. Mittlerweile sind die Baukosten refinanziert und die Fahrt auf die Insel Magerøya ist kostenlos.

Honningsvåg ist Verwaltungssitz der Kommune Nordkap und außer einem bedeutenden Fischereihafen auch ein beliebtes touristisches Ziel auf dem Weg zum etwa 30 km entfernten Nordkap. Darüber hinaus ließ der zunehmende Kreuzfahrttourismus zum Nordkap Honningsvåg zu einem bedeutenden **Hafen für Kreuzfahrtschiffe** werden.

219wn-df

Die bunten Häuser des Orts schmiegen sich an die Hänge des **Storefjell.** Zu seinen Füßen liegt die natürliche Hafenbucht, in der eine Vielzahl farbenfroher Fischkutter ankert, die zum charakteristischen Ortsbild beitragen. Historische Gebäude sucht man vergebens, denn wie die meisten Ortschaften der Finnmark wurde auch Honningsvåg im Zuge des „Unternehmens Nordlicht" und der Politik der „verbrannten Erde" durch die deutsche Wehrmacht nahezu vollständig zerstört. Einzig die aus dem Jahre 1886 stammende **Kirche** des Orts überstand das Inferno.

Im Hafen dominieren die drei denkmalgeschützten **Servicestationen Honningsvåg,** die zwischen 1955 und 1961 errichtet wurden. Sie bieten Arbeits- und Übernachtungsmöglichkeiten für Fischer.

Als letzte größere Ortschaft vor dem Nordkap bietet Honningsvåg eine relativ umfangreiche Auswahl an Restaurants, Pubs, Cafés, Geschäften, Galerien und Souvenirläden.

Sehenswert

› **Nordkappmuseet Honningsvåg,** Holmen 1, 9750 Honningsvåg, Tel. 48060465, www.kystmuseene.no/nordkappmuseet, geöffnet: tägl. 11–16 Uhr, Eintritt: Erw. 70 NOK, Senioren 60 NOK, Studierende 50 NOK, Kinder unter 12 Jahren kostenlos. Das Museum beschäftigt sich mit der Küstenkultur, Fischerei und der Geschichte der Gemeinde Nordkap und ihrer Umgebung. Ausstellungen und Exponate informieren über Fischfang und Fischverarbeitung sowie die Geschichte des Nordkaptourismus und das Alltagsleben an der Küste der Finnmark im Wandel der Zeit.

› **Eva Art - Galerie „West of the Moon",** Storgata 4B, 9750 Honningsvåg, Tel. 99516271, www.evart.no, geöffnet: Do–Sa 11–14 Uhr. Die deutsche Künstlerin Eva Schmutterer hat im äußersten Norden Norwegens ihre Heimat gefunden und lebt seit 1997 in Kamøyvær nördlich von Honningsvåg wo sie zusätzlich die Galerie „East of the Sun"betreibt. Beide Galerien zeigen beeindruckende Werke, die aufwendig aus Papier gefertigt sind und die Landschaft und Kultur von Magerøya widerspiegeln.

Information

› **Nordkapp Turistinformasjon,** Fiskeriveien 4, Tel. 78477030, www.nordkapp.no

Gastronomie

› **Sjøgata Pub & Perleporten Kulturhus,** Storgata 19, 9750 Honningsvåg, Tel. 95113243, www.perleportenkulturhus.no, geöffnet: tägl. ab 18 Uhr. Der Pub bietet eine Auswahl an Biersorten, die in der hauseigenen Brauerei (Perleporten Kulturbryggeri) hergestellt werden. Im zweiten Stock befindet sich eine Bar, in der regelmäßig Livekonzerte und kulturelle Veranstaltungen stattfinden. Die Besitzer, Birgit Lähdesmäki Johansen und Tore Fosse, sind seit 2011 für die einzigartige Atmosphäre des ehemaligen Versammlungshauses von Honningsvåg verantwortlich.

Einkaufen

› **Artico Christmas House,** Sjøgata 1 A, 9750 Honninsgsvåg, Tel. 93870603, www.articochristmashouse.com, geöffnet: März–Dezember, im Sommer tägl. 10–21 Uhr. In diesem außergewöhnlichen Souvenirladen finden sich Dekoartikel im nordischen Stil, Schmuck und eine große Auswahl an Tischdecken, Geschirrtüchern, Gläsern, Tassen etc. mit skandinavischen Weihnachtsmotiven.

Aktivitäten

› **North Cape Safari,** Sjøgata, 9751 Honningsvåg, Tel. 40769367, www.northcapesafari.no, geöffnet: ganzjährig. Königskrabben-Erlebnistouren mit Verkostung, Ausflüge zu einer der größten Vogelkolonien Europas, Schnellboottouren zum Nordkap und vieles mehr.

Parken

P 107 **Fiskeriveien,** GPS 70.98438, 25.96575. Vom kostenpflichtigen Parkplatz am Wasser sind es etwa 250 Meter ins Ortszentrum.

P 108 **Sjøgata,** GPS 70.98146, 25.97353. Die Parkplätze am Hafen liegen zentral und sind von 17 bis 9 Uhr kostenlos. Toiletten befinden sich in nächster Nähe. Wer sich nicht an der Lage stört, kann hier ggf. übernachten.

P 109 **Nordvågveien,** GPS 70.97380, 25.99681. Kleiner, kostenloser Schotterplatz am Wasser. Etwa 1 km von der Hafenbucht entfernt.

SKARSVÅG
(24,2 km – km 658,1)

Der ca. 60 Einwohner zählende Ort bezeichnet sich als das **nördlichste Fischerdorf der Welt.** Von der idyllisch am Risfjorden gelegenen Ortschaft sind es nur noch 15 km bis zum Nordkap.

Berichte aus dem 19. Jahrhundert beschreiben eine besonders ertragreiche Fischerei in der Region. Zudem entwickelte sich bereits ab den 1890er-Jahren der Tourismus zum Nordkap, von dem die Bewohner profitierten. Die Frauen des Orts betrieben ein Café und einen Souvenirladen in der Bucht von Hornvika, über die zu jener Zeit der Aufstieg und Zugang zum Nordkap möglich war. In den 1930 Jahren verdienten die ansässigen Fischer mit dem Transport von Touristen zum Nordkap mehr als mit der Fischerei.

Noch heute ist der Tourismus neben der Fischerei der bedeutendste Wirtschaftszweig. Einige Unterkünfte, die vor allem auf den Angeltourismus spezialisiert sind, ein Campingplatz und Gastronomie sind im Ort vorzufinden.

Gastronomie

› **The North Cape Experience,** Børnesveien 17A, 9763 Skarsvåg, Tel. 90845112 und 91311557, www.thenorthcape-experience.com, geöffnet: ganzjährig. Außer dem Genuss von Königskrabben im gemütlichen Restaurant werden diverse Aktivitäten in der Natur rund um das Nordkap angeboten.

101 Basecamp North Cape

GPS 71.10768, 25.81180
Die baumlose Anlage liegt idyllisch an einem See. Es gibt Stellplätze mit schönem Ausblick nahe dem Ufer. In einem kleinen Restaurant werden lokale Speisen serviert. Der Campingplatz wird als der nördlichste der Welt bezeichnet. Zum Nordkap sind es 15 km. **Lage/Anfahrt:** Kurz vor Skarsvåg an einem See. Erreichbar über die Fv171/8046; **Platzanzahl:** 40; **Untergrund:** Schotter, Wiese; **Preiskat.:** €€; **Geöffnet:** Mitte Mai–Ende Sept.; **Kontakt:** Storvannsveien 2, 9763 Skarsvåg, Tel. 90960648, www.basecampnorthcape.com

Königskrabben im Restaurant The North Cape Experience

221wn-df

222wn-df

102 Nordkapp Caravan & Camping

GPS 71.09581, 25.79232

Der kleine, schön gelegene Platz erstreckt sich auf einem unparzellierten Wiesengelände und ist von der typischen kargen Fjelllandschaft des Nordens umgeben. Es gibt Stellplätze nahe am Wasser. Die umliegenden Berge sind bequem zu besteigen. Dies ist der letzte Campingplatz vor dem 13 km entfernten Nordkap. **Lage/Anfahrt:** 2 km von Skarsvåg entfernt am kleinen See Kappsjåvatnet. Erreichbar über die Fv171/8046; **Platzanzahl:** ca. 30; **Untergrund:** Schotter, Wiese; **Preiskat.:** €€; **Geöffnet:** Ende Mai–Ende Aug.; **Kontakt:** Fylkesveg 171, 9763 Skarsvåg, Tel. 45221942, 90660769, www.nordkappcaravancamp.no

225wn-df

NORDKAP/NORDKAPP/ DAVVINJÁRGGA

(15,3 km – km 673,4)

223wn-df

Das langersehnte Ziel zahlreicher Reisender befindet sich mehr als 500 km nördlich des Polarkreises auf 71° 10' 21" nördlicher Breite und 2100 km südlich des Nordpols. Das 307 m oberhalb des Nordpolarmeers thronende **Felsplateau** stellt seit 1999 den nördlichsten vom Festland über eine Straße erreichbaren Punkt Europas dar und ist mit seinem Wahrzeichen, dem Globus, ein bedeutendes Reiseziel für Touristen aus der ganzen Welt.

Die westlich des Nordkaps gelegene Landspitze **Knivskjellodden** ragt rund 1400 Meter weiter nach Norden und kann über einen Wanderweg erreicht werden. Die Landzunge **Kinnarodden** (siehe Abstecher Mehamn, s. S. 267), rund 67 km östlich auf der **Nordkinnhalbinsel** gelegen, ist der nördlichste Punkt des europäischen Festlands, der nicht auf einer Insel liegt.

Am Nordkap geht die Sonne vom 20. November bis zum 22. Januar nicht auf, während sie vom 14. Mai bis zum 29. Juli nicht untergeht. An den endlosen Tagen des Sommers, wenn die Landschaft durch das warme Licht der Mitternachtssonne erleuchtet wird, blüht die Natur auf und die vielfältige

Der Nordkapfelsen ist ein Sehnsuchtsziel zahlreicher Reisender aus aller Welt

Das Geschäft mit den Königskrabben

Die Königskrabbe, aufgrund ihrer Größe gelegentlich auch als Monsterkrabbe bezeichnet, gehört zur Gruppe der Mittelkrebse und ist somit genau genommen keine Krabbe. Ihr Rückenpanzer erreicht eine Größe von ca. 25 cm, wohingegen die Beinspannweite der bis zu 17 kg schweren Tiere bis zu 1,80 m betragen kann.

Die meist rötlich bis braun gefärbte Königskrabbe ist zu einer Delikatesse geworden. In Deutschland wird sie auch als norwegische Königskrabbe vermarktet und für einen Ladenpreis von 150 € pro Kilo gehandelt. Für die norwegischen Fischer an der Barentssee ist sie derzeit die einträglichste Einkommensquelle. Umgerechnet 60 bis 70 € erhielten die Fischer Ende 2021 für ein Kilo. Die Nachfrage ist größer als das Angebot, dies führt zu abenteuerlichen Preisen. Der Fang ist dermaßen lukrativ, dass die Regierung in Norwegen regulierend eingreifen muss. Derzeit liegt die Fangquote bei insgesamt ca. 2000 Tonnen und 2 Tonnen je Fischer pro Jahr und es dürfen nur ausgewachsene Tiere gefangen werden. Zudem darf ein Fischer erst mit dem Fang der Königskrabbe beginnen, wenn er im Jahr bereits Fische im Wert von umgerechnet 20.000 € gefangen hat.

Der Fang der Königskrabben entwickelte sich eher zufällig Ende der 1990er-Jahre. Die Regierung in Oslo beschloss Anfang der 1990er-Jahre, dass die Fischer von Bugøynes am Varangerfjorden ihren Fang nicht mehr an der Fischfabrik des Ortes abliefern durften. Die Anlage wurde geschlossen und 50 Arbeitsplätze gingen in dem Dorf mit 250 Einwohnern auf einen Schlag verloren.

In den 1930er-Jahren wurde die Königskrabbe, die ursprünglich nur im Nordpazifik vorkam und deshalb auch Kamtschatkakrabbe genannt wird, angeblich auf Anordnung von Stalin als zusätzliche Nahrungsgrundlage an der europäischen Küste angesiedelt. Vier Jahrzehnte später war das Tier vor der norwegischen Küste angekommen und landete in den Fangnetzen der

305wn©Don Serhio, stock.adobe.com

Fischer, die trotz Schließung der Fischfabrik ihre Heimat nicht aufgegeben hatten. Die Königskrabbe von Bugøynes wurde bald ein gefragter Exportartikel und nach Japan, Dubai und die USA verschifft. In Europa dauerte es eine Weile, bis sich die Delikatesse etablierte. Mit dem Fang eines Monats konnte sich nun mancher Fischer ein neues Boot finanzieren. Einige verdienen mit dem Fang der Krabben umgerechnet mehr als 100.000 € im Jahr.

Doch die Königskrabbe ist ein gefräßiges Tier. Nach einer Studie des norwegischen Meeresforschungsinstituts sind im Varangerfjorden die Bestände nahezu aller größeren Lebewesen mit geringer Mobilität und eingeschränktem Fluchtpotenzial stark reduziert oder vollständig verschwunden. Mittlerweile ist die Krabbe bis zu den Lofoten vorgedrungen, was auf eine jährliche Ausbreitungsgeschwindigkeit von rund 50 km schließen lässt. Von einer weiteren Ausbreitung geht man jedoch nicht aus, da die Königskrabbe bisher auch in ihrem natürlichen Lebensraum, dem Nordpazifik, nicht in wärmere Regionen vorgedrungen ist.

Da die Königskrabbe in Norwegen als Art mit „hohem Invasionspotenzial" gelistet ist, tragen die Fischer also auch zur Regulierung des marinen Ökosystems bei. Dennoch ist es den Fischern untersagt, unbegrenzt Königskrabben zu fangen, schließlich soll das einträgliche Geschäft erhalten bleiben. Bis 2008 registrierten die Behörden ein Wachstum des Bestands und seitdem liegt er in norwegischen Gewässern bei rund drei Millionen Exemplaren auf konstantem Niveau. Mit jährlich angepassten Fangquoten bemühen sich die Behörden, das Gleichgewicht zu halten. Illegaler Fang ist daher strengstens verboten und wurde bereits mit drei Jahren Haft ohne Bewährung und einem fünfjährigen Fangverbot geahndet. Dennoch geht man davon aus, dass in den vergangenen Jahren bis zu 40 Prozent mehr der riesigen Krabben exportiert wurden, als laut offizieller Quote erlaubt ist.

Vogelwelt ist unentwegt zu hören. Gleichzeitig verspürt der Mensch keine Eile, da die Dunkelheit, vor der man Schutz suchen müsste, nicht existiert. Im Winter hingegen verzaubert der weiche Schleier der polaren Dämmerung die weiß schimmernde und eisig glitzernde Landschaft, während die Nordlichter den Himmel erhellen.

Die abgelegene Landspitze wurde das erste Mal im Jahre 1553 vom Engländer **Richard Chancellor** umsegelt und im Winter 1664 erreichte der italienische Priester **Francesco Negri** diesen Ort zu Fuß.

Der Tourismus an der legendären Felsklippe hat eine lange Tradition, obwohl das Kap in der Vergangenheit nicht ganz einfach zu erreichen war. Zunächst war der Zutritt nur Abenteurern, die bereit waren die strapaziöse Anreise auf sich zu nehmen, und denen, die sich die kostspielige Fahrt leisten konnten, möglich. Im Jahre 1875 bestiegen die ersten Gruppenreisenden eines Kreuzfahrtschiffs das Hochplateau des Nordkaps und bereits im Jahr 1905 liefen Berichten zufolge 37 Dampfer, mit insgesamt 2700 Personen an Bord, das Nordkap an. Die deutschen Touristen machten schon damals den Großteil der Reisenden an den nördlichsten Zipfel Europas aus. Heute wagen jährlich ca. 200.000 Gäste dieses arktische Abenteuer.

Auf dem Hochplateau des Nordkaps befindet sich das 1959 errichtete Informationszentrum **Nordkapphallen.** Ab 1988 wurde der Gebäudekomplex erweitert und teilweise unterirdisch ausgebaut, um die umliegende Natur möglichst wenig zu beinträchtigen. Neben dem berühmten **Globus** befindet sich hier das **Denkmal „Kinder der Welt",** das als Symbol für Freundschaft, Zusammenarbeit, Hoffnung und Freude über alle Grenzen hinweg geschaffen wurde.

Wer möchte, kann Mitglied im 1984 gegründeten **Royal North Cape Club** werden. Der Club fördert die Pflege der Natur, Tradition und Kultur rund um das Nordkap. Zudem finanziert er Stipendien für einheimische Jugendliche, die sich in der Tourismusbranche

226wn-df

ausbilden lassen wollen. Der Erwerb einer Mitgliedschaft ist nur durch persönliches Erscheinen an der Rezeption der Nordkaphalle am Nordkap möglich. Jedes Mitglied erhält eine Anstecknadel und ein Diplom. Zudem wird den Mitgliedern des Clubs lebenslanger freier Eintritt in die Nordkapphallen gewährt.

Im Winter ist die Straße zum Nordkap ab der Straßenkreuzung bei Skarsvåg nur im Konvoiverkehr befahrbar.

Sehenswert

› **Nordkapphallen,** North Cape, E69, 9764. Tel. 78476860, www.visitnordkapp.net, ganzjährig geöffnet: 1.1.–17.5. tägl. 11–16, 18.5.–31.8. tägl. 11–1, 1.9.–17.9. tägl. 11–20, 18.9.–30.9. tägl. 11–17, 1.10.–31.12. tägl. 11–15 Uhr, Eintritt: Erw. 320 NOK, Studierende 200 NOK, Kinder 90 NOK, Personen, die das Nordkap mit dem Rad oder zu Fuß erreichen, zahlen keinen Eintritt. Das 24 Stunden gültige Ticket ermöglicht den Besuch eines Panoramafilms, einer Ausstellung, einer Grotte, einer Kapelle, eines Souvenirgeschäfts und eines Restaurants und Cafés. Zudem wird die hier abgegebene Post mit einem einzigartigen Nordkap-Poststempel versehen und verschickt.

Aktivitäten

› **Wanderung zum Knivskjelodden.** Die markierte Wanderung zum nördlichsten Punkt der Insel Magerøya beginnt am Parkplatz Knivskjelodden. Die Strecke bis zur Landspitze beträgt etwa 8,5 km. Für den Hin- und Rückweg muss mit 4 und 5 Stunden gerechnet werden. Von der flach ins Meer laufenden Landzunge hat man einen wunderbaren Blick auf die steil ins Meer abfallende Felswand des Nordkaps. Der Rückweg führt bergan zurück auf das Hochplateau und überwindet dabei mehr als 300 Höhenmeter.

110 **Parkplatz Knivskjelodden,** GPS 71.12180, 25.70779

Parken/Übernachten

S 111 **Parkplatz Nordkap,** GPS 71.16846, 25.78013. Das Parken ist seit 2021 aufgrund eines Gerichtsurteils kostenlos. Das Übernachten im Wohnmobil ist möglich. Wasserversorgung, Chemietoiletten-Entsorgung und Toiletten sind vorhanden.

Von den begehrtesten Plätzen des Parkplatzes am Nordkap kann man auf die Barentssee blicken

ROUTE 7

DURCH DIE FINNMARKSVIDDA NACH OLDERFJORD

226wn-df

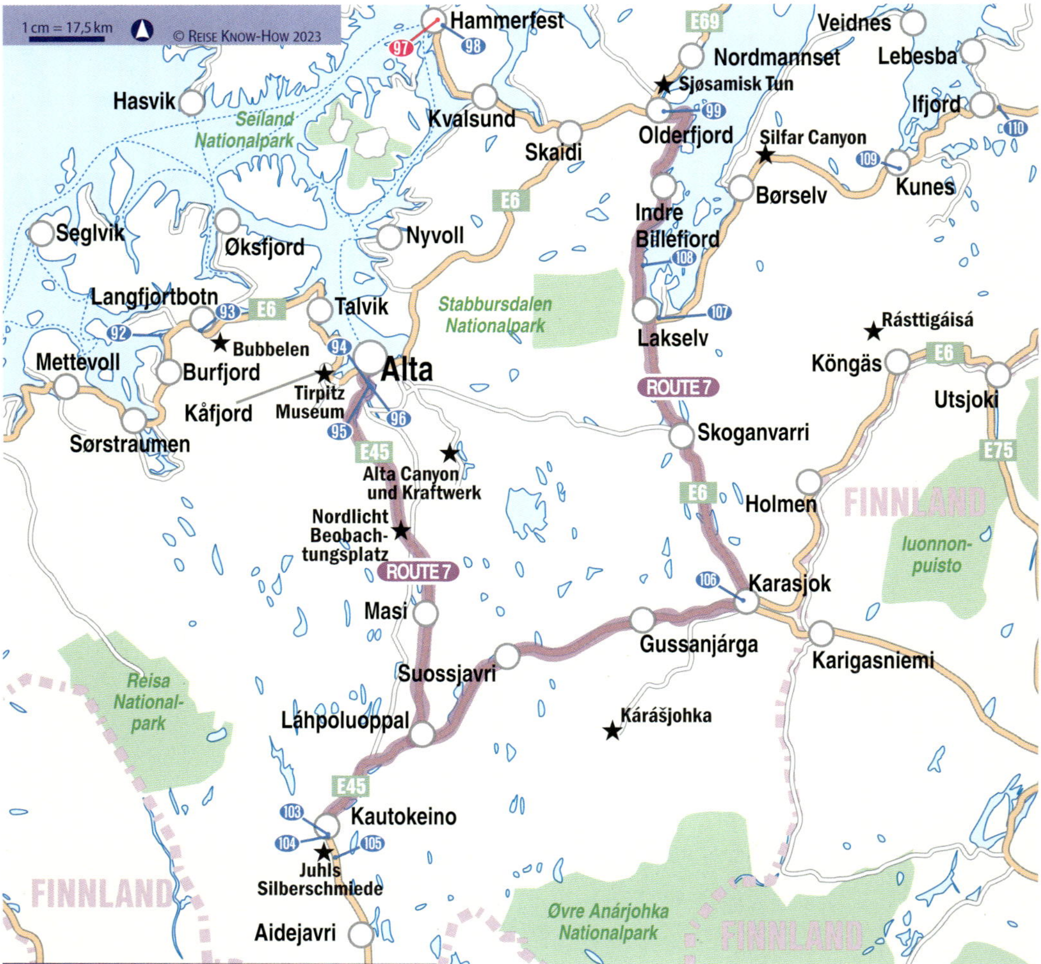

Strecke:

Alta-Canyon (24,4 km, s. S. 250) – **Kautokeino** (143 km, s. S. 251) – **Karasjok** (130 km, s. S. 256) – **Lakselv** (74,8 km, s. S. 261) – **Stabbursdalen nasjonalpark** (17 km, s. S. 261) – **Olderfjord** (48 km, s. S. 238)

Streckenlänge:

437,2 km

« *Kapitelstartseite: Den Iešjohka passiert man zwischen Kautokeino (s. S. 251) und Karasjok (s. S. 256)*

312wn©df

ROUTENÜBERSICHT

Die Finnmarksvidda (nordsamisch: Finnmárkkoduottar) ist mit einer Fläche von mehr als 22.000 km² das größte Hochplateau in Norwegen. Die Hochebene liegt auf etwa 300 bis 500 m über Meereshöhe und ist das am dünnsten besiedelte Gebiet des Landes. Die Bezeichnung Finnmark kann als „Feld der Sámi" übersetzt werden. Nahezu die Hälfte aller norwegischen Sámi ist in der Finnmark (West-, Ost- und Innere Finnmark) zu Hause. Hier liegen auch die beiden für die samische Kultur bedeutenden Orte Kautokeino und Karasjok. In Letzterem befindet sich das Parlament der norwegischen Sámi.

Die Landschaft dieser Region ist durch ausgedehnte Birkenwälder, kleinstämmige Kiefern, Moore und in der Eiszeit entstandene Gletscherrandseen geprägt. Man verlässt auf der Route erstmals für viele Kilometer die von Fjorden und Meer beherrschte Landschaft Norwegens und begibt sich in das von kontinentalem Klima geprägte Innere des Landes.

Bei Alta führt die Route zunächst am Sautso Canyon (Alta Canyon) vorbei, der mit einer Tiefe von 300 bis 400 m als größte Schlucht Nordeuropas gilt, und folgt anschließend der E45 weiter bis Kautokeino, der kulturellen Hochburg der Samen in Norwegen. 30 km nordöstlich von Kautokeino zweigt die Rv92 von der E45 ab. Die Straße zieht sich nun ostwärts durch das einsame und abgeschiedene Zentrum der Finnmarksvidda nach Karasjok. Eine Fahrt durch diesen Landstrich eignet sich hervorragend, um zur Ruhe zu kommen und den Stress des Alltags zu vergessen. In Karasjok, das nur noch wenige Kilometer von der finnischen Grenze entfernt liegt, trifft die Rv92 auf die E6. Dieser folgt man nun durch eine weitläufige, von kleinwüchsigen Birken dominierte Landschaft nach Norden. Irgendwann sind in der Ferne die in blassem Blau schimmernden, bis zu 1139 m hohen Gipfel des Stabbursdalen-Nationalparks zu sehen. Schon bald erreicht man daraufhin wieder die Küste und den Ort Lakselv am Porsangerfjorden und folgt dem Fjord für rund 60 km nordwärts bis Olderfjord und zur Route 6 (s. S. 213).

Traditionelles Zelt („Lávvu") der Sámi auf dem Duottar Camp (103) in Kautokeino

300wn©drimafilm, stock.adobe.com

ALTA-CANYON/SAUTSO/ ČÁVŽU

(24,4 km – km 24,4)

Mit einer Tiefe von 300 bis 400 m und einer Länge von ca. 12 km gilt der Alta-Canyon als größte Schlucht Nordeuropas. Der beeindruckende Canyon ist über die Fv30/8008, die durch den Ort Gargia führt, und einen nur wenige Höhenmeter aufweisenden, markierten Wanderweg zu erreichen. Der Fluss **Altaelv** bzw. Kautokeinoelv, der sich seit Jahrtausenden seinen Weg durch den Canyon bahnt, entspringt im südlichen Hochland der Finnmark, unweit der norwegisch-finnischen Grenze. Auf den rund 170 km bis zur Mündung in den Altafjorden wird er von zahlreichen Zuflüssen aus weiten Teilen der Finnmarksvidda gespeist. Die letzten 40 km des Unterlaufs sind für ihre reichen **Lachsvorkommen** bekannt.

Die 125 Meter hohe Staumauer des **Alta-Wasserkraftwerks** wurde etwa 45 km flussaufwärts errichtet und sorgte in den 1970er- und 1980er-Jahren für Aufsehen. Als die Pläne für den Bau der Anlage bekannt wurden, protestierten Sámi und Umweltaktivisten gegen den Ausbau der Wasserkraftnutzung in der Finnmark. Die Aktivisten befürchteten, dass einer der größten und artenreichsten Lachsflüsse Europas, der Lebensraum der Rentiere und das lokale Klima zerstört werden könnten. Nachfolgend erwuchs aus den Protesten ein grundlegender Kampf für die Rechte der Sámi als Urvolk. Der **Widerstand** mündete im bisher größten Fall bürgerlichen Ungehorsams in Norwegen seit dem Zweiten Weltkrieg. 600 Polizisten mussten die Aufständischen gewaltsam von der Baustelle abtransportieren. Das Vorgehen der Regierung gegen das indigene Volk der Sámi wurde international kritisiert. Der Bau des Kraftwerks konnte schließlich nicht verhindert werden, doch der Alta-Konflikt führte zu einer Änderung der norwegischen Politik gegenüber der samischen Bevölkerung. Durch den internationalen Druck und die Medien-Berichterstattung sowie die damit verbundene Sensibilisierung der norwegischen Bevölkerung für das Anliegen der Sámi sah man sich gezwungen, den Sámi mehr Rechte einzuräumen. Zu guter Letzt hatten die Geschehnisse auch Einfluss auf die Energiepolitik und die Frage, wie Naturschutz und Wasserkraft koexistieren können.

Aktivitäten

› **Gløid Explorer,** Jordfallet 3, 9518 Alta, Tel. 99794256, www.glodexplorer.no, ganzjährig geöffnet. Tages- oder Mehrtageskanutouren in den Alta-Canyon werden angeboten. Außerdem besteht z. B. die Möglichkeit, an geführten Wander- oder Mountainbiketouren in der Region teilzunehmen.

Information

› **Alta Turistinformasjon,** Labyrinten 3, Tel. 99100022, www.visitalta.no

Parken

112 Parkplatz Sautso-Canyon, GPS 69.77991, 23.55740. Von Alta kommend ist die Gargia Fjellstue an der E45 ausgeschildert. Der Straße Fv30/8008 an der Fjellstue vorbei bis zum Parkplatz folgen. Von dort führt ein etwa 7 km langer Wanderweg zum Canyon. Die steile, schmale Schotterstraße zum Parkplatz sollte nicht mit Fahrzeugen befahren werden, die mehr als 5 Tonnen wiegen. Vor Ort auf Sperrungen und die aktuelle Befahrbarkeit achten.

Der Alta-Canyon gehört zu den landschaftlichen Höhepunkten der Finnmarksvidda

KAUTOKEINO/GUOVDAGEAIDNU/KOUTOKEINO

(143 km – km 167,4)

Von Alta führt die E45 nach Süden in Richtung der finnischen Grenze. Kautokeino liegt etwa 44 km von dieser entfernt an der E45. Der Ort ist Norwegens flächenmäßig größte Gemeinde und das **kulturelle Zentrum der Sámi.** Die Bevölkerung besteht überwiegend aus Sámi und etwa 85 % der ca. 2800 Einwohner sprechen die samische Sprache. Das von Arvid Sveen entworfene Wappen zeigt ein goldgelbes Lávvu (traditionelles Zelt der Sámi) auf blauem Grund.

Bereits vor der Sesshaftigkeit der Sámi diente das heutige Kautokeino als Winterlager für die Rentiere und ihre Züchter. Anfang

Wasserkraft in Norwegen

Norwegen profitiert im hohen Maße von der Wasserkraft, denn mit seinen zahlreichen Wasserfällen, Flüssen und Seen kann das Land auf viele natürliche Ressourcen zurückgreifen. Tatsächlich ist die Wasserkraft die wichtigste erneuerbare Energiequelle in Norwegen und macht mehr als 90 % der Stromproduktion des Landes aus. Die gesamte Leistung der Kraftwerke lag Ende 2021 bei 33.403 Megawatt. Da das Land durch die Nutzung von Wasserkraft nicht auf fossile Brennstoffe angewiesen ist, liegen die Treibhausgasemissionen im europäischen Vergleich auf relativ niedrigem Niveau.

Norwegen ist der größte Stromexporteur Europas und beliefert Länder wie Deutschland, die Niederlande und Großbritannien. Durch die Kopplung an den europäischen Binnenmarkt sind die Stromkosten für die norwegischen Verbraucher relativ hoch, was zu Kritik im Land geführt hat. Zudem könnten die derzeit durch die Klimaveränderung sinkenden Wasserstände in den Stauseen zur Folge haben, dass der Export zukünftig gedrosselt werden muss, um den eigenen wachsenden Energiebedarf zu decken.

Die größten Wasserkraftwerke in Norwegen sind derzeit das Kraftwerk Rjukan in der Provinz Telemark und das Kraftwerk Kjofossen in der Provinz Sogn og Fjordane. Insgesamt gibt es in Norwegen 1739 Kraftwerke in unterschiedlichen Größen, wovon rund die Hälfte vor 1970 errichtet wurde. Eine Sanierung der bestehenden Anlagen, die bis 2050 etwa 11 Milliarden Euro kosten wird, ist geplant.

228wn-df

des 16. Jahrhunderts wurde der Ort als Sámi-Siedlung gegründet und gehörte bis 1751 zu Schwedisch-Lappland.

Im November 1852 kam es in Kautokeino zu blutigen Ausschreitungen. Die Gründe für den Aufstand waren in erster Linie die ärmlichen Lebensumstände und die elenden sozialen Bedingungen der Sámi, die aus der rücksichtslosen Politik des Staates und der anhaltenden Unterdrückung der Sámi durch die damaligen Regierungen Norwegens und Schwedens resultierten. Zudem machten die Sámi einen Kaufmann, der durch den Verkauf von Alkohol an die Urbevölkerung reich geworden war, für den Alkoholmissbrauch unter den Sámi, die Verschuldung und die Ruinierung einiger samischer Familien verantwortlich. 35 aufgebrachte Sámi töteten den Kaufmann und den Landgendarmen, peitschten den Pfarrer aus und brannten das Haus des Kaufmanns nieder. Daraufhin wurden die beiden Aufstandsführer Mons Somby und Aslak Hætta von der norwegischen Regierung zum Tode verurteilt und in Alta enthauptet.

Die heute hier ansässigen Sámi leben noch immer überwiegend von der Rentierzucht, doch im Sommer sind die Herden im Gemeindegebiet nicht zu sehen, da sie von den Hirten zu ihren Sommerweidegebieten an die Küste der Finnmark getrieben werden, wo sie vor dem warmen Klima und den unzähligen Moskitos, die in den Mooren und Feuchtgebieten der Finnmarksvidda schlüpfen, geschützt sind.

Auch der Tourismus gewinnt an Bedeutung und basiert auf der traditionellen **samischen Kultur.** Im Ort befinden sich verschiedene Zentren wie das Sámi Arkiiva (samische Archiv), das Büro des Weltverbands für Rentierhirten, das Bildungsministerium des samischen Parlaments, die Redaktion der samischsprachigen Zeitung Ávvir, das Beaivváš Sámí Našunál Teáhter (samisches Theater), die Sámi allaskuvla (Sámi University of Applied Sciences, www.samas.no) und das Internašunála Sámi Filbmainstituhtta (International Sámi Film Institute, www.isfi.no), die zur Förderung der samischen Identität und Sprache beitragen. Zudem finden im Frühjahr und zu Ostern zahlreiche traditionelle Feste wie das zehntägige **Sámi Beassášmárkanat** (Osterfest, www.samieasterfestival.com) statt. Dies ist die Zeit, wenn die Rentiere zusammengetrieben werden und die Hirten zu den Sommerweiden aufbrechen und zuvor die Weltmeisterschaften im Rentierrennen stattfinden.

Kulturelle Sehenswürdigkeiten, die man bei einem Besuch einplanen sollte, sind das Freilichtmuseum **Riddo Duottar Museat** und die sehenswerte und tief in der lokalen Kultur verwurzelte **Juhls Silberschmiede.**

Kautokeino besitzt einen einzigartigen Zauber. Die spirituelle Verbundenheit der Sámi zur Natur ist zu spüren und eine gewisse Stille liegt über der Siedlung. Man wird herzlich empfangen und erlebt immer wieder das gastfreundliche und friedvolle Wesen der Sámi. Die Einwohner haben Interesse daran, dem Reisenden ihre Kultur näherzubringen, sofern

An der Universität von Kautokeino treffen Tradition und Moderne aufeinander

Juhls Silberschmiede (Juhls Sølvsmie)

Bei einem Besuch der Silberschmiede (s. S. 254) wird man Zeuge einer unglaublichen Symbiose aus Architektur, Kunst und Handwerk. 1959 gründete das aus Deutschland und Dänemark stammende Paar Regine und Frank Juhls die erste Silberschmiede der Finnmark. Ihre Neugierde, ihr Geschick und ihr Interesse an der Kultur der Sámi führten dazu, dass die beiden Autodidakten bald das Vertrauen der Bevölkerung gewannen und immer wieder von den Einheimischen mit der Reparatur des für die Sámi bedeutenden Silberschmucks beauftragt wurden. Die Sámi erhielten früher den Silberschmuck, der aufgrund seines relativ geringen Gewichts für das nomadische Leben gut geeignet war, im Tausch für ihre Felle.

Mit der Zeit erweiterte das Ehepaar Juhls seine Fertigkeiten und begann mit der Herstellung von eigenem Schmuck, der überwiegend von der Tundra- und Fjelllandschaft ihrer Wahlheimat inspiriert war. Noch heute werden die Schmuckstücke vor Ort von erfahrenen Silberschmieden produziert, allerdings nur noch nach Entwürfen des Ehepaars. Nach wie vor erwerben die ortsansässigen Sámi ihren Schmuck für besondere Anlässe und als Accessoires für die „Kofte" (traditionelle Tracht) in der Silberschmiede.

Seit nunmehr 60 Jahren wird das außergewöhnliche Gebäude, in dem die Galerie und die Silberschmiede untergebracht sind, immer wieder künstlerisch aus- und umgestaltet. Derzeit wird von Regine Juhls eine Mosaikwand im Eingangsbereich des Hauses fertiggestellt. Die Architektur ist an die großzügigen und sanft welligen Formen der „Vidda", also der typischen Landschaft der Finnmarksvidda, angelehnt. Das Ehepaar hatte sich zur Aufgabe gemacht, eine Oase der kreativen Freude und Begegnung zu schaffen, und über die Jahre wurde der Bau zu einem friedvollen Ort, der ein Genuss für Auge und Seele ist. Zudem spiegeln sich die zahlreichen Reisen des Paars nach Asien und zu den dort nomadisch lebenden Kulturen teilweise in der Gestaltung der Räumlichkeiten wider.

Neben dem Silberschmuck der Juhls können in der Galerie auch andere Handwerkskunst und Kunstwerke überwiegend aus nordischen Ländern erstanden werden. Ebenso sind Kunstdrucke des mittlerweile verstorbenen Frank Juhls erhältlich. Die Originale stehen nicht mehr zum Verkauf, sie sollen dem Haus als Erinnerung erhalten bleiben. Bei allen Produkten wird auf eine nachhaltige, kultur- und umweltbewusste Herstellung geachtet.

229wn-df

man sich darauf einlassen und in die Welt ihrer Kultur eintauchen möchte.

Sehenswert

- **Juhls Silberschmiede,** Galaniittuluodda 238, 9520 Kautokeino, Tel. 78484330, www.juhls.no, geöffnet: Sommer tägl. 9–18, Nebensaison Mo–Sa 10–17, So 12–17 Uhr, Eintritt: frei. Im architektonisch beeindruckenden Gebäude werden die verschiedenen Silberschmuckkollektionen von Regina und Frank Juhls präsentiert. Führungen durch die Räumlichkeiten werden auch in deutscher Sprache kostenlos angeboten. Es stehen auch andere hochwertige Kunst, Design- und Handwerksprodukte zum Verkauf. Ein kleines Café lädt zum Verweilen und Genießen der einzigartigen Atmosphäre des Ortes ein.
- **Beaivváš Sámi Našunál Teáhter (Sámi National Theater),** Bredbuktnesveien 50A, 9520 Kautokeino, Tel. 92777580, www.beaivvas.no. Einen wichtigen Beitrag zur Förderung der Kultur der Sámi leistet das Sámi National Theater. Das Theaterensemble präsentiert in Kautokeino und anderen Städten in Norwegen, Schweden und Finnland regelmäßig variierende Aufführungen. Die Stücke sind überwiegend in samischer Sprache zu sehen. Einige Theaterstücke werden mit Simultanübersetzung in Norwegisch und Englisch aufgeführt.
- **Riddo Duottar Museat – Guovdageainnu gilišillju/ Kautokeino Bygdetun (Freilichtmuseum),** Boaronjarga 23, 9520 Kautokeino, Tel. 40613183, www.rdm.no/no/kautokeino_bygdetun, geöffnet: Sommer Mo–Sa 9–18, So 12–18, Nebensaison Mo–Fr 9–15 Uhr, Eintritt: Erw. 50 NOK, Kinder kostenlos. In der Ausstellung des Museums werden Alltagsgegenstände, Kleidung und Duodji (Kunsthandwerk) der Sámi gezeigt. Im Außenbereich kann man traditionelle Häuser und Hütten besichtigen. Zudem werden wechselnde Kunstausstellungen präsentiert. In einem großen Lávvu sind ein Café und ein kleiner Souvenirladen untergebracht.

Aktivitäten

- **Áilo Mátki & Tourist,** Hannoluoppal 2, 9520 Kautokeino, Tel. 48117266, www.visitkautokeino.com, geöffnet: ganzjährig. Von Johan Hætta, dem Gründer der Agentur, werden ganzjährig zahlreiche Aktivitäten organisiert. Ausflüge in die Tundra, Übernachtung im Lávvu, Nordlichtsafaris und vieles

230wn-df

103 Duottar Camp

GPS 68.99903, 23.03648

Die geschotterten Parkbuchten für Wohnmobile befinden sich an einem kleinen See. Aus dem modernen Lávvu klingt abends häufig traditionelle oder moderne Musik der Sámi und der Sámi-stämmige Besitzer lädt zu über dem Feuer gebrühtem, schwarzen „Fjell-Kaffee mit Birkenaroma“. WC- und Grauwasserentsorgung ist am ca. 550 m entfernten Supermarkt REMA 1000 möglich. Das Freilichtmuseum ist etwa 1,5 km entfernt. **Lage/Anfahrt:** An der E45, am südlichen Ortsrand gelegen; **Platzanzahl:** ca. 10; **Untergrund:** Schotter, Wiese; **Preiskat.:** €€; **Geöffnet:** Ostern–Ende Sept.; **Kontakt:** Suomaluodda 12, 9520 Kautokeino, Tel. 90549293, https://duottar-camping.business.site

231wn-df

104 Arctic Motell & Kautokeino Camping

GPS 68.99743, 23.03706

Der Camping befindet sich an einem kleinen See und liegt etwa 2 km südlich des Freilichtmuseums. Ein Kiosk und ein Souvenirshop gehören zum Platz. Die Betreiber sitzen immer wieder gern mit ihren Gästen im Lávvu am Feuer. **Lage/Anfahrt:** Der Platz liegt an der E45 am südlichen Ortsrand; **Platzanzahl:** 25; **Untergrund:** Wiese; **Preiskat.:** €€; **Geöffnet:** ganzjährig, Mai–Okt Vollservice, außerhalb dieser Zeit nur Hütten und Motel; **Kontakt:** Suomaluodda 16, 9520 Kautokeino, Tel. 48040997, www.arcticmotel.com

232wn-df

mehr stehen zur Auswahl und werden flexibel und individuell umgesetzt.

Einkaufen

› **Sávu,** Boaronjarga 13, 9520 Kautokeino, Tel. 78486007, www.savu.no, geöffnet: Di–Fr 11–16.30, Sa 11–14 Uhr. Traditionelle Accessoires der Sámi wie Gürtel, Lassos, Lederschuhe, Kunsthandwerk und samische Flaggen können im Laden erworben werden.

Von Kautokeino folgt man der E45 wieder ein Stück zurück nach Nordosten. Nach etwa 30 km zweigt die Rv92 von der E45 ab und führt durch die innere Finnmark ostwärts nach Karasjok.

◁ Im Riddo Duottar Museat sind gut erhaltene Erdhütten („Torfkoten“) der Sámi zu besichtigen

⑯ Campingplatz Kautokeino

GPS 68.94727, 23.08976

Der Platz wird bewusst von der dem Volk der Sámi angehörenden Besitzerin ursprünglich gehalten, um das Naturerlebnis zu steigern. Ein Sandstrand bietet Zugang zum Wasser. Die meisten Stellplätze befinden sich am Ufer des Sees. Eine Angellizenz ist in der Rezeption erhältlich. Zu den weiteren Aktivitäten in der Natur gibt die Betreiberin gern Auskunft. Im Café werden Souvenirs angeboten. Eine Sauna, Grillhütten/Lávvu können genutzt werden. **Lage/Anfahrt:** Am Suohpatjávri, etwa 8 km südlich des Ortskerns. Über die E45 zu erreichen; **Platzanzahl:** ca. 30; **Untergrund:** Schotter, Schotterrasen; **Preiskat.:** €€; **Geöffnet:** ganzjährig; **Kontakt:** Souphatjavri, 9520 Kautokeino, Tel. 78485733

233wn-df

KARASJOK/KÁRÁŠJOHKA

(130 km – km 297,4)

Neben Kautokeino ist Karasjok das zweite Zentrum der Samen in der Finnmark und wegen des hier befindlichen **Hauptsitzes des samischen Parlaments von Norwegen** (nordsamisch: Sámediggi) auch landesweit für das Volk der Sámi von Bedeutung und als politisches Zentrum des Volks bekannt. Nach dem Alta-Konflikt (s. S. 250) wuchs das Bedürfnis der Sámi, für ihre Anliegen und Rechte gegenüber den norwegischen Behörden einzustehen. 1984 präsentierte der samische Rechtsausschuss erste Ergebnisse, die die Grundlage für das 1988 von der norwegischen Regierung verabschiedete Gesetz für die Zulassung des Sámediggi und die Anerkennung der Samen und ihrer Rechte bildeten. Am 9. Oktober 1989 eröffnete König Olav V. schließlich das Parlament in Karasjok.

Das **Sámediggi** setzt sich aus 39 Abgeordneten zusammen, die zeitgleich zu den norwegischen Parlamentswahlen alle vier Jahre von den Sámi demokratisch gewählt werden. Zu den Aufgaben des Sámediggi gehören die Verbesserung der nationalen und internationalen politischen Position, die Förderung der samischen Interessen, die Bewahrung der kulturellen Identität und Sprache sowie die Regelung des Gebrauchs der samischen Flagge in ganz Norwegen. Zudem ist es der primäre Dialogpartner der norwegischen Regierung, was die Politik der Sámi betrifft. Die Abgeordneten agieren vollends unabhängig und keine Autorität ist berechtigt, dem samischen Parlament Anweisungen zu erteilen. Seit 2021 sind die norwegischen Kommunen verpflichtet, samische Vertreter in Vorgänge miteinzubeziehen, die samische Interessen betreffen.

◁ *Die Statue „To på tur" erinnert an zwei Sámi, die mit Fridtjof Nansen Grönland durchquerten*

▷ *Moderne norwegische Architektur: das Parlamentsgebäude in Kautokeino*

234wn-df

Das heutige Parlamentsgebäude in Karasjok wurde am 2. November 2020 von König Harald V. eröffnet. Die Architektur nimmt Bezug auf die Kultur der Sámi und die umliegende Landschaft. Der Bau ist halbkreisförmig angelegt. Der über eine Brücke mit dem übrigen Gebäude verbundene Plenarsaal befindet sich am Ende des Kreises. Seine Form erinnert an ein Lávvu, das traditionelle Zelt der Rentierhirten und Symbol der nordischen Nomadenkultur. Nebenstellen des Parlaments befinden sich in Kautokeino, Nesseby, Kåfjord in Troms, Tysfjord und Snåsa.

Die 1866 gegründete, flächenmäßig zweitgrößte Kommune Norwegens grenzt im Osten an Finnland und ist durch die Flüsse **Anárjohka** und **Tana** von dessen Staatsgebiet getrennt. Etwa 80% der Karasjoking genannten Einwohner der Gemeinde sind samisch, zudem gibt es einen kleinen finnischen Bevölkerungsanteil. Neben der Haltung von Rentieren, der Jagd und Fischerei haben der Tourismus, die öffentliche Verwaltung und der Dienstleistungssektor eine wachsende wirtschaftliche Bedeutung. Ein größerer Arbeitgeber ist dabei die Verwaltung des Sámediggi. Außer ihm befinden sich im Ort weitere wichtige Einrichtungen, die sich mit der Kultur der Sámi auseinandersetzen und diese vermitteln. Beispielsweise sind hier das Museum **De Samiske Samlinger** oder das **Samidaiddaguovddas** (Zentrum für zeitgenössische Kunst der Sámi) zu nennen. Zudem finden sich Werkstätten und Läden, die samisches Kunsthandwerk („Duodji“) herstellen und vertreiben. Karasjok ist außerdem der Hauptsitz der Gesundheitseinrichtungen des norwegischen Teils von Sápmi (s. S. 222), eines samischsprachigen Radiosenders (www.radiodsf.no) und einer samischsprachigen Zeitung (www.avvir.no).

Die Landschaft rund um den Ort ist von sanften Hügeln geprägt, die von weitläufigen Wäldern bedeckt sind. Klimatisch gehört die Region zu den kältesten Gebieten des Landes. Am 1. Januar 1886 wurde in Karasjok mit –51,4 °C die tiefste je in Norwegen gemessene Temperatur registriert. Die **Kárášjohka** entspringt in einem schwer zugänglichen Wald und Seengebiet, bevor sie den Ort in West-Ost-Richtung durchfließt. Zudem führen zahlreiche Pfade und Wege, die schon immer von den Sámi genutzt wurden, tief in die Wildnis hinein und erschließen für Wanderer und Outdoor-Begeisterte das weiträumige Gebiet der Kommune.

Sehenswert

- **Sámediggi (Parlament der Sámi von Norwegen),** Ávjovárgeaidnu 50, 9730 Karasjok, Tel. 78474000, www.sametinget.no, geöffnet: Mo–Fr 8–15.30 Uhr. Führungen werden Di–Do um 13 Uhr angeboten und man kann eine Bibliothek mit samischer Literatur, Zeitungen etc. besichtigen.
- **De Samiske Samlinger,** Mari Boine geaidnu 17, 9730 Karasjok, Tel. 78469950, www.rdm.no/en/de_samiske_samlinger-2/, geöffnet: Sommer tägl. 9–18, Winter Di–Do 9–15, das Freilichtmuseum ist im Winter geschlossen, Eintritt: Erw. 90 NOK, ermäßigt 60 NOK, Kinder kostenlos. Das Museum wurde 1972 als erste kulturelle Einrichtung der Sámi in Norwegen gegründet. Es beinhaltet die größte Sammlung in Norwegen, die der kulturellen Geschichte der Sámi gewidmet ist. Das Museum besteht aus einem Hauptgebäude mit Ausstellungsräumen und einem Freilichtmuseum im Außenbereich.
- **Sámi Dáiddaguovddáš (Zentrum für zeitgenössische Kunst der Sámi),** Suomageaidnu 14, 9730 Karasjok, Tel. 90244062, www.samidaiddaguovddas.no, geöffnet: Di–Fr 10–16, Sa/So 11–16 Uhr, freier Eintritt. Das Zentrum zeigt wechselnde Ausstellungen mit zeitgenössischer Kunst der Sámi.
- **Sápmi Park Karasjok,** Leavnnjageaidnu 1, 9730 Karasjok, Tel. 78468980, www.visitsapmi.no, geöffnet: Sommer tägl. 10–17 Uhr, Eintritt: Erw. 195 NOK, Kinder 145 NOK. Theater, Kino und eine Glasbläserei können besucht werden und es gibt einen großen Souvenirladen. Es werden verschiedene Aktivitäten wie eine Rentierfütterung (50 NOK) und Lassowerfen angeboten. Ein Café sowie ein Restaurant gehören zur Anlage.

⊡ *Moderne Kunst der Samen im Sámi Dáiddaguovddáš*

Information

- **Karasjok Turistinformasjon,** Avjuvargeaidnu 88, Tel. 97072225, www.karacamp.no

Einkaufen

- **Sara Duodji,** Ole Ravnas vei 3, 9730 Karasjok, Tel. 45817461, www.saraduodji.no, geöffnet: Mo–Fr 9–16 Uhr. Geschäft und Produktionsstätte für modern interpretierte samische Handarbeit aus Wolle.
- **Knivsmed Strømeng,** Markangeaidnu 10, 9731 Karasjok, Tel. 78467105, www.samekniv.no, geöffnet: Mo–Fr 8.30–16 Uhr. Verkauf und Herstellung von hochwertigen Messern in verschiedenen Größen seit sechs Generationen. Selbst die norwegische Armee wird von Strømeng beliefert. Zudem werden anderweitige Produkte aus Holz oder Leder im Laden angeboten.

Aktivitäten

- **Sami Path,** Niitosjogas 27, 9730 Karasjok, Tel. 97321230, www.samipath.com, geöffnet: tägl. 9–22 Uhr. Verschiedene Aktivitäten wie eine Bootssafari mit typischen Langbooten der Sámi auf dem Fluss Kárásjohka inklusive traditioneller Mahlzeit, Goldwaschen am Fluss oder eine Kanufahrt auf dem Kárásjohka können gebucht werden.

Von Karasjok geht es auf der E6 nordwärts durch eine weitläufige und nahezu menschenleere Landschaft. Einige Kilometer vor Lakselv erblickt man im Westen die Berge des Stabbursdalen-Nationalparks.

106 Karasjok Camping

GPS 69.46895, 25.48900

Der Platz liegt auf einer Anhöhe oberhalb der Kárášjohka und bietet eine gute Aussicht über den Ort und die umliegenden, bewaldeten Hügel. Grillhütte, Lávvu, Sauna und Whirlpool gehören zur Ausstattung. Die sanitären Anlagen sind modern. Das Sámidiggi ist wenige Hundert Meter entfernt. Das Zentrum befindet sich in etwa 1,5 km Entfernung. Diverse Aktivitäten können an der Rezeption gebucht werden. **Lage/Anfahrt:** An der Rv92, südwestlich des Ortskerns. Der Platz ist ausgeschildert; **Platzanzahl:** 50; **Untergrund:** Schotter, Wiese; **Preiskat.:** €€€; **Geöffnet:** ganzjährig, im Winter eingeschränkter Service; **Kontakt:** Avjuvargeaidnu 88, 9730 Karasjok, Tel. 97072225, www.karacamp.no

236wn-df

235wn-df

Kunsthandwerk und Kunst der Sámi

Die traditionelle samische Kunst gilt als bedeutende kulturelle Ausdrucksform der Sámi und bezeichnet sowohl Kunsthandwerk und Handarbeit als auch die Herstellung für den Eigenbedarf. Die Kunst nimmt Bezug auf die samische Identität, Kultur und geografische Verbundenheit mit ihrer Heimat. Der nordsamische Begriff „Duodji" beschreibt dabei sowohl den Fertigungsprozess als auch das vollendete Produkt. Die Gebrauchs- und Ziergegenstände wie Holzgefäße, Messer, Schnürsenkel, Kleidung, Schuhe, Taschen oder Accessoires werden aus Rentier-, Fisch- und Robbenleder, Pelzen, Wolle, Holz, Wurzeln, Horn, Knochen, Glasperlen, bestimmten Gesteinen und Mineralen sowie Zinn hergestellt.

Heute werden die traditionellen Muster von den Künstlern modern interpretiert. Je nach Herkunftsort des Künstlers unterscheiden sich die Produkte in der Farb- und Formgebung sowie der Symbolik. Die Kenntnisse und Fertigkeiten werden oftmals über Generationen weitergegeben, und an den Gymnasien in Karasjok und an der samischen Hochschule in Kautokeino auch als Lehrberuf oder Studium angeboten. Selbst Doktortitel wurden hierzu bereits vergeben.

Die traditionelle Tracht der Sámi („Kofte"), die zugehörigen Lederschuhe mit hochgezogener Spitze, die Lederhose, der Brustschmuck, eine Mütze, ein Halstuch und verzierte Borten sind ebenfalls eine Form des Kunsthandwerks. Heute wird sie zumeist nur noch zu außergewöhnlichen Ereignissen wie Hochzeiten, Begräbnissen oder kulturellen Veranstaltungen getragen. Die Farben und Muster, der Schmuck und die Form der Tracht geben Aufschluss über die Herkunft ihres Trägers. Ursprünglich bestand die Kleidung komplett aus Leder. Seit der Neuzeit nutzt man für die Fertigung der Kleidung verstärkte Stoffe, vor allem gewalkten Wollstoff. Traditionell dominieren Grundfarben: Blau symbolisiert den Himmel, Gelb die Sonne, Rot das Feuer und Grün die Erde.

Die bildende Kunst der Sámi hat ihre Ursprünge in der Felsenmalerei aus vorchristlichen Zeiten und der Gestaltung von schamanischen Trommeln. Einer der bekanntesten samischen Künstler ist John Andreas Savio (1902–1938), der Motive aus dem Alltagsleben der Sámi in Zeichnungen, Aquarellen und Ölmalereien festhielt. Seine bekanntesten Werke sind aber seine schwarzweißen Holz- und Linolschnitte. Er war der erste samische Künstler, dessen Werke in der Nationalgalerie in Oslo ausgestellt wurden.

Die Gegenwartskunst der Sámi wurde durch Iver Jåks (1932–2007) geprägt, der Elemente der samischen Mythologie und Kultur in seine Werke einbrachte, sie mit modernen Kunstformen kombinierte und so die Grenze zwischen Tradition und Moderne aufhob. Sein Gesamtwerk, das Malereien, Zeichnungen, Skulpturen und Kunsthandwerk beinhaltet, ist heute im Besitz der Nationalgalerie in Oslo.

Der 1945 geborene Künstler Hans Ragnar Mathisen alias Keviselie ist Mitbegründer der Máze-Gruppe, die als Wegbereiter des 1979 gegründeten Verbands Samischer Künstler (www.samidaiddar.no) gilt, der heute ein eigenständiger Teil des Nordischen Kunstverbands und Mitglied der International Association of Art ist. Die Máze-Gruppe gründete sich nach dem Alta-Konflikt *(s. S. 250)* *und hatte sich zum Ziel gesetzt, der indigenen Bevölkerungsgruppe ihre Würde und ihren Stolz zurückzugeben und eine eigene Nation zu gründen: Sápmi. Keviselie kartografierte zu diesem Zweck das Siedlungsgebiet der Sámi und beschriftete es in samischer Sprache. Dabei hielt er sich nicht an die territoriale Aufteilung europäischer Nationalstaaten, um aufzuzeigen, dass das Heimatland des Sámi-Volkes viel ausgedehnter ist, als viele Sámi selbst ursprünglich angenommen hatten. So hoffte er, zur Stärkung der samischen Identität beizutragen und dem Begriff Sápmi praktisch einen Inhalt zu geben. Seine Karten sind bunt, zeigen Fische, Vögel und Rentiere, aber keine Grenzen.*

Die in Karasjok ansässige samische Kunsthochschule hat sich der Förderung und Ausbildung von jungen Talenten in allen Bereichen der bildenden Kunst verschrieben. Im Jahr 2022 wurde auf der Biennale in Venedig von samischen Künstlern ein eigener Pavillon gestaltet.

107 Fjordutsikten Motell & Camping

GPS 70.05219, 25.00211

Am Ufer eines Fjords gelegen, bietet der Platz Zugang zum Wasser. Nach Lakselv sind es etwa 1,5 km. **Lage/Anfahrt:** Östlich von Lakselv am Brennelvfjorden gelegen. Der Platz ist an der Fv98 ausgeschildert; **Platzanzahl:** ca. 20; **Untergrund:** Schotter, Wiese; **Preiskat.:** €€; **Geöffnet:** ganzjährig, im Winter eingeschränkter Service; **Kontakt:** Gnr 19 Bnr 177 Brennelv, 9700 Lakselv, Tel. 99611741, www.fjordutsikten.no

282wn-df

LAKSELV/LEAVDNJA/ LEMMIJOKI

(74,8 km – km 372,2)

Der Name Lakselv bedeutet Lachsfluss und kommt in Norwegen häufiger vor. Der verhältnismäßig große Ort ist das Verwaltungszentrum der Kommune Porsanger und liegt am gleichnamigen Fjord. Hier zweigt die Fv98 von der E6 nach Osten ab und man hat Anschluss an den **Beginn der Route 8** (s. S. 263), die die Küstenregion der Ost-Finnmark erschließt.

In Lakselv befinden sich mehrere größere Supermärkte und Tankstellen. Eine gute Gelegenheit, um die Vorräte aufzufüllen und ggf. auf dem kleinen Campingplatz 107 eine Pause einzulegen.

Die südlichsten Berge des Nationalparks Stabbursdalen vom See Øvrevann/Bajitjávri gesehen

STABBURSDALEN NASJONALPARK

(17 km – km 389,2)

Folgt man von Lakselv der E6 nach Norden, erreicht man schon bald den 1970 gegründeten Nationalpark. Hier befindet sich der **nördlichste Kiefernwald der Welt** mit langsam wachsenden, bis zu 500 Jahre alten Bäumen. Luchs, Vielfraß und Elch, Raufußbussard, Steinadler und Gerfalke bewohnen das Gebiet. Der stabile Bestand von Lachsen, Seesaiblingen, Forellen und Hechten erfreut vor allem Sportfischer.

Die Landschaft des Nationalparks bietet den hier lebenden Sámi gute Bedingungen, um ihren Lebensunterhalt durch Jagd, Fischen und Sammeln von Beeren und Pflanzen zu bestreiten. Einige der Seen und Berge wurden von ihnen für heilig erklärt und der üppige Baumbestand diente zum Bau von Booten und Hütten. Zäune weisen darauf hin, dass dieses Gebiet nach wie vor für die Rentierzucht genutzt wird.

Im Norden umfasst der Park das idyllische **Stabbursdalen,** das durch den Fluss **Stabburselva (Rávttošjohka)** geprägt ist. Im Südosten dominiert die Gebirgskette **Gáissene** mit dem 1139 m hohen **Čohkarášša,** der zu

108 Stabbursdalen Resort Camping

GPS 70.17711, 24.90744

Der am Fluss Stabburselva/Rávttošjohka gelegene Platz eignet sich gut, um den nahegelegenen Stabbursdalen-Nationalpark zu erkunden. Der Abzweig der Zufahrtsstraße zum Haupteingang des Nationalparks liegt 2 km südlich des Campingplatzes. Das Nationalparkzentrum befindet sich 250 m entfernt. **Lage/Anfahrt:** An der E6, 15 km nördlich von Lakselv. Der Platz ist ausgeschildert; **Platzanzahl:** 50; **Untergrund:** Schotter, Wiese; **Preiskat.:** €€; **Geöffnet:** ganzjährig, im Winter eingeschränkter Service; **Kontakt:** Stabbursnes, 9700 Lakselv, Tel. 46532000, www.stabbursdalen.no

237wn-df

den höchsten Erhebungen der Finnmarksvidda gehört. Die Landschaft wurde wesentlich durch die Gletscherbewegungen der letzten Eiszeit geformt. Im Südosten des Gebirges prägen U-förmige Täler mit steilen Bergflanken die Landschaft. Kahle Berge, weite Ebenen, enge Schluchten, Hochlandbirken, Wald- und Kiefernheide sowie üppige, mit Birken bewachsene Hänge bieten einen malerischen Anblick.

Nur wenige markierte Pfade führen durch das Innere des Parks und es besteht kein Mobilfunkempfang. Für erfahrene Wanderer bietet diese Landschaft jedoch unzählige Möglichkeiten, die unberührte Wildnis zu erleben. Eine Wanderkarte für dieses Gebiet ist im Nationalparkzentrum erhältlich. Möchte man den Nationalpark vom Campingplatz 108 aus erreichen, empfiehlt es sich, zunächst mit dem Fahrrad zu den beiden Zugängen **Stabbursdalen Haupteingang** bzw. **Stabbursdalen Nord** aufzubrechen (s. unten). Zudem kann man über meist unmarkierte Wege und Trampelpfade, die in der Nähe des Campings beginnen, die etwa 5 km entfernte Parkgrenze zu Fuß erreichen.

Das etwa 400 m östlich des Nationalparkzentrums gelegene **Stabbursnes-Naturreservat** ist ein Paradies für Vogelbeobachter und Ornithologen. Unter anderem kann hier die seltenste Gänseart Europas beobachtet werden, die Zwerggans (Anser erythropus), auch Zwergblässgans genannt.

Information

113 Stabbursnes Turistinformasjon – Stabbursnes Naturhus og Museum, GPS 70.17980, 24.90948, Vestre Porsangerveien 1335, Tel. 78464765, www.stabbursnes.no, geöffnet: 1.7.–24.7. und 15.8.–31.8. tägl. 11–18, 25.7.–14.8. tägl. 9–20 Uhr, weitere Öffnungszeiten siehe Website. Im Nationalparkzentrum gibt es eine Ausstellung (100 NOK/Erw., 80 NOK/Studierende, Kinder kostenlos), einen Museumsladen und es wird Kaffee oder Tee angeboten. Zudem kann man von hier aus das Stabbursnes-Naturreservat erkunden.

Parken

114 Stabbursdalen Haupteingang, GPS 70.14976, 24.78379. Über eine schmale Schotterstraße zu erreichen, etwa 6 km von der E6 entfernt.

115 Stabbursdalen Nord, GPS 70.17299, 24.74609. Der Parkplatz ist über eine schmale Schotterstraße zu erreichen und liegt etwa 8 km von der E6 entfernt.

Über die E6 erreicht man **Olderfjord,** wo man Anschluss an Route 6 hat (s. S. 238, 48 km – km 437,2).

ROUTE 8

DURCH DIE OST-FINNMARK NACH KIRKENES

238wn-df

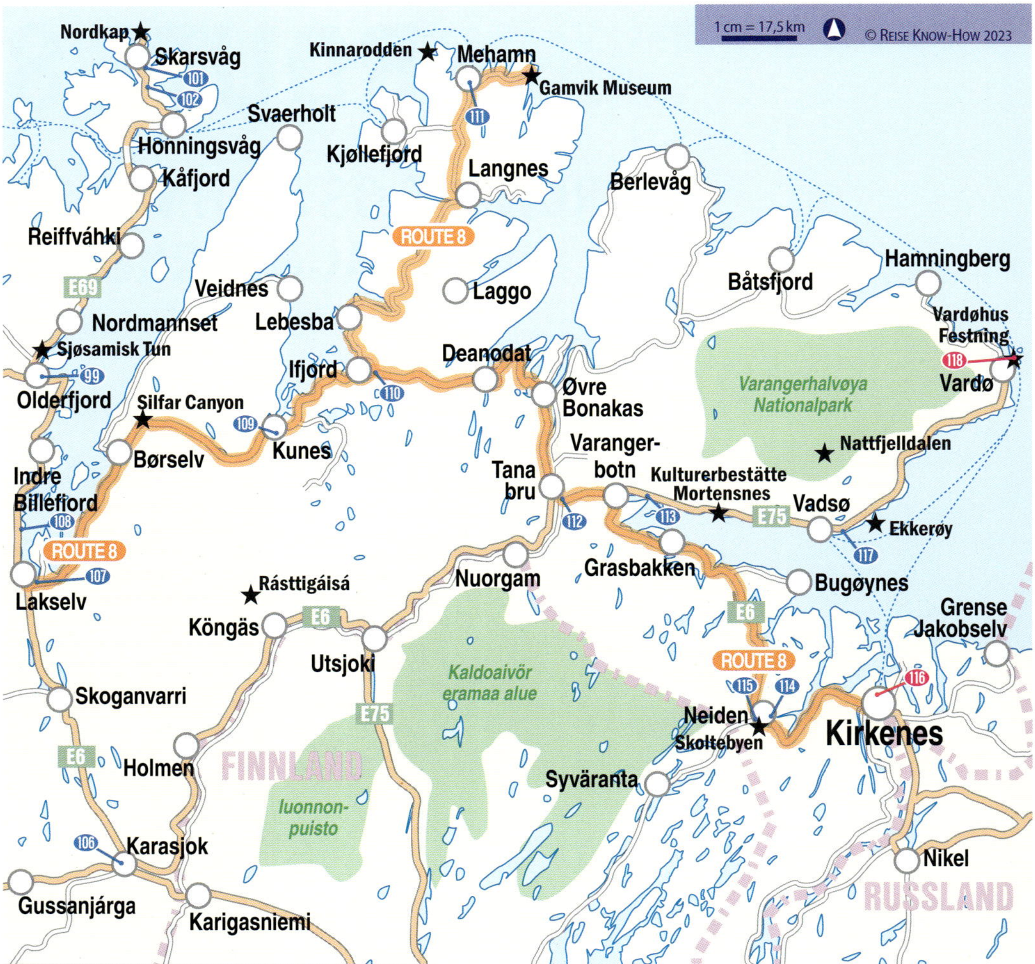

Strecke:

Lakselv (s. S. 261) – **Kunes** (90,3 km, s. S. 266) – **Ifjord** (33,7 km, s. S. 267) – **Abstecher nach Mehamn** (hin und zurück 200 km, s. S. 267) – **Tana bru** (86,5 km, s. S. 270) – **Varangerbotn** (18,2 km, s. S. 271) – **Neiden** (80 km, s. S. 272) – **Kirkenes** (44,8 km, s. S. 274)

Streckenlänge:

ohne Abstecher: 353,5 km
mit Abstechern: 553,5 km

⊠ *Kapitelstartseite: Regenschauer über dem Varangerfjorden (s. S. 271)*

313wn©df

ROUTENÜBERSICHT

In Lakselv (s. S. 261) beginnt die Fv98 und führt zunächst entlang des Porsangerfjorden gen Norden, um sich kurze Zeit später nach Osten zu wenden. Sie erschließt die Küstenregionen der Ost-Finnmark und durchquert dabei eine nur dünn besiedelte Landschaft. Karge, nordische Vegetation dominiert und fasziniert zugleich. Menschlichen Einfluss findet man hier nur vereinzelt in unmittelbarer Nähe der schmalen Straße, auf dem das Wohnmobil dahingleitet. Der Blick verliert sich in einer endlos scheinenden, weiten Landschaft. Häufig stürmisches und wechselhaftes Wetter lässt eindrucksvolle Lichteffekte entstehen. Regelmäßig verschwindet das Mobilfunksignal, was in Norwegen sonst äußerst selten vorkommt. Fjells und Fjorde ziehen im Wechsel vorbei. Børselvfjellet, Laksfjorden, Ifjordfjellet und Tanafjorden werden passiert, bevor die Fv98 in Tana bru erneut auf die E6 trifft. Hier überspannt eine Brücke die Tanaelva, einen der weltweit besten Lachsflüsse.

Nun folgt man der E6 Richtung Varangerbotn und weiter nach Neiden. Die Straße endet in Kirkenes. Von hier aus führt die E105 weiter nach Murmansk in Russland und darüber hinaus bis nach Sankt Petersburg und Moskau.

Die Fv98 schlängelt sich durch die einsame Laksefjordvidda (s. S. 266)

239wn-df

109 Kunes Camping

GPS 70.34371, 26.49988

Der Platz ist von weitläufiger und wilder Natur umgeben, die man in alle Richtungen erkunden kann. Hier bieten sich hervorragende Angelmöglichkeiten. Die sanitären Anlagen sind beheizt. Das geräumige Gelände bietet großzügig angelegte Stellplätze. **Lage/Anfahrt:** Im Storfjorden am Fuße der Finnmarksvidda an der Fv98 gelegen. Über die Fv98 zu erreichen; **Platzanzahl:** ca. 100; **Untergrund:** Schotter, Wiese; **Preiskat.:** €€; **Geöffnet:** ganzjährig; **Kontakt:** Rv98, 9742 Kunes, Tel. 95118700, www.kunes.no/camping

240wn-df

Von Lakselv aus macht man sich über die Fv98 auf in Richtung Kunes. Etwa 50 km nordöstlich von Lakselv besteht aber zunächst die Möglichkeit, einen kurzen Zwischenstopp am Silfar Canyon einzulegen.

116 **Silfar Canyon,** GPS 70.37029, 25.71689. An der Fv98 gelegen. Ein Trampelpfad führt zum Canyon.

KUNES/GUSSANJÁRGA

(90,3 km – km 90,3)

Die Siedlung Kunes, die trotz ihrer überschaubaren Größe einen kleinen Supermarkt zu bieten hat, liegt in der fischreichen Region **Laksefjordvidda** im nordöstlichen Teil der Finnmarksvidda. Das Gebiet zeichnet sich durch die höchste Gewässerdichte in Norwegen aus und ist daher ein gefragtes **Süßwasser-Angelrevier.** Vor allem Forelle, Saibling und Lachs finden hier optimale Lebensbedingungen und kommen somit häufig vor. Jedes Jahr fiebern

Die von unzähligen Seen geprägte Landschaft der Laksefjordvidda bei Ifjord

Outdoor-Enthusiasten der Öffnung des Gebietes am 20. Juli entgegen. Zudem sind diese Region und die Küste des Storfjorden, einem Seitenarm des Laksefjorden, ein beliebtes Wandergebiet. Der 1067 Meter hohe **Rásttigáisá,** ein heiliger Berg der Sámi und der höchste Berg der östlichen Finnmark, befindet sich ebenfalls auf diesem Hochplateau.

IFJORD/IDJAVUOTNA

(33,7 km – km 124)

Das Dorf liegt an einer Straßenkreuzung, kurz vor der Mündung des Ifjordelva/Idjavuonjohka in den Ifjorden, einen Seitenarm des Laksefjorden. Hier zweigt die Fv888 von der Fv98 nach Mehamn ab. Im Ort befinden sich ein Restaurant, ein Café und eine Tankstelle. Den kleinen Weiler mit etwa 20 Einwohnern umgibt kilometerweite Wildnis, in der vor allem südlich des Ortes unzählige fischreiche Seen zu finden sind, die ebenfalls zur **Laksefjordvidda** gehören.

110 Ifjord Camping

GPS 70.46011, 27.10806

Der einfache Platz besticht durch seinen nordisch-wilden Charme. Die Einfahrt zum Platz befindet sich an einer Tankstelle, an der auch die Rezeption, ein Café und ein Restaurant zu finden sind. **Lage/Anfahrt:** Nahe der Kreuzung von Fv98 und Fv888 am Ifjordelva. Über die Fv98 zu erreichen; **Platzanzahl:** 11 mit Strom; **Untergrund:** Schotter, Wiese; **Preiskat.:** €€; **Geöffnet:** ganzjährig; **Kontakt:** halvdanhansen@hotmail.com, 9740 Lebesby, Tel. 90882814

ABSTECHER NACH MEHAMN/DONJEVUOTNA/MEEHAMINA

(hin und zurück 200 km)

Von Ifjord führt die Fv888 nach Norden auf die Halbinsel Nordkinnhalvøya. Mehamn liegt an der nördlichen Küste und dient als Ausgangspunkt für die Wanderung zum **nördlichsten Punkt des europäischen Festlands,** dem **Norkinn** bzw. der Felsklippe **Kinnarodden.** Zudem ist der etwa 730 Einwohner zählende Ort die nördlichste Anlaufstelle der Hurtigruten-Schiffe. Bis zum Ersten Weltkrieg war Mehamn eines der Zentren des Handels mit den Pomoren.

Die bedeutendsten Wirtschaftszweige sind bis heute der **Fischfang** und die fischverarbeitende Industrie. Im Juni 1903 sorgte allerdings die 1885 von Svend Foyn (1809–1894), einem norwegischen Walfang- und Schiffsmagnaten, der die moderne Harpunenkanone etablierte, gegründete Walfangstation für Unruhen im Ort. Über 1000 Fischer versammelten sich zum „Mehamnopprøret“ (Mehamn-Aufruhr) und zerstörten die Station. Sie brachten die steigende Zahl an gefangenen Walen mit dem Rückgang der Fischbestände in Küstennähe in Verbindung, da sie der Überzeugung waren, dass Wale die Fische Richtung Land treiben würden. Die Station wurde nicht wieder aufgebaut und heute wird der Walfang in Norwegen nur noch in wenigen Regionen praktiziert. Die Nachfrage nach dem Fleisch ist gering. An das seit 1986 geltende Walfangmoratorium hält sich Norwegen nicht. Lediglich zwischen 1988 und 1993 wurde der Walfang in Norwegen eingestellt, um die Bestände zu überprüfen. Zumeist werden in Norwegen die nicht gefährdeten Zwergwale (Minkwal) zu angeblich wissenschaftlichen Zwecken gefangen. Ihre Fangquote wurde im Jahr 2018 auf 1278 Tiere angehoben.

Ende des Zweiten Weltkriegs wurde **Mehamn** während des Rückzugs der deutschen Truppen aus der Finnmark fast vollständig dem Erdboden gleich gemacht. Die wieder aufgebaute Siedlung besitzt heute den typi-

schen Charme der Ortschaften des Nordens: schlichte, bunte Einfamilienhäuser, im Zentrum Gebäude der Nachkriegszeit, Bootsschuppen und Hallen der Fischindustrie am Hafen, teils großzügige Flächen zwischen den Gebäuden, Fischtrocknungsgestelle – und über allem der Geruch des Meeres. Zudem gibt es einen größeren Supermarkt, eine Tankstelle, kleinere Geschäfte und einfache Gastronomie.

Im etwa 20 km östlich gelegenen kleinen Ort **Gamvik** kann man den Leuchtturm **Slettenes Fyr** und das **Gamvik Museum** besuchen.

Sehenswert

P 117 Slettenes Fyr, GPS 71.088428, 28.217884, www.slettneslighthouse.com, www.visitnordkyn.com/see/slettnes, www.kystmuseene.no/slettnes-fyr, geöffnet: 20.6.–15.8. tägl. 11–18 Uhr, Eintritt: 100 NOK. Etwa 20 km östlich von Mehamn und 3 km nördlich des kleinen Ortes Gamvik, der über die Fv263/8072 zu erreichen ist, trotzt der 39 m hohe, rot-weiß gestrichene, nördlichste Leuchtturm des europäischen Festlands seit 1905 der rauen Witterung. Im Zweiten Weltkrieg wurde er vollständig zerstört und bis 1948 erneut errichtet. Vom Gamvik Museum werden Führungen angeboten und es gibt ein kleines Café.

› **Gamvik Museum** Strandveien 94, 9775 Gamvik, Tel. 78497949, www.visitnordkyn.com/about/

Die 1965 erbaute Kirche von Mehamn vor der kargen Landschaft der Nordkinnhalvøya

Slettenes Fyr, der einzige gusseiserne Leuchtturm der Finnmark, bietet ein schönes Bildmotiv

members/full/gamvik-museum, https://kystmuseene.no/gamvik, geöffnet: Mo–Fr 10–16 Uhr, Eintritt: Erw. 60 NOK, ermäßigt 50 NOK, Kinder kostenlos. Das Museum befindet sich im Ort Gamvik, etwa 20 km östlich von Mehamn. In einer alten Fischfabrik untergebracht, ist es vor allem der Geschichte des Fischfangs gewidmet.

Information

› **Mehamn Turistinformasjon,** Tel. 99515964, www.visitnordkyn.no

Gastronomie

› **Otto Jenssens bakeri,** Værveien 49, 9770 Mehamn, Tel. 78497348, geöffnet: Mo–Fr 9–16, Sa 11–14 Uhr. Die wohl nördlichste Bäckerei der Welt bietet süßes Gebäck, Brot und Sandwiches.

Aktivitäten

› **Wanderung zum Nordkinn/Kinnarodden.** Um die Felsen von Kinnarodden zu erreichen und wieder zurück nach Mehamn zu gelangen, müssen insgesamt etwa 24 km zurückgelegt werden. Die meisten Wanderer planen für diese Tour zwei Tage ein. Der höchste Punkt der Wanderung befindet sich auf etwa 300 Metern. Der Weg ist durch Steinmännchen markiert und beginnt am Flughafen von Mehamn (GPS 71.02361, 27.82636). Die Route führt größtenteils über ausgedehnte, unwegsame Geröllfelder, ist aber ansonsten technisch nicht weiter anspruchsvoll und relativ flach.

Service

› **Chemietoiletten- und Grauwasserentsorgung,** GPS 71.03358, 27.84213

111 Adventure Camp Mehamn

GPS 71.03815, 27.83448

Der Platz bietet einen schönen Ausblick auf den Ort. An der Rezeption können Aktivitäten wie Königskrabben-Safaris, geführte Wanderungen oder Angelausflüge gebucht und Boote sowie Kajaks geliehen werden. Im Restaurant werden Königskrabben serviert. **Lage/Anfahrt:** Auf einer Halbinsel an der Hafenbucht von Mehamn, etwa 1,3 km nordwestlich des Ortskerns. Der Platz ist an der Fv888 in Mehamn ausgeschildert; **Platzanzahl:** 29; **Untergrund:** Schotter, Wiese; **Preiskat.:** €€€; **Geöffnet:** ganzjährig; **Kontakt:** Holmen, 9770 Mehamn, Tel. 90147509, www.nordicsafari.no/camping

Die Pomoren

Als Pomoren bezeichnet man eine russische Volksgruppe, die sich im 12. Jahrhundert an den Küsten des Weißen Meeres ansiedelte. Das Wort „Pomor" bedeutet in etwa „am Meer gelegen".

Die Pomoren lebten hauptsächlich vom Fisch- und Walfang und von der Jagd, in den Tundra-Regionen aber auch von der Pelzproduktion und der Rentierzucht. Mit ihren Schiffen erkundeten sie u. a. die Küstenregionen der Barentssee, die Kola-Halbinsel, Spitzbergen und Nowaja Semlja.

Ab Anfang des 18. Jahrhunderts gab es einen regen Handel mit den nordnorwegischen Städten und Gemeinden. Über den Seeweg wurden vor allem Getreide und Mehl nach Norwegen geliefert und gegen Fisch getauscht. Die engen Beziehungen mit den Norwegern führten sogar dazu, dass ab 1750 eine russisch-norwegische Behelfssprache entstand, das Russenorsk.

Im 19. Jahrhundert hatte der sogenannte Pomorenhandel seinen Höhepunkt. Mehr als 300 Schiffe liefen jährlich die nordnorwegischen Handelsstädte an und neue Städte wie Vardø (s. S. 290) auf der Varangerhalvøya enstanden, das als Hochburg des Pomorenhandels galt.

Mit der Russischen Revolution im Jahre 1917 brach der Pomorenhandel ein und führte in den nordnorwegischen Gemeinden, deren Existenz teilweise ausschließlich von den Handelsbeziehungen abhing, zu ernsten wirtschaftlichen Folgen.

Bei einer Volkszählung im Jahr 2002 wurden in Russland 6571 Menschen als Pomoren registriert, allerdings waren bislang alle Bemühungen, als indigenes Volk anerkannt zu werden, erfolglos.

TANA BRU/DEANUŠALDI

(86,5 km – km 210,5)

Folgt man ab Ifjord der Fv98 weiter durch die Finnmark, erreicht man nach etwa 64 km bei Rustefjelbma den Fluss Tanaelva. Er folgt der Fv98 nun nach Süden bis nach Tana bru.

Das administrative Zentrum der Region erhielt seinen Namen von der **Brücke,** die den Fluss **Tanaelva** (auch Tana genannt) überspannt. Sie stellt den einzigen Übergang über den Fluss auf dessen unteren 100 km dar. Zudem ist sie die einzige vollständig in Norwegen gelegene Brücke über den norwegisch-finnischen Grenzfluss. Die erste Brücke wurde beim Rückzug der deutschen Wehrmacht aus der Finnmark gesprengt. 1948 errichtete man eine neue Hängebrücke, die aber 2020 durch eine moderne Schrägseilbrücke mit einer Hauptspannweite von 234 Metern ersetzt wurde. In den dunklen Jahreszeiten wird das Bauwerk durch ein beeindruckendes Beleuchtungskonzept in Szene gesetzt. Auf der östlichen Uferseite erinnert das Denkmal „Flua 44“ an die im Krieg zerstörte Brücke. Das aus ihrem Metall gefertigte Monument stellt eine Angelroute dar und ist den reichhaltigen Fischvorkommen der Tanaelva gewidmet.

Auf einer Länge von 283 km kennzeichnet der Fluss Tanaelva die Staatsgrenze zwischen Finnland und Norwegen. Seine Gesamtlänge, inklusive des Quellflusses Kárášjohka, beträgt 369 km. Die Tanaelva, die als größter nicht regulierter Wasserlauf Norwegens seit 1980 vor der Nutzung zur Energiegewinnung geschützt ist, mündet am Tanafjorden ins Eismeer. Sie gilt als einer der besten Lachsflüsse weltweit. Ein 1929 in der Tana gefangener Atlantischer Lachs gilt mit seinen 36 kg Gewicht bis heute als größter jemals gefangener Fisch dieser Art.

Neben Geschäften, Supermärkten, Tankstellen und Werkstätten befindet sich auch ein **Wildlachszentrum** (Nasjonalt Villakssenter, www.villakssenter.no/tana) im Ort.

Parken

P 118 Parkplatz Teno (bei Tana bru), GPS 70.19741, 28.20253. Der Rastplatz liegt an der neuen Tana Bru am Ostufer des Flusses Tanaelva. Hier befinden sich eine Toilette und eine Grauwasser- und Chemie-WC-Entsorgung. Ein guter Platz um stadtnah zu übernachten.

Die Route folgt der Tanaelva, die zu den ursprünglichsten Flüssen Norwegens gehört

(112) Tana Camping & Motel

GPS 70.16647, 28.22662
Offenes Wiesengelände und vereinzelte Hütten charakterisieren den Platz. Hier kann man Angellizenzen für die gesamte Tanaelva erwerben. **Lage/Anfahrt:** An der E6, an einer 90-Grad-Kurve, ca. 5 km vom Ortskern entfernt gelegen. Über die E6 zu erreichen. Der Platz ist ausgeschildert; **Platzanzahl:** ca. 30; **Untergrund:** Wiese; **Preiskat.:** €€; **Geöffnet:** Mai–Okt.; **Kontakt:** Várjjatgeaidnu 392, 9845 Tana, Tel. 78928630, www.famcamp.no

In Tana bru stößt die Fv98 wieder auf die E6. Dieser folgt man nun über den Fluss Tanaelva Richtung Kirkenes bis nach Varangerbotn.

VARANGERBOTN/ VUONNABAHTA

(18,2 km – km 228,7)

Die Ortschaft liegt am innersten Teil des Varangerfjorden und markiert die Kreuzung der E6 und E75. Hier zweigt die **Route 9** (s. S. 279) ab und folgt der E75 den Fjord entlang über Vadsø und Vardø bis nach Hamningberg.

Der **Varangerfjorden** ist der am östlichsten gelegene und flächenmäßig größte Fjord Norwegens. Strenggenommen handelt es sich allerdings nicht um einen richtigen Fjord, da er nicht die typischen Merkmale eines durch Gletscherbewegung entstandenen Meeresarms aufweist. Der in die Barentssee einmündende Fjord ist etwa 100 km lang, sein Mündungsgebiet weist eine Breite von etwa 60 km auf und erstreckt sich zwischen der Stadt Vardø im Nordwesten und dem Dorf Grense Jakobselv im Südosten an der russischen Grenze.

Nahe der Kreuzung von Varangerbotn befindet sich das Várjjat Sámi Musea

An der Kreuzung im Ort befinden sich ein Supermarkt, eine Tankstelle, zwei Restaurants und ein Café. Zudem kann man das **Várjjat Sámi Musea (Varanger Sámi Museum)** besuchen. Das **Isak Saba senteret,** unweit des Museums, widmet sich der Förderung und dem Erhalt der samischen Sprache.

Sehenswert

› **Várjjat Sámi Musea/Varanger Sámi Museum,** Endresens vei 4, 9840 Varangerbotn, Tel. 41070050, www.dvmv.no/en/varanger-samiske-mus/home, geöffnet: im Sommer tägl. 10–17 Uhr, in der Nebensaison Mo–Fr 10–15 Uhr, Erw. Eintritt: 80 NOK, Kinder 30 NOK. Das Museum vermittelt die Geschichte und Kultur der See-Sámi der Varangerregion. Hauptthemen sind prähistorische Geschichte, Religion der Samen, Mythologie, Duodji, vorkoloniale Gesellschaft der Samen, Rentierwirtschaft, Fischerei und Viehzucht. Zudem werden wechselnde Ausstellungen zeitgenössischer Künstler gezeigt. Ein Spielzimmer für Kinder ergänzt das Angebot. Das Gebäude dient auch als Gemeindezentrum, in dem kulturelle Veranstaltungen stattfinden. Im Außenbereich befindet sich ein kleines Freilichtmuseum mit traditionellen Trocknungsgestellen für Fisch, alten Hütten und einem Holzboot der Sámi. Das Museum befindet sich an einem Naturreservat, das einen Teil des inneren Varangerfjorden umfasst. Man erhält hier auch Informationen für Touren in den Varangerhalvøya Nasjonalpark.

Information

› **Nesseby Turistinformasjon,** Varanger Samiske Museum, Tel. 41070050, www.dvmv.no/en/varanger-samiske-mus/home, www.visitgreaterarctic.com

113 Varjjat Ferie og Fritid

GPS 70.17664, 28.67359
Der ruhig und idyllisch direkt am Varangerfjorden gelegene Campingplatz bietet Ausblick aufs Wasser. Wege erschließen die umliegende Natur. **Lage/Anfahrt:** An der E75, 5 km östlich von Varangerbotn. Der Platz ist ausgeschildert; **Platzanzahl:** ca. 20; **Untergrund:** Wiese; **Preiskat.:** €€€; **Geöffnet:** Juni–Okt.; **Kontakt:** Meskelv, 9840 Varangerbotn, Tel. 92653086, www.varjjat.com

243wn-df

NEIDEN/NJÁVDÁN/NÄÄTÄMÖ

(80 km – km 308,7)

Von Varangerbotn führt die E6 weiter nach **Neiden.** Gemeinsam mit dem in Finnland liegenden Ort **Näätämö** begründete der Ort ehemals die westlichste skoltsamische Siida (Siedlungsgemeinschaft). 1852 wurde diese Siida geteilt und Schweden-Norwegen auf der einen und dem zu Russland gehörenden Großfürstentum Finnland auf der anderen Seite zugesprochen. Die Teilung verhinderte die grenzüberschreitende Rentierwirtschaft und Fischerei und störte die Aufrechterhaltung der traditionellen Lebensweise der hier ansässigen Samen erheblich. Als Norwegen im Jahr 1905 seine Unabhängigkeit erlangte, wurde die Teilung zwischen Norwegen und Finnland erneut bestätigt und es entstanden die beiden Orte Neiden und Näätämö.

Das heutige Neiden zählt etwa 250 Einwohner, darunter Samen, Kvenen (s. S. 219) und Norweger. Das **Ä'vv Saa'mi Mu'zei (Ä'vv Skolt Sámi Museum)** und der historische Ortskern mit dem Ortsteil **Skoltebyen,** der seit 2000 als **Kulturdenkmal Norwegens** und traditioneller Siedlungsraum der Skoltsamen geschützt ist, zeugen von der Bedeutung des Ortes für die Samen. Skoltebyen wird vom Ä'vv Skolt Sámi Museum verwaltet und diente ursprünglich im Frühling und Sommer als vorrübergehender Wohnsitz der früher halbnomadischen Skoltsamen. Die Grenzziehung durch die Nationalstaaten machte Skoltebyen zu ihrem ständigen Wohnsitz. Bis 1980 beherbergte der Ortsteil mehrere Familien. Derzeit ist lediglich ein Haus bewohnt.

Ein bemerkenswerter Zeitzeuge auf dem Gelände des Kulturdenkmals ist die hölzerne, nur 13 m² große, orthodoxe **St.-Georgs-Kapelle.** Sie stammt aus dem Jahr 1565 und wird bis heute für kirchliche Anlässe genutzt.

Die etwas abseits im Ortsteil Normannseng, nördlich des Ortskerns gelegene, im Jahr 1902 fertiggestellte **Neiden Kirke** ist an die

245wn-df

Architektur der norwegischen Stabkirchen angelehnt und mit ihrem rot-weißen Anstrich ein reizvoller Anblick.

Im März dient Neiden als Zwischenstation des jährlich stattfindenden Schlittenhunderennens Finnmarksslopet (www.finnmarkslopet.no), das von Alta nach Kirkenes verläuft.

Vom Rastplatz bei Neiden blickt man über das malerische Tal der Neidenelva

Sehenswert

› **Ä'vv Saa'mi Mu'zeo – Ä'vv Skolt Sámi Museum,** 9930 Neiden. Tel. 95262157, www.dvmv.no/en/vv-skoltesamisk-muse/avv-skoltesami-museum, geöffnet: 18.6.–14.8. tägl. 10–17, in der Nebensaison Di–Fr 10–15 Uhr, Eintritt: Erw. 100 NOK, ermäßigt 80 NOK, Kinder kostenlos. Das moderne kulturhistorische Museum veranschaulicht die Geschichte der Skoltsámi vom Ende der Eiszeit bis in die Nachkriegszeit. Außerdem wird das etwa 1,5 km entfernt liegende Kulturdenkmal Skoltebyen vom Museum gepflegt. Neben der St.-Georgs-Kapelle befinden sich dort ein skoltsamischer Friedhof und weitere historische Gebäude. Die Landschaftspflege wird von einheimischen Jugendlichen möglichst traditionell ausgeführt. Das Gras wird beispielsweise mit einer Sense geschnitten und anschließend zum Trocknen auf einen Heureiter gehängt, um es später als Viehfutter zu verwenden.

Parken

P 119 Rastplatz bei Neiden, GPS 69.70193, 29.36828. Rastplatz mit Toiletten und schönem Ausblick auf das Tal der Neidenelva/Njávdánjohka.

Skoltsamen

Die Skoltsamen sind eine samische Volksgruppe mit eigenem Dialekt, die heute hauptsächlich in Nordfinnland leben und deren Anzahl auf etwa 1000 Personen geschätzt wird. Bis zum Zweiten Weltkrieg lebten die meisten von ihnen in Russland. Als Finnland nach dem Krieg Teile des skoltsamischen Siedlungsgebietes an Russland abtreten musste, wurden die Samen nach Finnland umgesiedelt.

114 Helårs Camping Neiden

GPS 69.69795, 29.37961

Der einfache Platz liegt zwischen Bäumen und Sträuchern versteckt und ist gut für einen kurzen Zwischenstopp geeignet, um das Museum zu erkunden. Der Ortskern liegt wenige Hundert Meter entfernt. **Lage/Anfahrt:** An der E6, am Ä'vv Skolt Sámi Museum; **Platzanzahl:** ca. 10; **Untergrund:** Schotter; **Preiskat.:** €€; **Geöffnet:** Juni–Mitte Sept.; **Kontakt:** Tel. 90978565, neiden.camping@icloud.com

Routenübersicht S. 264

P 120 Parkplatz am Skoltefossen, GPS 69.69432, 29.37060. Der Wasserfall liegt etwa 50 m südlich.

115 Neiden Camping Fjellstue Aksjeselskap

GPS 69.70436, 29.25282

Der idyllisch gelegene, charmante Platz liegt am bekannten Lachsfluss Neidenelva und ist daher bei Anglern beliebt. Die Stellplätze befinden sich auf einer von Bäumen, Sträuchern und Feldern umrandeten Wiese und teilweise direkt am Fluss. Im gemütlichen Restaurant und Café werden regionaltypische Speisen mit Rentierfleisch und Fisch serviert. Die Nutzung von Lávvu und Sauna sind im Preis inbegriffen. **Lage/Anfahrt:** Am Neidenelva/Njávdánjohka, zwischen finnischer Grenze und Neiden. Der Rv92 Richtung Ivalo (Finnland) folgen. Der Platz ist ausgeschildert; **Platzanzahl:** 14 mit Strom, etwa 10 weitere ohne Strom; **Untergrund:** Wiese; **Preiskat.:** €€; **Geöffnet:** April–Nov.; **Kontakt:** Bjørknesveien 549, 9930 Neiden, Tel. 78996141 und 99551517, www.neidenfjellstue.no

244wn-df

KIRKENES/GIRKONJÁRGA/KIRKKONIEMI

(44,8 km – km 353,5)

Im Zentrum von Kirkenes endet die E6. Die auf einer Landzunge an Langfjorden und Bøkfjorden gelegene Stadt hat architektonisch wenig zu bieten, ist jedoch für Geschichtsinteressierte unbedingt eine Reise wert und bietet einen guten Zugang in die umliegende Natur. Das Zentrum der östlichsten Stadt Norwegens ist von Nachkriegsarchitektur geprägt, da Kirkenes im **Zweiten Weltkrieg** zu den am häufigsten bombardierten Städten der Welt gehörte. Die strategische Lage des etwa 3500 Einwohner zählenden Orts machte Kirkenes zu einem stark umkämpften Ziel an der sogenannten „Eismeerfront". Das ca. 150 km entfernte Murmansk war in Kriegszeiten für die Alliierten ein wichtiger Hafen, um die Sowjetunion mit Kriegsmaterial zu versorgen. Die Deutschen bemühten sich, von Kirkenes aus die Nordmeergeleitzüge zu zerstören. Die Versuche des deutschen „Gebirgskorps Norwegen", den eisfreien Hafen von Murmansk zu erobern, scheiterten, führten jedoch dazu, dass die sowjetischen Bomber im Laufe des Kriegs mehr als 320 Luftangriffe auf Kirkenes flogen. Umfangreiche Bunkeranlagen sollten der Bevölkerung von Kirkenes Schutz bieten. Die **Andersgrotta,** einer der größten Bunker der Stadt, kann im Zuge einer Führung besichtigt werden.

Im Oktober 1944 befreite die Rote Armee die Orte Petsamo und Kirkenes. Das **Frigjøringsmonumentet (Befreiungsdenkmal)** in der Roald Amundsen gate erinnert daran. Eine kleine Kuriosität ist ein Haus am Hafen, das auf einem aus dem Boden ragenden Bunker erbaut wurde (Johan Knudtzens gate 15). Über die bewegte Geschichte und die Kultur der Grenzregion wird im **Grenselandmuseet (Grenzland Museum)** informiert.

Der **Hafen** von Kirkenes ist heute der nördlichste Wendepunkt der Schiffe der Hurtigruten. Da die Stadt weit in einem Seitenarm des

Varangerfjorden liegt, lässt der abgeschwächte Einfluss des Golfstroms die Zufahrt zum Hafen im Winter einfrieren und sie muss daher von Eisbrechern freigehalten werden.

Einen wirtschaftlichen Aufschwung erlebte die Stadt durch den bis in das Jahr 1996 betriebenen **Abbau von Eisenerz.** Heute lebt der Großteil der Bewohner vom Fischfang und vom Dienstleistungssektor.

Der **russische Grenzübergang** befindet sich etwa 14 km südöstlich des Stadtzentrums von Kirkenes. Aus der Nähe zu Russland bildeten sich wirtschaftliche und kulturelle Beziehungen. Eine in Europa einmalige Sonderregelung des Schengener Abkommens ermöglichte es den hier lebenden Russen und Norwegern, von April 2010 bis zum Einmarsch Russlands in der Ukraine im Februar 2022 visafrei die Grenze zu passieren. Daher finden sich im Ort Straßenschilder auf Norwegisch, Finnisch und Russisch. Zudem haben eine Reihe von Geschäften Schilder auf Russisch angebracht. Auch liegt die russische Nordmeerflotte, die Teil der norwegisch-russischen Fischereikooperation ist und als Erfolgsmodell für nachhaltige Fischerei in der Barentssee gilt, im Hafen von Kirkenes. Der Krieg Russlands gegen die Ukraine und die

Gesang der Sámi

Der Joik ist eine der ältesten Gesangstraditionen Europas und die Volksmusik der Sámi. Trotz des jahrzehntelangen Verbots der samischen Sprache durch den norwegischen Staat ist diese Gesangstradition bemerkenswerterweise erhalten geblieben.

Der ursprünglich ausschließlich als Sologesang praktizierte Joik hat charakteristische stimmliche Eigenschaften, die dem alpenländischen Jodeln ähneln. Er wird als gutturaler Gesang, also Kehlgesang, bei dem Teile des Kehlkopfes verengt werden, bezeichnet.

Der Joik wird traditionell als Zeichen der Hingabe zu einer Person, einem Tier oder einem Ort dargeboten. Dem Personen-Joik, der häufigsten Form des Joik, liegt eine Sozialisierungsfunktion zu Grunde. Empfängt eine Person einen Joik, wird ihr damit eine eigene Identität zugesprochen und die Person wird dadurch zu einem Mitglied der Gemeinschaft. Manche Sámi erhalten im Laufe ihres Lebens mehrere Joiks als Geschenk. Anstatt einer Person, der man nahesteht, ein Kompliment zu machen, joiken die Sámi diese Person. Ein Joik stellt eine Verbindung mit den Vorfahren her. Man joikt nicht über etwas, sondern man joikt etwas oder jemanden. Die Bedeutung mancher Joiks kann bereits seit mehr als 150 Jahren in einer Familie bekannt sein. Der Joik wird von Generation zu Generation weitergegeben, wobei er sich der Stimmung und Landschaft anpasst und somit immer leicht variiert. Er kommt traditionell ohne Text aus, nur die Stimmlage ändert sich und transportiert die gewünschte Stimmung bzw. Botschaft. Einer Legende nach erhielten die Sámi ihren Joik von den Feen und Elfen, die in der arktischen Natur zu Hause sind.

Der Joik diente einst als wichtiges Mittel, um Geschichten und Wissen weiterzugeben. Zusätzlich nutzten die Rentierhirten ihn, um ihre Tiere zu beruhigen. Beim Joiken entsteht beim Sänger ein Gefühl der Verbundenheit mit der Natur und den Menschen. Ein Joik lässt im Geiste der Künstler Bilder entstehen und ermöglicht ihnen, auf imaginäre Reisen zu gehen – entweder an einen Ort oder in die Seele einer Person, die besungen wird.

Mittlerweile wird der Joik von vielen jungen samischen Künstlern in experimentelle und elektronische Musik integriert. Zudem wird er teilweise von Songtexten in samischer Sprache begleitet. Bekannte Vertreter der modern interpretierten samischen Musik sind beispielsweise Mari Boine, Ann-Mari Andersen, Elle Márjá Eira, Marja Mortensson und Ella Marie Hætta Isaksen. Im Jahr 2013 war der samische Musiker und Komponist Frode Fjellheim an der Filmmusik der Disney-Produktion „Frozen" (Die Eiskönigin) beteiligt, die Elemente des Joiks enthält.

246wn-df

⊡ *Trawler der russischen Nordmeerflotte im Hafen von Kirkenes*

damit verbundene Schließung der Grenze hat spürbaren wirtschaftlichen Einfluss auf den Ort und die teilweise seit Jahrzehnten bestehenden kulturellen und den Naturschutz betreffenden Bündnisse.

Seit 1999 besitzt Kirkenes Stadtrechte und ist Sitz des **norwegischen Barents-Sekretariats,** das bedeutende Aufgaben in der 1993 von Norwegen ins Leben gerufenen Barentskooperation übernimmt. Das zwischen Finnland, Norwegen, Russland und Schweden geschlossene Übereinkommen fördert die Zusammenarbeit und die Wahrung der Interessen der Anrainerstaaten und deren indigener Bevölkerung.

In Kirkenes endet die E6 und damit auch diese Route. Die E105 führt von hier aus weiter gen Osten und verbindet den Ort mit Russlands Hauptstadt Moskau.

247wn-df

Sehenswert

› **Grenselandmuseet – Sør-Varanger Museum,** Førstevannslia, 9900 Kirkenes, Tel. 78994880, www.varangermuseum.no/de, geöffnet: 18.6.–21.8. tägl. 9–17, Nebensaison tägl. 9–15 Uhr, Eintritt: Erw. 100 NOK, ermäßigt 80 NOK, Kinder

⊡ *Skulpturen, die von Mitarbeitern der Kimek-Werft aus Ersatzteilen geschaffen wurden* unter 16 Jahren kostenlos. Das Grenzland-Museum erzählt die ereignisreiche Geschichte dieser Grenzregion und der multikulturellen Gemeinschaft mit den Nachbarn Finnland und Russland. Verschiedene Ausstellungsbereiche behandeln Themen wie Lokalgeschichte, Geschichte der Besiedlung, Entwicklung der Grenzregion, Industriegeschichte (Bergbau) und Kriegsgeschichte. Unter anderem ist das russische Kampfflugzeug Iljuschin aus dem Zweiten Weltkrieg ausgestellt. Das Museum teilt sich die Räumlichkeiten mit dem Saviomuseum, in dem Werke des berühmten samischen Künstlers John Andreas Savio (1902–1938) gezeigt werden. Zudem werden Zeichnungen und Drucke des bekannten norwegischen Künstlers Kaare Espolin Johnson (1907–1994) und Fotografien der engagierten Gesellschaftskritikerin Ellisif Wessel (1866–1949) präsentiert.

› **Andersgrotta,** Haganesveien 2, 9900 Kirkenes, Tel. 78970540, www.snowhotelkirkenes.com/andersgrotta, geöffnet: 20.6.–20.8. tägl. um 12.30 Uhr, Eintritt: 200 NOK, Tickets sind am Eingang erhältlich. Das größte Bunkersystem von Kirkenes aus dem Jahr 1941 kann während einer 30-minütigen Führung besucht werden. Ein Guide vermittelt auf

116 Stellplatz Kirkenes

GPS 69.72767, 30.07323

Der Platz liegt etwa 1,3 km vom Zentrum entfernt. Bezahlung via QR-Code und Onlineverfahren mit Kreditkartenzahlung (siehe Schild vor Ort). **Lage/Anfahrt:** Östlich des Stadtzentrums am Hafen. Auf der E6 das Zentrum passieren, dann der Uferlinie entlang bis in den Hafen folgen; **Platzanzahl:** 10; **Untergrund:** Asphalt; Preiskat.: €; **Geöffnet:** Mai–Mitte Okt.; **Kontakt:** Kaiveien 2, 9900 Kirkenes, Tel. 92872612 und 41454992

249wn-df

Die Entlüfung einer Bunkeranlage in einem Wohngebiet von Kirkenes

248wn-df

283wn-df

Englisch, weshalb Kirkenes während des Zweiten Weltkriegs ein strategisch wichtiger Ort war und wie die Zivilisten die mehr als 300 Luftangriffe auf die Stadt überlebten.

Information

› **Kirkenes Turistinformasjon,** www.visitkirkenes.info

Gastronomie

› **Ritz Ribago,** Dr. Wessels gate 17, 9900 Kirkenes, Tel. 78993481, www.facebook.com/ritzkirkenes, geöffnet: Mo 15–21, Di–Do 15–22, Fr, So 14–22, Sa 14–2.30 Uhr. Gute internationale Gerichte wie Pizza, Pasta und Burger sowie an die lokale Küche angelehnte Speisen. Nettes Ambiente.

› **Amundsen Bakeri og Konditori,** Dr. Wessels gate 17, 9900 Kirkenes, Tel. 78993480, www.facebook.com/amundsensbakeri, geöffnet: Mo–Sa 9–15 Uhr. Verschiedene Torten und Kuchen, allerlei süßes Gebäck, Sandwiches, Salate und Smoothies.

› **Surf & Turf Restaurant,** Dr. Wessels gate 2, 9900 Kirkenes, Tel. 97334224, www.facebook.com/people/Surf-Turf-Restaurant/100063825819290, geöffnet: Mo–Sa 13–22, So 14–21 Uhr. Verschiedene Fisch- und Fleischgerichte, Burger, Pasta, Salate etc.

Einkaufen

› **Amfi Kirkenes,** Storgata 2, 9900 Kirkenes, Tel. 95287107, www.amfi.no/amfi-kirkenes, geöffnet: Mo–Fr 9–19 Uhr, Sa 10–18 Uhr. Einkaufszentrum mit einer Reihe von Geschäften, Boutiquen, Cafés und Restaurants.

Aktivitäten

› **Snowhotel Kirkenes,** Sandnesdalen 14, 9910 Bjørnevatn, Tel. 78970540, www.snowhotelkirkenes.com/activities, geöffnet: ganzjährig. Aktivitäten wie Königskrabben-Safaris mit Verköstigung, Wanderung mit Huskys, Angeln in der Barentssee, Husky-Schlittentouren im Winter und Sommer (Wagen), Begegnungen mit der samischen Kultur u. v. m. werden angeboten.

› **Barentssafari,** Fjellveien 28, 9900 Kirkenes, Tel. 90190594, www.barentssafari.no/de/startseite, geöffnet: ganzjährig. Unter anderem kann man an E-Bike-Touren zur russischen Grenze, an Flussboot-Touren in den Bøkfjorden an die russische Grenze oder an Mitternachtssonnen-Touren mit dem Quad an die Barentssee teilnehmen.

Der Eingang zur Andersgrotta. Hier beginnen die Führungen durch die Bunkeranlage.

ROUTE 9

ÜBER DIE VARANGERHALVØYA NACH HAMNINGBERG

250wn-df

Strecke:

Varangerbotn (s. S. 271) – **Mortensnes** (20,4 km, s. S. 282) – **Vadsø** (29,1 km, s. S. 283) – **Vardø** (74 km, s. S. 290) – **Hamningberg** (43 km, s. S. 294)

Streckenlänge:

166,5 km

« Kapitelstartseite: Das Ende der Fv341/8100 in Hamningberg (s. S. 294)

314wn©df

ROUTENÜBERSICHT

Im Westen durch den Tanafjorden, im Süden durch den Varangerfjorden und im Norden sowie Osten durch die Barentssee begrenzt, markiert die Varangerhalvøya (samisch: Várnjárgga) den nordöstlichsten Landstrich von Norwegen. Ein Großteil der Fläche der größten Halbinsel Norwegens ist durch den Varangerhalvøya Nasjonalpark geschützt. Die Halbinsel ist von arktischer Landschaft geprägt und ein bedeutender Lebensraum für eine Reihe von Tier- und Pflanzenarten, die mit dem extremen Klima zurechtkommen. Der Zugang zu reichhaltigen Fischgründen und Säugetieren wie dem Rentier lockten bereits früh erste Siedler an. Heute ist das Gebiet überwiegend von Samen, Kvenen und Norwegern bewohnt.

In Varangerbotn zweigt die E75 von der E6 ab und verläuft als Norwegische Landschaftsroute an der südlichen Küstenlinie der Halbinsel entlang bis Vadsø, um sich anschließend nach Nordosten zu wenden und in Vardø zu enden. Die Straße führt durch eine karge, nahezu baumlose und lediglich mit kleinwüchsigem Baumbestand begrünte Landschaft und passiert dabei historische Orte wie die Nesseby Kirke in Nesseby und das bedeutende Mortensnes. Auch die Städte Vadsø und Vardø blicken auf eine bewegte Geschichte zurück und lohnen einen Zwischenstopp. Immer wieder führen Wegweiser zu Vogelbeobachtungsplätzen, die eine einzigartige arktische Vogelpopulation zugänglich machen.

Bei Vardø beginnt die Fv341/8100 und windet sich als teilweise sehr schmale Straße die nordöstliche Küste der Varangerhalvøya bis in das kleine, nur im Sommer bewohnte Dorf Hamningberg entlang. Hierbei passiert die Route eine Reihe von einladenden Sandstränden und die sehenswerten geologischen Felsformationen des Landschaftsschutzgebiets Persforden-Syltefjorden. Das über Millionen von Jahren durch die Brandung des Meeres und Frostverwitterung geformte Gestein ließ beeindruckende, scharfkantige Felsgebilde entstehen und bildet einen markanten Kontrast zur offenen Tundralandschaft des Varangerhalvøya Nasjonalpark.

Die 1858 errichtete Kirche von Nesseby überstand die Zerstörungen durch die Nazis

In Varangerbotn (s. S. 271) folgt man am Kreisverkehr der E75 in Richtung Vardø. Die Straße führt am Nordufer des Varangerfjorden entlang und das nächste Ziel ist bald erreicht.

MORTENSNES/ CEAVCCAGEAĐGE/ MORTTINEN
(20,4 km – km 20,4)

Die **Kulturerbestätte** Mortensnes gehört zu den umfangreichsten Fundstätten prähistorischer Besiedlung in Norwegen. Der samische Name der Stätte, Ceavccageađge, bedeutet so viel wie „Stein, auf dem Fischöl dargeboten wurde" und bezeichnet einen der **Opfersteine,** der auf diesem Gelände am Varangerfjorden gefunden wurde. Bei Ausgrabungen entdeckte man eine beträchtliche Anzahl und Vielfalt an Gegenständen, Werkzeugen, Gräbern, Opferstätten und Behausungen, die Rückschlüsse auf eine 10.000-jährige Besiedlung der Region zulassen. Die Vorgeschichte samischer Besiedlung ist auf diesem relativ überschaubaren Gebiet gut nachvollziehbar. Einige der Fundstellen sind nur schwer zu lokalisieren, andere, wie einige der Grabkammern oder ringförmigen Opferstätten an der Küste, sind deutlich erkennbar. Die **300 Gräber,** die beispielsweise entlang des Fjordufers gefunden wurden, waren von etwa 400 v. Chr. bis in das 17. Jahrhundert in Benutzung. Die gefundenen Figuren, Werkzeuge, Speerspitzen oder Gefäße sind größtenteils im Tromsø Museum zu besichtigen.

Von diesem Ort geht eine besondere Kraft aus. Ein Spaziergang über das Gelände zwischen den Bergen im Norden und der Küste im Süden ist schon deshalb lohnenswert. Vom kargen, mit unzähligen Steinplatten übersäten Ufer schweift der Blick weit über den Varangerfjorden und ermöglicht ein Eintauchen in diese faszinierende und uralte Landschaft des Nordens.

Sehenswert

P 121 Kulturerbestätte Mortensnes/ Ceavccageađge, GPS 70.12817, 29.04239, Tel. 41070050, www.dvmv.no, geöffnet: tägl. 10–16 Uhr, Eintritt kostenlos. Im Besucherzentrum sind Broschüren und Infomaterial erhältlich. Eine kleine Ausstellung zu Religion und Mythologie der Samen und ein Café befinden sich im von Inge Dahlman entworfenen Gebäude. Im Außenbereich erschließen Wege das Gelände. Infotafeln geben Auskunft über die jeweiligen Stationen.

Vadsø, das nächste Routenziel, erreicht man über die E75, die bis Vardø am Varangerfjorden entlangführt.

Grabkammer der Kulturerbestätte Mortensnses am Ufer des Varangerfjorden

315wn©df

252wn-df

VADSØ/ČÁHCESUOLU/ VESISAARI

(29,1 km – km 49,5)

Die Insel **Vadsøya,** von den Einheimischen „Øya“ genannt, erstreckt sich in Ost-West-Richtung über etwa zwei Kilometer und misst in der Breite ca. 400 Meter. Das Eiland ist flach, leicht hügelig, mit Gras bewachsen und im Osten schmiegt sich ein kleiner Teich in die Landschaft, der **Dammen.**

Auf der Insel finden sich **Spuren der frühen Besiedlung.** Die Samen waren die ersten Bewohner, gefolgt von Kvenen, Kareliern und Norwegern. Ab dem 17. Jahrhundert begann die Bebauung des Festlands und die Insel verlor langsam an Bedeutung und wurde bis zum Zweiten Weltkrieg vor allem als Weideland für Schafe genutzt.

Als die Fischindustrie zu wachsen begann, wurden auf Vadsøya **Trockengestelle für Dorsch** errichtet und auf dem Festland reihten sich Werften und Fischfabriken aneinander. In den 1860er-Jahren wurde von Svend Foyn (s. S. 267) auf Vadsøya die weltweit erste moderne landgestützte Walfangstation errichtet. Als gut entwickelter Handelsplatz lockte der Ort, dessen Zentrum sich nun auf dem Festland befand, vor allem Einwanderer aus Finnland an. Im Jahr 1875 zählten zwei Drittel der Bevölkerung zur finnischsprachigen Bevölkerungsgruppe und ließen Vadsø zur innoffiziellen Hauptstadt der Kvenen werden. Noch heute wird an den Schulen des Ortes Finnisch gelehrt.

Anfang des 19. Jahrhunderts entstanden auf der Westseite von Vadsøya ein Kohlespeicher, eine Ziegelei und einige Fischfabriken. Zwischen den Weltkriegen verschwand diese Industrie wieder, hinterließ aber bis heute sichtbare Spuren. In der zweiten Hälfte der 1920er-Jahre machte die Luftfahrt große Fortschritte. Aus einer Kooperation zwischen dem wohlhabenden amerikanischen Ingenieur Lincoln Ellsworth, dem italienischen General, Piloten, Polarforscher und Luftschiffkonstrukteur Umberto Nobile sowie dem norwegischen Polarforscher Roald Amundsen entstand die Idee, den Nordpol aus der Luft zu erobern. Für dieses Unterfangen errichtete man auf der Ostseite von Vadsøya einen 35 Meter hohen **Luftschiffmast,** der bis heute zu besichtigen ist. Der Mast diente dem Luftschiff „Norge“ am 6. Mai 1926 für dessen nördlichsten Zwischenhalt auf dem europäischen Festland, bevor es erfolgreich und ohne Zwischenfall den Nordpol bis nach Teller in Alaska überflog.

Während des Zweiten Weltkriegs nutzte die Nord-Varanger Division der deutschen Wehrmacht Vadsø als Hauptquartier. Im Zuge dessen entstanden rund um den Ort und

Im Besucherzentrum von Mortensnes erhält man Informationen zur Kulturerbestätte

auf Vadsøya Verteidigungsanlagen. Bis heute sind die Überreste der **Festung Vadsø** auf der Ostseite der Insel zu erkennen. Erstmals mit dem Festland verbunden wurde die Insel 1941 durch eine von der deutschen Armee errichtete Holzbrücke. Diese wurde jedoch von ihren Erbauern 1944 während des Rückzugs aus der Finnmark gesprengt. Die gegenwärtige Verbindung mit dem Festland stammt aus dem Jahre 1977.

Heute ist Vadsø der Sitz des Statsforvalters (Repräsentant des norwegischen Königs und der Regierung) der Provinz Troms og Finnmark und Vadsøya ist die vorletzte Anlegestelle der Hurtigruten-Schiffe auf dem Weg nach Kirkenes. Das **moderne Ortszentrum** von Vadsø mit Supermärkten, Tankstellen, Restaurants und Industrie ist auf aufgeschüttetem Bauland errichtet worden und reicht bis auf etwa 150 Meter an Vadsøya heran.

Nicht alle Gebäude des Ortes wurden im Zuge des Zweiten Weltkriegs zerstört, und so können die historischen Gebäudekomplexe **Tuomainengården** und **Esbensengården** der von Rasmus Gallberg Esbensen 1847 gegründeten Handelsfirma heute als Museum besichtigt werden. Die Museumsräume sind Teil des **Vadsø museum – Ruija kvenmuseum,** das sich der kvenischen, aber auch auch der generellen Lokalgeschichte widmet.

Die seichten Gewässer rund um Vadsøya und Vadsø sind **bedeutende Lebensräume für Seevögel.** Tausende der seltenen Stellers Eiderenten verbringen hier den Winter, um im Sommer nach Sibirien zu ziehen. Der Dammen gehört zu den wichtigsten Nist- und Rastplätzen für die zahlreichen Seevögel, die sich in der Region einfinden. Zu ihnen gehören beispielsweise das Odinshühnchen, das Blässhuhn, Strandläufer oder der Austernfischer. Auf der etwa 15 km östlich gelegenen Halbinsel Ekkerøya befindet sich im **Naturreservat Ekkerøya** der einzige Vogelfelsen der Finnmark, der mit dem Auto erreichbar ist. Hier versammeln sich rund 50 verschiedene Vogelarten und bis zu 40.000 nistende Dreizehenmöwen. Ein ausgeschilderter **Natur- und Kulturpfad,** der am **Parkplatz Ekkerøya** beginnt, erschließt dieses sehenswerte Gebiet.

Etwa 7 km vom Ortszentrum erstreckt sich der 2006 eingerichtete **Varangerhalvøya nasjonalpark.** Arktische Tundra mit sanften Erhebungen, Mooren, üppigen Tälern und Geröllfeldern prägen das Erscheinungsbild dieser Landschaft. Teile des Nationalparks befinden sich in der subpolaren Klimazone und gehören zu einer Landschaft, die bereits vor der letzten Eiszeit geformt wurde und somit zu den geologisch ältesten Regionen Norwegens zählt. Auf der Varangerhalvøya blieb das Grundge-

253wn-df

stein vor den Kräften der Erosion verschont. Ein unbeweglicher Inlandeispanzer, der sich in der letzten Eiszeit über die Landschaft legte, beschützte das heute sichtbare uralte Gestein und hinterließ bei seinem Rückzug kreisrunde **Ringmoränen,** die weltweit nur selten vorzufinden sind. Für zahlreiche Tier- und Vogelarten bietet der Nationalpark einen idealen und ungestörten Lebensraum. Beispielsweise sind hier der seltene Polarfuchs und die in Norwegen gefährdete Saatgans mit einer Flügelspannweite von bis zu 174 cm anzutreffen. Zudem gehört das Gebiet zum Sommerweidegebiet der Tamrein, einer domestizierten Wildrenart, die eine wichtige Lebensgrundlage der Samen in der Region darstellt.

Das sanft gewellte Hochplateau des Nationalparks eignet sich hervorragend für ausgedehnte Erkundungen zu Fuß. Die **Wanderwege** sind nicht markiert, deshalb ist bei längeren Touren ein sicherer Umgang mit Karte (erhältlich an Tankstellen, in Buchhandlungen oder im Sportfachhandel) und Kompass wichtig. Mehrere offene „Linjehyttene" (Linienhütten) zwischen Komagdalen im Südosten und Ordo im Nordwesten, die im Zweiten Weltkrieg von den Partisanen als Unterschlupf genutzt wurden, können für Übernachtungen aufgesucht werden. Geeignete **Ausgangspunkte für Touren** in den Nationalpark sind zum Beispiel der Parkplatz Nattfjelldalen/Idjaavže bei Vadsø oder der Parkplatz Komagdalen/Stuorrajohka. Das **Nattfjelldalen** ist ein lohnenswertes Ausflugsziel und kann entweder vom Parkplatz Nattfjelldalen oder vom Panorama Camping (117) aus erreicht werden. Vom Camping aus muss für den Hin- und Rückweg eine Strecke von etwa 31 km zurückgelegt werden. Aber auch kürzere Wanderungen sind rund um Vadsø möglich.

284wn-df

Der Luftschiffmast auf Vadsøya ist der einzige seiner Art auf dem europäischen Festland

Bei einer Wanderung rund um den Torsvarden bieten sich Ausblicke auf Vadsø

Sehenswert

› **Vadsø museum – Ruija kvenmuseum,** Hvistendahlsgate 31 (Esbensengården), Slettengata 21 (Tuomainengården), Grensen 1 (Ruija Kvenmuseum), Tel. 78942890, www.varangermuseum.no/de, geöffnet: 25.6.–14.8. tägl. 10–18, 15.8.–24.6. Mo–Fr 10–15, So 12–15 Uhr, Eintritt: Erw. 100 NOK, ermäßigt 80 NOK, Kinder unter 16 Jahren kostenlos, Kombiticket für alle Varanger-Museen bzw. alle Museen der Kommune 150/200 NOK. Die historischen Gebäude Esbensengården und Tuomainengården befinden sich im äußeren östlichen Stadtteil von Vadsø. Im Sommer besteht die Möglichkeit, ein Café und die Ausstellung im Kjeldsenbruket auf der etwa 14 km östlich gelegenen Halbinsel Ekkerøya zu besuchen. Zudem gehören die auf Vadsøya gelegene Zeppelin- und Schiffausstellung am Hurtigruten-Kai und die im Kulturpark von Vadsøya zu findenden Spuren des alten Vadsø mit Befestigungsanlagen der deutschen Wehrmacht und dem Luftschiffmast zum Vadsø museum. Außerdem sind der Bietilæhof und der Prestelv-Kai in der westlichen Innenstadt dem Museum angeschlossen.

› **Vadsø kunstforening (Kunstverein),** Rådhusgata 6, www.vadsokunst.no, geöffnet: Do 16–18, So 11–15 Uhr, Eintritt frei. Galerie für zeitgenössische und lokale Kunst. Im Kunstverein, der sich der Förderung von regionaler Kunst widmet, werden wechselnde Ausstellungen präsentiert. Zudem sind Workshops im Angebot.

285wn-df

Information

› www.visitgreaterarctic.com/visit-vadso

Gastronomie

› **Mølla, Bar & Spiseri,** Hvistendalsgate 4, Tel. 40001977, geöffnet: Mo 15–21, Di–Do 11–22, Fr, Sa 11–23, So 15–20 Uhr. Internationale und regional inspirierte Gerichte werden zubereitet und in angenehmem Ambiente serviert. Das Restaurant besitzt die Lizenz zum Alkoholausschank.

› **Påls Matopplevelser,** Hvistendalsgate 6b, Tel. 78953384, www.paalsmat.no, geöffnet: Mo–Sa 10–17 Uhr. Im Restaurant werden unter anderem rustikale und deftige Speisen aus der Region serviert.

› **A. Hildonen bakeri & konditori,** Centrum 8, Tel. 78951506, geöffnet: Mo–Fr 7–15, Sa 9–15 Uhr. In der Bäckerei und Konditorei mit angeschlossenem Café erhält man vor allem allerlei Süßes, aber auch Pikantes für den kleinen Hunger zwischendurch.

Einkaufen

› **Varanger Sportslager AS,** Strandgata 18, Tel. 78952210, www.varangersportslager.no, geöffnet: Mo–Fr 9–17, Sa 10–15 Uhr. Sportfachhandel mit guter Auwahl und Service.

› **Vadsø Libris,** W. Andersens gate 4, Tel. 78942220, geöffnet: Mo–Fr 9–16, Sa 10–14 Uhr, Buchhandlung im Zentrum.

Aktivitäten

› **Sailing the good life,** Havnegata 23, Tel. 97665084, www.sailingthegoodlife.com, geöffnet: ganzjährig. Vor allem diverse Segelturns zu unterschiedlichen Zielen, z. B. einem historischen Nordlandboot, werden von Trude Hansen und Roar Bekkelund angeboten. Doch auch an Königskrabben-Safaris kann teilgenommen werden.

› Am Skistadion von Vadsø beginnen diverse Wege und Pfade, die zu Fuß oder mit dem Fahrrad erkundet werden können. Der ausgeschilderte **Pavel Trail** ist einer dieser Pfade. Er folgt teilweise der im Winter beleuchteten Skilanglaufstrecke und führt Richtung Tomaselvdalen im Nordwesten der Stadt. Die Wegweiser sind eher dünn gesät, doch der Pfad ist gut erkennbar. Für den Rundweg ergeben sich 6 km Strecke.

Parken

P 122 **Vadsø Parkplatz im Zentrum,** GPS 70.07216, 29.75512. Kostenloser, weitläufiger, geschotterter Parkplatz mit Wasserversorgung. Einkaufsmöglichkeiten befinden sich in unmittelbarer Nähe.

S 123 **Parkplatz am Fjordhotel,** GPS 70.06802, 29.74877. Asphaltierter Parkplatz mit Grauwasser-

Der gut erhaltene Tuomainengården, Teil des Vadsø museum (s. S. 285), gewährt Einblick in die Handelsgeschichte von Vadsø

117 Varanger Panorama Camping

GPS 70.06113, 29.87337
Die Stellplätze befinden sich am Hauptgebäude oder am Fjord. Letztere sind naturbelassen und über einen schmalen, geschotterten Fahrweg zu erreichen. Der Blick auf die gegenüberliegende Küste macht die Plätze am Fjord besonders reizvoll. WLAN am Hauptgebäude. Die sanitären Einrichtungen des ehemaligen Spas sind luxuriös und ungewöhnlich. Die Registrierung erfolgt per Telefonanruf. Man erhält Codes für eine Schlüsselbox und das Zahlenschloss der Zufahrt. Die Bezahlung ist auch in Euro möglich. Der Besitzer bewohnt einen Teil des Hauptgebäudes. **Lage/Anfahrt:** 5 km östlich von Vadsø. Erreichbar über die E75. Der Platz ist ausgeschildert; **Platzanzahl:** 10; **Untergrund:** Asphalt, Wiese; **Preiskat.:** €€; **Geöffnet:** Juni–Aug.; **Kontakt:** 2820 Nordvarangerveien, 9800 Vadsø, Tel. 92044003 und 40553200, toringee@hotmail.com

255wn-df

und Chemie-WC-Entsorgungsstation für Wohnmobile. Der Parkplatz befindet sich auf Vadsøya, nahe des Kulturparks.

124 **Parkplatz am Skistadion,** GPS 70.08866, 29.73825. Ausgangspunkt für diverse Wanderungen oder Mountainbiketouren.

125 **Parkplatz Nattfjelldalen/Idjaavže – Varangerhalvøya Nasjonalpark,** GPS 70.10635, 29.83287. Hier beginnen Wanderwege Richtung Nattfjelldalen und Varangerhalvøya-Nationalpark. Der Parkplatz ist über eine Schotterstraße zu erreichen. Infotafeln geben Auskunft über die Region.

126 **Parkplatz Ekkerøya,** GPS 70.07084, 30.10417. Hier beginnt der Wanderweg rund um die Halbinsel und zum Vogelfelsen.

127 **Parkplatz Komagdalen/Stuorrajohka – Varangerhalvøya Nasjonalpark,** GPS 70.25569, 30.36261. Ausgangspunkt für Wanderungen in den Varangerhalvøya-Nationalpark. Der Parkplatz ist über eine schmale Schotterstraße zu erreichen und liegt etwa auf halber Strecke zwischen Vadsø und Vardø. Infotafeln geben Auskunft über die Region.

Norwegens berühmte Polarforscher

Einer der ersten bekannten Entdecker norwegischer Abstammung ist der Wikinger Erik Thorvaldsson, auch Erik der Rote genannt. Um 950 n. Chr. geboren, verließ er bereits als Kind mit seiner Familie Norwegen und wuchs auf Island auf. Verschiedene Umstände zwangen ihn, Island zu verlassen und ins Exil zu gehen. Seine Entdeckerreise führte ihn gen Westen in Richtung Grönland. Erik der Rote gilt als der erste Nordmann, der sich im späten 10. Jahrhundert dauerhaft auf der größten Insel der Welt niederließ. Er gab ihr den Namen „Grœnland".

Einige Jahrhunderte später schrieb der norwegische Zoologe, Neurohistologe, Polarforscher, Ozeanograf, Diplomat und Friedensnobelpreisträger Fridtjof Wedel-Jarlsberg Nansen (1861–1930) Entdeckergeschichte. Bereits im Alter von 27 Jahren machte er auf sich aufmerksam, als er 1888 als erster Mensch zu Fuß das grönländische Inlandeis durchquerte. Doch damit endet die Geschichte seines abenteuerlichen Lebens bei Weitem nicht. Am 21. Juli 1893 verließ Nansen Vardø, den letzten norwegischen Hafen, um mit seiner gut ausgebildeten Mannschaft an Bord der legendären „Fram" zu einer dreijährigen Expedition aufzubrechen. Seine Pläne sahen vor, bis zu den Neusibirischen Inseln vorzudringen, dort das Schiff im Eis einfrieren zu lassen, es anschließend der Eisdrift zu überlassen und so den Nordpol zu erreichen. Hierzu ließ er mithilfe öffentlicher und privater Sponsoren vom norwegischen Konstrukteur Colin Archer (1832–1921) ein für diese Zwecke geeignetes Schiff konstruieren. Die „Fram" war besonders robust gebaut, um dem immensen Druck des Eises standhalten zu können, und zudem mit einer exzellenten Wärmedämmung ausgestattet. Das Schiff hielt dem Packeis stand, doch die Eisdrift verlief, entgegen Nansens Berechnungen, zunächst nach Süden statt nach Norden. Nansen traf daraufhin die wagemutige Entscheidung, das Schiff zu verlassen, um zu Fuß den 660 Kilometer entfernten Nordpol zu erreichen.

Am 14. März 1895 brachen Fredrik Hjalmar Johansen und Fridtjof Nansen mit 28 Schlittenhunden, drei Transportschlitten und zwei Kajaks in Richtung Norden auf. Die „Fram" setzte ihre Drift fort und erreichte im August 1896 Spitzbergen, von wo aus sie nach Tromsø zurückkehr-

257wn-df

te. Das nach Süden driftende Eis, auf dem sich Johansen und Nansen fortbewegten, verhinderte ein nennenswertes Vorankommen. Die letzte Positionsbestimmung am 8. April 1895 ergab eine nördliche Breite von 86° 13,6'. Bis dahin war nie zuvor ein Mensch näher am Nordpol gewesen. Nach ihrem entbehrungsreichen Marsch trafen die Männer bei Kap Flora auf der Northbrook-Insel des Franz-Josef-Archipels im Juni 1896 auf eine englische Arktisexpedition, die von Frederick George Jackson geleitet wurde, und kehrten mithilfe eines der Versorgungsschiffe im August 1896 nach Vardø zurück.

Der seit 1954 jährlich verliehene Nansen-Flüchtlingspreis der Vereinten Nationen erinnert an die Verdienste von Fridtjof Nansen um die internationale Flüchtlingshilfe, für die er 1922 den Friedensnobelpreis erhielt.

Im Kreis der bedeutenden norwegischen Seefahrer, Entdecker und Forscher darf selbstverständlich Roald Amundsen (1872–1928) nicht fehlen. Er gilt als einer der erfolgreichsten Entdeckungsreisenden in der Geschichte der Arktis und Antarktis. Auch Amundsen nutzte die „Fram". Am 9. August 1910 brach er mit dem Schiff in Richtung Südpol auf, wobei er seiner Mannschaft diesen Kurs erst auf See bekannt gab, um Robert Falcon Scott, seinen Rivalen im Wettlauf zum Südpol, nicht zu informieren. Die Presse erfuhr erst am 2. Oktober 1910 von Amundsens Plänen. An Bord befanden sich 97 grönländische Schlittenhunde, Bauteile für eine Hütte und Proviant für zwei Jahre. Am 14. Januar 1911 erreichte die „Fram" das Ross-Schelfeis. Hier verbrachten Amundsen und sein Team den antarktischen Winter, bevor er am 20. Oktober 1911 mit fünf weiteren Mannschaftsmitgliedern zum Südpol aufbrach. Den Südpol erreichte Amundsens Team am 14. Dezember 1911 und damit 35 Tage früher als der britische Rivale Scott. Scott kam gemeinsam mit seinen Begleitern auf dem Rückweg ums Leben.

Am 6. Mai 1926 startete Amundsen gemeinsam mit Lincoln Ellsworth und Umberto Nobile von Vadsø aus, um mit dem 106 Meter langen Luftschiff „Norge" nach einem letzten Zwischenstopp auf Spitzbergen den Nordpol bis nach Alaska zu überfliegen. Damit gehörten sie zu den ersten, die den Nordpol am 12. Mai 1926 auf dem Luftweg erreicht hatten, da der drei Tage zuvor gemeldete Überflug durch Richard Byrd nicht anerkannt wurde.

Im Mai 1928 brach Umberto Nobile mit dem Luftschiff „Italia" nach einer Zwischenlandung in Vadsø erneut zum Nordpol auf. Diesmal sollte das Schiff eine Forschergruppe mit Messgeräten für eine Woche absetzen, doch die Wetterbedingungen vereitelten das Vorhaben. Auf dem Rückflug geriet die „Italia" in einen Sturm und schlug am 25. Mai 1928 auf dem Packeis auf. Dabei wurde die Führungsgondel des Schiffes abgerissen und Umberto Nobile und neun weitere Überlebende blieben nahe der Insel Foynøya bei Spitzbergen auf dem Eis zurück. Sechs Besatzungsmitglieder verblieben im Kielgerüst des Schiffs, schwebten mit der steuerungslosen Luftschiffhülle davon und sind seitdem verschollen.

Roald Amundsen brach am 18. Juni 1928 mit einem Flugboot des Typs „Latham 47" und fünf Begleitern in Tromsø auf, um Nobile und seine Besatzung zu retten. Er erreichte jedoch niemals den Unglücksort und verunglückte in der Arktis vermutlich nahe der Bäreninsel. Trotz großangelegter Suchexpeditionen mit modernster Technik bleibt das Flugboot bis heute verschollen. Lediglich ein Benzintank, der Modifizierungsspuren aufwies, wurde gefunden und ist heute im Polarmuseum in Tromsø zu besichtigen. Vermutlich hatten Amundsen und seine Gefährten den Tank für einen Rettungsversuch verwendet.

Der verletzte Nobile wurde schließlich vom schwedischen Piloten Einar Lundborg gerettet. Die restlichen überlebenden Besatzungsmitglieder des Luftschiffs sammelten die russischen Eisbrecher „Krassin" und „Georgi Sedow" ein.

◁ Eine Büste von Roald Amundsen befindet sich am Polarmuseum von Tromsø (s. S. 210)

VARDØ/VÁRGGÁT/VUOREA

(74 km – km 123,5)

Obwohl Vardø als letzter Hafen vor Kirkenes von den Schiffen der Hurtigruten angelaufen wird, verirren sich in die **östlichste Gemeinde Norwegens** nur noch wenig Touristen. Fischerei und Fischverarbeitung sind das Kerngeschäft der Bewohner. Ein 2,9 km langer **Unterwassertunnel** (Vardøtunnelen) verbindet den Ort mit dem Festland und wenn man es bis hierhin geschafft hat, befindet man sich östlicher als Istanbul und Sankt Petersburg. Zudem ist das auf der Insel Vardøya in der stürmischen Barentssee gelegene Vardø die einzige Stadt in Westeuropa, die in der **arktischen Klimazone** liegt.

Bei einem Streifzug durch die Straßen begegnen einem kaum Menschen, aber falls es doch geschieht, beginnen die freundlichen Einwohner gern ein Gespräch. Es herrscht eine faszinierende Stille im Ort und der raue Charme dieses Landstrichs zieht den Besucher in seinen Bann. Oft pfeift auch im Sommer ein eisiger Wind über die baumlose Insel und durch die Gassen. Das Kreischen der Seevögel und das Tosen der Brandung sind unentwegt zu hören.

Bei einem Streifzug durch den Ort fällt sofort die ungewöhnlich **hohe Dichte an Streetart** auf. Weltbekannte Künstler haben im Rahmen des Komafest (www.komafest.com), das im Sommer 2012 in Vardø stattfand, an den Hauswänden, Lagerhallen und Holzschuppen der Stadt ihre Spuren hinterlassen.

Seit 1789 besitzt Vardø die Stadtrechte und gehört somit zu den ältesten Städten in Nordnorwegen und im arktischen Gebiet rund um den Nordpol. Bereits um 1300 wurde auf der Insel Vardøya von König Haakon V. Magnusson die erste Festung errichtet, um Norwegens östlichste Grenze abzusichern. Die heute zu besichtigende, von einem sternförmig angelegten Mauerwerk geprägte **Vardøhus Festning** stammt aus dem Jahr 1738. Die Festung ist gut erhalten und präsentiert sich nahezu unverändert wie im Jahre ihrer Fertigstellung. Sie gilt als die **nördlichste Festung der Welt** und ist zugleich Norwegens östlichste Wallanlage.

Die Kuppeln der Radaranlage dominieren das Stadtbild von Vardø

258wn-df

260wn-df

Der Handel mit den Pomoren (s. S. 269) spielte auch in Vardø im 18. und 19. Jahrhundert eine bedeutende Rolle und ließ das Dorf rund um die Festung wachsen und den Ort zu einem wichtigen Handelsposten der Finnmark werden. Das **Pomormuseet,** das in einem historischen Hafengebäude untergebracht ist, und das Ende Juli stattfindende **Pomorfestivalen** (www.pomorfestivalen.no) sind der Blütezeit der ehemaligen „Hauptstadt der Pomoren" gewidmet.

Ein dunkles Kapitel trug sich zwischen 1600 und 1692 im Ort zu, als während der Hexenverfolgung in der Finnmark die Mehrzahl der Hexenprozesse in Vardø stattfand. In Relation zur Bevölkerungsdichte wurden in der Finnmark womöglich mehr Menschen verbrannt als im übrigen Europa. Das Leben hier war hart und man suchte für seinen eigenen Misserfolg andere Schuldige. Die der Hexerei beschuldigten, aus norwegischen Fischerdörfern und samischen Siedlungen stammenden Personen wurden auf der Festung gefangen gehalten und warteten im sogenannten Hexenloch auf ihr Urteil. Die beeindruckende, berührende und häufig in düsteren Nebel gehüllte **Steilneset Minnested (Steilneset-Gedenkstätte)** südwestlich der Festung an der Küste von Vardøya erinnert an die 135 der Hexerei bezichtigten und 91 verurteilten und hingerichteten Frauen und Männer.

Seine geografische Lage macht Vardø noch heute zu einem strategisch wichtigen Ort. Die weithin sichtbaren **Radarkuppeln der NATO** waren ab den 1980er-Jahren im Kalten Krieg von großer Bedeutung. Außer für zivile Zwecke dient das Globus-II-Radar auch als Frühwarnsystem des US-Raketenschilds. Erst kürzlich wurde die Radaranlage Globus III fertiggestellt, die größer ausfiel als geplant und in der lokalen Bevölkerung beträchtlichen Unmut auslöste. Infolge einer Absprache mit Russland sind auf Vardøya allerdings bisher keine amerikanischen Soldaten stationiert. Lediglich Techniker, die den reibungslosen Betrieb gewährleisten, bewohnen die Insel. Dennoch bleibt bei den rund 2000 Bewohnern von Vardø eine gewisse Verunsicherung und Angst. Im Kriegsfall könnte der Ort zu den ersten Zielen russischer Luftangriffe gehören. Seit dem Kriegsausbruch in der Ukraine und den eingefrorenen Beziehungen beider Länder werden vergessene alte Bunker und Schutzräume wieder funktionstüchtig gemacht.

Seltener Anblick: die Vardøhus festning bei blauem Himmel

259wn-df

Sehenswert

› **Vardøhus festning,** Festningsgaten 20, 9950 Vardø, geöffnet: 16.4.-15.9. tägl. 10-21, 16.9.-15.4. tägl. 10-18 Uhr, Eintritt: 50 NOK. Die Anlage befindet sich westlich des Hafens auf einer Anhöhe. Neben dem Außenbereich und der Wallanlage mit historischen Kanonen kann in einem Teil der Räumlichkeiten der Festung Vardø eine schön gemachte Ausstellung besucht werden. Bisher sind die Texte nur auf Norwegisch vorhanden.

› **Pomormuseet,** Kaigata 2, 9950 Vardø, Tel. 40480332, www.varangermuseum.no/de, geöffnet: 30.4.-13.6. Sa/So 12-17, 14.6.-14.8. Do-So 12-17 Uhr, Eintritt: Erw. 100 NOK, ermäßigt 80 NOK, Kinder unter 16 Jahren kostenlos. Das Museum wurde 1894 als naturhistorische Sammlung gegründet und ist damit das älteste Museum in der Finnmark. Ein Teil der ursprünglichen Sammlung kann noch heute besichtigt werden. Gegenwärtig ist das Museum vor allem der vielseitigen Geschichte Vardøs und dem Pomorenhandel (s. S. 269) gewidmet.

› **Steilneset Minnested,** Steilneset Memorial, Andreas Lies gate, www.varangermuseum.no/de, frei zugänglich. Die 2011 eröffnete Gedenkstätte wurde von dem Schweizer Architekten Peter Zumthor und der franko-amerikanischen Künstlerin Louise Bourgeois konzipiert. Die von Louise Bourgeois geschaffene Installation „Flammhuset" oder „Die Verdammten, die Besessenen und die Geliebten" befindet sich am südlichen Ende der von Peter Zumthor geschaffenen, 135 Meter langen Gedenkhalle in einem separaten, ebenfalls von Zumthor entworfenen Bau und besteht aus einem Stuhl aus Stahl und fünf Gasflammen, die sich in sieben, kreisförmig angeordneten, ovalen Spiegeln spiegeln und wie Richter den Angeklagten umstellen. In der Gedenkhalle, die über zwei Stege betreten werden kann, sind jedem Opfer ein dezent beleuchtetes Fenster und ein von der Historikerin Liv Helene Willumsen editierter und auf überlieferten Dokumenten der Gerichtsverfahren basierender Text gewidmet.

› **Drakkar Leviathan.** Die etwa 2,5 km nördlich des Ortskerns, am westlichen Ufer von Vardøya gelegene Skulptur repräsentiert die Geschichten des Meeres, der Menschen, der Migration, der Mythen, der Seefahrt, des Holzes und der Wale. Sie ist eine Würdigung der Arktis, der Natur und des Menschen. Die Skulptur wurde im Sommer 2016 von einer Gruppe russischer Künstler aus Archangelsk/Severodvinsk errichtet.

⌃ *Der von Taibola Assemble errichtete Drakkar Leviathan im Nebel*

261wn-df

118 Vardø Bobilplass

GPS 70.37336, 31.10331

Der Hauptteil der Stellplätze befindet sich direkt an der Touristeninformation. Weitere liegen im Hafengebiet (GPS 70.37214, 31.10332) etwa 150 m südlich oder an der Kreuzung Brodtkorbs gate und E75, ca. 250 m nach dem Vardøtunnelen (GPS 70.36983, 31.10710, kein Strom). Eine Entsorgungsstation ist in der Strandgata 19A eingerichtet. **Lage/Anfahrt:** Die Plätze liegen zentral im Hafengebiet verteilt und sind über die E75 zu erreichen; **Platzanzahl:** 16; **Untergrund:** Asphalt, Schotter; **Preiskat.:** €; **Geöffnet:** ganzjährig; **Kontakt:** Kaigata 18C, 9950 Vardø, Tel. 45837560, www.visitvardo.no/camping, turisteninformasjon@vardo.kommune.no

Information

› **Vardø Turistinformasjon,** Kaigata 18, 9950 Vardø, Tel. 40700400, www.vardo.kommune.no, www.visitvardo.no, geöffnet: Mo–Fr 8.30–17, Sa/So 9.30–17 Uhr. Im Gebäude befinden sich ein kleines Café und ein Restaurant.

Gastronomie

› **Nordpol Kro, Pub,** Kaigata 21, Tel. 78987501, www.nordpolkro.no, geöffnet: Mo 10–15, Di–Do 10–15, 20–24, Fr 10–15, 20–0.30, Sa 20–0.30, So 20–23 Uhr. Das älteste Gasthaus Nordnorwegens besteht seit 1864 und bot bereits Fridtjof Nansen eine Unterkunft, bevor er mit der „Fram" 1889 seine Reise zum Nordpol fortsetzte. Das Hauptgebäude besteht aus Holz aus Archangelsk und wurde in der Zeit des Pomorenhandels errichtet. Neben Bier aus der eigenen Mikrobrauerei (Nordpol Ale) werden im gemütlichen und atmosphärisch einzigartigen Pub weitere Biersorten, Wein, Kaffee, Pizza und Snacks serviert. Zudem finden regelmäßig Konzerte und Veranstaltungen statt.

› **Varangerkokken,** Kaigata 8, Tel. 91674566, 78987761, www.facebook.com/varangermeny. Das angesehene Restaurant befindet sich im Vardø Hotel und wird von Tor-Emil Sivertsen geleitet. Sein Credo ist „Cod is great" und so bietet er ganzjährig Speisen aus lokalen Produkten wie frischem Kabeljau, aber auch aus Heilbutt, Robbe, Rentier, Wal, Lamm und Krabben an.

Aktivitäten

› **Bootstour auf die Vogelinsel Hornøya,** Kaigata 26A, Tel. 46444952, 90179585, www.hornoya.com, Abfahrtszeiten 1.6.–31.8. Mo–Fr 9, 10, 12, 13, 15, Sa/So 10, 12, 13, 15 Uhr, letzte Rückfahrt um 17 Uhr, Preise: Erw. 600 NOK, bis 15 Jahre 300 NOK. Tickets können in der Touristen-Information erworben werden, wo auch die Abfahrtszeiten aushängen. Die Überfahrt dauert rund 10 Minuten und beginnt nahe der Touristen-Information. Das Naturreservat Hornøya og Reinøya (nur Hornøya darf betreten werden) ist ein Paradies für Wildlife-Fotografen und Ornithologen. Hornøya ist die östlichste Insel Norwegens und Lebensraum und Brutgebiet zahlreicher Vogelarten wie Seeadler, Trottellummen, Papageitaucher, Rotkehlpieper, Strandpieper und Schwarzkehldrossel. Kegelrobben patrollieren vor der Küste und verschiedene Walarten können von der Insel aus gesichtet werden. Auch Orcas wurden hier schon gesehen.

263wn-df

HAMNINGBERG/HÁMBIERGE

(43 km – km 166,5)

Etwa 600 m vom Eingang des Vardøtunnelen entfernt zweigt die Fv341/8100 von der E75 Richtung Hamningberg ab. Von Vardø nach Hamningberg schlängelt sich die schmale Straße durch eine einsame, eindrucksvolle Küstenlandschaft, die von bizarren, scharfkantigen und von Wind und Wetter geformten Felsformationen geprägt ist. **Hamningberg** liegt auf einer Halbinsel und ist von Geröllfeldern und karger Vegetation umgeben. Während man sich dem Ort nähert, wird man mit etwas Glück von **Rentieren** empfangen, die sich das Gras schmecken lassen, das rund um die Siedlung üppiger gedeiht als in den umliegenden felsigen Hügeln.

Hamningberg ist einzigartig, denn das kleine **Fischerdorf** blieb im Zweiten Weltkrieg vor der Zerstörung durch die deutsche Wehrmacht verschont. Somit gilt die Bebauung als die am besten erhaltene unter den Fischerdörfern in der Finnmark.

Um 1900 gehörte die Siedlung zu den größten Fischerorten der Region und zählte etwa 250 Einwohner. Den Fang handelte man überwiegend mit den russischen Pomoren gegen Getreide und Holz. Einige der Häuser des Dorfs wurden in Russland vorgefertigt und in Hamningberg zusammengesetzt. Gut erhaltene, teils aus dem 19. Jahrhundert stammende Lagerhäuser, Bootshäuser, Fischerhütten, die Kirche, eine kleine Villa und ein Laden stehen **unter Denkmalschutz** und bilden eine traditionelle, für die Finnmark typische Dorfstruktur. Bei einem Spaziergang durch den Ort spürt man sofort den Atem der Geschichte. Zusammen mit der rauen Natur, der stürmischen Barentssee, der eindrucksvollen Weite und Stille wird man unvermeidlich von diesem außergewöhnlichen Zauber überwältigt.

Als die ersten motorisierten und größeren Fischkutter Einzug hielten, reichte der Platz im Hafen von Hamningberg nicht mehr aus. Eine größere Mole wurde nicht bewilligt. 1965 beschloss die Regierung, die Einwohner umzusiedeln, da sich eine Versorgung des abgelegenen Ortes nicht lohnte. Beihilfen wurden gezahlt und die Menschen waren gezwungen, ihr Hab und Gut zu packen, um an einem anderen Ort neu zu beginnen.

Hamningberg ist heute nur noch im Sommer bewohnt. Wenn die Straße nach einem langen Winter wieder befahrbar wird, kehren die Bewohner für einige Wochen in den Ort zurück.

262wn-df

Gastronomie

› **Kafé Pakkhuskaia,** Fv341 137, 9990 Båtsfjord, Tel. 95102346, www.facebook.com/Pakkhus kaia, geöffnet: 24.6.-30.7. und 2.-15.8. tägl. 11-19 Uhr. Im urigen und gemütlichen Café, das in einem historischen Gebäude untergebracht ist, gibt es Gebäck, Getränke und regionale Speisen.

Aktivitäten

› **Riisebruket,** GPS 70.53959, 30.61649, Tel. 97585580, www.riisebruket.no, geöffnet: 8.7.-31.7. Mo-So 12-18 Uhr, warme Gerichte ab 14 Uhr, Mo, Di nur für Gruppen. Königskrabben-Safaris mit anschließendem Dinner. Ein Café/Restaurant bietet Waffeln, Kaffee, Fischsuppe und vor Ort gefangenen und getrockneten Boknafisk (halbtrockene Variante des Stockfischs).

Parken/Übernachten

S 128 **Hamningberg rasteplass for bobiler,** GPS 70.54160, 30.60267, 9990 Hamningberg. Etwa 150 m westlich des Ortes, am Friedhof gelegen. Erreichbar über die Fv341/8100. An der T-Kreuzung im Ort der Beschilderung nach links folgen. Der Schotterplatz mit ca. 25 Stellmöglichkeiten bietet einen ausgezeichneten Rundumblick über den Ort. Die Übernachtung ist kostenlos, es wird aber um eine Spende gebeten (siehe Aushang am öffentlichen WC, das sich am Ortseingang an der Kreuzung befindet).

S 129 **Hamningberg Park Camper,** GPS 70.54248, 30.59304, 9990 Hamningberg. An einer kleinen Bucht, westlich des Orts gelegen. Der Fv341/8100 nach Hamningberg folgen und an der T-Kreuzung im Ort links fahren und dem Schotterweg folgen. Das Wiesengelände mit ca. 20 Plätzen liegt ausgesprochen malerisch mit Blick auf eine kleine Bucht. Atmosphärisch ist dies ein besonderer Ort am gefühlten Ende der Welt. Wenige Hundert Meter entfernt befindet sich das Naturreservat Ytre Syltevika. Die Übernachtung ist kostenlos, es wird aber um eine Spende gebeten (siehe Aushang am öffentlichen WC, das sich am Ortseingang an der Kreuzung befindet).

Das Naturreservat Ytre Syltevika vom Stellplatz Hamningberg Park Camper aus gesehen

Bizarre Felsformationen aus Schieferplatten an der Fv341/8100 nach Hamningberg

Hamningberg stellt einen würdigen Abschluss der letzten Route des Buches dar. Die Landschaft, die Besiedlung und das Klima erinnern eindeutig daran, dass man sich hier im äußersten Norden des europäischen Festlands befindet. Auf dem Rückweg hat man die Möglichkeit, andere Routen dieses Buches zu wählen und noch nicht besuchte, jedoch ebenso faszinierende Regionen Nordnorwegens zu entdecken.

318wn-df

319wn-df

320wn-df

264wn-df

ANHANG

KLEINE SPRACHHILFE NORWEGISCH

WÖRTER RUND UMS WOHNMOBIL

A

Abblendlicht — *nørlys*
abdichten — *tette*
abschleppen (ein Auto) — *taue bort (en bil)*
Abschleppseil — *slepetau*
Abschleppwagen — *kranvogn*
abstellen/parken — *parkere*
Abwasser — *kloakk, spillvann*
Achse — *aksel*
Alarmanlage — *alarm*
Ampel (Verkehrs-) — *trafikklys*
Anlasser — *starter*
Anschluss/Adapter — *tilknytning*
Auspuff — *eksosrør*
Auto — *bil*

B

Batterie — *batteri*
Batterie laden — *batteri lade opp*
befahrbar (nicht befahrbar) — *trafikkere (ikke trafikkere)*
Benzin — *bensin*
Benzinpumpe — *bensinpumpe*
beschädigt — *skadet*
Blinker — *blinklys*
Breite — *bredde*
Bremsbelag — *bremsebelegg*
Bremse(n) — *bremse (bremsing)*
Bremsflüssigkeit — *bremsevæske*

C, D

Chemie-Toilette — *kjemi toalett*
defekt — *defekt*
dicht — *tett*
Dichtung — *tetning, pakning* (techn.)
Diesel — *diesel*
Differential — *differensial*

E

Einspritzpumpe — *innsprøytnings-pumpe*
eng, schmal — *smal*
entleeren/entsorgen — *fjerning av søppel eller avfallsstoffer*
erlaubt — *lovlig, tillatt*
Ersatzrad — *reservehjul*
Ersatzteil — *reservedel*

F

Feder — *fjær*
Fernlicht — *fjernlys*
Feuerlöscher — *brannslukker*
Frostschutzmittel — *frostvæske*
Führerschein — *sertifikat, lapp*

G

Gang — *gir*
Gasflasche — *gassbeholder*
gebrochen — *gebrokken*
geöffnet — *åpen, åpnet*
Gepäckträger — *bagasjebærer*
geschlossen — *stengt*
Geschwindigkeit — *fart*
Getriebe — *gir*
Gewicht — *lodd*
Glühbirne — *lyspære*
Grauwasser — *gråvann*

H

Haarnadelkurve — *hårnålsving*
Handbremse — *håndbrems*
Hebel — *løftestang*
Heizung — *varme*
Hilfe (Erste Hilfe) — *hjelp (førstehjelp)*
Höhe — *høyde*
Hupe — *horn*

K

Kabel — *kabel*
Kanister (Benzin-) — *bensinkanne*
Kardanwelle (Antriebswelle) — *kardangaksel*

Karosserie	*karosseri*
Keilriemen	*vifterem, kilerem*
Kfz-Kennzeichen	*registeringsnummer*
Kolben	*kolben, stempel*
Kugellager	*kulelager*
Kühler	*radiator*
Kühlschrank	*kjøleskap*
Kupplung	*clutch, kopling*
Kurve	*kurve*
Kurzschluss	*kortslutning*

L

Länge*lengde*	
Lastwagen	*lastebil*
leer	*tom, blank*
Lenkrad	*ratt*
Lenkung	*styrelse*
Licht ein- / ausschalten	*skru på lyset / slokke på lyset*
Lichtmaschine	*dynamo, generator*
Luftfilter	*luftfilter*
Lüftung	*ventilasjon, lufting*

M

Messstab	*målestokk*
Motor	*motor*
Motoröl	*motor olje*
Mutter	*mutter*

N

Nabe	*nav*
niedrig	*låg*

O, P

Ölwechsel	*oljeskift*
Panne	*motorstopp*
Parkplatz	*parkeringsplass*
Propangas	*propan*

R

Rad	*hjul*
Radkappe	*hjulkapsel*
Radmutter	*hjulsmutter*
Radwechsel	*hjulskift*
Rastplatz	*rasteplass*
Reifen	*bildekk* (Autoreifen)
Reifendruck	*dekktrykk*
reparieren	*fikse*
Reserverad	*reservehjul*
Rücklicht	*baklys*
Rückspiegel	*bakspeil*

S

Schalter (Postschalter)	*strømbryter (luke)*
Scheibenwischer	*vindusvisker*
Scheinwerfer	*frontlys*
Schlauch	*slange*
Schlüssel	*nøkkel*
Schmutzwasser	*avløpsvann, kloakk*
Schneeketten	*snøkjetting*
Schraubenschlüssel	*skrunøkkel*
Schraubenzieher	*skrujern*
Sicherung	*sikring*
Steckdose	*stikkontakt*
Stecker	*kontakt*
Steil	*bratt*
Stoßdämpfer	*støtdemper*
Stoßstange	*støtfanger*
Strom	*strom* (elektr.)

T

Tank	*tank*
tanken (auftanken)	*tanke (tanke opp)*
Tankstelle	*bensinstasjon*
Tempolimit	*fartsgrense*
Trinkwasser	*drikkevann*

U

übernachten	*overnatting*
undicht	*lekk*
Unfall	*ulykke*

V

Ventil	*ventil*
Ventilator	*ventilator*
Versorgung	*forsyning*
verboten	*forbud*
Vergaser	*forgasser*
verletzt	*skadet*
Verletzte (Schwer-)	*tilskadekommet*
Versicherung	*assuranse*
Vorfahrt	*forkjørsrett*

W

Wagenheber	*jekk*
Wasserpumpe	*vann pumpe*
Wassertank	*vann tank*
Werkstatt	*verksted*
Werkzeug	*verktøy*
Windschutzscheibe	*frontglass*
Wohnmobil	*bobil*

Z

Zündkerze	*tennplugg*
Zündschlüssel	*tenningsnøkkel*
Zündung	*tenning*
Zylinder	*sylinder*
Zylinderkopf	*sylinderens hode*

HÄUFIGE BEGRIFFE

Berg	*berg*
Bucht	*bukt*
Burg	*borg*
Dorf	*bygd*
Ebene	*plan, sletteland*
Fluss	*elv*
Gebirge	*fjell*
Hafen	*havn*
Hochebene	*vidde, fly*
Insel	*øy*
Kirche	*kirke*
Kloster	*kloster*
Markt(-platz)	*torg*
Platz	*plass*
Rathaus	*rådhus*
Schloss	*slott*
Schlucht	*gjell, juv*
See	*vatn*
Stadt	*by*
Strand	*strand*
Straße	*gate, gata, vei*
Tal	*dal*
Teich	*dam, tjern*
Turm	*tårn*

Oberhalb von Tromsø (s. S. 207) kann man die herrliche Aussicht genießen

317wn-df

DER AUTOR

Daniel Fort (www.danielfort.com) studierte Fotografie und Medien in Bielefeld und Vaasa in Finnland. Mit tschechischen Wurzeln in Deutschland geboren und aufgewachsen, kam er bereits früh mit kultureller Vielfalt in Berührung. Seit dem Studium widmet er sich intensiv dem Reisejournalismus. Inzwischen sind von ihm zahlreiche Publikationen rund um das Reisen erschienen, u. a. ist er Co-Autor der „Womo & weg"-Titel für Nord- und Süddeutschland. Mit dem Bulli, Wohnmobil, Fahrrad oder zu Fuß entdeckt der Berg- und Outdoor-Enthusiast neben seiner Heimat Deutschland immer wieder gern den hohen Norden Skandinaviens. Die ursprüngliche, weitläufige und spektakuläre Natur sowie die hierdurch geprägte Kultur und Lebensweise in der nördlichsten Region Europas begeistern ihn seit nunmehr fast 30 Jahren.

316wn-df

IMPRESSUM

Daniel Fort

Die schönsten Routen durch NORDNORWEGEN

1. Auflage 2023

ISBN 978-3-8317-3441-2

Printed in Germany

Druck und Bindung:
mediaprint solutions GmbH, Paderborn

Herausgeber: Klaus Werner
Layout: amundo media GmbH (Inhalt), Wayan Rump (Umschlag)
Lektorat: amundo media GmbH
Routenkarten: world mapping project
Ortspläne: amundo media GmbH, der Verlag
Kontakt: Osnabrücker Str. 79, 33649 Bielefeld, info@reise-know-how.de
Anzeigenvertrieb: KV Kommunalverlag GmbH & Co. KG, Alte Landstraße 23, 85521 Ottobrunn, Tel. 089 928096-0, info@kommunal-verlag.de

---

Bildnachweis: Umschlag: alle Bilder Daniel Fort
Soweit ihre Namen nicht vollständig am Bild vermerkt sind, stehen die Kürzel an den Abbildungen für die folgenden Fotografen, Firmen und Einrichtungen. Daniel Fort: df | Lofoten Seaweed: ls

---

REISE KNOW-HOW
@ReiseKnowHow
@reiseknowhowverlag
@Reise_KnowHow
auf www.reise-know-how.de
für den Newsletter anmelden
Zugspitze, Foto: Aneta Niemitz
Wohnmobil-Tourguide | Kauderwelsch | Landkarten | Soul Places

Wohnmobil Erlebnisreisen
Seit über 30 Jahren begeistern wir Camper, Reisefreunde, Abenteurer und Weltoffene für authentische Reisen in Europa und Afrika.
SIWA TOURS - Für Ihren rundum sorglosen Urlaub im Wohnmobil.
SIWA
TOURS
geokulturzeit
Wohnmobil BergAbenteuer
surftours
Wir freuen uns auf Sie!
Tel. + 49 751 977 859 72
Mobil +49 151 650 100 40
info@siwatours.de / www.siwatours.de

REGISTER

ROUTENATLAS

287wn-df

312
Hofstad
Kiran
Nordskjørin
Harbak
Stokkøya
Harsvika
Tørvik
Linesøya
Børmarka
Stokksund
Stjern
Tårnes
Arsenvågøy fyr
Lauvøy
Eid
Åfjord
Skansen
Selnes
Vorpbukta
Tiltrem
Mørriaunet
Flenstad
Teksdalen
Oksvoll
Nes
Botngård
Gjølgavatnet
Fosna
Uthaug
Gjølga
Råkvågen
Opphaug
Rausjøseter
Austråtborgen
Brekstad
Saga
Osløya
Fevåg
Kulia
Selva
Rissa
Skjelbreia
Hoven
Storvatnet
Hindrem
Sund
Vanvikan
Rørvika
Botnen
Vårvik
Trondheimsfjorden
Trondheimsfj.
Øyangen
Røberg
Kjøra
Flakk
Rockheim
Nidarosdom
Spongdal
Trondheim
Malvik
Hell
Hommelvik
Egger
Orkdal
Buvika
Melhus
Bjørkli
Øvre Jervan
Amdal
Tømra
Okstad
Solem
Selbusjøen
Svorkmo
Flå
Hølonda
Gaula
Lundesokna
Reinsfjell
941
Sørungen
Samsjøen
Holtsjøen
Lauvåsen
Rognes
Skjerli
Garli
Moen
Økdal
Bjørga
Reitstøa
Gåre
Berkåk
Heggvoll
Volden
Enmoen
Ena
Fora
Sør-Trøndelag
Forollhogna
nasjonalpark
Innset
Orkla
Storbudal
Forelshogna
1332
Øyungen
Myrhaug
Ålen
Kjerringvollen
Storvollen
Kongensgruve
Sætthaugen
Brattåga
Gruvenmuseum
Bringen
1042
Flaknan
Gressli
Mebonden
Alset
Nea
Ytteråsen
Elvran
Hegra festning
Hegra
Stjørdalshalsen
Okkelberg
Langstein
Haugan
Frosta
Åsen
Fånes
Selbua
Ekne
Ronglan
Skogn
Markabygd
Trættlia
ROUTE 1
Levanger
Verdalsøra
Ytterøy
Kjerringvik
Vangshylla
Mosvik
Trongsudet
Sollia
Fines
Moldøra
Meltingvatnet
Tronvika
Slipra
Leksvik
Skjelstad
Verran
Kjerknesvågen
Straumen
Beitstadfjorden
Follafoss
Malm
Holden
Finnvollheia
676
Finnvolivatnet
Namdalseid
Almlia
Hjellbotn
Tørring
Vallamelen
Beistad
Steinkjer
Sem
Sunnan
ROUTE 2
Kvam
Gilten
Deråsbrenna
Solem
Argård
Sjøåsen
Snåsvatnet
Støa
Ogndal
Vist
Sparbu
Henning
Bodom
Innherad
Veimo
Røra
Leksdalsvatnet
Nasjonalt Kultursenter
Stiklestad
Vuku
Vollen
Rinnan
Buran
Steine
Inna
Vaterholm
Ådalsvollen
Feren
Risvollen
Sulåmoen
Kjøljaugan
1249
Meråkervollen
Stjørdalselva
Gudå
Sonvatnet
Fjergen
Kopperå
Skarvan
1171
Skarvan og Roltdalen
Stordal
Storlien
Bjørneggen
Finnkoisjøen
Fongen
1441
Storerikvollen
Storulvånsfjällstn
Øyfjell
1251
Essandsjøen
Ås
Sakrismoen
Nesjøen
Movollen
Nedalshytta
Sylarna
1761
Vektarhaugen
Nedalssjøn (Sylsjön)
Jensåsvollen
Riasten
Skardørsfjella
1548
Storelvvollen
Skarsfjället
1594
Rien
Aursunden
Vika
Tamneset
Brekken
Ramunderberget
Inner-dalsvatnet
1099
Trondheim-Røros
Nordsjøen
Aasenvoll
1221
Sjøåsen
Snåsa

313
1 cm = 8,75 km
© Reise Know-How 2023
Trondheim
Bodø
Narvik
Alta
Kirkenes
Blåfjella-
Lierne
Skjäkerfjella
Trøndelag
Skjækerhatten
nasjonalpark
Snåsvatnet
Snåsa
ROUTE 2
Kjenneräs
Vegset
Agle
Hegge
Skromoen
Gressåmoen
Andorsjøen
Laksjoen
Eide
Lauvsjølia
Lenglingen
Berglia
Ingerdalen
Sørli
Jule
Blåfjellshatten
Prestesetern
Langvatnet
Holsengsætra
Skjelstad
Gaulstad
Skjækervatnet
Bjørkede
Holdern
Jävsjön
Rongen
Gunnarvattnet
Valsjöbyn
Valsjön
Torrön
Burvattnet
Sösjöfjällen
Rörvattnet
Hotagen
Häggsjövik
Häggsjön
Åkran
Vera
Søre Moen
Skäckerfjällen
Ångsfjärden
Kolåsen
Överäng
Korsvattnet
Långvattnet
Bakvattnet
Jänsmässholmen
Åkersjön
Skärvången
S. Skärvången
Mörtsjön
Anjan
Storrensjön
Sundet
Kallsedet
Juvuln
Frankrike
Olden
Skalstugan
Kallsjön
Böle
Finnsäter
Trången
Vallrun
Gysen
Lillholmsjö
Föllinge
Medstugan
Vassnäs
Konäs
Rönnöfors
Djupsjön
Häggsjön
Berge
Tångeråsen
Lien
Landögssjön
Landön
Sandviksjön
Rensjön
Huså
Kall
Areskutan
Krok
Hållan
Kaxås
Lången
Lundsjön
Duved
Åre
Björnänge
Järpbyn
Kougsta
Offerdal
Änge
Tulleråsen
Ånn
Enafors
Handöl
Edsåsdalen
Järpen
Alsen
Stavre
Undersåker
Hålland
Liten
Mörsil
Alsensjön
Trångsviken
Näldsjön
Nälden
Åspås
Snasahögarna
Ånnsjön
Trillevallen
Vaplan
Krokom
Ottsjön
Ottsjö
Mattmar
Ytterån
Dvärsätt
Vallbo Lappkapell
Vålådalen
Indalsälven
Ytteröcke
Arvesund
Storsjön
Rödön
Lungvik
Bunnerfjällen
Handölan
Naturum Valadalen
Håckrenmagasinet
Sällsjö
Hammarnäs
Hallen
Frösön
Vålådalens Naturreservat
Bydalen
Norderön
Östersund
Höglekardalen
Orrviken
Marieby
Ovikfjällen
Helagsfjället
Kesudalen
Lunndörrsfjällen
Häggsåsen
Månsåsen
Lockne
Hara
Myrviken
Fåker
Jämtlands län
Ljungan
Ljungdalen
Öviken
Tandsbyn
Torsborg
Galåbodarna
Kövra
Myssjö
Hackås
Storsjö
Dalåsen
Ramundberget
Tunvågen
E6
E14
E45

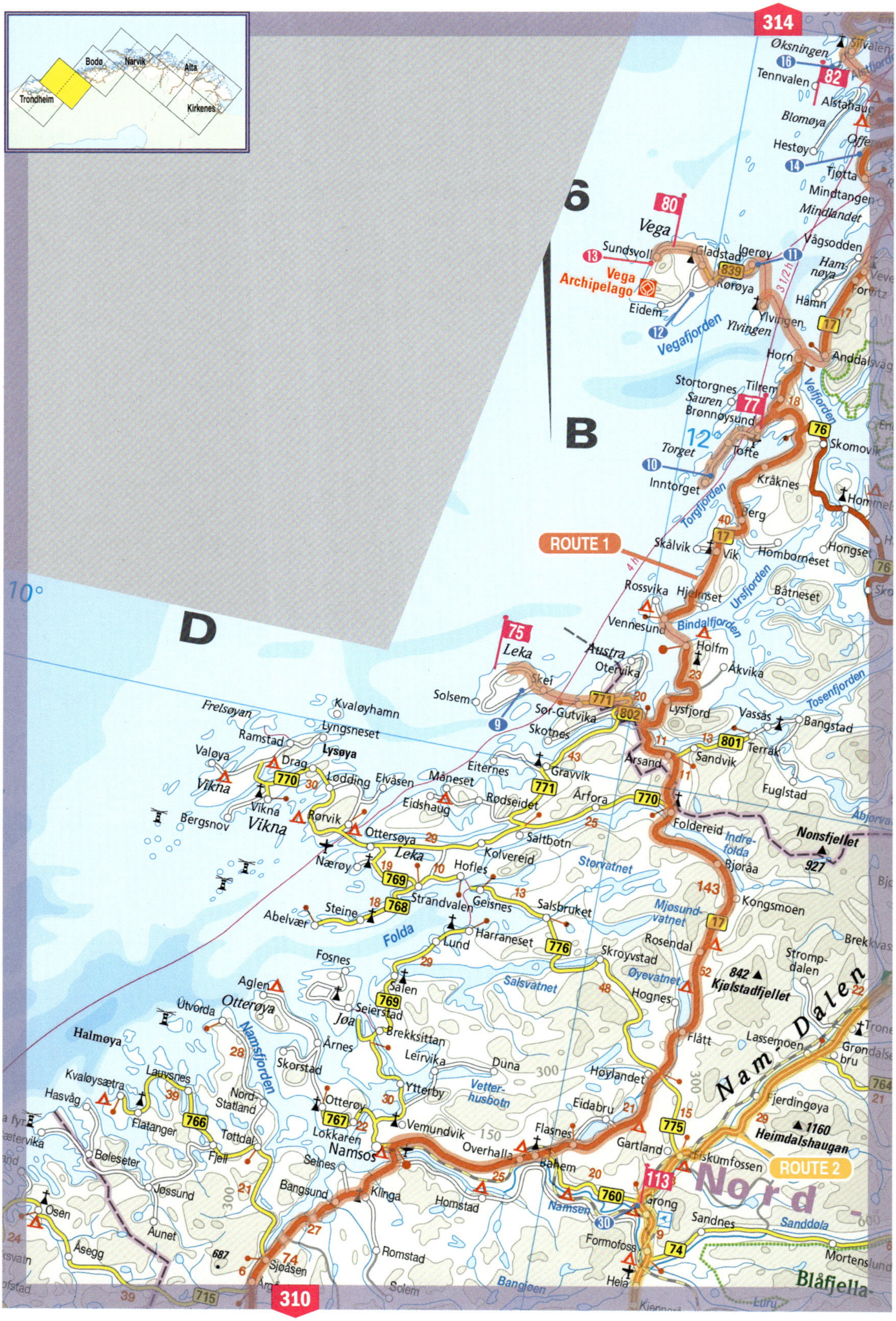

Bodø
Narvik
Alta
Trondheim
Kirkenes
314
Øksningen
Tennvalen
82
Alstahaug
Blomøya
Hestøy
Tjøtta
Mindtangen
Mindlandet
Vågsodden
Hamnøya
Forvitz
Hamn
6
80
Vega
Sundsvoll
Gladstad
Igerøy
839
Vega Archipelago
Kørøya
Eidem
Vegafjorden
Ylvingen
Horn
Anddalsvåg
Velfjorden
Stortorgnes
Sauren
Tilrem
77
Brønnøysund
B
12°
76
Torget
Tofte
Skomovik
Inntorget
Kråknes
Torgfjorden
Hommelstø
Berg
ROUTE 1
Skålvik
Vik
Homborneset
Hongset
Ursfjorden
Rossvika
Hjelmset
Båtneset
Vennesund
Bindalfjorden
10°
D
75
Leka
Austra
Holfm
Oterøy
Åkvika
Skei
Tosenfjorden
Solsem
771
Sør-Gutvika
802
Lysfjord
Vassås
Bangstad
Kvaløyhamn
Frelsøyan
Skotnes
801
Lyngsneset
Ramstad
Terråk
Årsand
Sandvik
Lysøya
Valøya
Drag
770
Eiternes
Gravvik
Vikna
Lødding
Elvåsen
Måneset
771
Fuglstad
Arfora
Vikna
Eidshaug
Rødseidet
Bergsnov
Rørvik
Foldereid
Nonsfjellet
Ottersøya
Saltbotn
Indre-folda
927
Leka
Nærøy
Kolvereid
Storvatnet
Bjøråa
Hofles
769
Strandvalen
Geisnes
Kongsmoen
768
Steine
Salsbruket
Mjøsund-vatnet
Abelvær
Folda
Harraneset
Rosendal
Lund
776
Skroyvstad
Strompdalen
Fosnes
Øyevatnet
842
Kjølstadfjellet
Aglen
Salen
Salsvatnet
Hognes
Otterøya
Seierstad
Útvorda
769
Jøa
Flått
Halmøya
Brekksittan
Lassemoen
Årnes
Namsfjorden
Leirvika
Nam Dalen
Skorstad
Duna
Grøndalselv bru
Kvaløysætra
Lauvsnes
Nord-Statland
Ytterby
Høylandet
Hasvåg
Vetter-husbotn
Fjerdingøya
Otterøy
Eidabru
1160
Flatanger
766
767
Lokkaren
Vemundvik
Heimdalshaugan
Tøttdal
Flasnes
Gartland
775
Namsos
Overhalla
Bøleseter
Fjell
Selnes
Bahem
Skumfossen
ROUTE 2
113
Bangsund
Jøssund
Klinga
Homstad
760
Nord-
Osen
Namsen
Grong
Aunet
Sandnes
Sanddøla
Åsegg
687
Romstad
Formofoss
74
Mortenslund
Sjøåsen
Heia
Blåfjella-
Solem
Bangøen
715
310
Luru

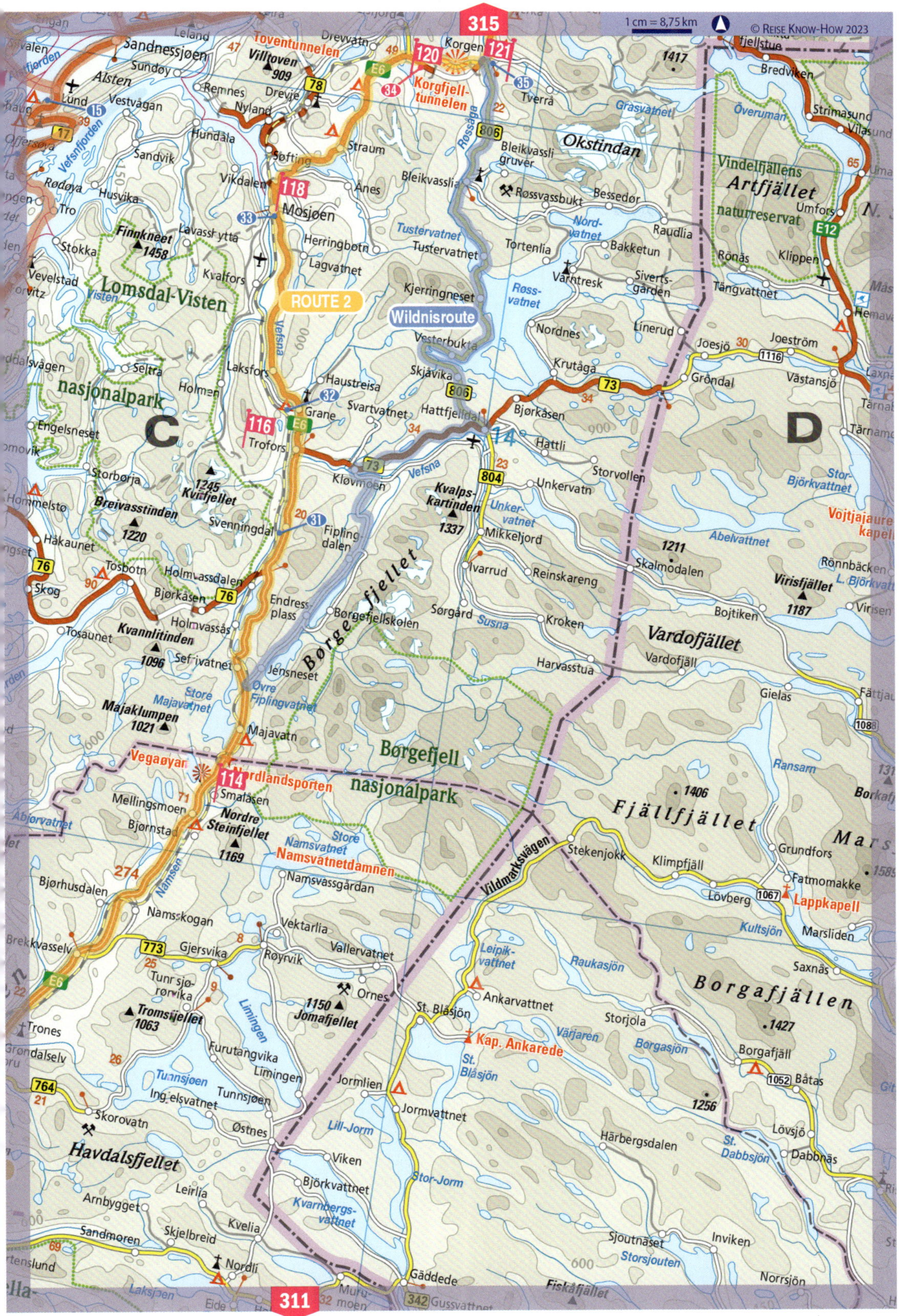
315
311
1 cm = 8,75 km
© Reise Know-How 2023
C
D
ROUTE 2
Wildnisroute
Toventunnelen
Korgfjelltunnelen
Nordlandsporten
Namsvatnetdamnen
Vildmarksvägen
Sandnessjøen
Alsten
Sundøy
Leland
Lund
Vestvågan
Remnes
Drevje
Nyland
Vefsnfjorden
Hundåla
Sandvik
Rødøya
Husvika
Tro
Stokka
Vevelstad
Søfting
Vikdalen
Mosjøen
Straum
Ånes
Bleikvasslia
Korgen
Drevvatn
Villtoven
909
Tverrå
Røssåga
Okstindan
Grasvatnet
Bleikvassli gruver
Røssvassbukt
Bessedør
Nord-vatnet
Raudlia
Bakketun
Tustervatnet
Tortenlia
Varntresk
Siverts-gården
Røss-vatnet
Kjerringneset
Herringbotn
Lagvatnet
Kvalfors
Lavassl ytta
Finnkneet
1458
Lomsdal-Visten
nasjonalpark
Seltra
Holmen
Laksfors
Vefsna
Haustreisa
Grane
Trofors
Svartvatnet
Hattfjelldal
Skjåvika
Vesterbukta
Nordnes
Krutåga
Bjørkåsen
Hattli
Storvollen
Unkervatn
Unker-vatnet
Kvalps-kartinden
1337
Mikkeljord
Ivarrud
Reinskareng
Sørgard
Susna
Kroken
Harvasstua
Kløvmoen
Fipling-dalen
Engelsneset
Storbørja
1245
Kvitfjellet
Breivasstinden
1220
Svenningdal
Hommelstø
Håkaunet
Tosbotn
Holmvassdalen
Bjørkåsen
Skog
Tosåunet
Holmvassås
Kvannlitinden
1096
Sefrivatnet
Endress-plass
Børgefjellet
Børgefjellskolen
Jensneset
Øvre Fiplingvatnet
Store Majavatnet
Majaklumpen
1021
Majavatn
Børgefjell
nasjonalpark
Vegaøyan
Smalåsen
Mellingsmoen
Bjørnstad
Nordre Steinfjellet
1169
Store Namsvatnet
Namsvassgårdan
Abjørvatnet
Bjørhusdalen
Namsen
Namsskogan
Brekkvasselv
Gjersvika
Tunnsjø-rørvika
Tromsjellet
1063
Røyrvik
Vektarlia
Vallervatnet
Ornes
1150
Jomafjellet
Limingen
Furutangvika
Trones
Grøndalselv
Tunnsjøen
Ing.elsvatnet
Skorovatn
Havdalsfjellet
Østnes
Arnbygget
Leirlia
Sandmoren
Skjelbreid
Kvelia
Nordli
Viken
Bjørkvattnet
Kvarnbergs-vattnet
Gäddede
Gussvattnet
Muru-moen
Laksjøen
Eide
Jormlien
Jormvattnet
Lill-Jorm
Stor-Jorm
St. Blåsjön
Kap. Ankarede
Ankarvattnet
Leipik-vattnet
Stekenjokk
Klimpfjäll
Lövberg
Fatmomakke
Lappkapell
Kultsjön
Marsliden
Saxnäs
Raukasjön
Värjaren
Storjola
Borgasjön
Borgafjällen
1427
Borgafjäll
Båtas
1256
Härbergsdalen
St. Dabbsjön
Lövsjö
Dabbnäs
Sjoutnäset
Storsjouten
Inviken
Norrsjön
Fiskåfjället
Fjällfjället
1406
Grundfors
Ransarn
Gielas
Vardofjället
Vardofjäll
Bojtiken
Virisfjället
1187
Skalmodalen
1211
Abelvattnet
Rönnbäcken
Virisen
Vojtjajaure kapell
Stor-Björkvattnet
Tärnaby
Västansjö
Joeström
Joesjö
Gröndal
Linerud
Tängvattnet
Rönäs
Klippen
Umfors
Vindelfjällens
Artfjället
naturreservat
Överuman
Strimasund
Vilasund
Bredviken
1417
fjellstue

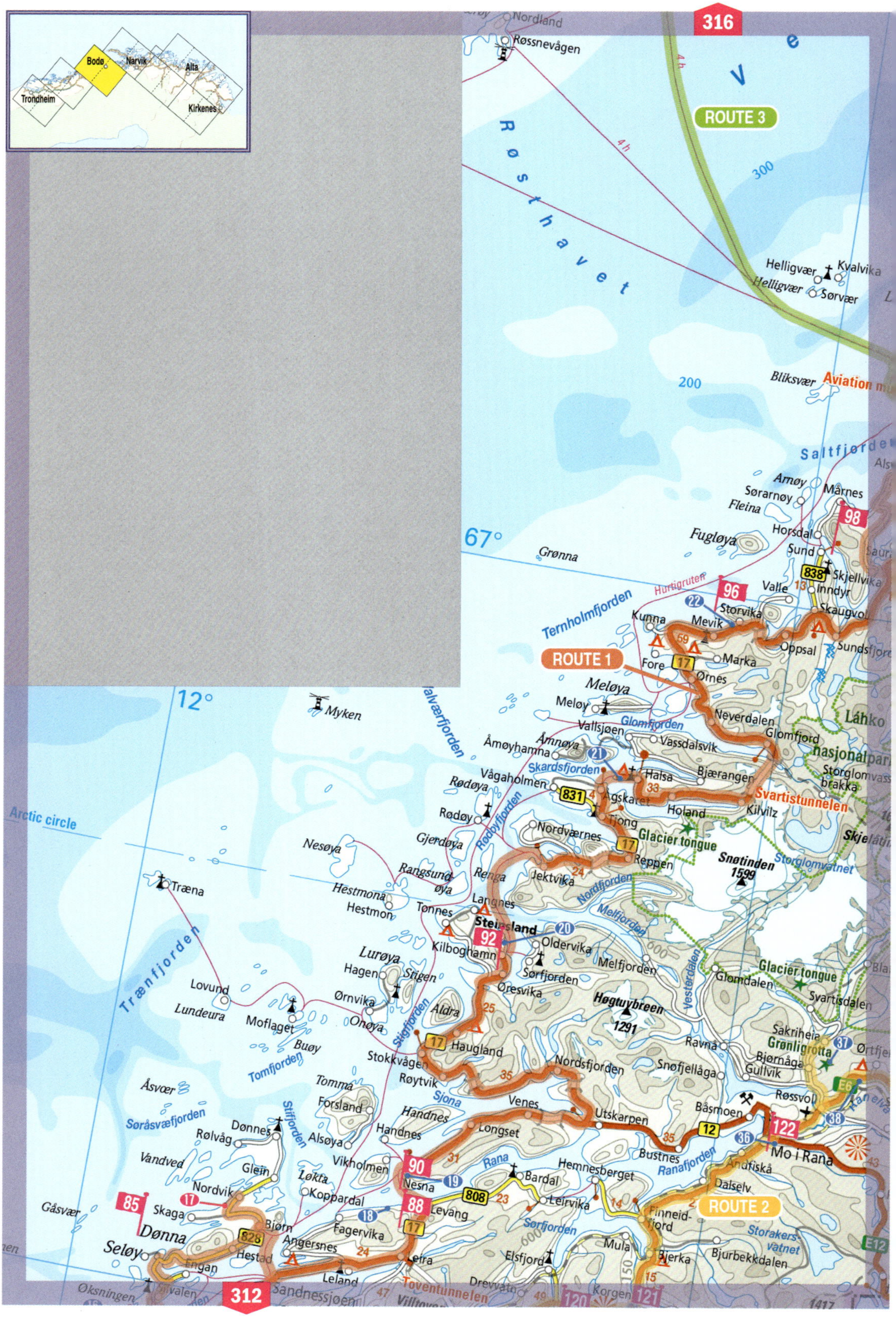

316
312
ROUTE 1
ROUTE 2
ROUTE 3
Røstområdet
Saltfjorden
Arctic circle
Trænfjorden
Bodø
Narvik
Alta
Trondheim
Kirkenes
Myken
Træna
Lovund
Meløya
Fugløya
Grønna
Ternholmfjorden
Glomfjorden
Glomfjord
Svartistunnelen
Glacier tongue
Snøtinden 1599
Høgtuvbreen 1291
Grønligrotta
Mo i Rana
Nesna
Stokkvågen
Dønna
Sandnessjøen
Toventunnelen
Rana
Ranafjorden
Sørfjorden
Melfjorden
Nordfjorden
Steinsland
Kilboghamn
Halsa
Ørnes
Inndyr
Helligvær
Røssnevågen
Nordland
Saltfjellet

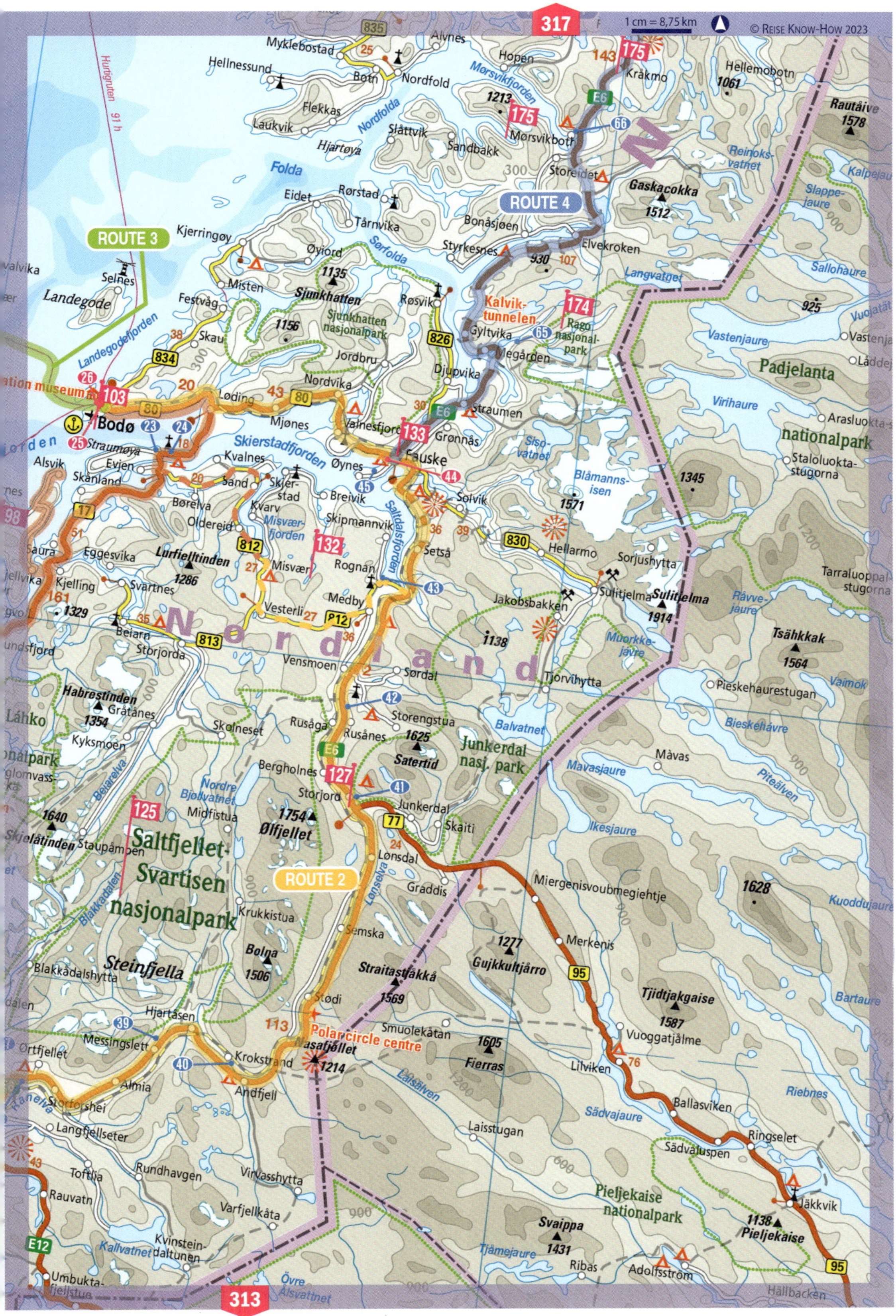

317
1 cm = 8,75 km
© Reise Know-How 2023
Myklebostad
Alvnes
Hopen
Hellnessund
Bøtn
Nordfold
Morsvikfjorden
Kråkmo
Hellemobotn
1061
Rautåive
1578
Flekkas
Nordfolda
1213
Laukvik
Hjartøya
Slåttvik
Sandbakk
Morsvikbotn
Folda
Storeidet
Reinoksvatnet
Kalpejaure
Slappejaure
Eidet
Rørstad
Gaskacokka
1512
ROUTE 4
Tårnvika
Bonåsjøen
ROUTE 3
Kjerringøy
Øyjord
Sørfolda
Styrkesnes
Elvekroken
Valvika
Selnes
1135
930
107
Langvatnet
Sallohaure
Misten
Sjunkhatten
Landegode
Festvåg
Røsvik
Kalvik-tunnelen
174
Sjunkhatten nasjonalpark
925
Vuojatätno
1156
Rago nasjonalpark
Landegodefjorden
Skau
Gyltvika
Vastenjaure
Vastenjaure
834
826
Megården
Lådde
Jordbru
Padjelanta
Djupvika
Nordvika
Løding
103
Aviation museum
Straumen
Virihaure
Bodø
Mjønes
Valnesfjord
133
Arasluokta
nationalpark
Skjerstadfjorden
Grønnås
Sisovatnet
Straumøya
Fauske
Alsvik
Evjen
Kvalnes
Øynes
Staloluokta-stugorna
Skånland
Sand
Skjerstad
Solvik
Blåmannsisen
1345
Breivik
Børelva
Kvarv
1571
Misværfjorden
Saltdalsfjorden
Skipmannvik
Oldereid
830
Hellarmo
Sorjushytta
812
132
Setså
Saura
Eggesvika
Lurfjelltinden
Misvær
Rognan
Tarraluoppal-stugorna
1286
Kjelling
Svartnes
Medby
Jakobsbakken
Sulitjelma
Sulitjelma
1329
Rávvejaure
Vesterli
1914
Beiarn
812
813
Nordland
1138
Muorkkejávre
Tsähkkak
Storjorda
Vensmoen
1564
Sørdal
Tjorvihytta
Pieskehaurestugan
Vaimok
Habrestinden
Grátanes
Storengstua
Bieskehávre
1354
Skolneset
Rusåga
Lahko
Rusånes
1625
Balvatnet
Kyksmoen
Satertind
Junkerdal nasj. park
Måvas
nalpark
Mavasjaure
Piteälven
Beiarelva
Bergholnes
127
Nordre Bjøllvatnet
Storjord
Junkerdal
125
Midtfistua
1754
Skaiti
1640
Ølfjellet
Ikesjaure
Skjelåtinden
Staupåmpen
Saltfjellet-Svartisen nasjonalpark
Lønsdal
ROUTE 2
Graddis
Miergenisvoubmegiehtje
1628
Kuoddujaure
Blakkådalen
Lønselva
Krukkistua
Semska
1277
Merkenis
Gujkkultjårro
Bolna
95
1506
Steinfjella
Straitastjåkkå
Tjidtjakgaise
Blakkådalshytta
1569
1587
Bartaure
Stødi
Hjartåsen
113
Polar circle centre
Smuolekåtan
Vuoggatjålme
Messingslett
1605
Ortfjellet
Krokstrand
asafjellet
Fierras
Lilviken
76
1214
Almia
Andfjell
Lairaälven
Riebnes
Storforshei
Ballasviken
Sädvajaure
Langfjellseter
Laisstugan
Ringselet
Sädvaluspen
Tofttia
Rundhavgen
Virvasshytta
Rauvatn
Pieljekaise nationalpark
Jäkkvik
Varfjellkåta
1138
Pieljekaise
E12
Svaippa
1431
Kvinstein-daltunen
Kallvatnet
Tjämejaure
Ribas
Adolfsström
95
Umbukta-fjellstue
Øvre Alsvatnet
313
Hällbacken
Hurtigruten 91 h

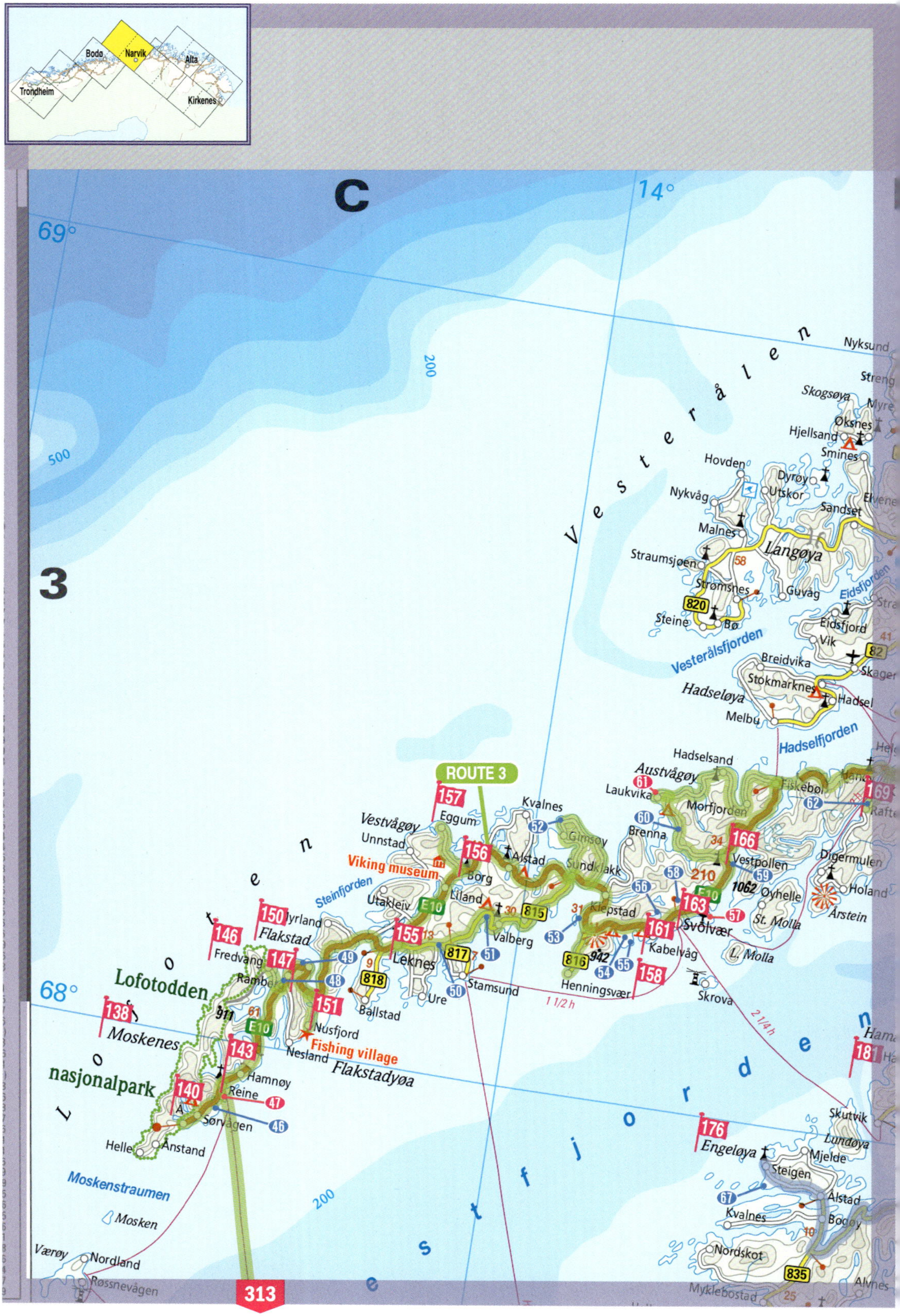

Bodø
Narvik
Alta
Trondheim
Kirkenes
C
3
69°
68°
14°
500
200
Vesterålen
Lofoten
Vestfjorden
Nyksund
Streng
Skogsøya
Myre
Øksnes
Hjellsand
Smines
Hovden
Dyrøy
Utskor
Nykvåg
Sandset
Elvenes
Malnes
Langøya
Straumsjøen
Strømsnes
Guvåg
Eidsfjorden
820
Bø
Steine
Eidsfjord
Vik
82
Vesterålsfjorden
Breidvika
Stokmarknes
Skager
Hadseløya
Hadsel
Melbu
Hadselfjorden
Hadselsand
Austvågøy
Laukvika
Fiskebøl
169
Morfjorden
Brenna
166
Vestpollen
Digermulen
Holand
Årstein
1062
Øyhelle
St. Molla
L. Molla
210
E10
163
Svolvær
161
Kabelvåg
158
Skrova
Kleppstad
942
Henningsvær
816
53
54
55
56
57
58
59
60
61
62
ROUTE 3
157
Eggum
Kvalnes
Gimsøy
Sundklakk
Vestvågøy
Unnstad
Viking museum
156
Borg
Alstad
Liland
Valberg
815
Steinfjorden
Utakleiv
155
Leknes
817
51
Stamsund
50
Ure
818
Ballstad
150
Myrland
Flakstad
146
Fredvang
147
Ramberg
49
48
151
Nusfjord
Fishing village
Nesland
Flakstadøya
Lofotodden
138
911
Moskenes
143
nasjonalpark
Hamnøy
140
Reine
47
Å
Sørvågen
46
Helle
Anstand
Moskenstraumen
Mosken
Værøy
Nordland
Røssnevågen
313
1 1/2 h
2 1/4 h
176
Engeløya
181
Skutvik
Lundøya
Mjelde
Steigen
Ålstad
67
Kvalnes
Bogøy
Nordskot
835
Myklebostad
Alvnes

1 cm = 8,75 km
© Reise Know-How 2023
D
ROUTE 5
ROUTE 3
ROUTE 4
Whale watching
VI-VIII
Andfjorden
Andøy
Andenes
Bleik
Stave
Breivik
Kvalnes
Nordmela
Dverberg
Børvagen
Myre
Risøyhamn
Senja
Anderdalen nasjonalpark
Hinnøya
Harstad
Narvik
Sortland
Langøysund
Møysalen nasjonalpark
Tjeldøya
Lødingen
Evenes
Ofotfjorden
Tysfjorden
Hamarøya
Frostisen
Skjomen
Kjeldebotn
Ballangen
Bjerkvik
Gratangen
Bardufoss
Salangen
Sjøvegan
Lavangen
Tennevoll
Fossbakken
Andørja
Rolla
Ibestad
Bjarkøya
Grytøya
Sandsøy
Dyrøya
Brøstadbotn
Gryllefjord
Torsken
Bøvær
Berg
Hamn
Straumsbotn
Skrolsvik
Stonglandseidet
Kjerringvik
Straumfjord
Strand
Sigerfjord
Djupfjord
Kaljord
Helgenes
Kongselva
Raften
Øksfjorden
Dalheim
Øksneshamn
Vestbygda
Offersøya
Barøya
Skardstad
Russhaugen
Kjerstad
Ramsund
Tjeldsund
Fiskøy
Kanstad
Gullesfjordbotn
Gullholmen
Kongsvika
Evenskjer
Fjelldal
Liland
Bogen
Herjangen
Østervik
Forra
Øyjord
Ankenes
Skjomnes
Håkvik
Beisfjord
Sjursheim
Nygård
Bjørnfjell
Riksgränsen
Katterat
Tovik
Astafjord
Skittendalstinden
Skodbergvatnet
Annamo
Bivtind
1458
1306
1270
Laberg
Hesjeberg
Selnes
Myrlandshaug
Forneset
Sørrollnes
Fugleberg
Sørvik
Fornes
Årbostad
Løksa
Grønnlia
Dalen
Reite
Fagertun
Kilbotn
Storjorda
Straumen
Sandvik
Revsnes
Gausvik
Stornes
Vadskin
Fenes
Elgsnes
Bremnes
Kasfjord
Borkenes
Grøtavær
Dele
Kinn
Dragnes
Buksnes
Finnseter
Fornes
Roksøy
Maurnes
Rokenes
Eidbukta
Bjønnå
Holand
Langenes
Sørmela
Gisløy
Strengelvåg
Myre
Alsvåg
Holm
Haugen
Evenes
Vik
Bø
Skagen
Sandnes
Bjørnskinn
Åse
Tranøy
Buvåg
Hamsund
Ulvsvåg
Hammarøy
Finnøya
Karlsøy
Sagfjorden
Straumfjorden
Tømmerneset
Josommerset
Hellemofjorden
Fjelltun
Drag
Kjøpsvik
Hulløya
Helland
Kjerr
Råna
Mannfjorden
Tørrnes
Sørfjorden
Bjørntoppen
Gåbdojávri
Sitasjaure
Ålitoajvve
Hukejaure stugan
Sälkastugorna
Gautelishytta
Alesjaure
Unna Allakas
Lossivatnet
Norddalen
Bokholm
Elvegårdselva
Langvatnet
Geitvatnet
Hundholmen
Stefjordotn
Haukøya
Kaldvika
Skarberget
Bognes
Tysnes
Ulvik
Forså
Melkedalen
Børsvatnet
Bjørkåsen
Saetran
Valle
Eiterelvmoen
Baltsnes
Grunnfarnes
Kaldfarnes
Flakkstadvåg
Selfjorden
Rødsand
Gamalsæter
Kampevoll
Vangsvik
Ketsnes
Solbergfjorden
Vågan
Silsand
Grasmyr
Svanelvmoen
Finnes
Straumsnes
Bukkemoen
Gibostad
Lavik
Dalgard
Vinje
Stangnes
Hofsøy
Tranøyfjorden
Dyrøysundet
Sortlandsundet
Gavlfjorden
Godfjorden
Gullesfjorden
Toppsundet
Hurtigruten
Vågsfjorden
Bygden
Astafjorden
Tjeldsundet
Sarkajaure
Umnan
Alvnes
Honen

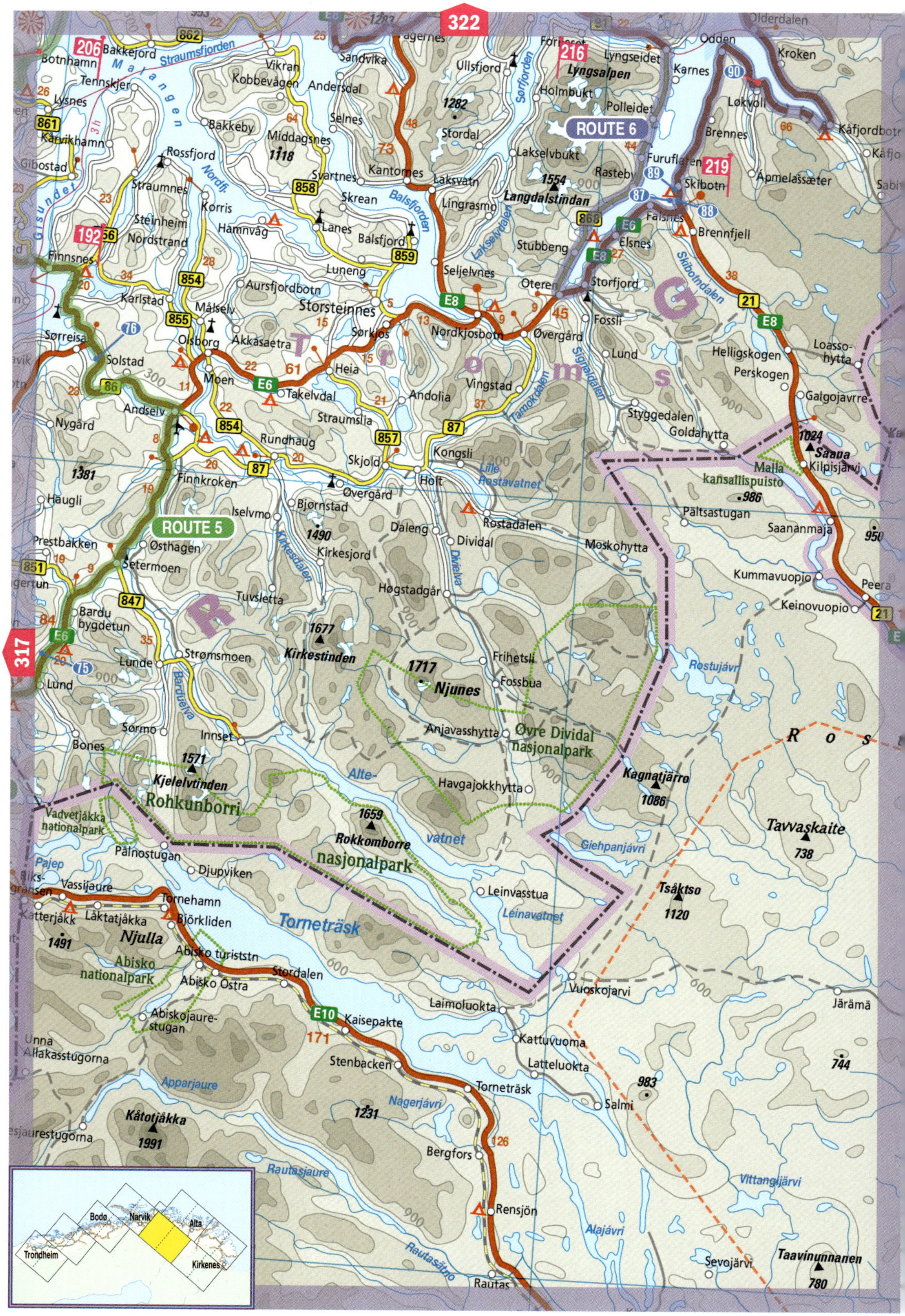
322
Botnhamn
Bakkejord
Straumsfjorden
862
Malangen
Tennskjer
Lysnes
861
Karvikhamn
Gibostad
Gisundet
Rossfjord
Straumsnes
Steinheim
Nordstrand
Finnsnes
Karlstad
Sørreisa
Solstad
Andselv
Nygård
Haugli
Prestbakken
Setermoen
Østhagen
Bardu
bygdetun
Lunde
Lund
Bones
Sørmo
Innset
Strømsmoen
Kjelelvtinden
Rohkunborri
Vadvetjåkka nationalpark
Pålnostugan
Djupviken
Riksgränsen
Vassijaure
Katterjåkk
Låktatjåkka
Björkliden
Tornehamn
Njulla
Abisko nationalpark
Abisko turiststn
Abisko Östra
Abiskojaure-stugan
Unna Allakasstugorna
Kåtotjåkka
Apparjaure
Rautasjaure
Rautasätno
Rautas
Rensjön
Bergfors
Torneträsk
Stenbacken
Kaisepakte
E10
Stordalen
Laimoluokta
Kattuvuoma
Latteluokta
Salmi
Vuoskojarvi
Järämä
Sevojärvi
Taavinunnanen
Tavvaskaite
Tsåktso
Kagnatjärro
Leinavatnet
Leinvasstua
Giehpanjávri
Rokkomborre nasjonalpark
Altevatnet
Havgajokkhytta
Anjavasshytta
Øvre Dividal nasjonalpark
Njunes
Fossbua
Frihetsli
Kirkestinden
Høgstadgård
Dividal
Rostadalen
Kirkesjord
Bjørnstad
Iselvmo
Øvergård
Skjold
Holt
Kongsli
Lille Rostavatnet
Moskohytta
Rostujávri
Paltsastugan
Malla kansallispuisto
Saana
Kilpisjärvi
Saananmaja
Kummavuopio
Keinovuopio
Peera
Galgojavrre
Goldahytta
Styggedalen
Lund
Perskogen
Helligskogen
Loasso-hytta
Signaldalen
Skibotndalen
Brennfjell
Skibotn
Falsnes
Furuflaten
Elsnes
Storfjord
Oteren
Fossli
Øvergård
Nordkjosbotn
Seljelvnes
Stubbeng
Langdalstindan
Lakselvbukt
Rasteby
ROUTE 6
Polleidet
Holmbukt
Lyngsalpen
Lyngseidet
Karnes
Odden
Kroken
Løkvoll
Brennes
Apmelassæter
Kåfjordbotn
Olderdalen
Ullsfjord
Sørfjorden
Stordal
Laksvatn
Lingrasmo
Kantornes
Balsfjorden
Balsfjord
Sandvika
Andersdal
Selnes
Svartnes
Skrean
Lanes
Middagsnes
Vikran
Kobbevågen
Bakkeby
Korris
Hamnvåg
Aursfjordbotn
Luneng
Storsteinnes
Sørkjos
Heia
Målselv
Olsborg
Akkasaetra
Moen
Takelvdal
Straumslia
Andolia
Vingstad
Tamokdalen
Rundhaug
Finnkroken
ROUTE 5
Tuvsletta
Kirkesdalen
Barduelva
Divielva
Troms
Ros
317
E6
E8
Trondheim
Bodø
Narvik
Alta
Kirkenes

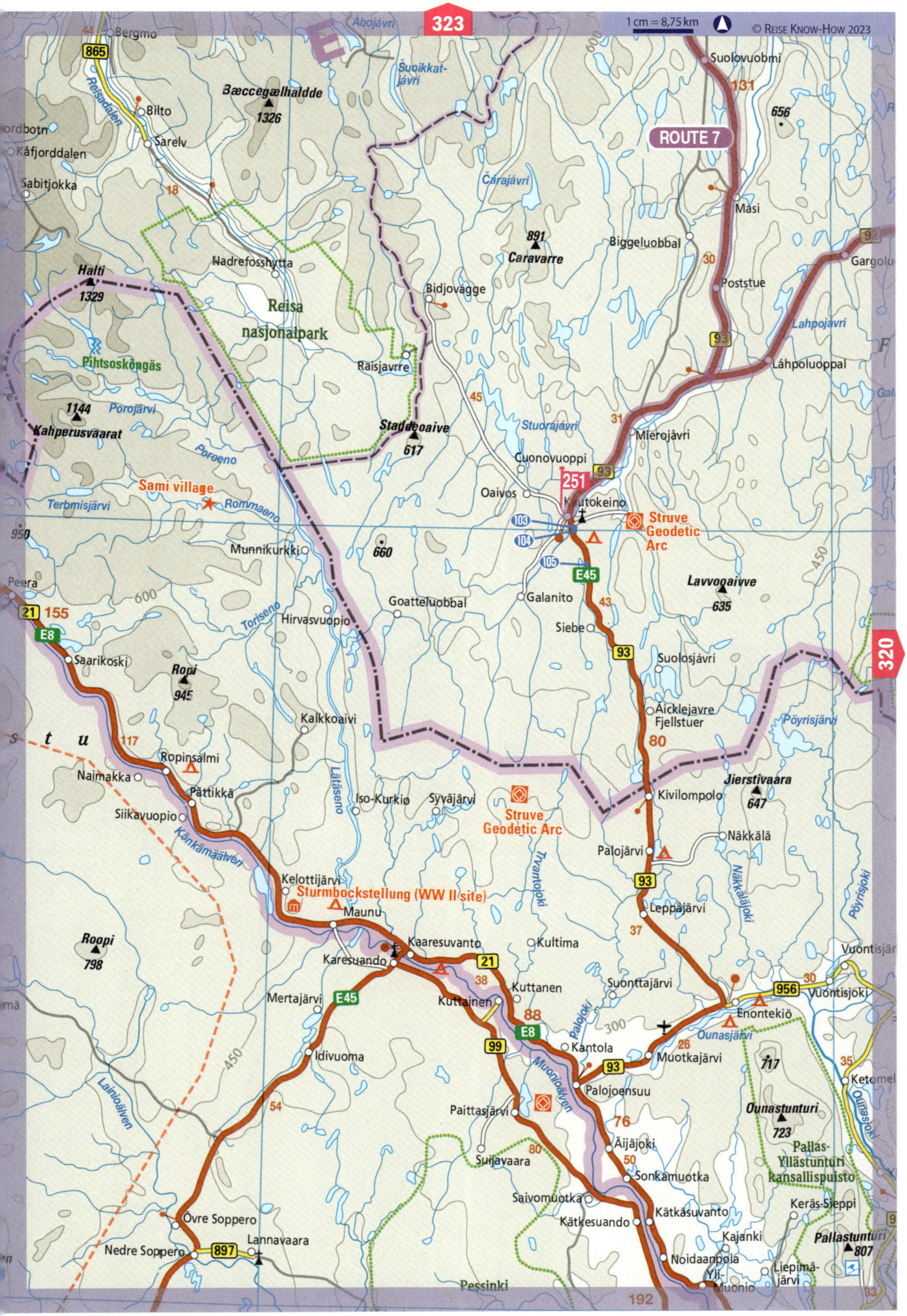
323
320
1 cm = 8,75 km
© Reise Know-How 2023
ROUTE 7
Bergmo
865
Reisadalen
Bilto
Sarelv
Kåfjorddalen
Sabitjokka
Bæccegælhaldde
1326
Abojávri
Šuoikkat-
jávri
Čarajávri
891
Caravarre
Suolovuobmi
131
656
Masi
Biggeluobbal
Gargoluoppal
Poststue
Lahpojávri
93
Láhpoluoppal
Nadrefosshytta
Reisa
nasjonalpark
Halti
1329
Pihtsoskongäs
1144
Porojärvi
Kahperusvaarat
Raisjavrre
Bidjovágge
Staddeoaive
617
Stuorajávri
Mierojávri
Cuonovuoppi
Oaivos
251
Kautokeino
Struve
Geodetic
Arc
Sami village
Terbmisjärvi
Rommaeno
Poroeno
Munnikurkki
660
103
104
105
E45
Galanito
Siebe
Lavvoaivve
635
Peera
21
155
E8
Saarikoski
Torisenо
Hirvasvuopio
Goatteluobbal
Suolosjärvi
Ropi
945
Aicklejavre
Fjellstuer
Kalkkoaivi
80
Pöyrisjärvi
Jierstivaara
647
Ropinsalmi
Naimakka
Pättikkä
Siikavuopio
Könkämäälven
Lätäseno
Iso-Kurkiö
Syväjärvi
Struve
Geodetic Arc
Kivilompolo
Palojärvi
Näkkälä
Näkkäläjoki
Kelottijärvi
Sturmbockstellung (WW II site)
Maunu
Tirvantojoki
Leppäjärvi
Pöyrisjoki
Roopi
798
Karesuando
Kaaresuvanto
Kultima
Mertajärvi
Kuttanen
Suonttajärvi
Vuontisjärvi
956
Vuontisjoki
Kuttainen
88
Enontekiö
Ounasjärvi
Idivuoma
99
Kantola
Muotkajärvi
717
Palojoki
Palojoensuu
Ketomella
Lainioälven
Muonioälven
Paittasjärvi
Ounastunturi
723
Ounasjoki
Äijäjoki
Pallas-
Yllästunturi
kansallispuisto
Suijavaara
Sonkamuotka
Saivomuotka
Keräs-Sieppi
Kätkesuando
Kätkäsuvanto
Pallastunturi
807
Övre Soppero
Kajanki
Nedre Soppero
897
Lannavaara
Noidaanpolo
Liepimä-
järvi
Yli-
Muonio
Pessinki
192

324
319
Outakoski
Geahtaveadji
Mollešjohka
Gæimmejávri
Ragesjávri
Ravnastua
Piesjoki
Čorotjávri
Kárášjohka-
Karasjok
Svineng
Rovisuvanto
ROUTE 7
Assebakte
Karigasniemi
Holmestrand
Buollanjagga
Kaamasmukka
Gargoluobbal
Kielajoki
Ruohtir
552
Iskuras
642
Pisto-oja
Raite
458
Iskuras
Kamiljoki
Dalabojegoatte
520
Muotkatunturit
Kiellajoki
Kaamasjoki
Huutoniemi
Finnmarksvidda
Beivasgieddi
Aslakkala
Galbajávri
Gossjohka
Sarggejok
Ranttila
Koarvikodds
590
Pahtala
Vuobmaved
Inarinköngäs
Mutusjärvi
Vuottaš-
jávri
534
Siuttavaara
Pielppajärvi
Sikovuono
583
Gurbis
Vaskojoki
Tirro
Riutula
Buolža-
javri
Inarijoki
Bassevuovdde
Angeli
Pyhäjärvi
Koskenniska
Paatari
Inari
Siida
418
Solojärvi
Maarestatunturit
575
Kietsimäjoki
Øvre Anárjohka
nasjonalpark
Lemmenjoki
Menesjärvi
Vaskojoki
Ravadasköngäs
Leammi
Hammasjärvi
Pännijärvi
599
Viipustunturit
Hammastunturi
531
Suukisvaara
574
Lemmenjoki
kansallispuisto
Kultala
gold village
Hirvassalmi
Ritakoski
Ivalojoki
Kalmakattio
Repojoki
Hammastunturi
Wilderness Area
Sotajoki
Repojoki
Kuttura
Nunnanen
Korsatunturi
462
Peltovuoma
Lisma
Avveel
359
LAPP
Ketomella
Purnumukka
Taatsinseita Sami
sanctuary
Pulju
Kapsajoki
Kaalimaa
Tankavaara
Kuolpujoki
National park visitor centre
Gold village
Yli-Kyrö
Salanki
Pokka
Raattama
Kuiva Tepastojoki
Kitinen
Reindeer village
Lompolo
Nilipirtti
Porttipahdan
tekojärvi
Tankajoki
Kurkkio
Pallasjärvi
Roivainen
Kapsajoki
Tieva
Pomokaira
Siltaharju
Mieraljärvi
Kevojoki
Utsjoki
Peäldujuuha
Vakkajoki
Pöyrisjoki
Ounasjoki

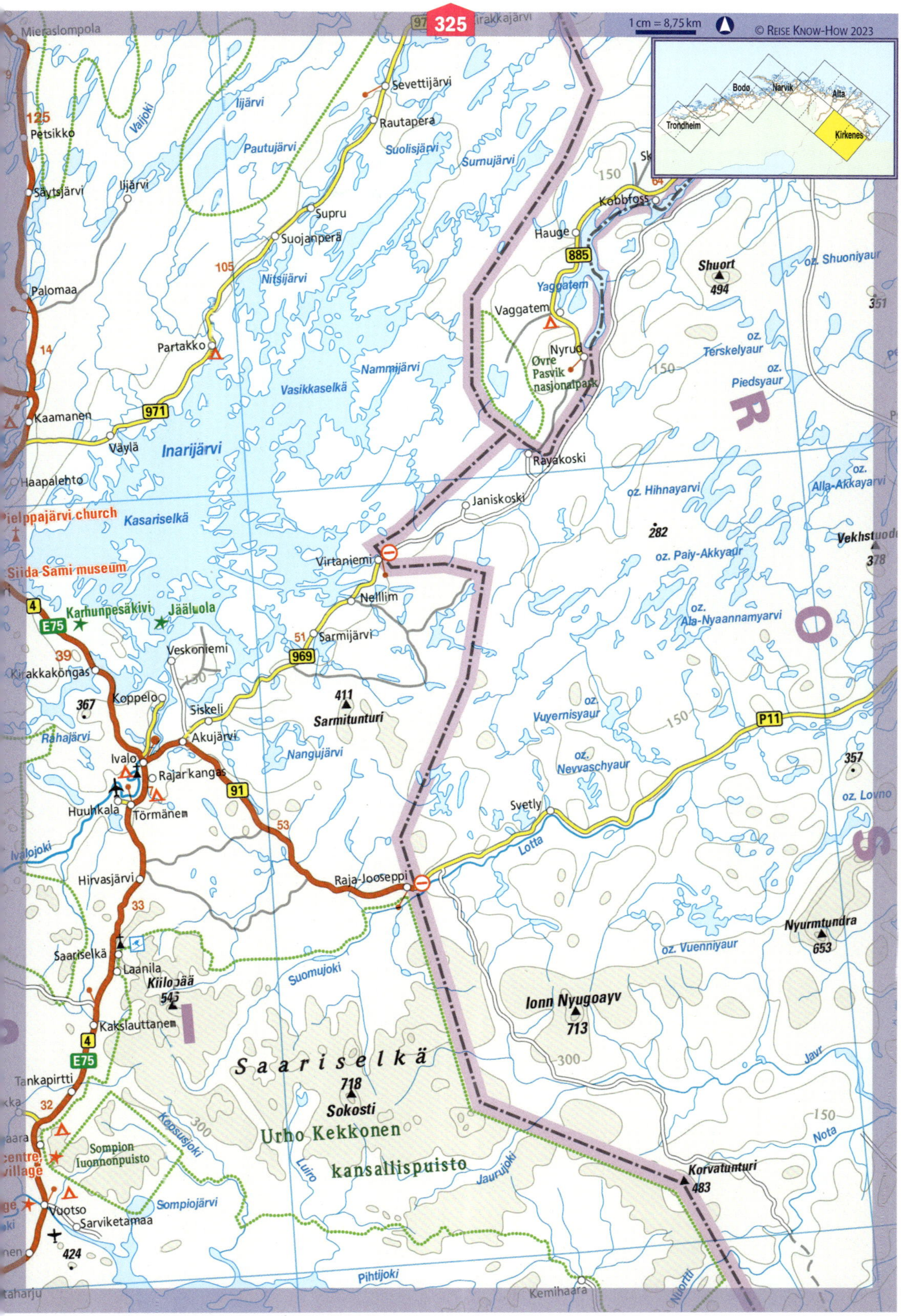
325
1 cm = 8,75 km
© Reise Know-How 2023
Trondheim
Bodø
Narvik
Alta
Kirkenes
Mieraslompola
Sevettijärvi
Rautapera
Suolisjärvi
Surnujärvi
Iijärvi
Pautujärvi
Vaijoki
Petsikko
Säytsjärvi
Ijärvi
Supru
Suojanperä
Nitsijärvi
Palomaa
Partakko
Nammijärvi
Vasikkaselkä
Kaamanen
Väylä
Inarijärvi
Haapalehto
Kasariselkä
Pielppajärvi church
Siida Sami museum
Karhunpesäkivi
Jäälaola
Virtaniemi
Nellim
Sarmijärvi
Veskoniemi
Kirakkakongas
Koppelo
Siskeli
Akujärvi
Rahajärvi
Ivalo
Rajarkangas
Huuhkala
Törmänen
Ivalojoki
Hirvasjärvi
Saariselkä
Laanila
Kiilopää
Kakslauttanen
Tankapirtti
Sompion luonnonpuisto
Vuotso
Sarviketamaa
Sompiojärvi
Kopsusjoki
Luiro
Pihtijoki
Kemihaara
Saariselkä
Sokosti
Urho Kekkonen kansallispuisto
Jaurujoki
Nuortti
Korvatunturi
Sarmitunturi
Nangujärvi
Suomujoki
Raja-Jooseppi
Lotta
Svetly
Ionn Nyugoayv
Hauge
Kobbfoss
Yaggatem
Vaggatem
Nyrud
Øvre Pasvik nasjonalpark
Rayakoski
Janiskoski
Shuort
oz. Shuoniyaur
oz. Terskelyaur
oz. Piedsyaur
oz. Hihnayarvi
oz. Alla-Akkayarvi
oz. Paiy-Akkyaur
Vekhstuodi
oz. Ala-Nyaannamyarvi
oz. Vuyernisyaur
oz. Nevvaschyaur
oz. Lovno
oz. Vuenniyaur
Nyurmtundra
Javr
Nota
R
O
S
I
971
969
91
4
E75
885
P11

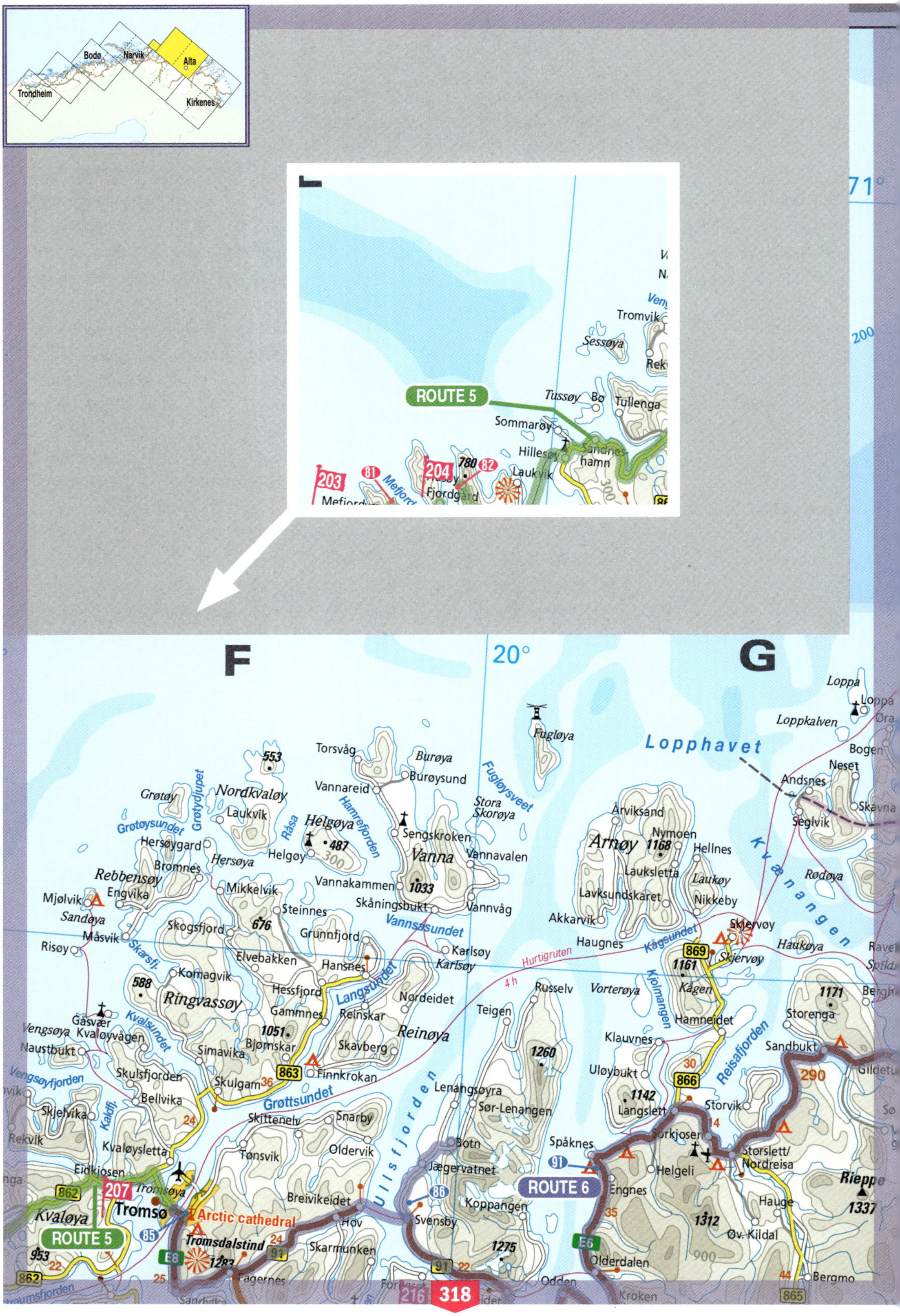

Bodø
Narvik
Alta
Trondheim
Kirkenes
Tromvik
Sessøya
Tussøy
Bo
Tullenga
ROUTE 5
Sommarøy
Hillesøy
Sandneshamn
Laukvik
Fjordgård
203
81
204
780
82
71°
200
F
20°
G
Loppa
Loppkalven
Lopphavet
Bogen
Neset
Andsnes
Seglvik
Skavna
Fugløya
Torsvåg
Burøya
Burøysund
Vannareid
Fugløysveet
Stora Skorøya
553
Nordkvaløy
Grøtøy
Laukvik
Grøtøysundet
Grøtødjupet
Råsa
Helgøya
Hamrefjorden
Sengskroken
Vanna
Vannavalen
Hersøygard
Hersøya
Helgøy
487
Bromnes
Rebbensøy
Engvika
Mjølvik
Sandøya
Måsvik
Mikkelvik
Vannakammen
1033
Skåningsbukt
Vannvåg
Steinnes
676
Skogsfjord
Grunnfjord
Vannsåsundet
Karlsøy
Risøy
Skarsfj.
Elvebakken
Hansnes
Komagvik
588
Ringvassøy
Hessfjord
Langsundet
Nordeidet
Gammnes
Reinskar
Reinøya
Gåsvær
Kvaløyvågen
Kvalsundet
Vengsøya
Naustbukt
1051
Bjørnskar
Skavberg
Simavika
Skulsfjorden
Skulgam
863
Finnkrokan
Vengsøyfjorden
Bellvika
Grøttsundet
Skjelvika
Kaldfj.
Skittenelv
Snarby
Rekvik
Kvaløysletta
Tønsvik
Oldervik
Eidkjosen
862
207
Tromsøya
Breivikeidet
Kvaløya
Tromsø
Arctic cathedral
ROUTE 5
85
Tromsdalstind
1283
Hov
Skarmunken
953
E8
Fagernes
Straumsfjorden
Ullsfjorden
Lenangsøyra
Sør-Lenangen
Botn
Jægervatnet
86
Koppangen
Svensby
1275
91
Odden
318
216
Teigen
1260
Russelv
Hurtigruten
Torsby
Årviksand
Arnøy
Nymoen
1168
Hellnes
Laukslettа
Laukøy
Lavksundskaret
Nikkeby
Akkarvik
Haugnes
Kågsundet
Skjervøy
869
1161
Kågen
Vorterøya
Kjosen
Kjølmangen
Hamneidet
Klauvnes
Reisafjorden
Uløybukt
1142
Langslett
866
Storvik
Spåknes
Sørkjosen
91
ROUTE 6
Helgeli
Storslett/Nordreisa
Engnes
Hauge
1312
Øv. Kildal
Rieppe
1337
E6
Olderdalen
Kroken
Bergmo
865
Kvænangen
Rødøya
Haukøya
1171
Storenga
Sandbukt
290
Gildetun

H
22°
24°
71°
1 cm = 8,75 km
© Reise Know-How 2023
Gåsnes
Ingøya
Mafjordhamn
334
Akkarfjord
Hjelmsøya
377
Breisundet
238
Havøysund
Tufjord
Gunnarnes
Sørkjosen
Rolvsøya
Gåsvika
Rolvsøysundet
Burstad
Relnøya
Snefjorden
Strømmen
889
Kamøya
Kjøtvika
Gamvik
Mefjorden
Akkarfjord
Hammerfest-Kirkenes 26 h
Snefjord
Slåtten
Skarvfjord
470
Revsbotn
ROUTE 6
Lillefjord
Sørøya
Donnesfjord
578
Hellefjord
Sandøyfjord
Struve Geodetic Arc
97
234
Forsol
Storvik
Revneshamn
Afjorden
Storelv
Langstrand
Hammerfest
Sørvær
Breivik
Dønnesfjord
Børfjord
Sletnes
Rypefjord
Kvaløya
98
Breivikbotn
Store Vinna
624
Kokelv
Haraldseng
653
Kjerringholmen
Grøtnes
Brennsvik
Hamnebukt
Straumen
Sammelsundet
18
382
Hasfjord
Vatnhamn
Ikarnes
671
Hønsebybot
Hasvik
Sørøysundet
Russelva
60
Repparfj.
Kvalsund
94
Oldernes
E6
1075
Seiland
Neverfjord
Skaidi
324
3 h
Nordmannsfjord-jøkelen
Seilands-jøkelen
1 1/2 h
Seiland nasjonalpark
Saraby
Vargsund
3 1/2 h
Loppa
Øra
Iververæ
Silda
Sandlandsfjorden
Stjernvåg
936
Stjernøya
Altnes
Gjerdebakken
Klakkegga
698
Bergsfj.
Samuelsnes
Rognsundet
Hakkstabben
24
Simavik
Vieluft
58
Skáiddejávri
Øksfjord
Stjernsundet
Bergsfjord
Korsfjorden
Duoddarsion
Skavnakk
Sør-Tverrfjord
Sirineset
Nyvoll
Storekorsnes
Oksfjord-jøkelen
1204
882
Storvik
964
Altafjorden
36
87
Læktoaivi
Langfjord-jøkelen
Arnes
Isnestoften
Årøya
883
Leirbotn
ROUTE 6
Livillcvaggevarre
261
Reinfjord
38
Riverbukt
Stabbursdalen nasjonalpark
228
Tappeluft
Langfjord
Laukvik
Sarves
Ravelsnes
Holmbukt
Langfjordbotn
93
Storsandnes
82
Spildra
Alteidet
Talvik
Russeluft
E6
Herranes
92
Bognelv
230
Rafsbotn
Bergheim
Laukeng
Alta
E6
29
Kviteberg
Flintnes
229
94
Elvebakken
Skorpa
Moldvik
Burfjord
Kåfjord
95
Bjørnstad
1139
ROUTE 6
Øvre
Rock Drawings
Nøklan
96
Tangen
Stilla
Gildetun
Finn
93
Middavarre
Nordhus
915
Struve Geodetic Arc
Sørstraumen
Sekkemo
Didnojokstua
Skogstue
Øvre Stilla
Stabbursdalen
Vaddas gruver
Mattiselva
Gargia fjellstue
Kjækan
93
Joatkajávri
Kvænangstua
Stuorajávri
Sørfjord
E45
Kvænangsbotn
Avzejohka
Nuppevarre
627
841
Sieven
70
ROUTE 7
Iešjávri
Abojávri
319
Suolovuohmi

J
K
26°
28°
243
North cape / Nordkap
Northernmost Point of Europe
242
Skarsvåg
Nordishavet
Helnes
Gjesvær
Tufjorden
Tufjorden
Måsøyfjorden
Måsøya
Måsøy
Magerøya
417
Kamøyvær
Måsøysundet
Vannfj.
E69
240
Nordvågen
Honningsvåg
Risvik
Gullgammen
Kobbefjorden
Laholmen
Rekvik
Hellarvik
Hamna
Ryggefj.
493
Kåfjord
Sværholt-
halvøya
Tømmervika
Kjerringvik
Porsanger-
halvøya
Mannskarvik
Repvåg
Porsangen
Sinkelvik
Veigam
578
510
Store Tamsøya
Langbukta
Elvekrok
Lille Porsangen
Veidnes
ROUTE 6
Ytre Kiæs
Veidneselva
525
Aronnes
Nordmannset
Russelv
Indre Brenna
Kjæs-vatnet
Golpusfjellet
Korsnes
Langstrand
Indre Brenna
238
Olderfjord
Russenes
Kistrand
ROUTE 7
Ytre Leirpollen
Ytre Leirpollen
Ytre Billefjord
Ytre Veines
Sandvik
Indre Billefjord
Børselv
Børselvfjellet kapell
Reinøya
Bibaktad
650
Ikkaidas
Stabbursnes
Østerbotn
98
E6
Hamnbukt
261
Lakselv
Stråskogen
Brennelv
Slåttenes
Porsangermoen
Skoganvarre
ROUTE 7
Nattvatnstua
Nattvatnet
Fattevarre
528
Kinnarodden
Steinvåg
Oksfjorden
341
Bjørnsvik
267
Mehamn
Skjøtningberg
Kjøllefj.
Oksevåg
894
888
Nordkinn-
halvøya
Kjøllefjord
362
Brenngam
Ersvågnes
Eidsfj.
Hopseidet
Hopsfjorden
Mårøya
Laksefjorden
ROUTE 8
Langfjordnes
Breidvik
Nervei
Laggo
Kalak
Bekkarfj.
Bekkarfjord
888
Skiånes
Landfjorddalen
630
Larsholmen
Ifjorden
Elvebakken
Ifjord
Torhop
Tårnvik
98
Vestertana
Adamsfjord
Suolojávri
266
Kunes
Stuora Sobmerjavrre
Njuksagaissa
498
ROUTE 8
Gurtteoaive
350
Stuorajokskaide
714
Stabburstranda
970
Nuorgam
E6
Sirbma
Pajukoste
Niemelä
Suonjergaissa
1007
Tana
E6
Loussarjárga
Vetsikko
Gárnjárga
Yläköngäs
Kaava
Utsjoki
Church village
Paatus
Vetsijoki
Erttetvarri
457
E75
970
Nuvvus
Patoniva
Kaldoaivin erämaa
Galddoaivi
430
Port
Kevo
Kenespahta
Vetsijärvi
Aittijoki
Kenestupa
Váljohka-Valjok
Nuorpinniemi
Leppälä
Guivi
641
Kevon luonnonpuisto
Mieraslompola
Outakoski
320
323
Utsjoki

L
1 cm = 8,75 km
© Reise Know-How 2023
Bodø
Narvik
Alta
Trondheim
Kirkenes
Barentshavet
Austhavet
Slettnes
Gamvik
Hurtigruten 3 h
Omgang
Finnkongkeila
Tyfjorden
Sandfjellet 486
Losvik
Skjånes
Tanafjorden
Berlevåg
Kjølnes
Kviznes
Store Molvik
Kongsøyfjorden
Kongsfjord
Raggocokka 480
Makkaur
Båtsfjord
Båtsfjorden
Syltefjordfjellet 418
Nordfjord
Vesterelva
Syltefjorden
Syltevikmyra
294
Hamningberg
Vardnes
Perletind 635
Gulgofjorden
Lille Molvik
Låvvonjárga
Vestertana
Gaveslufft
Tanagård
Kjærrisbukta
Leirpollen
Gaednajavrre
504
890
891
Varangerhalvøya
Skipskjølen 637
Varangerhalvøya nasjonalpark
405
Lyggenangr
Krognes
Persfj.
Smelror
Svartnes
290
Vardø
Kiberg
Indre Kiberg
Komagvær
Komagelva
Falkefjellet 545
Skallelv
ROUTE 9
Rustefjelbma
Petterlund
501
Gouvddaoaivve
Fingervatn
Maskjok
Hana
Luoftjok
270
Tanabru
271
Varangerbotn
Nyborg
Nesseby
Hamarnes
Skipagurra
Karlebotn
Vestre Jakobselv
Laksebybukt
283
Vadsø
Kiby
Krampenes
Ekkerøy
Hurtigruten
Kirkenes–Vardø 3 h
Kirkenes–Bergen 135 h
Skogstad
Tana
Polmak
Grasbakken
Nyelv
Varangerfjorden
Gandvik
Bugøynes
Korgåsen 400
Garsjøen
ROUTE 8
Bugøyfjorden
Skogerøyvær
Skogerøya
Arola
Bugøyfjord
Vaggi
Gierdebukta
322
Nord-Leirvåg
Valen
Reinøysund
Grense-Jakobselv
Steinskjernes
274
Bøkfjorden
Kirkenes
Jakobsnes
Vintervollen
Bjørnstad
Sandnes
272
Neiden
Hesseng
Angeifjell
Bjørnevatn
886
Tårnet
Midtfjellet 405
Villavaara 344
Näätämö
893
Jääjärvi
Näätämöjoki
885
Langfjordeid
971
Kirakkajärvi
Munkelva
Furuly
321
P-21

ÜBERSICHT DER STELL- UND CAMPINGPLÄTZE

Die **GPS-Koordinaten der Stell- und Campingplätze im Buch** können auf der Verlags-Website www.reise-know-how.de von der Artikelseite dieses Buches als Waypoint-Liste heruntergeladen werden.

ROUTE 1

1 Storsand Gård Camping S. 68
2 Øysand Camping S. 69
3 Stellplatz Trondheim Nyhavna S. 69
4 Stellplatz City Lade S. 70
5 Stiklestad Camping S. 72
6 Inderøy Bobilcamp S. 73
7 Stellplatz Kjerknesvågen S. 73
8 Guldbergaunet Camping S. 74
9 Leka Camp S. 77
10 Torghatten Camping S. 79
11 Igerøy gjestehavn og camping S. 81
12 Vega Camping S. 82
13 Sundsvoll Camping og bobilparkering S. 82
14 Øffersøy Camping S. 84
15 Sandnessjøen Camping S. 85
16 Herøy Camping S. 87
17 Stellplatz 3 Kalver S. 88
18 Sjøbakken Gardsferie S. 88
19 Nesna Topcamp havblikk S. 91
20 Polarcamp S. 93
21 Furøy Camping S. 94
22 Storviksanden Camping S. 96
23 Camp Saltstraumen Elvegård S. 102
24 Pluscamp Saltstraumen Camping S. 102
25 Stellplatz Bodø S. 106
26 Rønvika Havn & Marina S. 106

ROUTE 2

27 Stellplatz Bølareinen S. 111
28 Strindmoen gård og Camping S. 111
29 Oldernæss Gård (Vagabonds Sanctuarium) S. 112
30 Langnes Camping S. 113
31 Svenningdal Camping S. 117
32 Annbjørn Haugen Camping S. 118
33 Topcamp Mosjøen S. 120
34 Stellplatz Korgfjellet Fjellstue S. 121
35 Korgen Camping S. 122
36 Mo i Rana Camping S. 123
37 Grønligrotta Camping S. 124
38 Storli Camping S. 126
39 Grokjønnenget Camping S. 127
40 Krokstrand Fjellpark Camping S. 127
41 Saltdal Turistsenter Camping S. 130
42 Nordnes Camping S. 131
43 Rognan Fjordcamp S. 132
44 Bobilplass Fauske S. 133
45 Lundhøgda Camping S. 134

ROUTE 3

46 Moskenes Camping S. 139
47 Wohnmobil Stellplatz Reine S. 146
48 Ramberg Gjestegård S. 150
49 Lofoten Beach Camp S. 150
50 Lofoten Camp Storfjord S. 155
51 Brustranda Fjordcamping S. 156
52 Hov Gård – Camping, Restaurant und Reiterhof S. 158
53 Lyngvær Lofoten Bobilcamp S. 161
54 Ørsvågvær Camping S. 162
55 Lofotferie Sandvika Camping S. 163
56 Kabelvåg Feriehus og Camping S. 163
57 Stellplatz Svolvær Bobilpark S. 165
58 Svolvær Camping S. 166
59 Sildpollnes Sjøcamp S. 167
60 Sandsletta Camping S. 168
61 Laukvik Bobilcamp S. 168
62 Camping Raften/ Raftøra Camping S. 169
63 Gullesfjord Camping S. 170
64 Lødingen Bobilcamp S. 170

ROUTE 4

65 Øyra Camping S. 175
66 Mørsvikbotn Camping S. 175

ROUTE 5

ROUTE 6

ROUTE 7

ROUTE 8

ROUTE 9

ZEICHENERKLÄRUNG ZUM ROUTENATLAS

E60 218 1088 Straßennummern Road numbers Numérotation des routes Número de carretera Номера автодорог	Staatsgrenze mit Übergang International boundary with checkpoint Frontière nationale avec passage douanier Frontera internacional con paso fronterizo Государственная граница с переходом
Autobahn mit Anschlussstelle / in Bau Motorway with junction / under construction Autoroute avec échangeur / en construction Autopista con conexión / en construcción Автобан с примыканием / строящаяся	Verwaltungsgrenze Administrative boundary Frontière administrative Límite administrativo Административная граница
Autobahn geplant / Tunnel Motorway planned / Tunnel Autoroute en projet / Tunnel Autopista en proyecto / Túnel Автобан планируемая / Туннель	Nationalpark, Naturschutzgebiet National park, nature reserve Parc national, réserve naturelle Parque nacional, reserva natural Национальный парк, Природный заповедник
Schnellstraße mit Anschlussstelle / in Bau / Tunnel Expressway with junction / under construction / Tunnel Voie rapide avec échangeur / en construction / Tunnel Autovía con conexión / en construcción / Túnel Скоростная автомагистраль с примыканием / строящаяся / Туннель	Sperrgebiet Restricted area Zone interdite Zona prohibida Запретная зона
Fernstraße mit Anschlussstelle / in Bau / Tunnel Major route with junction / under construction / Tunnel Route à grande circulation avec échangeur / en construction / Tunnel Carretera nacional con conexión / en construcción / Túnel Автострада с примыканием / строящаяся / Туннель	Gletscher Glacier Glacier Glaciar Ледник
Nebenstraße Secondary road Route secondaire Carretera secundaria Основной проезд	Internatl. Flughafen / Flughafen / Flugplatz Intl. airport / Airport / Airfield Aéroport int. / Aéroport / Aérodrome Aeropuerto int. / Aeropuerto / Aeródromo Международный аэропорт / Аэропорт / Аэродром
Sonstige Straße Other road Autre route Otro tipo de vía Прочий проезд	Hafen / Leuchtturm Harbour / Lighthouse Port / Phare Puerto / Faro Порт / Маяк
Fahrweg Track Piste Pista sin asfaltar Проезд	Zoo / Wintersportort Zoo / Winter sports resort Zoo / Station de ski Zoo / Estación de esquí Зоопарк / Лыжный курорт
Fußweg Path Sentier Senda Пешеходная тропа	Bergwerk Mine Mine Mina Шахта
Im Winter gesperrt Closed in winter Fermé en hiver Cerrado en invierno Закрытый проезд	Höhle / Campingplatz Cave / Campsite Grotte / Camping Cueva / Cámping Пещера / Кемпинг
10 / 10 Entfernung in Kilometern Distance in kilometres Kilométrage Distancia en kilómetros Расстояние в километрах	Aussichtspunkt Viewpoint Point de vue Mirador Пункт обзора
Eisenbahn / Tunnel Railway / Tunnel Voie ferrée / Tunnel Vía férrea / Túnel Железная дорога / Туннель	Museum / Vergnügungspark Museum / vz Musée / Parc d'attractions Museo / Parque de atracciones Музей / Парк Отдыха
Fähre Ferry Transbordeur Transbordador Паром	Kirche, sehenswert Church of interest Église, exceptionnelle Iglesia de interés turístico Церковь достопримечательная
Fluss / Wasserfall / Damm, Wehr River / Cascade / Dam, weir Rivière / Cascade / Barrage, digue Río / Cascada / Presa Река / Водопад / Дамба, пруд	Kloster, sehenswert Monastery of interest Cloître, exceptionnel Monasterio de interés turístico Монастырь достопримечательный
Kanal Canal Canal Canal Канал	Burg, Schloss, sehenswert Castle of interest Château, exceptionnel Castillo de interés turístico Замок достопримечательный
Watt Tidal flat Estran Marisma Затопляемая	Archäologischer Fundort / UNESCO Welterbe Archeological site / UNESCO world heritage Vestige archéologique / Patrimoine mondial de l'UNESCO Yacimiento arqueológico / Patrimonio de la Humanidad (UNESCO) Археологическое место / Мировое наследие ЮНЕСКО
▲ 1244 Stipok Berg (Höhe in m) Mountain (height in m) Mont (altitude en mètres) Montaña (altitud en metros) Вершина (высота в метрах)	Sehenswürdigkeit / Naturdenkmal Point of interest / Natural landmark Curiosité / Curiosité environnementale Lugar de interés turística / natural ДостопримечательНость / Природный памятник
• 2072 Höhenpunkt (Höhe in m) Spot elevation (height in m) Sommet (altitude en mètres) Cima (altitud en metros) Всотная отметка (высота в метрах)	Atomkraftwerk Nuclear power plant Central nucléaire Central nuclear Атомная электростанция

Der in diesem Buch abgedruckte Routenatlas beruht auf dem Faltplan **„Finnland und Nordskandinavien"** 1 : 875.000 aus dem world mapping project™, herausgegeben vom Reise Know-How Verlag.